14막 70장으로 읽는
세계 연기예술의 역사

14막 70장으로 읽는 세계 연기 예술의 역사

2014년 3월 18일 초판 1쇄 인쇄
2014년 3월 21일 초판 1쇄 발행

지은이 | 박성봉
펴낸이 | 김영호
기   획 | 정진용 편 집 | 조영균
디자인 | 최려진 관 리 | 이영주
펴낸곳 | 도서출판 동연
등   록 | 제1-1383호(1992. 6. 12)
주   소 | 서울시 마포구 월드컵로 163-3, 2층
전   화 | (02)335-2630
전   송 | (02)335-2640
이메일 | yh4321@gmail.com

Copyright ⓒ 박성봉, 2014

ISBN 978-89-6447-241-5 03680

도서의 국립중앙도서관 출판시도서목록(CIP)은 e-CIP홈페이지(http://www.nl.go.kr/ecip)와
국가자료공동목록시스템(http://www.nl.go.kr/kolisnet)에서 이용하실 수 있습니다.
(CIP 제어번호: CIP2014009451)

14막 70장으로 읽는
세계 연기 예술의 역사

박성봉 지음

동연

들어가며

그동안 연기 예술의 역사는 연극이나 영화의 역사 변두리에서 단편적으로 다루어져왔다. 대학에 연기학과가 개설된 지도 여러 해가 지나고 연기가 명실공히 하나의 예술적 표현 형식으로 간주되기 시작한 지금, 이제는 연기가 중심에 놓인 예술사적 작업을 시작할 때가 되었다. 이 책은 그 시작을 알리는 작은 징검돌의 역할을 자임하고자 한다.

　보편적으로 문학, 미술, 음악, 연극, 영화 등의 역사에서는 시대를 구분하는 관행 같은 것이 있으며, 이 책 역시도 그와 유사한 관행을 따르고 있다. 그러나 아직 연기 예술의 역사를 바라보는 전체적인 시각을 형성하기에는 특히 1900년대 이전의 연기에 관한 자료들이 너무나 적으며, 또한 1900년대 이후의 경우라도 그 많은 연기자들의 연기를 어떤 식으로 정리하는 것이 효과적인지에 대한 선행 작업도 거의 존재하지 않는다.

　따라서 이러한 현실을 반영하여 이 책은 14막 70장이라는 에피소드적 구성을 취한다. 여기서 에피소드적 구성이라 함은 연기 예술의 역사를 통틀어 70개의 역사적 지점을 설정하고, 그 지점들을 대략적으로 14개의 범주에 위치시키는 방식을 말한다. 대체로 특정 연대와 관련된 지점이지만 경우에 따라서는 역사적 연대를 허구적으로 설정하기도 하였다. 고대로 거슬러 올라갈수록 연기자와 관련된 자료는 문헌에 남아 있는 단 몇 줄의 문장뿐이기 때문이다. 심지어는 역사적 사건 자체가 허구적인 설정일 수도 있게 된다. 결국 이 책은 하나의 작은 징검돌일 뿐이며, 그러한 허구들을 밝혀내는 것이야말로 앞으로 연기 예술의 역사를 정리하기 위해 해결해야 할 과제 중의 하나인 셈이다.

모든 분야의 역사적 정리 작업이 그렇듯이, 남아 있는 자료를 통해 실체를 더듬는 일은 연기 예술사의 경우에도 어렵고 힘든 도전이다. 그러나 과거는 현재이자 동시에 미래이며, 따라서 이 책에서 포착된 70개의 역사적 지점은 저마다 현재와 미래가 관련된 어떤 주제를 포함하고 있다. 역사적 관심은 삶을 바라보는 우리의 지평을 넓힌다.

무엇보다도 이 책은 연기에 뜻을 세우고 인생을 걸었던 많은 연기자들에 바치는 존경과 사랑이다. 비록 하나의 작은 징검돌에 불과하지만 혹시라도 이 책이 연기자를 꿈꾸는 젊은이들의 가슴에 다시 한 번 연기에 대한 긍지와 책임감을 불러일으키는 계기가 되기를 희망한다.

이 작업의 첫 출발점은 1980년에 나온《엔터테이너_The Entertainers_》라는 책이다. 클라이브 웅거 - 해밀튼Clive Unger - Hamilton이 책임 편집을 맡고 영국의 연기자 존 길거드John Gielgud가 서문을 쓴 이 책에는, 테스피스Thespis부터 스티븐 폴리아코프Stephen Poliakoff에 이르기까지 연극에 관련된 다양한 인물들이 출생 연도에 따라 정리되어 있다. 하지만 막상 작업에 들어가고부터는 인터넷의 도움이 결정적이었다. 인터넷에 올라 있는 그 엄청난 정보가 아니었으면 아직도 이 책은 작업 중이었을 것이다. 정보의 출처를 일일이 확인해서 밝히지는 못했지만 이만큼이라도 책의 외관을 갖추게 해준 그 모든 인터넷 정보 제공자에게 진심으로 감사를 표하는 바이다.

동연출판사의 김영호 대표님과 편집을 맡은 조영균 선생님을 위시한 직원 분들의 노고에도 감사드리고, 언제나 든든한 바람막이가 되어주는 가족들과 친지 여러분들께도 가슴 깊은 곳에서부터 감사의 마음을 전한다.

박성봉

차례

8막 / 프랑스 고전주의

9막 / 왕정복고 시대의 영국

10막 / 1700년대의 영국, 프랑스, 독일, 러시아

11막 / 1800년대의 유럽과 미국

14막 / 20세기 한국과 일본

1막

고대 아테네

테스피스와 솔론이
분장실에서 대화를 나누다

테스피스

테스피스Thespis(?-?)는 아티카Attica의 이카리아Icaria 섬 출신이다. 에게해에 위치한 이카리아는 지리적으로 소아시아 터키에 가까운 섬으로, 질 좋은 포도로 유명하며 포도주가 명품이다. 농업의 신이자 술의 신인 디오니소스Dionysos 숭배는 이카리아에서는 자연스러운 일이었다. 그것은 발칸반도 동부의 트라키아Thracia 지방에서 그리스로 전해진 듯 보인다.

테스피스는 디오니소스 신앙의 찬송가와 같은 디티람보스dithyrambos의 명인이었다. 디티람보스는 BC 600년경 레스보스Lesbos 섬 출신의 시인 아리온Arion이 창안한 것으로 알려져 있다. 레스보스 섬도 역시 포도주로 유명하다. 아리온은 관능적이면서도 날카로운 소리를 내는 아울로스aulos라는 피리에 맞추어 디티람보스를 불렀다. 코린토스의 참주였던 페리안드로스Periandros는 디티람보스에 매료되어 아리온을 자신의 궁에 머물게 했다.

그리스 영웅시대의 절정은 대략 BC 1200년경으로 추정되는 트로이 전쟁이었다. 철기와 함께 북쪽에서 내려온 도리스Doris 족의 침입으로 기존의 미케네 문명은 종말을 고하고 그리스 반도는 긴 암흑시대로 들어간다. BC 800년경 도시국가들이 다시 등장하기 시작할 때쯤, 옛 영광을 기리는 서사시가 만들어져 널리 불리기 시작한다. 그 대표적인 작품이 호메로스의 〈일리아스〉와 〈오디세이아〉이다.

BC 776년에 시작된 올림피아 제전은 도시국가들 사이의 경쟁과 화합을 상징하는데, 도시국가의 지배계층은 왕을 의미하는 바실레오스basileos를 중심으로 한 귀족 집단이었다. 하지만 BC 600년경에 이르면 전통적 귀족들에 대항해서 상인과 농민들의 지지를 받는 새로운 지배자들이 등장하며, 그 새로운 지배자들을 참주tyrannos라 부른다.

시키온Sycion의 참주 클레이스테네스Cleisthenes(재위 BC 600-570)는 그 당시 귀족들에 의해 유행되던 아르고스Argos의 영웅 아드라토스Adratos 숭배를 밀어내기 위해 새로운 제의를 계획했는데, 그 제의가 바로 디오니소스 축제이다. 디오니소스는 농업의 신이었기 때문에 참주 정치의 기반인 농민들의 지지를 얻기도 수월했을 뿐만 아니라, 디오니소스 축제에는 귀족들에 의해 미덕으로 강조되던 선미사상kalokagathia이나 절제sophrosyne 등과는 차별되는 도취와 난장의 분위기가 있었다. 디오니소스는 술의 신인데다가 올림포스의 신들 중에도 그 탄생과 행적은 일종의 반골적인 느낌이라고 할 수 있는, 무언가 심상치 않게 삐딱한 데가 있다.

간략하게 말하자면, 디오니소스는 최고의 신인 제우스와 테베의 공주 세멜레 사이에서 태어난 아들이다. 그러나 세멜레는 제우스의 아내 헤라의 질투로 말미암아 비참하게 죽고, 디오니소스는 헤라의 저주를 받아 미친 채로 세상을 헤매다가 간신히 제 정신이 돌아와 열광적인 신자들을 거느린 자신의 종교를 세운다.

테스피스의 등장은 이러한 신화를 배경으로 하고 있다. 테스피스 시대의 아테네 참주는 페이시스트라토스Peisistratos(BC 600?-527?)였다. 아테네는 정치가 솔론(BC 630-560년경)의 균형 잡힌 통치 이래로 구세력과 신세력 사이의 조화를 모색해왔다. 솔론의 뒤를 이은 페이시스트라토스는 농민과 무산계급의 지지를 등에 업고 쿠데타를 통해 등장한 강력한 참주였지만, 그는 적극적으로 구세력과 신세력 사이의 조화를 유지한다. 그런 조화 정책의 일환으로 페이시스트라토스 시대에 〈일리아스〉와 〈오디세이아〉의 결정판이 만들어졌다. 물론 페이시스트라토스는 동시에 디오니소스 축제를 아테네로 가져온다. 그는 본질적으로 반귀족주의자였음에 틀림없다. 아테네와 더불어 대표적인 도시국가였던 스파르타는 한 번도 참주를 가져본 적이 없었으며, 페이시스트라토스를 미워했다.

페이시스트라토스는 디오니소스 축제에 자연스럽게 디티람보스 경연을 포함시킨다. 이것은 50명 가량의 합창단원이 디오니소스를 추종하는, 산양의 모습을 한 사티로스로 분장하고 춤과 노래를 부르는 방식의 공연이었는데, 테스피스는 이 디티람보스에 변화를 꾀한다. 테스피스는 디티람보스의 분장이 너무 조잡하고, 공연은 너무 단조롭다고 생각했던 것 같다. 그는 무엇보다도 합창단원들과 구별되는 한 명의 연기자에 착안한다. 이 연기자를 통해 테스피스는 영웅의 비참한 말로를 실감나게 그려 보여줄 수 있었다. 이 연기자를 히포크리테스hypokrites라 불렀다. 히포크리테스는 '대답하는 자the answerer'라는 뜻이다. 그는 합창단원들의 끊임없는 질문에 대답하면서 자신의 비극적 운명과 마주한다.

이제 서구 연극사 속에 비극이라는 장르가 최초로 등장한 것이다.

처음에는 얼굴에 하얀 납을 칠하는 방식으로 히포크리테스를 합창단원들과 구분하였지만, 테스피스는 곧이어 좀 더 효과적인 수단인 가면을 고안한다. 그것은 하얀 린넨 천으로 만들어졌는데, 그것을 이용해 히포크리테스는 손쉽게 일인다역을 소화할 수 있게 되었다.

중세 영국의 신학자 존 위클리프John Wycliffe(1320-1384)와 문필가 제프리 초서Geoffrey Chaucer(1343-1400)는 히포크리테스라는 그리스어에서 위선자라는 뜻의 'hypocrite'라는 영어를 상용화한다. 이는 한 명의 연기자가 여러 명의 등장인물을 연기한 데서 비롯되었겠지만, 그리스 비극에 등장하는 영웅들에 대한 민중들의 심리적 반응이 내포되어 있었을 법도 하다.

테스피스는 다재다능한 인물이었던 같다. 대본을 쓰고, 무대장치를 고안하고, 연기를 하고, 그리고 제작자와 흥행사가 되어 유랑극단 비슷한 것을 조직했다. 테스피스는 단원들과 마차에 몸을 싣고 순회공연을 다니면서 그리스 전역에 이름을 떨쳤다. 그러던 어느 날, 이제는 은퇴한 노정치가 솔론Solon이 테스피스의 명성을 전해 듣고 그의 공연을 관람한다. 솔론은 평소 예술에서 윤리적 효과를 중요하게 생각한 인물이었다. 언제나 새로운 것에 열려져 있던 솔론이었지만, 테스피스의 공연에는 무언가 솔론을 불편하게 하는 것이 있었던 모양이다. 공연이 끝나자 솔론은 분장실로 테스피스를 찾아가 단도직입적으로 묻는다.

"이렇게 많은 관객들 앞에서 그렇게나 많은 거짓말을 해대는 것이 부끄럽지 않소?"

테스피스는 차분하게 대답한다.

"단지 연극일 뿐입니다."

그러자 솔론은 들고 있던 지팡이로 힘껏 땅을 치면서 말한다.

"당신의 공연이 이렇게나 대중적인 사랑을 받는다면, 언젠가는 정치인들도 당신의 공연을 무시할 수 없을 것이오."

솔론은 귀족주의자였다. 자신의 뒤를 이은 페이시스트라토스의 참주정치에 동조하기는 했으나, 귀족주의자 솔론에게 비극은 달갑지 않은 표현 형식이었을 것이다. 그러나 솔론은 선견지명이 있는 비평가였다. 아니나 다를까, 아테네의 참주 페이시스트라토스는 테스피스가 창안한 비극이라는 새로운 극형식의 정치적 의미를 정확하게 파악하고, BC 534년 디오니소스 축제에 비극을 경연대회 방식으로 포함시킨다. 그 경연에서 테스피스 극단이 우승했음은 두말할 나위도 없다. 상으로 양이나 한 마리 받았을까?

지금 테스피스의 작품으로 남아 있는 것은 하나도 없으며, 훗날 그의 작품이라 칭해진 작품들은 전부 모조품들이다. 비참하게 갈가리 찢겨 죽은 이올코스Iolcos의 왕 펠리아스Pelias나 테베의 왕 펜테우스Pentheus의 이야기들이 작품화되었을 가능성은 있다. 특히 펜테우스는 디오니소스를 신으로 인정하지 않아 자신의 어머니와 누이들에 의해 살해되는 끔찍한 벌을 받는 인물이다.

역사적 인물로서 테스피스의 실제 행적이야 어떠했든, 그는 지금 연기자를 칭하는 영어 'thespian' 속에 살아남아 있다.

2

BC 418년

칼리피데스의 연기를 비웃은 뮈니스코스

소포클레스

강력한 왕을 중심으로 한 귀족집단이 다스리던 스파르타는 서민 대중을 자신의 세력 기반으로 한 아테네의 참주 페이시스트라토스에게 불만이 많았다. BC 527년 페이시스트라토스가 죽자, 스파르타는 페이시스트라토스의 아들들을 제거하고 아테네에 영향력을 행사하려 하는데, 이때 또 다른 강력한 인물 클레이스테네스가 등장한다. 그는 BC 600년부터 570년까지 시키온을 다스렸던 참주 클레이스테네스의 손자로서 BC 507년 정치 개혁을 단행하고, 그 다음 해 스파르타의 침입을 격퇴한다.

클레이스테네스 개혁의 핵심은 도편 추방 제도로 전제적 참주의 등장을 견제하는 한편 아테네 전체를 10개의 부족으로 개편하고 시민들의 평등권을 보장하는 것이었다. 사회의 기초 단위는 마을을 의미하는 데모스Demos였는데, 데모스는 무엇보다도 종교적으로 작용하는 공동체였다. 이제 데모스의 부유한 시민들이 디오니소스 축제의 연극 공연들을 후원하기 시작한다.

BC 461년 클레이스테네스 집안의 페리클레스Pericles가 집권하면서 아테네의 민주정치가 본격적으로 시작된다. 페리클레스는 귀족 집안 출신이면서도 민주파의 지도자로서 평생 변하지 않는 정치적 신념을 유지한다. BC 480년 살라미스Salamis 해협에서 페르시아를 무찌른 강력한 아테네 해군을 중심으로 델로스Delos 동맹이 결성되고, 상공업의 발달로 부를 축적한 아테네는 모든 면에서 절정의 번영을 구가한다.

테스피스 이후로 비극은 점차 디오니소스 축제의 중심이 되어갔으며, 소재도 신화에서 현실로 확장된다. BC 493년 페르시아 군대가 이오니아의 밀레토스Miletos를 무참하게 파괴하는데, 그 사건을 소재로 프리니코스Phrynichos(BC 541경-470)가 〈밀레토스의 함락〉이라는 비극을 공연한다. 페르시아 군대에 의해 밀레토스의 모든 남성이 처형되며, 여인들은 노예가 되고 남자 아이들 중 일부는 거세당한다. 이 처참한 상황을 묘사하기 위해 프리니코스는 비극에 여성의 역할을 포함시켰으며, 춤도 적극적으로 활용한 것으로 보인다. 이 공연의 효과는 엄청나서 관객들은 연민과 공포에 몸서리쳤다. 프리니코스는 아테네 시민들에게 페르시아 군대에 대한 두려움을 가중시키고 이웃인 밀레토스의 고통을 소재로 삼았다는 이유로 1,000드라크마drachma의 적지 않은 벌금을 물어야 했으며, 그 작품의 공연은 금지되었다. 오늘날 그의 작품은 전해지지 않는다.

BC 484년 디오니소스 축제에서의 우승을 시작으로 모두 열세 번에 걸쳐 우승의 기쁨을 누린 아이스킬로스Aeschylos(BC 525경-456)는 BC 472년 비극 〈페르시아인〉을 공연한다. 이 연극의 내용은 헬라스Hellas

와의 전쟁에서 패배한 페르시아 황제 크세르크세스Xerxes의 궁전에서
벌어지는 몰락의 이야기이다. 아직 페르시아와의 전쟁의 기억이 생생
한 아테네 시민들에게 비참한 모습으로 궁전으로 돌아가는 크세르크
세스의 모습은 통쾌한 기쁨이었으리라. 당시 25세의 지방 귀족 페리
클레스는 현명하게도 이 작품을 후원함으로써 자신의 이름을 아테네
시민들에게 알리기 시작한다. 아이스킬로스는 마라톤 전쟁과 살라미
스 해전에 모두 참여한 역전의 용사이자 마지막 순간까지 애국자였다.

　그러나 〈밀레토스의 함락〉이나 〈페르시아인〉 같은 작품들이 아테
네 비극의 주류는 아니다. 대체로 아테네 비극은 그리스 신화와 밀접
하게 관련되었으며, 신이나 왕, 또는 귀족 출신 영웅들의 파멸에 관한
이야기이다. 묘사의 잔혹함은 디오니소스 제의가 제물을 산 채로 찢
어 죽이는 의식에서 절정을 맞는 것과 일맥상통하는 점이 있다. 어린
시절 디오니소스 자신이 타이탄Titan에게 찢겨 심장만 남기고 먹혀버
리지 않았던가.

　BC 458년 아이스킬로스는 오레스테이아Oresteia 삼부작의 마지막
작품인 〈유메니데스Eumenides〉에서 합창단을 원형의 마당 오케스트라
로 보내 일종의 끔찍한 난장판을 벌이게 하는데, 그 충격으로 어린아
이들이 울부짖고 산모들이 유산까지 했다고 한다. 그래도 오레스테이
아 삼부작에는 오레스테스의 구원에 내포된 신의 은총이라는 요소가
있어, 그의 후배 소포클레스Sophocles(BC 496경-406)나 에우리피데스
Euripides(BC 484경-406경)의 작품들과 구별되는 면이 있다. 아이스킬로
스의 작품은 대략 90편 정도로 추정된다. 그중 7편의 작품이 오늘날
까지 전해진다.

　아이스킬로스는 자신의 비극에서 연기자의 비중을 크게 늘린다. 합

창단의 수를 50명에서 12명으로 줄이고, 두 번째 연기자를 투입한다. 이제 비극에서 두 연기자 사이의 사실감 있는 대화가 가능해진다. 심지어 그가 세 번째 연기자까지 동원했다는 설이 있지만, 일반적으로 그 공은 다음 세대인 소포클레스에게로 돌려진다. 또한 아이스킬로스는 마당 위에다 무대를 약간 더 높게 세우고, 무대 장치와 다양한 무대 효과에 공을 들임으로써 무대 연출 기술의 측면에서도 아테네 연극의 수준을 한 차원 더 높였다. 사모스Samos 섬 출신의 화가였던 아가타르코스Agatharchos는 아이스킬로스의 무대를 꾸미는 데 중요한 조력자로 활동하였다. 한편 연기자의 의상은 편안하면서도 우아하였고, 춤은 장엄하였다. 그 당시에는 극작가가 연출이나 연기 훈련까지 담당하는 것이 관행이었는데, 아이스킬로스의 춤 안무는 특히 정평이 있었으며, 그는 춤에 적극적인 의미를 부여하였다. 심지어는 그 자신이 직접 연기까지 한 것으로 보인다.

BC 496년경 아테네 근교 지방 유지의 아들로 태어난 소포클레스는 BC 468년 디오니소스 축제에서 아이스킬로스를 제치고 비극에서 우승한 이래 도합 스무 차례나 우승한다. 인물과 풍채가 좋았던 소포클레스는 원래 연기자가 되려했지만 목소리가 받쳐주지 못했다고 한다. 하지만 소포클레스는 리라 연주에 탁월했고, 정말 환상적인 춤꾼이었다. 그가 살라미스 해전에서 승리한 후 온 몸에 오일을 바르고 트로피 주위를 돌며 추었던 춤은 전설로 남아 있으며, 또한 공 돌리기 재주에도 일가견이 있었다. 90세까지 사는 동안 소포클레스는 적어도 123편의 작품을 썼으며, 오늘날에는 그중 7편이 남아 있다.

소포클레스는 비극에 아직 남아 있던 서사시적인 어투를 청산하고 아이스킬로스의 무대 효과를 한층 발전시키는데, 가령 아이스킬로스가 오레스테이아 삼부작에서 시도한 무대 배경 막의 아이디어를 받아들인다. 무엇보다도 소포클레스는 합창단의 역할을 대폭 축소시키고 제3의 연기자를 등장시켜, 이제 비극이 무엇보다도 연기자들의 예술이 되게 한다.

소포클레스는 정치가 페리클레스와 뜻을 같이 한 오랜 동료였다. 아이스킬로스의 작품에서도 그렇지만, 소포클레스의 작품에서도 아테네의 법적, 정치적, 사회적 의미층들이 발견된다. 그러나 여전히 비극은 처참하게 무너지는 영웅들의 파멸의 이야기이다. 트라고이디아 Tragoidia라 불린 오이디푸스 제의의 원초적 잔인함이 아이스킬로스를 거치면서 하나의 예술 형식으로서 정형화되고, 소포클레스의 손길에 의해 좀 더 인간적인 모습을 띠게 되기는 하지만, 그래도 여전히 비극에는 이미 예정된 파국으로 치닫는 거의 광기에 가까운 오기들이 브레이크 없는 자동차처럼 질주한다.

비극의 이런 경향은 소포클레스의 12년 후배인 에우리피데스에 의해 극단적인 양상으로 전개된다. 영웅들의 파국은 거의 일상적인 차원에서 한 움큼의 귀족적 겉치레도 없이 냉혹하게 묘사된다. 92편의 작품 중 17편의 작품이 남아 있는 것으로 미루어 에우리피데스의 대중적 성공을 짐작할 수 있다. 에우리피데스에 이르면 합창단의 역할은 거의 사라진다. 단지 막과 막을 구분해주는 정도라고나 할까. 에우리피데스는 아이스킬로스나 소포클레스와는 달리 연기나 춤을 실연하거나 하는 법도 없이 한 마디로 '빡세게' 리허설을 주도했다.

BC 406년, 에우리피데스는 소포클레스와 같은 해에 세상을 떠났으며, 2년 후인 BC 404년에 아테네는 BC 431년에 시작한 펠로폰네소스Peloponnesos 전쟁에서 스파르타에 무릎을 꿇는다. 이제 아테네 비극은 그 절정의 막을 내리게 된다.

아테네 비극의 전성기에 활약했던 연기자에 대한 기록은 귀하다. 호메로스의 서사시를 노래로 부르는 랩소디스트rhapsodist들은 독자적인 경연대회를 통해 그 명성을 널리 알릴 수 있었다. 비록 그 글이 플라톤이 직접 쓴 것인가에 대해서는 학자들 간에 이견이 있지만, 우리는 플라톤의 글을 통해 이야기꾼으로서 자신의 기량에 대단한 자신감을 보인 이온Ion이라는 랩소디스트의 생각을 들어볼 수도 있다.

대체로 아테네 비극의 연기자들은 특정 극작가들과 짝을 이루어 활동했다. 그러니까 연기자 클레안데르Cleander와 뮈니스코스Mynniscos(?-?)는 아이스킬로스와 함께 작업하고, 클레이디미데스Cleidimides와 틀레폴레모스Tlepolemos는 소포클레스와 함께 작업한다는 식이다. 그러다가 나중에 추첨에 의해 연기자와 극작가가 연결되는 방식으로 넘어간다. 이 시기의 연기자들에 대해 남아 있는 자료는 아주 귀하다. BC 420년 이전에 생존했음에 틀림없는 니코스트라토스Nicostratos에 대해서도 이름 외에는 그의 구체적인 활동 내용을 확인할 길이 없다.

고대 그리스 반도의 공연들은 경연의 성격을 띠고 있어서 연기자들에게 연기상을 주었는데, BC 418년에는 칼리피데스Callipides(?-?)란 연기자가 그 상을 수상한다. 좀 거만한, 이를테면 젊은 세대에 속하는 연기자였던 것 같은데, 아이스킬로스와 소포클레스가 모두 아꼈던 연기자인 뮈니스코스가 칼리피데스의 연기를 혹평했다는 기록이 남아 있다. 뮈니스코스에 따르면 연기자로서의 긍지도 없는 '원숭이들'이라나 뭐라나, 하여튼 그를 탐탁해 하지 않았던 뮈니스코스의 속내를 짐작해 볼 수밖에 없다.

아테네 비극에 잔혹하고 끔찍한 장면들이 많기는 하지만 이런 장면들이 무대에서 직접 묘사되는 일은 드물고, 대개의 경우는 외부로부터 말로 전해지는 식으로 묘사된다. 연기자들이 쓰고 있던 가면이나, 입고 있는 의상, 굽 높은 신발, 강약 3보격의 운율적인 대사 등으로 미루어 연기는 간결하고 집중적이었던 같으며, 사실적이라기보다는 양식화된 특징을 보였으리라 짐작된다. 반면에 합창단은 좀 더 역동적일 수 있었을 것이다.

칼리피데스에 대한 뮈니스코스의 불편함은 아테네 비극의 연기 스타일이 사실적으로 변해버린 시대적 분위기를 반영하는 듯 보인다. 여기에 덧붙여, 만들어진 관객의 감정적 반응을 유도하는 연기적 장치에 대한 뮈니스코스의 아쉬움도 느껴진다.

디오니소스 축제에서 공연되는 아테네 비극은 삼부작으로 제작된다. 세편의 비극을 연속해서 보고 나면 아무리 신경이 무딘 관객이라도 무언가 기분전환이 필요해진다. 그래서 비극 삼부작과 함께 공연된 것이 사티로스Satyros 극으로, 이것은 사티로스의 무리들로 이루어진 합창단의 엎치락뒤치락하는, 아주 외설적이며 활기차고 소란 방자한 공연이었음에 틀림없다. 합창단의 리더는 사티로스들의 아버지라 칭해지는 실레노스Silenos인데, 그 또한 외설적이라면 사티로스 못지않게 한가락 하는 반인반수의 엽기적인 괴물이다. 사티로스와 실레노스는 모두 디오니소스와 밀접하게 연관되는 신화적 창조물들로서, 디오니소스 축제의 한 중요한 본질을 재삼 확인시켜준다.

아테네 고희극old comedy, 古喜劇은 코모이디아Komoidia라 불렸는데, 이것도 비극과 마찬가지로 디오니소스 제의에서 유래한 것이다. 코모이디아라는 말에는 시골의 디오니소스 제의에서 술 취한 사람들의 흥청망청한 분위기가 감돈다. 비극을 통해 권력에 대한 새로운 발언이 가능해졌듯이 희극을 통해서도 권력은 풍자와 조롱의 대상이 된다. 특히 이런 풍자적 성격의 작품들이 아테네 고희극의 주류를 이룬다. 크라티노스Cratinos, 키오니데스Chionides, 에우폴리스Eupolis, 크라테스Crates, 페레크라테스Perecrates 등의 극작가 이름들이 기록에 남아 있으나 작품이 전해지지는 않는다. 지역 축제의 성격을 띤 겨울 축제인 레나이아Lenaia 축제에서는 진작부터 공연되었던 것 같지만, 좀 더 국제적인 축제인 아테네의 디오니소스 축제City Dionysia에서는 BC 487년부터 공식 경연 종목으로 희극이 허가된다. 이 경연의 최초 우승자는 키오니데스라고 전해진다.

아테네 비극의 경우, 그 많은 작가들 중에서 우리는 아이스킬로스, 소포클레스 그리고 에우리피데스의 작품 일부분만을 볼 수 있다. 그러나 희극의 경우는 아리스토파네스Aristophanes(BC 450경 - 385)의 작품 11편이 고작이다. 아테네의 비극과 고희극은 동전의 양면과 같다. 비극을 통해서는 귀족적 영웅들이 무자비하게 망가지며, 고희극을 통해서는 영웅과 현자 그리고 시인들이 속절없이 망가진다. 단지 망가지는 방식에서 차이가 있을 뿐인데, 비극이 장엄하다면 고희극은 우스꽝스럽다. 이것이 아리스토파네스 고희극 작품의 특징이기도 하다. 이러한 풍자적 성격은 아리스토파네스 말년의 중기 희극으로 가면 급격히 감소한다. 아테네 고희극에서 항상 적극적인 역할을 담당해온 합창단 또한 이러한 운명을 피해가지 못한다. 고희극에서 가면은 풍자하는 실제 대상을 우스꽝스럽게 재현하는 방식이다. 그리고 연기자는 배나 엉덩이를 커다랗게 부풀리는 분장을 하고 가죽으로 만든 과장된 남성의 상징을 사타구니에 차고 다닌다. 합창단은 24명에서 28명으로 구성되며, 고희극에서 합창단은 작가의 분신이 되어 작가의 주장을 관객에게 직접 전하는 역할을 맡기도 한다. 합창단의 이런 작용을 파라바시스parabasis라 한다.

모두의 예상보다 오래 지속되었던 펠로폰네소스 전쟁의 패배와 더불어, 아리스토파네스는 아테네의 영광의 빛이 점차 스러져가는 것을 지켜보았다. 파국과 풍자는 그러한 망가짐을 소화할 수 있는 꿈이 아직 살아 있어 생명력으로 작용할 때 가능한 법이다. 이렇게 아테네 영광의 꿈이 사라지면서 아테네 비극과 고희극도 함께 역사의 저편으로 사라진다.

아리스토파네스와 거의 동년배인 아가톤Agathon(BC 447경-400)은 신화와 전설, 또는 역사적 사건에 의존하지 않은 일종의 낭만적 드라마를 창안했는데, 그것은 아이스킬로스, 소포클레스, 에우리피데스의 뒤를 이은 아테네 비극의 끝물이었다. 이제 아테네 고희극은 알렉시스 Alexis(BC 372경-270) 등의 중기 희극을 거쳐 기원전 300년대 알렉시스의 조카인 메난드로스Menandros(BC 342경-292)가 등장하면서 신희극에 완전히 자리를 내주었다. 이제 희극은 풍속희극의 성격을 띠게 되며 합창단의 역할은 막의 변화를 알리는 무용단의 역할로 제한된다.

고대 아테네 연극

아테네 아크로폴리스 언덕에 있는
디오니소스 극장

절정기 아테네 연극의 전체적인 분위기를 잘 정리한 헤이그A.E. Haigh의 글이 있어 간추려 소개한다. 이 글은 1855년에 나온 《아테네 연극The Attic Theatre》에서 발췌했다. 비록 두 세기 전의 글이지만 아테네 연극의 분위기가 생생하게 살아 있다.

디오니소스 축제 기간 중에 아테네의 디오니소스 극장에서 벌어지는 연극 공연은 정말 대단한 것이었다. 도시 전체가 모든 활동을 중지하고 축제에 몰입했으며, 축제의 즐거움을 함께 나누기 위해 죄수들까지도 방면했다. 디오니소스는 술의 신이자 자연의 풍요로운 생식력을 관장한다고 믿어졌으므로 디오니소스 축제의 흥청거림은 그럴 법도 한 일이었다.

디오니소스를 찬미하는 축제들은 종교적인 성격의 축제들이었으나 따분하고 금욕적인 성격은 찾아볼 수 없었다. 걱정과 근심으로부터 인간을 해방시켜주는 것은 디오니소스의 권능이었으며, 마음껏 삶을 찬미하는 것은 곧 그를 찬미하는 것이었다. 그중에도 연극공연은 첫손 꼽는 행사였다.

저녁 해가 서산으로 넘어가면 아테네의 시민들은 삼삼오오 무리지어 아크로폴리스 언덕 남쪽 기슭에 자리 잡은 디오니소스 극장으로 모여들기 시작한다. 언덕 비스듬히 이만여 명의 관객을 수용할 수 있는 객석은 곧 입추의 여지없이 들어차고, 어스름 저녁에 강렬한 색조의 옷을 차려입고 야외의 원형극장을 채우고 있는 이만여 명의 관객들은 이미 그 자체로 장관이었을 것이다.

디오니소스 축제 때 공연된 연극들은 그리스 전 시대를 걸쳐 가장 우수한 연극들로 평가되고 있으니만큼 공연 역시 그 장관에 전혀 손색이 없었으리라. 형식의 아름다움, 내용의 깊이 그리고 시적 영감에서 그 작품들은 타의 추종을 불허하는 것들이었다. 특히 흥미로운 점은 이 시기 그리스 연극의 걸작들 대부분이 시민들의 축제 여흥을 만족시키기 위해 만들어졌다는 사실이다. 전 시민들이 예술적으로 최고 수준의 예술작품을 감상하기 위해 이렇게 한곳에 모인다는 사실은 역사상 유례가 없는 일이다. 예술이 일반시민들의 일상 속에 깊숙이 침투해 들어간 희귀한 경우였다.

겨울에 벌어지는 또 다른 축제인 레나이아 축제 기간 중에는 추운 날씨 때문에 여행이 곤란한 까닭에 관객의 대부분이 아테네 시민들로 이루어진다. 반면에 레나이아 축제로부터 두 달 후에 열리는 봄맞이 디오니소스 축제로 벌어지는 시티 디오니시아City Dionysia 축제에는 그리스 전역으로부터 엄청난 방문객이 아테네로 모여든다. 인접한 우방의 사절단들이 공물을 들고 찾아오는 것도 이때이다. 아테네를 방문한 외교사절들에게는 극장의 앞좌석이 할당되곤 하였다.

비극이나 희극의 구별 없이, 연극 공연이라면 모든 계층에서 관객들이 몰려온다. 남자들, 여자들, 어린아이들, 심지어 노예들도 관람이 허가된다. 기록에 의하면 아이스킬로스의 〈유메니데스〉라는 연극은 어찌나 무시무시했던지 아이들은 두려움에 떨고 부인들은—믿거나 말거나—유산을 할 정도였다고 한다. 아이들과 부인들이 고대 그리스의 희극을 관람했다는 사실은 심상치 않은 일이다. 왜냐하면 고대 그리스의 희극이란 외설과 불경으로 가득 차 있었기 때문이다. 그러나 잊어서는 안 될 사실은 이러한 연극들이 종교적 축제의 일환으로 공연되었다는 사실이다. 그리스인들은 종교적으로 보수적이었으므로 고대 그리스 연극 속에 원시종교의 외설적이고 정제되지 않은 표현들이 여전히 진하게 남아 있었다고 하더라도 당연한 일이었다. 외설적인 것으로 유명한 사티로스 극이 비극과 나란히 공연될 수 있었던 것도 그들의 종교적 보수성 때문에 가능했다.

신을 찬미하는 축제의 의식은 평상시에 여인들을 꼼짝 못 하게 옭아매던 사슬을 잠시나마 풀어놓는다. 그래서 처녀들까지도 디오니소스를 찬미하는 거대한 남성 상징의 축제 행렬에 한자리 낄 수 있을 정도였다.

아리스토텔레스는 그의 《정치학》의 한 구절에서 이 문제에 관한 자신의 입장을 표명하고 있다. 그의 생각에 아이들이 외설적이고 불경한 표현에 접하는 것은 아무리 그것이 종교적인 맥락에서라도 이로울 것이 없다는 것이다. 여인들과 아이들의 문제는 그렇다 하고 노예들이 연극을 관람할 수 있었다는 것은 또 어떻게 된 일인가. 플라톤은 그의 《고르기아스》라는 글에서 결코 노예 앞에서 비극이 공연되어서는 안 될 것이라고 말한다. 그러나 일부 노예들이 연극을 관람할 수 있었던 것은 아마도 그들 주인의 배려 덕분이었을 것이다.

아테네의 관객들은 대단히 적극적인 관객들이었으며 기회만 있으면 어김없이 자신들의 연극에 대한 반응을 표현했다. 흥분한 이만여 명의 관객이 지르는 고함과 아우성은 보통 요란스러운 것이 아니었을 것이다. 연극경연을 심사하던 심사위원들이 그러한 관객들의 반응을 무시하고 자기 소신대로 우수작에 표를 던지기란 웬만한 담력 갖고는 어려운 일이었을 것이다. 아테네의 관객들이 자신들의 의견을 표시할 때 지금처럼 박수를 치기도 하고 휘파람을 불기도 했겠지만, 독특했던 것은 특히 공연에 불만이었을 때 신고 있던 샌들의 뒤꿈치 부분으로 자신들이 앉아 있던 돌 벤치를 걷어차는 행위였다. 심지어는 심심치 않게 무대 위로 돌멩이가 날아가기도 한다. 아이스키네스Aeschines라는 배우는 공연 중에 돌멩이에 맞아 죽을 뻔한 적도 있었다고 한다. 돌멩이 이외에 무화과나 올리브 열매 등도 날아가곤 한 모양이다. 반면에 가령 어떤 대사가 마음에 들었다 하면 앙코르도 수시로 터져 나와, 소크라테스 자신도 에우리피데스의 〈오레스테스〉 처음 세 구절에 앙코르를 외쳤다고 전해진다.

아테네의 시민들이 배우의 연기나 극본의 대사 등에 불만을 품고 연극을 도중에서 하차시킬 때도 별 문제가 없었던 것은, 여러 개의 작품들이 계속해서 공연되던 이 시기의 연극 공연 방식 때문이었다. 어떤 때는 신통치 않은 연극들이 연속해서 공연된 경우도 있었는데, 공연 도중에 관객들이 이들을 전부 휘파람을 불어 내쫓았던 까닭에 밤늦게 공연될 예정이었던 작품이 급히 준비되었다는 일화도 있다.

여기저기 흩어져 있는 기록의 단편들로 미루어 짐작하면 그때나 지금이나 연극 관객의 일반적인 유형은 크게 다를 바 없는 것 같다. 자신의 미적 취향에 자신만만하여, 다른 모든 이들이 잘한다고 환호할 때 못마땅하다고 휘파람 불고, 모두 조용히 보고 있을 때 잘한다고 박수치는 인물이 있는가 하면, 자기 맘에 드는 곡조가 나오면 따라 흥얼거려서 주위 사람들의 상을 찌푸리게 하는 인물도 있었다. 또한 어떻게 하든지 소란을 부려 연극을 도중에 중단시키는 것을 낙으로 삼는 젊은 망나니들이 있는가 하면, 먹을 것을 잔뜩 싸와 연극이 좀 따분해질 때마다 부지런히 꺼내 먹는 이들도 있었으며, 심지어 희·비극을 가리지 않고 처음부터 잠에 빠져 연극이 끝나고 사람들이 집에 가느라 내는 소란 속에서도 코를 고는 이도 있었다.

몇몇 기록에는 극작가나 배우들로부터 돈을 받고 고용된 박수꾼들에 대한 언급도 있다. 놈팽이로 지내던 필라포로스Pilaphoros라는 인물은 어떻게든 배우로 출세해볼까 하는 생각에, 무대에 데뷔하던 날 친구에게 박수부대를 동원해달라고 부탁했다고 한다. 필레몬은 희극 작가로는 능력이 부족한데도 이러한 재주 덕분에 경연대회에서 몇 차례 우승을 차지한다.

아테네 연극 관객들의 성격을 잘 말해주는 것으로써, 그들이 어떻게 극작가를 취급했는가에 관한 몇 가지 일화들이 있다. 비록 아테네인들이 무대 위에서 외설적 표현과 신들과 그들에 얽힌 온갖 불경스런 조롱들을 관대하게 용납한 것은 사실이지만, 또 한편으로는 종교의 정통성에 관해 대단히 엄격한 입장을 갖고 있었다. 무신론적 발언이나 종교의 계율에 대한 도전은 날카로운 반응을 불러일으킬 수도 있었으니, 아이스킬로스는 종교적인 문제를 잘못 건드렸다가 하마터면 몰매를 맞아 죽을 뻔했던 적도 있다. 그는 합창대석에 있던 디오니소스 제단 속으로 피신함으로써 가까스로 큰 봉변을 모면할 수 있었다. 에우리피데스도 자신의 〈멜라니페Melanippe〉라는 연극의 서두에서 "제우스신이란 도대체 누구일지니. 나는 남에게서 들은 이야기밖에 없거늘"이라 했다가 비슷한 봉변을 당한 후 "제우스여, 그대 진실로 남들이 봤다고 하는…"이라고 대사를 고쳐 써야만 했다.

미덕에 대한 아테네인 일반의 관념도 종교 못지않게 민감한 것이어서 에우리피데스의 〈다나에Danae〉라는 연극은 대사 중에 돈을 찬미한 부분 때문에 하마터면 중도에서 공연을 중지해야 할 뻔했다.

한편 지혜로움과 고결함의 표현이 관객의 마음에 와닿았을 때의 열광 또한 대단한 것이었다. 아리스토파네스는 아테네의 공민권을 박탈당한 시민들에 대한 은총을 멋들어진 대사를 통해 호소함으로써 신성한 올리브 열매로 엮어진 월계관을 하사받을 수 있었다. 소포클레스의 경우는 한 걸음 더 나아가 〈안티고네Antigone〉에서 보여준 빼어난 정치적 지혜 덕분에 사모스 섬 원정군 장군 중의 한 사람으로 지명되었다.

이상주의에 대한 아테네인들의 과장된 성향은, 이오니아의 불행을 실감나게 묘사하는 데 성공한 프리니코스의 비극에 대한 반응을 통해 엿볼 수 있다. 극작가의 뛰어난 비극적 재능을 치하하기는커녕, 자기들과 가까웠던 우방인 이오니아의 비극을 다시 들먹였다는 이유로 가련한 프리니코스에게 벌금을 매겼을 뿐만 아니라, 더 나아가 그 작품을 다시는 무대에 올릴 수 없게 금지하는 법을 통과시킨다.

연극에 대한 아테네인들의 정열은 대단한 것이었다. 거두어들인 세금을 축제에 뿌리고, 전쟁터의 천막보다는 무대에 더 익숙한 아테네인들. 어느 역사학자에 따르면 그들은 장군보다 시인을 더 대접한 민족이었다. 아테네의 연극은 기원전 5세기 아테네가 정치적으로 그 절정에 있을 때 예술적으로도 가장 완숙한 경지에 이르렀다. 아테네인들의 예리한 지성은 고대인들 사이에도 평판이 자자했고, 문학과 예술에 대한 그들의 정제된 취향과 분별력 있는 판단은 어떠한 속임수에도 현혹되지 않았다.

2막

헬레니즘 시대

아들의 재가 담긴 항아리를 들고 연기한 폴루스

앞에서 소개한 A.E. 헤이그가 아테
네 시민들의 미의식을 약간 과장한
느낌은 있지만, 어쨌든 아테네 연극
은 아테네의 영광과 운명을 함께 한
다. 이제 영광은 기원전 336년에 재
위에 오른 마케도니아의 알렉산드
로스Alexandros 대왕의 것이 된다. 당

메난드로스와 글뤼케라
그리고 희극의 여신

시로서는 북쪽 변방 국가의 왕자였던 알렉산드로스는 아테네에서 아
리스토텔레스(BC 384-322)를 스승으로 초빙한다. 지금의 그리스를 의
미하는 헬라스의 도시 국가들은 쇠락 일변도의 길을 걷고 있었지만,
아테네는 여전히 문화적으로 무시할 수 없는 영향력을 행사한다. 물
론 더 이상 예전과 같은 수준은 유지할 수 없었지만 말이다. 알렉산드
로스 대왕은 기원전 336년부터 323년까지 불과 십 년 남짓한 재위 기
간 중에 이집트에서 페르시아, 인도에 걸치는 거대 제국을 건설하였
지만, 그의 갑작스런 죽음 이후 제국은 마케도니아와 이집트 그리고

시리아로 분열된다.

알렉산드로스 대왕의 죽음으로부터 로마가 다시 강력한 지중해의 지배자로 등장하는 기원전 30년경까지 대략 300년의 기간을 문화사에서는 일반적으로 헬레니즘 시대라고 부른다. 강력한 지배자의 죽음 이후 거대한 제국이 겪게 될 혼돈은 불가피한 것이었다. 그칠 새 없는 분쟁들과 한탕주의, 개인주의, 범죄, 가치관의 혼돈 등이 교역의 확대로 비롯된 상업의 발달, 부의 축적, 국제주의, 견문주의, 절충주의 등의 경향과 맞물려 헬레니즘의 독특한 풍토를 형성한다. 무엇보다도 이 시기에는 국제어로서 그리스 공통어인 코이네가 확립되어, 국경을 초월한 인간의 보편성을 강조한 알렉산드로스 대왕의 오이쿠메네 Oikoumene 정신이 그 언어적 기반을 확보하였다. 전통적인 그리스 도시국가 폴리스의 경계를 넘어서는 코스모폴리타니즘이라고 할까. 하지만 이미 코스모폴리타니즘에 내포되어 있는 제국주의적 지배와 차별의 모순은 헬레니즘에서 로마 제국 시대로 이어진다.

메난드로스의 신희극적 작품들에서 이제 더 이상 아테네 고희극의 전통인 권력에 대한 풍자나 조롱은 찾아볼 수 없다. 100편이 넘는 작품 중에 작품 전체가 온전히 남아 있는 것은 1957년에 이집트에서 발굴된 〈성격 나쁜 남자Dyskolos〉 한 편뿐이지만, 그 밖의 단편 작품들로도 이 점은 충분히 확인된다. 391년 알렉산드리아 도서관의 화재로 얼마나 많은 연극 대본들이 소실되었는지는 아무도 짐작조차 할 수 없다.

메난드로스로 대표되는 헬레니즘 연극은 대수로울 것 없는 인간의 온갖 결함들 속에서 그래도 소중한 감정으로 사랑을 묘사한다. 지금은 너무 익숙한 구성이지만, 우여곡절 끝에 맺어지는 사랑 이야기에다 교활한 기생충 타입의 역할들과 단순무식한 날강도 타입의 역할들이 헬레니즘의 신희극에 가세한다. 에우리피데스의 추종자였던 메난드로스는 동시대에 무소불위의 영향력을 행사하던 창부 글리케라Glykera에 의해 감성교육을 받았다.

메난드로스 시대의 연기자들에 대해서는 별로 알려진 것이 없다. 아리스토데무스Aristodemus, 네오프톨레무스Neoptolemus, 테살루스Thessalus, 아테네도루스Athenodorus, 티모테우스Timotheus 등의 이름이 전해지기는 하나 이들에 대해 알려진 바는 지극히 제한되어 있다. 헬레니즘 초기 연기자들 중에 기록에 남아 있는 가장 인상적인 경우가 폴루스Polus(?-?)이다. 폴루스에 대해 전해지는 일화는 그가 아가멤논Agamemnon과 클리타임네스트라Clytaemnestra 사이의 딸로서 오레스테스의 누이인 엘렉트라Electra 역을 맡아 연기할 때의 일이다. 공연 내용에서 동생 오레스테스가 죽은 줄로 잘못 생각한 엘렉트라가 그의 재가 담긴 항아리를 들고 슬퍼하는 장면이 나오는데, 폴루스는 이 장면을 실감나게 연기하기 위해 실제 자기 아들의 주검에서 나온 재가 담긴 항아리를 들고 연기했다고 한다. 그래서 누군가는 폴루스를 소위 메소드 연기Method acting*의 선구자라 칭하기도 한다. 플루타르코스Plutarchos에 의하면 폴루스는 100살이 넘은 나이에 무대에서 공연 중 세상을 떠났다고 한다. 그게 사실이면 정말 연기자다운 삶을 살다간 연기자였다고 할 수 있다.

위에 언급한 일화 외에 폴루스에 대한 그 밖의 사실들은 거의 전해지지 않는다. 언제 태어났는지, 어떻게 살았는지 제대로 알 수는 없지만, 그 정도로 오래 살았던 폴루스를 BC 342년경에서 292년경까지

---

* 배우가 극중 배역에 몰입해 그 인물 자체가 되어 연기하는 방법

살았던 메난드로스와 비슷한 시기에 활동했던 연기자로 상정해보는 것이 불가능한 것은 아니다. 메난드로스가 살았던 시대는 알렉산드로스 대왕의 시대이기도 한데, 이 시기는 앞으로 헬레니즘이 전개되는 그 기본적인 틀을 형성하는 시기이기도 하다.

폴루스의 일화가 암시하는 것은 무엇보다도 BC 487년경에 태어나 376년경까지 살았던 고르기아스Gorgias를 중심으로 한 소피스트들의 영향력이다. 고르기아스는 무엇보다도 감성적인 측면에서 관객들이 어느 정도나 연기자들의 연기를 실제라고 경험하느냐에 따라 공연의 성공과 실패가 판가름 난다고 생각했다. 따라서 공연의 성공을 위해서는 무대에서 연기자들에 의해 창조되는 등장인물들이 적어도 그 감성적인 작용에서 가능한 한 현실과 닮아 있어야 한다. 현실이 아니면서도 현실과 같아 보이는 이러한 효과를 소피스트들은 '환영'이란 의미로 'apate'*라 부른다. 결국 소피스트들에게 예술은 아파테로부터 비롯하는 즐거움의 창출인 것이다. 무대에서 슬픔이라는 정서가 창출되고, 관객들은 내면에 그 정서를 환기시킴으로써 연극이라는 독특한 즐거움을 체험한다.

고르기아스보다 몇 십 년 뒤에 태어난 플라톤Platon(BC 428/427 -348/347)은 바로 이 아파테에 극단적으로 반발한다. 플라톤에게 연극은 오로지 거짓투성이로, 단지 우리의 값싼 감성만을 자극할 뿐이다. 진실로 참된 인간이라면 연극을 멀리하고 진실을 찾는 철학을 가까이

---

* 연극이론의 역사에서 아파테론은 소피스트들, 특히 고르기아스에 의해 발전된, 주로 연극과 관련된 이론으로, 연극이란 어떤 환영을 창출해내고 이를 관객으로 하여금 실제라고 믿게 하여 관객의 마음속에 마치 연극의 등장인물들이 겪을 법한 정서적 상태를 체험하게 한다는 것인데, 그리스 신화에는 '밤'을 뜻하는 여신인 닉스의 딸로 아파테Apate라는 여신이 있다. 아파테는 기만, 사기가 의인화된 신이다. 로마의 동격신은 프라우스Fraus이다.

해야 한다는 것, 이것이 연극을 포함한 예술에 대한 플라톤의 기본 태도이었다.

그러나 아테네가 펠로폰네소스 전쟁에서 스파르타에게 패하고, 곧이어 그리스 반도 전체가 마케도니아의 지배하에 들어감에 따라, 패배주의적 시대 분위기는 플라톤의 진실보다는 고르기아스의 환영 쪽으로 기울어진다. 여기에 "만물은 실제로 존재하지 않는다. 설령 존재한다고 해도 인식할 수 없다"는 고르기아스 사상에 내포된 일종의 허무주의적 경향이 예술에서 점점 더 효과적인 환영의 창출을 고무하기에 이른다. 한편 스승이었던 플라톤의 비현세적 이상주의와 극단적인 아파테가 야기할 수 있는 위험 사이에서 절충점을 찾으려 했던 아리스토텔레스는 연극이나 음악의 치유적 효과로서 카타르시스catharsis라는 개념을 제안한다.

메난드로스가 폴루스의 공연을 관람했다면 두 사람 사이에서 이런 연기론적 입장들에 대한 흥미 있는 대화가 가능할 법도 하다. 여기에 메난드로스보다 더 대중적 인기를 향유하던 같은 시대의 선배 극작가인 필레몬Philemon(BC 362경-262경)과 메난드로스의 정부이자 그 당시 영향력 있던 상당수의 유명 인사들을 휘어잡았던 팜므 파탈femme fatale 글뤼케라까지 가세하면 상당히 긴장감 있는 극적 장면이 연출될 수 있다. 어쩌면 폴루스와 글뤼케라 사이에 은밀한 사랑의 역사도 가능하지 않았을까?

2 BC 220년경

리비우스 안드로니쿠스와
티투스 마키우스 플라우투스가 갈등하다

리비우스 안드로니쿠스

헬레니즘 시기에 서서히 자신의 존재를 알리기 시작하는 로마에도 아테네 연극이 수입된다. 공화정 시대 로마 연극의 선봉장은 리비우스 안드로니쿠스Livius Andronicus(BC 284경-204)로서 BC 284년에 태어난 그는 그리스인 노예 출신이다. BC 272년 타렌툼 Tarentum이 함락될 때 노예가 된 그는 가정교사로서 귀족 마르쿠스 리비우스 살리나토르Marcus Livius Salinator의 아들을 가르친다.

가정교사로서의 능력을 인정받아 로마에서 자유민이 된 그는 〈오디세이아〉를 라틴어로 번역한다. 아마도 문학적 텍스트가 다른 언어로 번역된 최초의 경우일 것이다. BC 240년 주피터 축제인 루디 로마니Ludi Romani에서 안드로니쿠스는 처음으로 아테네 희극과 비극을 라틴어로 소개한다. 그 당시 이미 로마에는 아마도 에트루리아Etruria의 춤에서 영향 받았을 사투라Satura라는 전통적인 버라이어티 쇼가 공연

42

되고 있었다. 리비우스 안드로니쿠스도 처음에는 사투라의 대본을 썼지만, 점차 안드로니쿠스가 창작한 아테네 스타일의 공연이 로마인들의 취향을 변화시킨다.

훗날 로마의 역사가 수에토니우스Suetonius(BC 69-122)가 안드로니쿠스와 그의 후배 엔니우스Quintus Ennius(BC 239경-169경)를 '반半그리스적 half-Greek'이라 칭할 때, 이것은 인종적인 구분이 아니라 스타일데 대한 표현이었다. 가령 안드로니쿠스의 공연 스타일을 '파불레 팔리아테fabulae palliatae'라고도 하는데, 이것은 종종 연기자들이 그리스에서 유래한 짧은 망토인 팔리움pallium을 걸치고 연기했기 때문이다. 한편 기원전 2세기 중엽이면 로마에 '파불레 토가테Fabulae togatae'가 등장한다. 이것은 로마의 의상인 토가toga를 입고 하는 공연 스타일을 말한다.

리비우스 안드로니쿠스는 작가에다 교사, 무대감독에 뛰어난 연기자이기도 했다. 한번은 그의 공연에 감동한 관객들이 얼마나 앙코르를 외쳤는지, 안드로니쿠스는 연기를 되풀이하느라고 목이 다 쉬어버릴 정도가 되었다. 그래서 기지를 발휘한 안드로니쿠스는 어린 가수를 불러 노래를 부르게 하고 자신은 그 노래에 맞춰 춤을 추었다. 관객 모두가 열광했음은 물론이다. 이 이후로 다른 로마의 연기자들도 이런 방식을 공연에 포함시켜, 이것은 결국 로마 연기 스타일에서 하나의 새로운 전통이 된다.

주노 여신의 찬가를 지어 모든 로마 사람의 찬탄과 존경을 획득한 리비우스 안드로니쿠스는 최초로 미네르바 신전에 본부를 둔 연기자 조합을 개설한다. 후세의 사람들은 그를 로마 연극의 아버지라 부른다.

로마 공화정 시대에 활약한 극작가들 중 아리스토파네스적 전통을 이은 가장 강력한 반골 풍자 희극의 작가는 아마도 BC 270년에

플라우투스

태어난 네비우스Naevius(BC 270경-199)일 것이다. 심지어 동시대 스키피오Scipio Africanus 장군 같은 권력자를 조롱하는 희극 작품을 발표한 그는 결국 옥살이까지 겪게 된다.

네비우스보다 20여 년 후배인 티투스 스마키우스 플라우투스Titus Maccius Plautus (BC 252경-184)는 네비우스가 시도한 아테네 영향으로부터의 탈피를 본격적으로 밀어붙인다. 희극의 배경은 아직 그리스에 머물렀지만 외설적인 노래가 곁들여진 그의 희극은 명백히 로마적인 것이었다.

연기자이기도 했던 플라우투스는 메난드로스나 필레몬 등의 신희극 작가들의 작품들을 대담하게 각색하고 번안하여 로마 고유의 통속 희극적 속도감을 살려낸다. 130여 편에 달하는 그의 작품 중 21편이 남아 있는데, 이것들은 후대의 희극 작가들에게 지대한 영향을 끼쳤다. 특히 영리한 몸종이라는 역할은 지금까지도 희극의 기본적인 구성 요소를 이룬다.

플라우투스는 아주 어린 시절부터 연극에 뜻을 두었던 것 같다. 그 당시 로마의 연극은 줄거리에서부터 연기 방식, 의상에 이르기까지 아테네 연극의 영향하에 있었다. 플라우투스 또한 아테네 영향으로부터 통째로 자유로울 수는 없었지만, 그래도 플라우투스의 작품에서는 연기자들의 말투, 움직임, 그 밖에 일상적 대화의 소재 등에서 로마 거리의 냄새가 난다. 플라우투스의 이름 중에 마키우스는 로마 남부 캄파니아 지방의 전통적 광대극 '아텔란 소극Fabula Atellna'에 나오는 착한 바보 마쿠스와 관련이 있을 거라고 추정하는 학자들도 있다.

　플라우투스가 리비우스의 공연을 통해 극작가이자 연기자로서 성장했음은 틀림없다. 그러면서도 진정한 로마의 연극을 위해 리비우스는 플라우투스가 넘어야 할 거대한 산이었다고나 할까. 리비우스와 플라우투스의 대화를 상정해 그리스 문화를 배경으로 한 헬레니즘의 또 다른 측면을 조명해보는 일도 흥미로운 도전일 것이다. 연기자이자 극작가로서 플라우투스의 삶에도 성공과 실패의 우여곡절이 있겠지만, 헬레니즘 시대 로마 연극 일세대인 리비우스에 대해 플라우투스가 품은 존경과 도전의 이중적 작용은 앞으로도 연기 예술의 역사에서 줄곧 되풀이될 의미 있는 만남이었으리라 짐작된다.

3 BC 159년

아테네로 떠나는 푸블리우스 테렌테우스 아페르를 배웅하는 루시우스 암비비우스 투르피오

엔니우스와 그의 조카 파쿠비우스Pacuvius(BC 220경-130)를 거쳐 BC 86년에 죽는 아키우스Accius(BC 170경-86)에 이르면 헬레니즘의 아테네 문화는 상당 부분 그 영향력을 상실한다. 작품 〈아트레우스Atreus〉에서 "그들이 나를 두려워하는 한, 마음대로 나를 미워하라고 그래!"라는 유명한 대사를 남긴 아키우스는 헬레니즘 로마의 마지막 비극 작가이다. 이 대사는 폭군 칼리굴라가 즐겨 인용했다.

헬레니즘 시대의 로마 관객들이 대체로 교양이 궁핍하고 연극에서 오락거리를 찾은 것은 분명하나, 한편으로는 자유분방한 흥이 있었던 것도 사실이다. 로마 공화정 시대의 화가이자 걸출한 비극 작가 파쿠비우스의 작품 〈일리오나Iliona〉가 공연될 때의 일이다. 푸피우스Fufius라는 연기자가 무대에서 잠드는 장면을 연기하다 실제로 잠이 들어버렸다. 원래는 아들의 영혼이 나타나 "어머니, 내 고함소리를 들어주세요" 하며 깨운다는 설정인데, 푸피우스가 그만 코를 골며 깊이 잠들어버리자 관객들이 함께 아들의 대사를 합창해서 푸피우스를 깨웠다는 일화가 전설처럼 전해 내려온다.

46

BC 190년경에 태어난 테렌티우스Publius Terentius Afer(BC 190경-159)는 아키우스보다 20년 정도 연상이지만 서른을 갓 넘겨 짧은 생애를 마감한다. 북아프리카 출신의 노예였던 테렌티우스는 로마에 와서 로마 원로원 의원인 테렌티우스 루카누스Terentius Lucanus의 시중을 들게

테렌티우스

된다. 어린 시절부터 별 다른 교육을 받지 못했지만, 테렌티우스의 재능은 주위의 경탄을 자아낸 것 같다. 그의 주인 루카누스도 예외는 아니어서 테렌티우스는 곧 해방되어 테렌티우스라는 이름을 물려받고 자유민이 된다.

사실 테렌티우스의 생애에 대하여는 별로 알려진 것이 없다. 그의 출생년도조차 확실하지 않으며, 그가 죽은 나이도 25세에서 35세까지 여러 설이 있다. 그의 이름 중 아페르Afer는 그가 북아프리카 카르타고 출신임을 암시하며, 테렌티우스는 아마도 포에니 전쟁 때의 포로였을 것이다. 테렌티우스가 구사한 라틴어는 대단히 정제된 높은 수준으로서, 그의 출생이나 생애가 어떻든 그가 남긴 6편의 작품은 헬레니즘 시대 로마 희극의 지적 수준을 성취한다. 문체의 수준과 주제에 접근하는 사유의 깊이로 해서 훗날 그의 작품들은 중세 수도원의 중요한 라틴어 교본으로 기능한다.

플라우투스의 활기에 넘친 희극과는 다르게 차분한 그의 희극은 인간사에 대한 관심과 통찰로 정평이 있다. 그의 잘 알려진 경구들은 그러한 관심과 통찰에서 비롯한다. 몇 가지 예를 들어보면, "나 이전에

하지 않은 말은 없다", "늙었다는 것은 그 자체가 병이다", "지혜로운 사람에게는 한 마디면 족하다", "사람 수만큼 다른 생각", "나는 돈을 주고 희망을 살 생각은 없다", "항상 깨어있어라", "사람은 자기 일보다 남의 일을 더 잘 알고 더 잘 판단한다", "나는 인간이다. 인간에 관한 일이라면 무엇이든 남의 일로는 여기지 않는다." 등등이 있다.

테렌티우스는 아테네 신희극 작가 중 특히 메난드로스에게서 결정적인 영감을 받는다. 오죽하면 가이우스 율리우스 카이사르Gaius Julius Caesar가 그를 일컬어 '반半메난드로스'라 했겠는가. 테렌티우스의 작품들이 대체로 메난드로스적 희극의 틀에서 크게 벗어나 있지는 않지만, 특히 공연에서 테렌티우스가 시도한 독창적인 발상들도 있다. 예를 들어 테렌티우스는 신희극의 독백을 부자연스러운 연극적 관습으로 보고 그것을 가능한 한 대화로 처리하려 하였다. 테렌티우스의 첫 작품 〈안드로스에서 온 아가씨Andria〉가 인본주의적 정신과 라틴어의 우아함을 추구한 선배 작가 카이킬리우스Caecilius(BC 219경-166)에게서 높은 평가를 받을 만큼 그의 작가적 성취는 분명하다. 그러나 인간의 우스꽝스러운 면들을 들추어내 관객들의 배꼽을 움켜잡게 만든다는 점에서는 그가 플라우투스만큼 대중적 평가를 받지 못한 것도 또한 분명하다. 테렌티우스가 BC 159년경 아테네로 떠나려 했던 배경에 이런 사정이 작용한 것은 아닐까.

전대의 플라우투스만큼 뛰어난 연기자였는지 알려져 있지는 않으나, 테렌티우스가 무대에서 관객들과 소통을 시도하려 했다는 점은 분명하다. 테렌티우스의 작품에는 본 공연이 시작되기 전에 일종의 프롤로그 같은 것이 있어서, 테렌티우스 자신이 작품을 쓰게 된 동기라든지, 작품의 의도 같은 것을 연기자의 입을 통해 관객에게 전하는 기회로 삼았다.

테렌티우스를 대신해서 충실하게 그의 생각을 관객에게 전한 연기자가 루시우스 암비비우스 투르피오Lucius Ambivius Turpio(?-?)이다. 남아 있는 두 대본에서는 아예 투르피오라는 자신의 이름으로 프롤로그의 무대에 선다. 그만큼 투르피오는 단순히 작가와 연기자의 관계를 넘어 테렌티우스와 연극에 대한 비전을 함께 하는 동지로서 작업을 같이 한다. 투르피오는 연기자로서만이 아니라 공연 흥행사로서도 탁월한 안목을 갖춘 인물이다. 그는 테렌티우스의 거의 모든 작품에서 주인공의 역할을 맡았을 뿐만 아니라 테렌티우스가 세상을 떠난 후 그의 작품들을 모두 구입하고, 유랑극단을 조직해 그의 작품을 지속적으로 공연하며 테렌티우스의 작가 정신이 후세에 계속 이어지게 하는 결정적인 역할을 한다.

메난드로스가 살아생전 한 번도 떠난 적이 없었던 아테네에 대해 테렌티우스가 가졌던 향수는 어떤 것이었을까? 결국 테렌티우스는 로마로 돌아오지 못하고 객지에서 죽는다. 그의 죽음에는 아테네로 가는 도중에 병이 들어 죽었다는 설과 타고 가던 배가 난파당해 바다에서 죽었다는 설이 있다. 괴나리봇짐을 짊어지고 아테네로 떠나는 테렌티우스를 배웅하는 투르피오의 모습을 그려본다.

퀸투스 로스키우스 갈루스가
클로디우스 에소푸스를 꾸짖다

BC 1세기경의 연극 가면

BC 62년에 세상을 떠난 퀸투스 로스키우스 갈루스Quintus Roscius Gallus(BC 126경-62)는 헬레니즘 시대 로마 공화정 말기의 뛰어난 연기자이다. 로마 공화정 시대의 연기자들은 거의다가 매니저에 속박되어 있던 노예 신분이었는데, 로스키우스는 탁월한 연기를 바탕으로 조금씩 벌어들인 돈의 힘을 빌려 자유민으로 방면된 경우이다. 테렌티우스처럼 로스키우스도 주인에게서 로스키우스란 이름을 물려받았을 것이다. 이름에 포함된 갈루스로 미루어 어쩌면 갈리아Gallia 출신 노예일지도 모른다. 희극과 비극 모두에 달통한 연기를 과시한 로스키우스는 특히 희극에서 얼굴 두꺼운 기생충 역할에 일가견이 있었다고 한다.

　로스키우스 이래로 로마의 연기자들이 아테네에서처럼 가면을 쓰고 연기하기 시작했다는 설이 있으나 정설은 아니다. 동시대 정치가 퀸투스 루타티우스 카툴루스Quintus Lutatius Catulus는 로스키우스를 훤

칠한 외모와 늠름한 체격을 갖춘 연기자로 묘사한다. 뿐만 아니라 로스키우스는 고대 아테네의 섬세한 연기로부터 점점 멀어져 조악해져만 가는 로마 공화정 말기의 연기에 새 바람을 불러일으킨다.

로스키우스는 철학자 키케로Cicero나 권력자 술라Sulla의 절대적인 지지를 받고 있었다. 술라는 아직 연기자가 사회적으로 멸시받던 시대에 신분상승을 의미하는 금반지를 로스키우스에게 하사하기도 했다. 뿐만 아니라 연기자 로스키우스는 생전에 엄청난 부를 축적한다. 그의 절정기에는 한 회 공연 출연료가 1,000데나리온denarii이었다고 하는데, 지금의 미국 달러로 환산하면 2만 불 정도라 하니 그 사실 여부를 떠나서 연기자로서 상당한 흥행적 가치를 갖고 있었음은 분명하다.

로스키우스 정도의 연기자라면 연기자를 꿈꾸는 젊은이들에게 상당한 보수를 받고 연기를 지도해주었을 법도 하다. BC 76년 이와 관련된 송사가 있었던 듯싶은데, 키케로가 로스키우스의 변론을 맡았던 사실이 역사에 남아 있다. 로스키우스에게서 연기를 지도받기도 한 키케로는 뛰어난 웅변가였으며, 웅변가와 연기자 중 누가 더 대중들의 감성을 휘어잡을 수 있는지 로스키우스와 더불어 서로 겨루기를 하면서 즐기기도 했던 모양이다. 로스키우스는 연기와 웅변을 비교하는 글을 남기기도 한다.

로스키우스와 동시대에 그리스 출신인 클로디우스 에소푸스Clodius Aesopus(?-?) 또한 일급 연기자로서 기록에 남아 있다. 키케로는 로스키우스만큼이나 에소푸스의 연기를 높이 평가했다. 뿐만 아니라 거의 로스키우스만큼 보수를 받고 무대에 섰으니 연기자로서 그의 주가 역시 상당히 높았을 것이다. 그런데 그가 무대에서 감정이 격해져 그만 동료 연기자를 죽음으로까지 몰아갔다는 일화가 있다. 누군가는 그가 에우리피데스의 〈오레스테스〉 공연 중 지나치게 흥분한 나머지 어쩌다 눈에 띈 무대감독을 칼로 찔렀다고도 하고, 펠롭스Pelops 가문의 막장 드라마에서 티에스테스Thyestes에게 복수를 맹세하는 아트레우스 Atreus 역을 연기하는 중에 마침 무대를 지나가던 노예가 그 격한 감정의 희생양이 되었다고도 하는데, 사정이야 어쨌든 이와 같은 일은 연기자의 일상에서 자주 발생하는 대수롭지 않은 사고가 아니다. 그렇다면 무엇이 에소푸스를 그렇게나 분노하게 했을까?

에소푸스는 특히 장중한 분위기의 비극에 집중한 연기자이다. 항상 자신이 연기할 역에 대해 치밀하게 연구했고, 언제든 기회가 되면 유명한 웅변가들의 변론을 듣고 그 수사학을 자신의 연기에 참조하였으며, 자신이 공연 중 써야 할 가면을 미리 객석에서 바라보면서 그 이미지에 적절한 대사와 몸짓을 준비했다. 키케로에 따르면 에소푸스의 박력에 넘친 연기는 상당 부분 그의 외모와도 관련이 있는 것 같은데, 이로 미루어 로스키우스나 에소푸스 시대에는 중심 연기자들이 연기 중에 항상 가면을 쓴 것 같지는 않다.

이처럼 연기자로서의 자질과 노력을 겸비한 에소푸스였지만, 어쩌면 로스키우스와 같은 시대에 태어난 2인자의 설움을 절절하게 느끼고 있었는지도 모른다. 장중하면서도 완벽한 연기에 대한 에소푸스의 집착은 이러한 상황에 대한 전형적인 2인자의 반응일 수 있다. 게다가 에소푸스의 아들은 낭비벽이 강하고 인격적으로도 문제가 있는 인물이어서 키케로가 그 송사에 말려들어간 적도 있다. BC 76년에 로스키우스가 휘말린 송사에는 살인사건이 연루되어 있기도 한데, 이러한 정황들을 에소푸스와 결부시키면 무언가 흥미로운 극적 상황을 만들어볼 수도 있다. 김연아와 아사다 마오의 이야기라고나 할까. 연기자의 내면적 자유에 대해 로스키우스가 에소푸스에게 건네는 충고의 대사를 생각해봄 직도 하다.

로스키우스의 명성은 일반명사화되어 뛰어난 연기자를 가리키는 데 쓰인다. 가령 18세기 소년 연기자 윌리엄 베티William Betty는 "어린 로스키우스Young Roscius"였으며, 19세기 흑인 연기자 아이라 알드리지 Ira Aldridge는 "아프리카의 로스키우스African Roscius"였다. 로스키우스가 죽고 기원전 55년에 폼페이우스Pompeius가 로마에 최초의 극장 건물을 짓는다. 그전까지 공연은 가건물이나 아니면 원형 경기장에 구조물을 세운 형태로 이루어졌다. 점점 길어지는 축제 기간 중에 헬레니즘 로마 시대의 연극이 여러 가지 다른 여흥들과 경쟁하는 소일거리로 기능했음은 의심의 여지가 없다. 로마 제정 시대로 들어오면 축제는 1년 중 76일에 달하고, 그중 59일이 연극과 관련되었다. 전반적인 경향은 비극보다는 희극이었으며, 희극도 풍자적이라기보다는 오락적이었다.

헬레니즘 소설

헬레니즘 시대의 문화적 대기권은 헬레니즘 소설에서 잘 느껴진다. 그중에 '파토스 에로티콘Pathos Erotikon'이라 불린 연애 소설은 헬레니즘의 문화적 성향을 잘 드러낸다. 파토스 에로티콘의 대표적 작품인 카리톤Chariton의 작품으로 알려진 카이레아스Chaereas와 칼리로에Callirhoe의 사랑이야기를 스웨덴의 토마스 해그Tomas Hägg가 번역한 버전으로 간략하게 간추린다.

〈카이레아스와 칼리로에〉의 남아 있는 파피루스 조각

고대세계에 '소설'이란 용어는 존재하지 않았다. 그것은 아리스토텔레스도 아직 모르는 개념이었다. 예수 탄생 전 헬레니즘 시대의 지중해 동쪽 그리스어 문화권에 처음으로 새로운 유형의 산문 문학이 등장한다. 단순한 여행과 모험, 사랑과 폭력 등이 주조를 이루는 이야기였다. 상황에 따라 폭력이 강조되기도 하고 감상적인 눈물이 강조되기도 하지만, 이야기의 전체적인 느낌은 광범위한 독자층을 겨냥한 가벼운 오락 문학이었다. 대중소설의 초기적인 모습이라고나 할까.

이 새로운 장르는 등장하면서 급속히 대중의 사랑을 받은 것 같다. 이는 이집트에서 발견되는 파피루스 조각의 양으로 미루어 보아도 알 수 있다. 오늘날까지 비교적 완전한 모습으로 보존되고 있는 소설들 중에 카리톤의 〈카이레아스와 칼리로에〉와 크세노폰Xenophon of

Ephesus의 〈에페시아카Ephesiaca〉가 비교적 지금의 대중소설에 가까운 작품들인 것으로 생각된다.

이들은 아직 '소설'이라는 독립된 명칭으로 불리진 않았다. 광범위하게 '극적인 이야기' 정도로 칭해지거나 아니면 좀 더 세부적으로 '사랑 이야기pathos erotikon'라는 식으로 분류되어 불렸다.

헬레니즘 시대 알렉산드리아의 교양 있는 계층은 이러한 문학을 진정한 문학으로 간주하지 않았음에 틀림없다. 알렉산드리아의 신흥 교양 계급 같이 고상한 취향을 즐기던 계층은 전통적인 신화적 소재에 기초한 품위 있는 서사시를 선호하였다. 아폴로니오스Apollonios Rhodios의 〈아르고나우티카Argonautica〉가 그 전형적인 한 경우일 것이다.

반면에 〈카이레아스와 칼리로에〉는 중·근동지역에서 헬레니즘의 영향을 받은 광범위한 독자층을 겨냥한 단순한 사랑 이야기에 불과하다. 이 당시 서사시나 소설에서 공통적으로 보이는 사랑에 대한 낭만적인 접근은 단지 그 시대의 보편적 현상이었을 뿐이다. 물론 〈카이레아스와 칼리로에〉 속에 심리나 인관 관계의 내적, 외적 묘사가 눈에 띄긴 해도 헬레니즘 시대의 영웅 서사시와 감상적 소설의 구별에서 우리는 지금의 표현으로 하면 고급문학과 대중문학의 차별을 감지할 수 있다.

"나, 아프로디시아스Aphrodisias 출신인 카리톤은 수사학자 아테나고라스Athenagoras의 비서로서 이제 여러분에게 시라쿠사Siracusa에서 벌어지는 사랑 이야기를 들려드리겠노라" 하고 시작하는 〈카이레아스와 칼리로에〉의 서두는 전형적인 고대 소설의 시작 방식이다. 우리는 카리톤에 대해서 이 서두에서 제공한 것 이외에 더 이상의 정보를 갖고 있지 않다.

카리톤이란 이름은 아마 가명으로서 즐거움의 여신인 카리테스

Charites에서 비롯한 것이 아닐까 오랫동안 생각되어왔다. 그리고 아프로디시아스란 도시 이름도 당연히 미의 여신 아프로디테를 연상시키지만, 너무 인위적이라 그 실체가 의심되었다. 그러나 소아시아 남서부에 위치한 카리아Caria의 아프로디시아스에서 발굴된 비문들에서 카리톤과 아테나고라스의 이름이 언급됨으로써 카리톤의 역사적 실존에 대한 의혹은 불식되고 있다.

〈카이레아스와 칼리로에〉의 창작연대는 확실하지 않지만, 대략 기원전 1세기 중의 어느 시점이 아닐까 추정된다. 지금 남아 있는 유일한 복사본은 1200-1300년경에 쓴 것으로 믿어진다.

이 이야기의 배경은 기원전 400년경 시칠리아의 시라쿠사로, 소설에서 칼리로에는 아테네 함대에 성공적으로 대항해 싸운 시라쿠사의 지도적 인물 헤르모크라테스Hermocrates의 딸로 등장한다. 헤르모크라테스는 투키디데스의 역사서에도 나오는 실존인물이지만, 딸로 등장하는 칼리로에는 그 실존 여부가 불확실하며 그녀의 이름은 '아름다운 샘물'이란 뜻으로 조역들의 일상적인 이름들에 비해 상당히 표현적이다.

이름뿐만 아니라 그녀의 미모 또한 환상적이었다. 고대 소설의 전형적인 수사법을 빌리자면 "단지 아프로디테만이 그녀와 미를 견줄 수 있을 뿐"이다. 시칠리아에서뿐만 아니라 그녀의 이름이 알려진 모든 곳에서 구혼자들이 줄을 서서 밀려왔다.

그러나 사랑의 신인 에로스의 뜻은 다른 곳에 있었다. 그는 칼리로에를 카이레아스와 맺어주려 했다. 카이레아스, 그는 헤르모크라테스의 으뜸가는 정적의 아들로서 아름답기가 또한 칼리로에에 부족함이 없는 인물이었다. 여기에서 우리는 로미오와 줄리엣의 고대적 현현을 본다. 이야기는 이렇게 신과 인간의 차원으로 나뉘어 전개된다.

때는 아프로디테 축제. 복잡한 군중 속에서 마주친 이 두 젊은이는 첫눈에 사랑에 빠져버린다. 격정과 고뇌, 폭포수처럼 터지는 눈물과 광란… 그러나 양가의 정치적 반목 앞에 이들의 결합은 요원하기만 하다. 이때 시민들이 개입한다. 시민들이 모임을 갖고 헤르모크라테스를 설득한다. 결혼이 허락되었다는 소식을 접한 칼리로에의 "심장과 무릎은 그 즉시 후들거리기 시작했다." 이것은 호메로스의 시구에서 빌린 것으로 호메로스의 부지런한 전용은 카리톤 문체의 한 특징을 이룬다.

결혼식 날, 다이몬이라는 심성이 고약한 장난꾸러기 요정이 칼리로에의 구혼자들과 함께 사람의 모습으로 변신하고 등장한다. 혼담이 거절된 구혼자들이 다이몬을 통해 복수의 희열을 맛보고자 한 것이다. 교활한 술수를 부려 점점 카이레아스는 칼리로에의 정절을 의심하기 시작하고…. 이러한 상황의 전개가 마치 아테네의 법정 연설처럼 신속하고 효과적으로 묘사된다. 드디어 질투에 눈이 먼 카이레아스가 쏜살같이 집으로 달려가 영문도 모르는 칼리로에의 아랫배를 걷어찬다. 칼리로에는 그 자리에 쓰러져 죽어버린다.

카이레아스는 하녀들을 고문하여—카리톤은 이러한 고문을 당연한 듯 묘사하고 있는데—칼리로에가 순결했던 것을 알게 된다. 그리고 그의 격렬한 후회와 고통. 그는 스스로 부인 살해라는 죄목으로 사형을 선고받으려고 노력하지만 이례적으로 방면되고 만다. 이번엔 자살 시도. 그러나 의리 있는 친구 폴리카르모스의 방해로 그것마저 실패한다.

한편 칼리로에의 성대한 장례식이 치러지고, 그녀는 호사스러운 부장물과 함께 바닷가에 위치한 무덤에 안치된다. 여기에서 악당이 등장한다. 그에 대한 묘사를 보자.

테론이라는 자가 있었는데 그는 바다를 항해하며 범죄를 저지르는 악당이었다. 수송선임을 가장하고 부하들과 함께 항구에 닻을 내리고 있지만 실제로 그는 해적선의 두목이다. 이 악당이 우연히 칼리로에의 장례식에 참가하여 부장품으로 묻힌 금덩어리를 보게 되었다. 밤이 되어 잠자리에 누웠으나 그는 잠을 못 이루고 자신에게 말한다.

"겨우 돈 몇 푼 벌기 위해 바다에서 죽을 고비를 넘기며 사람들을 죽여? 저기 죽은 여자의 부장품 한 탕이면 팔자를 고칠 수 있는데… 그래, 주사위는 던져졌다. 이 절호의 기회를 놓칠 수야 없지! 그런데 누구의 도움을 받을까? 테론, 잘 생각해봐. 네 부하 놈들 중 누가 적당한 것 같아? 투리오이 출신의 제노파네스? 아니, 그는 교활하긴 하지만 겁쟁이야. 메세네의 메논? 아니, 그는 대담하지만 믿을 수 없어."

이런 식으로 그는 동전 감식인처럼 하나씩 하나씩 저울질하면서 적당해 보이는 부하 몇 명을 골라내었다. 아침 일찍 서둘러 부두로 나간 그는 자기가 고른 부하들을 수소문했다. 몇 놈은 매음굴에서 발견되었고 몇 놈은 술집에서 발견되었다. 과연 그 두목에 그 부하였다.

위의 인용문에서 보이는 분명한 성격묘사와 생기에 찬 문체가 현장감이 느껴지는 가운데 전개되는 방식은 카리톤에게 고유한 것이다. 그의 강점은 작가가 등장인물들에게 내리는 가치판단에 있지 않았다. 대개의 경우 그것은 대단히 도식적이었기 때문이다. 그 대신 관찰력과 심리적 통찰력이 등장인물들의 행동, 반응, 언어 등의 묘사에서 발휘되면서 미묘한 생동감이 표현된다.

테론이 부하들을 끌어 모으고 무덤을 털 준비를 하는 동안 작가는 우리로 하여금 무덤 안을 잠깐 들여다보게 한다. 무덤 안에서는 칼리로에가 막 죽음에서 삶으로 깨어나고 있었다. 왜냐하면 그녀는 단지 가사상태에 빠졌을 뿐이었으니까. 깨어난 뒤 부장품을 본 칼리로에는 사태를 깨닫고 공포에 사로잡힌다. 이때 공포와 절망에서 칼리로에가 읊는 독백은 가사상태라는 모티브와 함께 훗날까지 두고두고 되풀이되는 하나의 원형이 된다.

어쨌든 구원의 순간은 다가오고 있었다. 비록 구원이라는 것이 테론이라는 악당과 도둑들이긴 했지만 말이다. 카리톤은 이 극적인 상황에서 웃음을 이끌어내는데, 그것은 그 잔인무도한 도둑들이 칼리로에를 무덤을 지키는 유령으로 알고 혼비백산하여 도주하는 장면이다. 그러나 역시 두목은 용감하였다. 그는 자신의 현실적 오성으로 사태를 파악해 수습하고 다른 도둑들과 함께 이 뜻밖의 수확물을 어떻게 할까 의논하다 결국 부장품들과 함께 배에 싣기로 결정을 본다.

배는 아티카를 거쳐 동쪽을 향해 항해한다. 소아시아의 서해안 이오니아에 위치한 밀레토스 지방에 닻을 내린 테론은 노예시장에 칼리로에를 내놓으려 한다. 끈질긴 흥정 끝에 테론은 칼리로에를 어떤 영주의 집정관에게 팔고 득의만만하게 바람이 불어가는 대로 돛을 올린다.

소설 속에서 이 흥정의 과정이 주의 깊게 묘사되고 있는데 우리는 그 묘사의 치밀함을 통해 아프로디시아스 출신 수사학자의 법률에 능통한 비서를 떠올릴 수 있다.

영주의 이름은 디오니시오스Dionysios였다. 그는 얼마 전에 부인을 잃은 교양이 풍부하고 매력적인 남자였는데, 밀레토스에서 자신의 영지로 가는 길에 처음으로 새로 산 하녀의 얼굴을 보게 된다.

디오니시오스가 누구보다 먼저 말에서 내려 신전으로 들어갈 때 칼리로에는 기도에 깊이 몰입되어 있었다. 발자국 소리를 느낀 그녀는 고개를 돌려 디오니시오스를 바라보았다. 칼리로에의 모습을 본 디오니시오스는 소리쳤다.

"오, 자비로운 아프로디테여! 그대가 나에게 이렇게 나타난 것이 무언가 길조를 의미하기를!"

그는 무릎을 꿇으려고 하였다. 그러나 집정관 레오나스는 그를 만류하고 말했다.

"영주시여. 저 여인은 이번에 새로 산 노예에 불과합니다. 고정하소서. 그리고 너, 여인아. 어서 너의 주인님께 인사 올리지 못하겠느냐."

주인이라는 말에 칼리로에는 고개를 숙였다. 눈물이 강물이 되어 흘러내렸고, 칼리로에는 마침내 자유라는 생각을 단념했다. 디오니시오스는 레오나스를 꾸짖었다.

"너 무례한 놈. 네가 감히 인간에게 말을 하듯 여신에게 말을 하다니. 너는 지금 그녀가 돈 몇 푼에 팔린 몸이라는 것이냐? 그렇다면 그녀를 판 이를 네가 다시는 찾아낼 수 없는 것이 당연한 일이리라. 호메로스가 우리에게 가르쳐준 말도 있지 않느냐. 신들이 우리 인간의 옳고 그름을 자신들의 뜻으로 하려 할 때 낯선 나라에서 손님처럼 나타나곤 하느니라."

칼리로에가 참지 못하고 말했다.

"저를 여신이라 부르며 놀리시는 것을 그만두어주십시오. 저는 인간으로도 너무 불행한 존재에 불과합니다."

그녀가 입을 열자 영주의 귀에는 그녀의 목소리마저 신성하게 들렸다. 그것은 리라로 연주하는 음악과도 같았다. 당황스럽기도 하고 너무 속을 드러내는 것도 같아 그는 더 오래 대화를 끊지 못하고 영지로 출발했다. 그러나 그의 마음속은 이미 사랑으로 불붙고 있었다.

이 이오니아 귀족의 상태는 얼마 후 이렇게 묘사된다.

디오니시오스는 상처를 입었으나 그 상처를 숨기려 하였다. 왜냐하면 그는 교양이 있는 남자였고 미덕이 무엇인지 잘 알고 있었기 때문이다. 친구들 앞에서 주책을 부리거나 철부지처럼 보이고 싶지 않았으므로 그는 저녁 내내 자신의 감정을 완벽하게 감추었다고 믿으면서 견디어냈다. 그러나 실제로 그의 감정은 침묵 속에서 더욱 분명하게 드러났는데도 말이다. 그는 저녁 식사의 한 부분을 잘 챙겨서 말했다. "이것을 저 이방인 여인에게 보내도록 하라. 단 이 음식이 주인님에게서가 아닌 디오니시오스에게서 온 것임을 분명히 하도록 하라."

그는 밤에도 술을 마시면서 가능한 한 늦게까지 버텼다. 왜냐하면 그는 자신이 잠을 이루지 못할 것임을 잘 알았고 그래서 차라리 친구들과 함께 깨어 있기를 좋아했다. 밤이 늦어 술자리를 파하고 잠도 오지 않으면 그는 아프로디테의 신전을 찾았다. 그리고 그 모든 것을 기억했다. 그녀의 얼굴, 머리, 어떻게 몸을 돌려 나를 바라봤던가, 그녀의 목소리, 그녀의 자세, 언어… 그녀의 눈물이 그의 마음속에 불을 지폈다.

이제 이성과 감성의 싸움이 본격화되었다. 비록 그녀를 향한 욕구가 그를 침몰시켜가고 있었지만 그는 귀족의 후예답게 당당함을 유지하려 했다. 파도가 한차례 몰려온 뒤 다시 머리가 물위로 나왔을 때 그는 자신에게 말했다.

"디오니시오스여, 너 창피하지도 않은가. 관리들과 왕들과 도시들이 찬미하는 네가, 미덕과 품위라면 이오니아에서 첫손 꼽는 네가 그렇게 하잘것없는 감정에 사로잡혀 있다니… 첫눈에 사랑에 빠지지를 않나. 그것도 아직 죽은 가련한 부인의 영혼이 채 안식을 찾기도 전에. 상복을 입고 시골로 여행한 것이 어떤 노예에게 청혼을 하기 위해서였던가. 그것도 어떤 다른 이의 노예였을지도 모르는 노예에게. 만일 그렇다면 정식으로 그녀에 대한 노예인도계약이라도 처리해야 하지 않는가!"

그러나 사랑의 신 에로스는 디오니시오스가 이성적으로 마음을 정리해가는 것이 탐탁하지 않았고 그의 자제가 순전히 만용으로 느껴졌다. 그래서 에로스는 사랑의 열병 한가운데에서 냉정하게 사고하는 디오니시오스의 마음에 불을 확 지펴버렸다.

칼리로에는 절개가 확실한 여인이었다. 카이레아스를 배반하느니 차라리 죽음을 택할 것이었다. 처음 그녀가 카이레아스의 아이를 임신한 사실을 알았을 때야 비로소 그녀는 디오니시오스의 요청을 받아들여 결혼을 수락한다. 이 결혼에 결정적인 역할을 한 것은 디오니시오스의 하녀 플랑온이었다. 그녀는 수동적인 칼리로에의 이상주의에 비해 현실적이고 추진력이 있는 인물이었다. 플랑온은 칼리로에가 임신한지 두 달째라는 것을 눈치 채고 지금 결혼하면 배에 있는 아이를 디오니시오스의 적자로 만들 수 있다고 설득했다. 디오니시오스는 자신의 아이라고 믿을 것이고 아이에게도 좋을 것이라는 설득이 주효한 것이다.

디오니시오스와 칼리로에의 결혼식과 함께 카리톤은 이오니아를

잠시 뒤로 하고 과거로 돌아가 칼리로에의 장례식 이후 카이레아스에게는 무슨 일이 일어났는지 이야기한다.

장례식이 끝난 후 다시 칼리로에의 무덤을 찾은 카이레아스는 무덤을 막아놓은 돌이 치워져 있고 무덤 안이 텅 비어 있음을 발견한다. 시라쿠사는 함대를 풀어 도굴꾼들과 부장품들의 행방을 수소문하기 시작하는데, 고대 소설에 자주 등장하는 운명과 우연의 여신인 티케가 여기에서도 개입한다. 카이레아스 자신이 타고 있던 배가 표류 중인 테론의 해적선을 만난 것이다. 테론의 일당들은 이미 기갈에 모두 죽어버렸고 테론만이 부하들의 물을 훔쳐 연명하고 있었다. 그러나 그의 운은 거기에서 끝났다. 칼리로에의 부장품들이 발견되었고 테론은 고문을 못 견디고 모든 것을 털어놓았다. 칼리로에의 무덤 앞에서 그는 십자가형으로 최후를 맞는다.

카이레아스와 그의 친구 폴리카르모스는 이오니아까지 칼리로에를 추적한다. 그러나 칼리로에가 지금은 디오니시오스의 부인이 되었다는 사실을 알고 카이레아스는 비탄에 빠진다. 그런데 카이레아스가 무엇인가 조치를 취하기도 전에 디오니시오스의 집정관이 계략을 꾸며 선수를 쳤다. 그는 이전에 노예 시장에서 칼리로에를 산 바로 그 인물이었다. 그리고 그는 디오니시오스에게는 칼리로에가 그저 평범한 노예일 뿐이라고 보고했었다. 자기 주인인 디오니시오스의 행복을 지키기 위해 그는 카이레아스의 배를 습격해 불 지르고 선원들을 모두 죽이거나 포로로 잡고 카이레아스와 폴리카르모스를 카리아 지방에 노예로 팔아버린다.

이런 음모의 주역에 대해 별달리 부정적인 묘사를 하지 않는 것도 카리톤의 전형적인 특징이다. 자신의 고향인 카리아를 등장시키는 것도 그렇고, 디오니시오스의 집정관인 레오나스는 차라리 충신의 풍모를 지녔다. 카리톤은 심지어 악당 테론에게조차 관대한 빛을 나눠주는데 테론은 무엇보다도 영리함과 활동력이 있는 인물로 묘사되곤 했으니 말이다.

칼리로에는 꿈에서 카이레아스가 감옥에 갇혀 있는 것을 보고는 잠결에 절망적으로 소리친다. "이리와요, 카이레아스!" 이렇게 해서 칼리로에의 비밀이 디오니시오스에게 드러난다. 다양한 수준의 상징으로서 꿈의 묘사는 고대 소설에서 자주 나타나는데, 뿐만 아니라 여기에서처럼 꿈은 이야기의 전개에 편리한 기술적 장치가 되어주기도 한다.

이제 카이레아스와 칼리로에의 이야기는 복잡한 갈등의 단계로 접어든다. 디오니시오스는 칼리로에를 놓치지 않기 위해 할 수 있는 모든 것을 다하고 카이레아스 또한 그녀를 다시 얻기 위해 부심한다. 심지어 페르시아의 왕 아르타크세르크세스Artaxerxes II세까지 칼리로에의 아름다움에 빠져 그만 사랑의 정념에 사로잡힌다.

이러한 와중에서 드디어 칼리로에의 두 남편의 갈등은 바빌론의 법정으로까지 진전한다. 여기에서 카리톤은 자신의 법정 수사학의 재능을 한껏 과시할 기회를 잡는다. 이 법정 공방이 이 소설의 핵심을 이루며 동시에 이 이야기의 급전을 이룬다. 카이레아스는 소설의 서두에 벌어진 질투 장면 이래 처음으로 아주 짧은 순간 사랑하는 칼리로에의 모습을 다시 보게 된다.

페르시아의 왕 자신이 감정적으로 개입되었던 고로 재판은 한참 시간을 끌게 되는데 그러는 중에 이집트에서 반란이 일어난다. 페르시아의 대군단은 나흘 만에 출정준비를 완료하고, 관습에 따라 칼리로에는 왕비와 그 밖의 여인들 및 아이들과 함께 왕을 따라 출정해야만 했다. 디오니시오스는 이오니아인으로서 페르시아 왕의 신하였으므로 그 또한 전투에 출정한다.

한편 카이레아스는 탈출에 성공해서 이집트 반란군 대장의 진지로 합류한다. 카이레아스는 300인으로 구성된 용감무쌍한 그리스 정예군의 선봉에서 혁혁한 전과를 올리면서 드디어 난공불락으로 유명한 페니키아의 티로스Tyros를 점령한다.

디오니시오스 또한 페르시아의 편에서 그에 못지않은 전과를 올리면서 그 보상으로 칼리로에를 다시 차지할 수 있을 것이라고 확신한다. 그러나 사정은 그렇게 간단한 것이 아니었다. 미의 여신 아프로디테가 카이레아스의 불행한 운명에 그만 마음이 움직여버렸다. 자신의 어처구니없는 질투로 이제 충분한 처벌을 받은 것이 아닌가. 그는 동서남북으로 숱한 고통을 겪었으니 운명의 장난은 이제 이것으로 충분하다.

그래서 아프로디테는 페니키아의 해안에 있는 아라도스라는 섬에서 결정적인 재회의 장면을 준비한다. 칼리로에는 페르시아 왕의 배려로 그 섬에 도착하며, 카이레아스 또한 자신의 용맹한 이집트 함대를 끌고 그 섬에 닻을 내린다.

여기에서 카리톤은 독자로 하여금 무슨 일이 벌어질지 마음의 준비를 하게 한다.

나는 이 마지막 책—이 소설은 모두 여덟 권으로 나뉘어져 있다—에서 독자들이 쾌적한 즐거움을 누릴 것이라고 확신한다. 지금까지의 그 모든 슬픈 사연이 지난 후 이제 우리는 카타르시스를 맛볼 수 있다. 더 이상 도굴, 노예시장, 재판, 전투, 자살 그리고 정당한 사랑과 합법적인 결혼 없는 정복은 없다.

카리톤은 이와 비슷한 방식으로 자꾸 소설 속에 등장해서 독자들에게 직접 말을 건넨다. 역사가 크세노폰이 자주 그런 것처럼, 지금까지의 이야기를 요약해주기도 하고, 앞으로 벌어질 일에 대해 은근히 운을 떼기도 하고, 아니면 인간 행위 전반에 걸친 자신의 견해를 피력하기도 한다. 그는 소설에 등장하는 인물들의 머리 위에서 모든 것을 다 알고 있는 전지전능한 자가 되어 일방적으로 독자에게 자기가 하고 싶은 말을 하고 있다.

카리톤이 암시한 행복한 만남은 극적인 타이밍과 충만한 감정으로 묘사된다. 카이레아스는 포로로 붙잡힌 이방인에게로 다가간다.

그는 문지방을 넘어 옷으로 몸을 가리고 누워 있는 여인에게로 다가갔다. 벌써 그녀의 숨소리와 몸의 굴곡을 통해 무엇인가를 느낀 그는 흥분하고 긴장하기 시작했다. 만일 그가 디오니시오스 또한 그녀를 돌려받지 못했다는 사실을 알았더라면 자기 앞의 여인이 누구인지에 대해 한결 더 확신할 수 있었을 것이다. 조용히 다가간 그는 입을 열었다.

"마음을 놓으시오, 여인이여. 당신이 누구라 한들 우리는 당신을 괴롭히지는 않을 것이오. 당신은 당신이 원하는 그 누구라도 취할 수 있소"

카이레아스가 이런 말을 하는 중에 칼리로에는 벌써 그 말을 하는 이가 누구인지를 알아챘다. 그녀는 가리고 있던 얼굴을 드러냈다. 그리고 둘은 동시에 소리쳤다.

"카이레아스! 칼리로에!"

그들은 서로 얼싸안고 그만 기절해버렸다.

카이레아스의 충직한 친구인 폴리카르모스의 고함소리에 그 둘은 다시 정신을 차린다. 카리톤의 이야기를 다시 들어볼까.

깊은 우물 속에라도 빠진 것처럼 카이레아스와 칼리로에는 아득히 들려오는 폴리카르모스의 목소리를 들었다. 점차 의식을 회복하고 서로를 바라보았을 때, 그들은 입 맞추기 시작하고 다시 기절했다. 이렇게 입 맞추고 기절하기를 두어 차례 더 되풀이하면서 그들은 소리 질렀다. "만일 당신이 칼리로에라면, 만일 당신이 카이레아스라면 이제 나는 당신을 내 품에 안고 있네!"

카이레아스는 군대를 떠나 칼리로에와 함께 시라쿠사로 돌아온다. 디오니시오스는 칼리로에의 작별편지를 받고 드디어 그녀를 영원히 잃었다는 것을 깨닫고는 비통해 한다. 소설은 카이레아스와 그의 장인 헤르모크라테스가 시민들 앞에서 그동안 벌어진 일을 상세히 요약하면서 끝난다. 이 요약은 서사시적 풍취를 띠고 있다. 이런 수법은 그 중요성이 좀 덜하긴 해도 그 후의 소설들에서도 볼 수 있다.

카리톤 소설의 가장 중요한 특징을 세 마디로 요약하자면 그것은 심리학, 수사학 그리고 역사학이 될 것이다. 여기에서 심리학이라면 인간의 내면 묘사에 대한 카리톤의 관심이다. 카리톤은 외적인 사건들을 단 몇 줄의 문장으로 자주 처리하곤 하는 반면, 등장인물들의 내면에서 벌어지는 사건들, 그러니까 슬픔, 즐거움, 희망, 절망, 역경 속에서의 의지 등에는 세심한 주의를 아끼지 않는다. 이러한 묘사에서 일관되게 흐르는 것은 그들이 그리스인이든 야만인이든, 노예든 왕이든, 모든 인간에 대해 보여주는 카리톤의 깊은 연민의 감정이다. 이런 이유로 일부 학자들이 카리톤 소설의 기본 색깔을 현대의 여성지 소설을 연상시키는 감상적 소시민성과 결부시키는 것도 크게 무리는 아니다. 그러나 카리톤에게 대충대충 넘어가는 면은 없다. 그는 자신이 묘사하는 갈등들에 대해 일관되게 진지한 시선을 유지한다. 그의 소설은 소박한 소설이지만 그러나 동시에 그것은 진정한 소설이다.

카리톤은 수사학에도 큰 관심을 갖고 있다. 그의 소설은 다양한 종류의 수사학적 묘사들로 가득 차 있다. 등장인물들은 자신의 주장을 멋들어진 수사학으로 피력한다. 그러한 상황은 거절당한 구혼자들이나 도굴을 감행한 도둑놈들 사이에서 벌어진 사적 논의일 수도 있고, 법정일 수도 있으며, 그리스 수사학이 꽃을 피운 군중집회일 수도 있다. 그의 소설에 등장하는 누구라도 어느 정도 수사학의 기본을 갖추고 있다. 그래서 그의 소설의 거의 절반은 직접적으로 독자를 향하는 방식으로 서술되어 있다. 카리톤의 소설에서는 웅변이나 독백과 함께 생생하고 발 빠른 대화 또한 우리의 눈을 끈다. 이런 의미에서 카리톤은 그리스 신희극의 주도자 메난드로스에 가장 가까운 소설가라고 말할 수도 있다.

카리톤은 고전적인 역사학자들에게서 큰 영향을 받았다. 물론 카리톤의 고전주의는 호머의 인용이나 신화의 비유법들 속에서 분명하다. 그러나 그는 무엇보다도 역사학자들에게서 언어적, 문체적 그리고 내용적으로 큰 영향을 받았다. 그것은 마치 카리톤이 문학으로서 소설의 정당성을 역사학적 틀이나 역사 서술 방식과의 형식적 유사성을 통해서 확보하려는 것처럼 보인다. 그러니까 사적인 등장인물들의 지극히 사적인 이야기가 전체 민중의 관심거리가 되면서 일종의 공적인 성격을 획득하게 되는 경우를 말한다. 지금 당신이 읽고 있는 이야기가 별 대수롭지 않은 그런 이야기는 아니라는 것을 카리톤은 강조하고 싶은 것이다. 시라쿠사의 민중들이 그리스 전성기의 어느 한 시기에 긴장감으로 숨을 죽이고 행복한 결말에 환호했던 그 이야기에 이제 우리도 동참한다는 기분으로 카리톤은 독자를 유도한다. 그러나 우리가 조금 더 주의 깊게 들어가면 소설 속의 역사적 사실들이 그렇게 정확한 것은 아니라는 사실을 알 수 있다. 헤르모크라테스는 기원전 407년 시가전의 와중에서 죽었는데, 기원전 407년이면 아직 펠로폰네소스 전쟁이 끝나기 전으로서 소설이 상정하고 있는 그리스 전역의 평화로운 시기가 될 수가 없다. 그리고 소설 속에 등장하는 페르시아의 왕 아르타크세르크세스는 기원전 404년부터 359년까지 통치했으므로 헤르모크라테스와 동시대일 수가 없다.

　이러한 시대착오는 소설 속에서 중요한 역할을 하는 이집트의 반란에도 해당될 것이다. 이집트의 반란과 티로스의 점령은 알렉산드로스 대왕을 모델로 한 일련의 역사소설에서 빌려온 것으로 짐작되지만, 이러한 착오가 카리톤이나 그의 독자들에게 별다른 문젯거리가 된 것 같지는 않다. 역사적 틀에 대한 우리의 관념을 그들에게 그대로 적용할 수는 없기 때문이다.

3막

로마 제정 시대

데메트리우스와 스트라토클레스,
필라데스와 바틸루스를 회상하다

보통 헬레니즘을 마무리하는 연도로 거론하는 BC 31년은 옥타비아
누스가 이끄는 로마 선단이 악티움 전투에서 이집트를 무찌른 해이다.
로마는 이제 명실상부한 지중해의 지배자로 등장하고, 옥타비아누스
는 아우구스투스 황제가 되어 로마 제국의 시대가 열린다. 그 후로 대
략 200여 년간 로마는 5현제의 통치 속에서 팍스 로마나Pax Romana라
는 평화시대를 맞는다.

에트루리아에 그 기원을 두고 있는 검투사 경기는 BC 264년 장례
행사로 로마에 들어왔다. 로마는 원래 강건한 무사의 기풍을 가지고
있는 나라였으나 헬레니즘 시대 그리스 문화의 영향으로 그 기풍이
유약해져감을 우려한 정책적 배려로, 검투사 경기는 BC 105년 로마
의 공식행사가 된다.

하지만 제정 시대의 로마에서 검투사 경기를 비롯한 각종 스펙타클
한 볼거리들은 극단적인 양상으로 치닫는다. 서기 80년 콜로세움 개
장을 축하는 축제에서 하루에 5,000마리의 동물들을 죽였다는 기록
이 있다. 개장 후 100일간 죽은 동물의 수는 모두 90,000마리에 달한

다. 마차 경주뿐만 아니라 심지어 콜로세움에 물을 가득 채우고 한바탕 해전을 벌이기도 했다는데 확실한 이야기는 아니다.

이런 상황에서 아테네 풍의 비극과 희극이 관객들의 호응을 얻기는 힘들었을 것이다. 서기 120년경에 태어난 시리아 출신의 문필가 루키아노스Lukianos는 비극 연기자란 단지 극작가의 마우스피스에 불과하다고 말한다. 신랄한 독설로도 유명한 그는, 비극 연기자들이 신는 반장화의 높은 구두굽이나 거대한 가면, 또는 몸집이 있어보이게 배에 대는 방석이나, 운율에 맞춰 질러대는 고함소리 등 비극에 관련된 모든 것에 몸서리친다. 그에 따르면 이런 걸 좋아하는 관객의 취향은 괴상망측한 것임에 틀림이 없다.

물론 로마 제정 시대의 모든 연기자가 단지 극작가의 마우스피스에 불과한 것은 아니었다. 제정 시대 초기 수사학자 퀸틸리아누스Quintilianus(35경-96?)는 희극 연기자 데메트리우스Demetrius(?-?)와 스트라토클레스Stratocles(?-?)에 대한 기록을 남긴다. 스트라토클레스는 신神이나 젊은이, 좋은 아버지나 하인, 점잖은 부인이나 존경받는 노파 등의 연기에 탁월하다. 반면에 데메트리우스는 성미가 급한 노인이나 교활한 하인, 기생충이나 뚜쟁이 또는 이와 유사한 각종 역할에서 타의 추종을 불허한다. 그들의 목소리를 생각하면 이러한 차이는 당연하다. 데메트리우스의 목소리가 감미롭다면 스트라토클레스의 목소리는 강력하다.

퀸틸리아누스는 무대에서 그들의 개성적인 움직임을 묘사할 말을 찾느라 고심한다. 데메트리우스는 아주 각별한 손의 움직임을 갖고 있는데, 여기에다 달콤하게 끄는 듯한 탄성을 낼 때면 관객은 매혹되지 않을 수가 없었다. 걸을 때 바람에 옷자락이 날리는 듯한 효과를 창출하는 기술도 특별하다. 특히 데메트리우스가 오른쪽으로 돌 때 그

동작의 표현력은 엄청나다고 말할 수밖에 없다. 무엇보다도 데메트리우스의 풍채에는 개성적인 아름다움이 철철 흘러넘친다. 반면에 스트라토클레스의 매력은 민첩함과 박력이다. 더구나 그의 웃음소리는 직접적으로 관객의 웃음이라는 연쇄 반응을 불러일으킨다. 비록 역할과 웃음이 성격상 항상 일치하는 것은 아니라도 말이다. 특히 스트라토클레스가 목을 어깨 안쪽으로 밀어넣는 동작은 일품이다. 퀸틸리아누스는 이와 같이 연기자의 매력은 연기자의 체질이나 기질과 밀접하게 관련이 있다고 생각한다. 만일 서로가 서로의 역할을 탐낸다면 그 결과는 당연히 서로에게 마이너스가 될 것이다.

하지만 로마 제정 시대의 현실이 이런 연기자들의 역할을 위축시킨 것은 사실이다. BC 55년 엄청난 규모의 폼페이우스 극장이 세워졌을 때, 철학자 키케로는 그곳에서 공연을 관람하고는 한탄의 편지를 친구 마리우스에게 보낸다. 이제 모두가 찬탄하던 로스키우스는 저 세상 사람이 되었고, 위대한 비극 연기자였던 에소푸스 또한 한낱 지나간 시대의 파편 쪼가리가 되어버렸다.

아키우스의 비극 〈클리타임네스트라〉에서 600마리의 노새가 울어대고, 리비우스 안드로니코스의 〈트로이의 목마〉에서 3000개의 술잔이 난무하는 가운데, 아무리 에소푸스라고 한들 연기하는 그의 목소리가 휘둘리지 않을 재간이 있겠는가. 이제 로마의 극장들에서는 온갖 종류의 야수들과 그 야수들을 때려잡는 몽둥이들로 피범벅이 되는 날의 막이 열린다.

물론 서기력이 시작되고 얼마 안 되어 네로의 스승이었던 세네카가 쓴 9편의 비극이 있긴 하다. 그러나 라틴어로 쓴 이 작품들은 극장용이라기보다는 낭송용이었으며, 비극적 역할이나 구성에 대한 관심보다는 감성과 이성의 대립에 대한 세네카의 스토아 철학적 입장에 의거한 수사학적 관심이 지배적이다. 세네카가 아테네 비극에서 영감을 얻은 것은 분명하지만, 그 잔혹하고 기괴한 분위기는 다분히 로마적인 것이라 할 수 있다. 이 분위기는 훗날 셰익스피어와 프랑스 고전주의 비극에 커다란 영향을 끼친다.

세네카의 비극들은 낭송뿐만 아니라 때때로 음악이나 대사를 배경으로 마임으로 공연되기도 한 것 같다. 마임은 아테네 비극이나 희극과는 성격이 다른 연기 스타일이다. 아테네 비극과 희극이 등장하기 훨씬 이전부터 고대 세계에서는 다양한 종류의 공연 형태들이 연기자를 필요로 하고 있었다.

서기 37년 세네카의 글에는 웅변 교사 케스티우스의 자화자찬과 관련된 일화가 있다. 케스티우스는 자신의 웅변 실력을 과시하기 위해 자신을 각 분야 최고들과 비교한다. 이를테면 자신이 검투사라면 푸시우스이고, 말이라면 멜리시오이며, 연기자라면 바틸루스Bathyllus(?-?)라는 식이다.

바틸루스는 루키아노스의 글에서도 거론된다. 앞에서도 잠깐 언급했듯이 루키아노스는 소위 그리스 문화병에 걸린 모든 것을 조소하고 풍자했는데, 그 대표적인 것이 아테네 비극이었다. 하지만 루키아노스는 대략 BC 22년에 로마에서 공식적으로 모습을 드러낸 판토미무스Pantomimus라는 공연 형식에는 아낌없는 찬탄을 퍼붓는다.

판토미무스가 제 형식을 찾는 데는 연기자 필라데스Pylades(?-?)와 바틸루스의 감각이 커다란 역할을 한다. 시실리 섬 출신의 필라데스는 특히 비극에, 알렉산드리아 출신의 바틸루스는 특히 희극에 특별한 감각이 있었으며, 특히 춤에서 두 연기자의 기량은 탁월하였다.

신화를 통속화한 희극적 판토미 무스는 전형적인 슬랩스틱으로 그 생명이 길지 않았으나, 비극적 판 토미무스는 음악과 합창을 배경으 로 대표적인 아테네 비극이나 로마 서사시들을 솔로 마임화함으로써 로마 제국 시대 이후로도 오랫동안 영향력을 행사한다.

판토미무스 공연의 재현

판토미무스는 가면을 쓴 연기자가 여러 역할들을 마임과 춤으로 표현한다. 따라서 판토미무스에서 연기자의 기량은 결정적으로 중요하다. 때로는 독창도 가능했지만 어쨌든 합창단이 따로 있었으므로 판토미무스 연기자들이 노래를 하지는 않았다. 아무 소리도 내지 않고 판토미무스 연기자들은 마임과 춤으로 등장인물들의 성격과 정념들을 효과적으로 드러낸다. 그래서 판토미무스 연기자들을 철학자에 비유하는 사람들도 있다. 가면에 뚫린 눈구멍의 크기로 미루어 연기자의 눈빛 연기에도 상당한 무게가 실려 있었으리라 짐작된다.

루키아누스는 육체와 정신 그리고 음악적 기량과 전체적 구성에 이르기까지 판토미무스에서 요구되는 연기자의 조건을 비교적 상세히 논하면서 마지막으로 '데코룸decorum'을 강조한다. '데코룸'은 모든 것이 완벽하면서도 지나치지 않아야 한다는 뜻을 담고 있는 수사학적 표현으로서 루키아노스는 연기에서 과장과 허세의 위험성을 예리하게 지적한다.

서기 79년에 폼페이 베수비오 화산이 폭발한다. 데메트리우스와 스트라토클레스에 대해서는 단편적인 정보 외에 알려진 것이 거의 없으나, 퀸틸리아누스와 비슷한 시대의 연기자라 가정해보면 어떨까. 그리고 필라데스와 바틸루스를 그들이 존경하던 선배 연기자들로 가정해보자. 이런 가정하에 베수비오 화산의 폭발에서 한 시대 문화의 몰락을 징후처럼 느낀 두 연기자가 선배 연기자들의 연기적 성과를 상실의 아픔으로 회상한다. 그들이 나누는 대화의 핵심에는 종종 퀸틸리아누스의 말로 인용되곤 하는 "예술의 극치는 감추는 것이다"와 "청중이 자신의 말을 이해하기를 바라지 않는 사람은 외면당함이 마땅하다"에 내포된 섬세하고도 미묘한 연기적 균형이 자리 잡는다.

도미티아누스 황제의 법정에 선 파리스

이집트에서 태어난 파리스Paris(?-?)는 서기 81년에서 96년까지 로마의 황제였던 도미티아누스Titus Flavius Domitianus(51-96) 시대의 판토미무스 연기자이다. 연기자로서 그의 인기는 하늘 높은 줄 몰라, 심지어 궁정에서까지 권력의 측근으로서 적지 않은 영향력을 행사한다. 그에게 베풀어진 궁정의 후의는 풍자작가 유베날리스Decimus Junius Juvenalis(50?-130?)가 그를 섣불리 공격했다가 이집트로 쫓겨날 정도였다.

그러나 황후 도미티아 롱기나Domitia Longina와의 염문이 화근이 되어 파리스는 도미티아누스 황제의 법정에 선다. 그는 물론 사형을 선고받았으며, 황후 도미티아 또한 유형에 처해진다. 황후의 부정에 분이 풀리지 않은 도미티아누스 황제는 파리스에게서 연기 수업을 받던 한 젊은 연기자를 파리스를 닮았다는 이유로 역시 처형해버린다.

하지만 파리스는 대중들에게는 눈부신 판토미무스 연기자였다. 파리스의 연기를 사랑하던 대중들은 파리스가 처형된 장소에 꽃과 향유를 뿌렸다고 한다. 훗날 유형에서 돌아온 도미티아 롱기나는 근위대의 도움으로 도미티아누스 황제를 암살한다. 1626년 영국의 극작가

AD 1세기경 판토미무스 연기자들

필립 매신저Philip Massinger(1583-1640)가 발표한 희곡 〈로마의 연기자 The Roman Actor〉는 파리스의 죽음을 소재로 한 작품이다.

칼리굴라Caligula(재위 37-41)와 클라우디우스Claudius(재위 41-54) 시대의 판토미무스 연기자 므네스테르Mnester(?-48)의 말로도 비참하다. 연기자로서의 전성기 때 그에 대한 칼리굴라 황제의 사랑이 얼마나 극진했던지, 그의 공연 중에 떠드는 관객이 있으면 황제가 자기 손으로 직접 끌고나와 두들겨 팼을 정도였다.

므네스테르는 칼리굴라의 뒤를 이어 클라우디우스 황제의 총애 또한 받았으나, 이번에도 황후의 정념이 문제가 되었다. 황후 메살리나 Messalina는 브론즈로 그의 모습을 빚어 항시 곁에 두고 어루만질 만큼 므네스테르에게 집착한다. 결국 그녀는 클라우디우스를 조종해 꺼려 하는 므네스테르를 자기 정부로 삼았지만, 메살리나가 꾸민 클라우디우스 암살 계획이 실패로 돌아가자 본의 아니게 그에 연루된 므네스테르 역시 처형된다. 클라우디우스도 처음에는 므네스테르를 살려두려 했던 것 같으나 주위의 권유로 마음을 바꾸었다고 한다.

그렇다면 절대 권력에서 위의 두 황제에 부족함이 없었던 폭군 네로 황제(재위 54-68) 시대의 판토미무스 연기자 루시우스 도미티우스 파리스Lucius Domitius Paris의 운명은 또한 어떠했던가.

도미티아 레피다Domitia Lepida라는 귀족 여인의 노예였던 파리스는 자신의 재능으로 번 돈으로 도미티아로부터 자유민의 신분과 이름을 산다. 도미티아 레피다는 파리스에 대한 네로의 총애를 이용해 네로의 어머니 아그리피나Agrippina 음모 사건을 날조해내려 한다. 이 음모는 실패하지만 다행히 그의 재능을 아끼던 네로에 의해 파리스는 처벌을 모면한다. 뿐만 아니라 원래부터 자유민이었다는 네로의 선언으로 자유의 대가로 도미티아에게 지불한 돈까지 돌려받는다. 하지만 파리스의 경우 이 재능이 문제였다. 스스로 뛰어난 연기자로 인정받고 싶다는 강한 열망을 갖고 있던 네로에게 파리스는 잠재적인 경쟁자였다. 파리스가 판토미무스 연기자의 기술을 네로에게 전수해주길 거부했을 때 그의 운명은 결정되어 버렸다.

도미티아누스 황제의 법정에 선 훗날의 파리스가 십 수 년 전 네로 시대에 살았던 또 다른 파리스의 운명을 몰랐을 리는 없다. 므네스테르의 죽음 역시 반세기도 안 된 사건이었다. 로마 제국의 역사를 통틀어 포악하기로 악명 높았던 플라비우스Flavius 가문 황제들의 궁정에서 반세기 남짓한 기간 동안 판토미무스 연기자들이 겪어야만 했던 운명들을 돌이켜보면서 파리스는 무슨 생각을 했을까. 제대로 된 법정에서 정당한 절차로 진행된 재판도 아니었겠지만, 목숨이 사라지는 순간 단발마의 비명 속에서 파리스가 토해내고 싶었던 판토미무스 연기자의 마지막 몸짓은 어떠한 것이었을까.

테오도라, 무대에서 왕자를 사로잡다

고대 그리스에는 미모스Mimos라는 희극이 있었다. 이것은 그리스 남
부 메가라Megara에서 BC 580년경에 등장한 통속 희극의 한 형태로,
사람이나 동물들의 몸짓 흉내 내기를 위시해서 적지 않게 외설적인
다양한 촌극들을 포함한 직업 유랑 극단의 연극이다. 가면을 쓰지 않
았으며, 운문이 아닌 일상어로 공연되는 대화체 연극으로서 여성 연
기자도 포함되어 있었다.

이탈리아 남부 시칠리아의 시라쿠사는 메가라와 인접해 있던 코린
토스의 식민지로 많은 그리스인들이 이주해 살았다. BC 500년경 이
곳에서 플리아케스Phlyakes라는 희극이 등장한다. 에피카르모스
Epicharmos(BC 530-440)라는 작가의 이름이 전해지는데, 아마도 그리스
신화를 통속화한 공연으로 추정된다. 플리아케스에는 '소문'이나 '풍문'
이라는 뜻도 있지만, '미모스'가 공연과 연기자를 동시에 일컫는 것처
럼 연기자를 칭하기도 한다. 플리아케스 연기자들은 솜 따위로 부풀
린 옷을 입고 과장된 가면을 쓰고 공연한 것으로 보인다.

플리아케스는 그리스 본토로 올라와 미모스에 영향을 주었을 수도

있으며, 또한 미모스가 아테네 희극이나 사티로스극에 영감을 주었을 가능성이 크다. 미모스는 BC 450년경 작가 소프론Sophron(BC 470?-400?)에 의해 더욱 세련되게 다듬어진다. 플라톤도 그의 작품을 애독하였다고 하지만, 아쉽게도 작품의 편린들만 전해질 뿐이다. 그러니까 국가의 문화정책적 차원에서 지원을 받던 아테네의 비극과 희극이 소위 공식적인 무대에서 공연되고 있을 때 미모스 같은 직업적 유랑 극단들의 공연은, 지역에 따라 다양한 이름으로 불렸겠지만 어쨌든 장터나 사적 공간이거나를 막론하고 기회가 있는 모든 곳에서 끊임없이 공연되고 있었다. 대체로 연극사에서는 이런 희극을 공식적 희극과 구별하기 위해 소극이라 부른다.

헬레니즘 로마 시대에 로마 남부 캄파니아 지방의 아텔라Atella라는 곳에서는 파불라 아텔라나Fabula Atellana라는 공연 형태가 있었다. 오스칸Oscan 사투리로 풀어가는 연극인데, 보통 아텔란 소극이라 불린다. 파불라 아텔라나를 플리아케스의 발전된 형태로 보는 의견도 있다. 파불라 아텔라나에는 정형화된 가면과 함께 착한 바보 마쿠스, 허풍선이 부코, 구두쇠 영감 파푸스, 간교한 꼽추 도세누스 등 네 명의 고정 배역이 등장한다. 파불라 아텔라나는 이들이 등장해 엎치락뒤치락하는 통속적 연극이다.

파불라 아텔라나는 BC 1세기경 로마의 젊은이들에게 대단한 사랑을 받는다. 처음에는 공민권도 갖고 있고 군대에도 갈 수 있는 젊은이들이 직접 공연에 참여해 엄격하게 아마추어의 순수성을 유지했으나, 점차로 직업적 연기자들에 의해 공연이 변질된다. 그중에 폼피누스Pompinus나 노비우스Novius의 연기적 성취가 상당했던 것으로 전해진다. 파불라 아텔라나는 아테네의 사티로스극과 비슷하게 비극 공연

후의 기분풀이용으로 기능한다. 이런 공연을 종극Exodia이라 한다.

로마 제정 시대가 시작될 즈음 그리스 미모스의 영향을 받은 로마 미무스Mimus가 잘 훈련된 직업 연기자들에 의해 흥미로운 볼거리를 제공하면서 파불라 아텔라나의 인기를 대신한다. 로마 미무스는 BC 300년경 로마에 나타나 점차로 영역을 넓혀간다.

그러나 볼거리라면 검투사 경기 등의 강력한 경쟁자들이 즐비했으므로, 미무스의 공연은 갈수록 충격적으로 말초감각을 자극하는 쪽으로 전개된다. 공연 중 방탕한 황제 헬리오가발루스Heiogabalus(203경-222)의 지시로 실제로 성행위가 연출되기도 했고, 필요하면 사형수를 사서 무대에서 십자가 처형도 불사했다. 이것은 기독교를 박해한 도미티아누스Domitianus 황제의 요구였다. 로마의 풍자적 문필가 유베날리스는 로마의 평범한 시민들이 연극보다 외줄타기 공중곡예에 더욱 매혹되었다고 전한다. 그럼에도 불구하고 어쨌든 사람들은 여전히 극장에 모여 들었다. 그 수준이야 어떻든 말이다. 폼페이 극장을 필두로 제정 시대 로마의 웬만한 도시에는 극장이 건립되어 있었다.

무엇보다도 미무스의 대중적 인기의 배경에는 여성 연기자들의 매력이 있다. 미무스의 여성 연기자들은 비교적 능숙한 연기로 정평이 있었고, 가면을 쓰지 않는 전통에서 때로는 옷을 입지 않고 연기하기도 했다. 이러한 공연들이 로마인의 윤리의식에 별로 문제를 야기하지 않았다는 것은 테오도라Theodora(508?-548)라는 젊은 시절 유명한 미무스 연기자가 후에 강력한 황후가 되었다는 역사적 사실에서도 짐작할 수 있다.

테오도라는 비잔틴 제국의 수도 콘스탄티노플 경기단체 동물사육사의 딸로, 527년에서 565년까지 재위에 있었던 비잔틴 제국의 황제

유스티니아누스의 황후가 된다. 유스티니 아누스는 원로원의원과 여배우의 통혼금 지령을 무효화시키고 테오도라를 귀족신 분으로 승격시켜 525년 그녀와 결혼한다.

테오도라의 행적에서 특히 유명한 것은 532년 콘스탄티노플에서 폭동이 일어났을 때 그녀가 보인 담대함이다. 마차 경기가 벌어지던 원형경기장에서 시작된 폭동은

테오도라

관료들에 대한 불만으로 번져 황제에 대한 위협으로까지 발전하는데, 테오도라는 도망가려는 황제 유스티니아누스를 막아서며 이렇게 말한다.

"폐하, 도망가시렵니까. 그렇게까지 해서 목숨을 부지하시렵니까. 폐하, 황제의 옷이야말로 가장 훌륭한 수의이옵니다."

테오도라의 설득에 도망치는 것을 포기한 황제는 군대를 동원해 폭동을 진압한다.

테오도라가 담대함뿐만 아니라 현명함으로도 한소식했다는 것은 남아 있는 그녀 삶의 행적으로도 분명한 일이지만, 그녀가 얼마나 뛰어난 미무스 연기자였는지는 확실치 않다. 525년 무렵 곧 황제가 될 남자가 여성 미무스 연기자의 연기에서 어떤 존재를 보았는지 한번 상상력을 발휘해볼 만한 소재임에는 분명하다.

한편 박물학자 플리니우스Plinius(24경 - 79)는 테오도라보다 500여 년 전, 미무스가 로마에서 자리 잡을 무렵 갈레리아 코피올라Galeria Copiola

(BC 96-AD 9)라는 여성 미무스 연기자에 대한 기록을 남겨놓고 있다.

　미무스 중에서도 그녀의 장기는 특히 손의 표현에 치중하면서 정지하는 순간이 일품인 엠볼리움Embolium이라는 막간극 성격의 일인무였다. 대개의 여성 연기자들이 그렇듯이, 그녀 역시도 BC 82년 약관 열넷의 나이에 데뷔하여 권력자 술라 시대에 활동하다가 BC 55년 폼페이우스 로마극장 건립 기념공연에 '살아 있는 전설'로 초청받아 공연했다는 기록이 있다. 그러나 플리니우스가 그녀에 대한 기록을 남겨놓은 주된 이유는, 그녀가 뛰어난 연기자였기 때문이라기보다는 백살이 넘도록 활동했다는 희귀성 때문이었던 것으로 보인다.

4막

중세 시대

성 게네시우스, 무대에서 순교하다

성 게네시우스와
디오클레티아누스

303년경, 평소에 로마를 싫어해 주로 지금은 터어키 영토인 니코메디아Nicomedia의 왕궁에 머물던 로마의 디오클레티아누스 Diocletianus(244-311) 황제가 자신의 즉위 20년을 기념해 로마를 방문한다. 그의 재위 기간은 284년에서 308년까지였는데, 재위에 있던 디오클레티아누스는 기독교를 억압하고 로마의 전통 신앙을 부흥시키는 한편 자기 자신을 열심으로 신격화한다.

이러한 황제의 뜻을 잘 알고 있던 로마의 극단들은 황제의 비위를 맞추기 위해 기독교를 우스꽝스럽게 풍자하는 공연들을 앞을 다투어 무대에 올린다.

디오클레티아누스의 로마 방문이라는 드문 기회를 이용하려는 극단들의 미무스나 판토미무스 공연들이 어지럽게 펼쳐지고 있을 때, 야심만만한 한 중견 연기자가 있었다. 그가 특히 심혈을 기울여 풍자하려 한 것은 물에 의한 기독교의 세례의식이었다. 아마도 물은 목욕을 좋아하던 로마 사람들의 흥미를 끌 만한 효과적인 소재이었으리라.

황제가 직접 그의 공연장에 행차했음을 미루어 이미 그가 어느 정도 로마 사람들 사이에서 정평이 나있었음을 짐작할 수 있다. 그는 황제의 기대를 저버리지 않을 만큼 멋들어진 공연을 기획했을 것이고, 또 그만큼 기독교의 세례의식을 열심히 연구했을 것이다.

그런데 그 무대에서 누구도 짐작할 수 없었던 한 사건이 벌어진다. 미무스적 우스꽝스러움으로 세례를 풍자하려고 물을 뒤집어썼을 때, 그 연기자의 영혼에 신앙의 기적이 연출된 것이다. 무대에서 하느님을 만난 그는 무대에서 무릎을 꿇고 기독교로 귀의하는데, 그가 바로 '연기자의 수호성인'으로 추앙받는 성 게네시우스St. Genesius(?-?)이다.

7세기에 쓰인 〈성 게네시우스 행전St. Genesius' Acts〉에 따르면, 그는 객석에 있던 디오클레티아누스 황제에게 다음과 같이 말한다.

"저는 오늘 지상의 황제를 즐겁게 하기 위해 이 무대에 섰습니다. 그러나 제가 실제로 행한 것은 하늘의 주인에게 기쁨을 주기 위함이었습니다. 저는 오늘 당신에게 웃음을 주기 위해 이 무대에 섰습니다. 그러나 제가 실제로 행한 것은 주와 천사들에게 바친 커다란 은총의 기쁨이었습니다. 폐하, 제 말을 믿어주옵소서. 이제 저는 결코 다시는 제 주인에게 바치는 신비로운 의식을 풍자하지 않겠나이다. 이제 저는 압니다. 예수님이야말로 저의 주이시자 빛이시며, 오직 하나뿐인 진리이시자, 세례의 선물을 받은 우리 모두의 은총이라는 것을. 오, 위대한 황제시여, 이 신비로움을 믿으소서! 제가 폐하를 깨우쳐드리리라. 예수님이야말로 진정한 하느님이십니다."

기가 막힌 디오클레티아누스 황제는 즉각적인 조치를 취한다. 그는 즉시 이 연기자를 붙잡아 고문하고 목을 베어버린다. 신앙을 부정하는 대신 순교를 택한 이 연기자는 성 게네시우스가 되어 연기자들을 수호하는 성자가 된다. 결국 디오클레티아누스 황제의 기독교 박해는 실패로 돌아가고, 그로 인해 제위에서 물러난다. 이제 서구는 중세를 준비하고 연기의 역사는 잠자리에 들 채비를 한다.

프랑스의 극작가 장 드 로트루Jean de Rotrou(1609-1650)가 1646년에 쓴 작품 〈성 게네시우스Saint Genest〉는 성 게네시우스의 삶과 죽음을 무대에 올린 것이다.

지금도 연기자들이나 그밖에 관련된 사람들로 구성된 성 게네시우스 공동체The Fraternity of St. Genesius가 활발하게 활동 중이다.

2

아당 드 라 알르, 향수에 젖어 공연하다

312년 로마의 콘스탄티누스Constantinus (272-337) 황제는 밀라노 칙령으로 기독교를 공인한다. 한편 제국 말기의 혼돈 속에서 기독교적 가치관과 세계관의 등장, 그리고 게르만족의 대이동은 그리스와 로마 문화를 붕괴시켰고 결국 476년 서로마 제국은 멸망한다. 보통 서양사에서 중세로 구분하는 시대는 이렇게 막이 올랐으며, 이탈리아 르네상스가 본격적으로 개화하는 1400년대 중엽까지 대략 1000년 동안 연극은 심하게 위축되어 있었다.

사실 중세는 오로지 깜깜한 암흑시대만은 결코 아니었다. 그리스 문화를 보존한 이슬람 문화는 물론이고, 기독교 문화만을 놓고 보더라도, 동로마 제국의 문화나 스콜라 문화가 있었다. 세속문화 역시 속도와 규모에서는 제한되어 있었지만 그래도 나름대로 중요한 성과를 거두고 있었다. 샤를 마뉴Charles magne(742-814)의 아헨 궁정을 중심으로 한 소위 카롤링거 르네상스도 있었고, 936년에서 973년까지 재위에 있었던 신성로마제국의 황제 오토Otto 대제의 르네상스도 있었다.

중세의 중요한 특징 중 하나는 봉건주의이다. 한 마디로 이것은 왕이 귀족들에게 영지를 나눠주면서 맺어지는 신분관계라 할 수 있다. 귀족들은 자신들의 영지에서 영주가 된다. 이러다보니 왕이나 귀족들은 평소에는 서로 떨어져 있다가 전쟁 때에나 모인다. 따라서 왕의 궁정은 그 규모가 별로 크지 않았으며, 귀족의 궁정 또한 말할 것도 없다. 이렇게 왕이나 귀족의 영지를 근본으로 한 농업경제는 상업을 근본으로 한 도시의 발달에 별로 유리할 것이 없다.

중세의 연극이 주로 떠돌이 유랑마차에 의지한 것에는 이런 배경이 작용한다. 다양한 이름으로 불린 음유시인들도 왕이나 귀족의 궁정이나 장터를 찾아 다녔다. 음유시인들의 신분에 따라 12세기 후반에 활약한 크레띠앵 드 트루와Chrétien de Troyes처럼 왕이나 귀족의 궁정에 어울리는 경우가 있었고, 13세기 중엽에 살았던 뤼뜨뵈프Rutebeuf처럼 장터에 더 어울리는 경우가 있었겠지만, 그 둘 사이의 구별이 그렇게 엄격했던 것 같지도 않다.

음악가이자 극작가였던 아당 드 라 알르Adam de la Halle(1237?-1288)는 수도원 학교에서 성직자를 꿈꾸었으나 마리Marie라는 여인과 결혼한 후 귀족들의 궁정에서 음유시인Trouvère으로 일한다. 음악에 조예가 뛰어났던 그의 음악극 〈로뱅과 마리옹Jeu de Robin et Marion〉은 현존하는 가장 오래된 세속 연극이다. 아마 최초의 희가극Opera Comique이라고도 할 수 있을 것이다. 마리옹이라는 시골 처녀에게 난봉꾼 기사가 접근해서 수작을 부리자, 그녀의 연인인 로뱅이 그 기사를 골려준다는 이야기이다. 훗날 영어권의 노래이야기ballad로 유명해지는 로빈후드와 마리온과도 전혀 무관하지는 않을 내용이다.

음유시인들은 이와 같은 이야기들을 즐겨 노래로 불렀는데, 이런 노래들을 프랑스어로는 전원시라는 의미로 파스투렐르Pastourelle라 한

아당 드 라 알르

다. 보통 전원시는 남녀 주인공이 서로 주고받는 대화체로 되어 있어서, 전원시에서 전원극으로의 전개가 비교적 쉽게 이루어질 수 있었음을 짐작할 수 있다.

1282년 무렵에 아당 드 라 알르는 자신이 봉사하던 아르뚜와Artois의 영주 로베르Robert 2세의 청을 받아 나폴리를 지배하던 앙주Anjou 왕가의 샤를Charles 1세의 궁정에 머물고 있었다. 아당 드 라 알르의 〈로뱅과 마리옹〉은 거기서 처음으로 공연된 작품이다. 그가 이 작품을 쓴 데에는 그 당시 샤를 1세의 궁정을 지배하던 프랑스적인 것에 대한 향수가 한몫했을 것이다. 물론 아당 역시 이 작품을 통해 고향에 대한 그리움을 달래려고 했다. 〈로뱅과 마리옹〉은 아당의 고향인 아라스Arras 방언으로 되어 있으며, 작품 도처에서 프랑스의 민요들이 흘러나온다. 그러고 보면 아당의 그리움은 유별나다. 그의 다른 작품들, 가령 〈나무 그늘의 연극Jeu de la feu-illée〉은 공부하러 파리로 떠나면서 고향의 친구들을 즐겁게 해주기 위해 쓴 것이고, 〈작별Le Congé〉은 고향의 아내 곁을 떠나면서 그 슬픔을 표현한 것이다. 그리움이 때로는 원망이 되어, 〈순례자의 연극Jeu du pélérin〉에서는 자신을 잊어버리고 알아주지 않는 친구들을 원망하고 있다.

남아 있는 기록으로 북부 프랑스 아라스 출신인 아당 드 라 알르는 1175년경 창설된 아라스 음유시인jongleur 조합의 회원이기도 했는데, 이 조합의 설립은 공연을 통해 금전적 수입을 창출하려는 동기가 지배적으로 작용했던 것으로 보인다. 이로 미루어 자신이 쓰고 작곡한 작품들에 아당 드 라 알르 본인이 직접 참여했음을 짐작해볼 수 있다.

아당 드 라 알르는 꼽추Adam le Bossu라는 별명으로도 불렸다. 본인 자신이 밝힌 것처럼 실제로 꼽추가 아니었을지 모르지만, 왠지 아당 드 라 알르는 슬픔의 그림자가 드리워진 어릿광대의 원형 같은 연기 자가 아니었을까 짐작해본다.

아당 드 라 알르 시대에 세속에서는 파르스farce나 소티sottie라 불린 희극들이 공연되고 있었다. 그 당시 프랑스의 상황은, 대략 12세기를 정점으로 해서 교회의 엄격한 탄압으로 사그라지던 당나귀제와 바보 제The Feast of Fools라는 축제기간이 교회의 엄격한 규율이 철저히 허물 어지던 일종의 분출구였다. 중세 프랑스에서 시작한 이러한 축제들은 곧 유럽 여러 나라들로 퍼져간다. 당나귀제에서는 당나귀가 주인공이 되어 교회 안으로 들어오고, 바보제에서는 바보 교황, 바보 왕, 바보 주교 등으로 모든 것이 거꾸로 된 세상이 연출된다. 이 두 축제의 공통 점은 엄청난 술과 노래의 통속적 반란이다. 이러한 축제들에 위협을 느낀 교회가 일종의 대안으로 파르스나 소티 등을 장려한 것이 아닌 가 생각된다. 실제로 파르스는 신비극과 같은 종교극의 막간극으로 사용되었다.

12세기 독일에는 빙겐의 힐데가르트Hildegard von Bingen(1098년-1179) 라는 수녀가 살고 있었다. 루페르츠베르크Rupertsberg와 아이빙겐 Eibingen에 수도원을 세운 그녀는 신비스러운 영성 체험과 의술로도 명 성이 높았다. 뿐만 아니라, 중세 종교 음악극의 출발점으로도 평가받 는다. 그녀가 직접 연기에 참여한 것 같지는 않지만, 그녀가 작곡한 것 이 분명한 〈천사의 품계Ordo Virtutum〉라는 음악극이 있다. 수녀들에 의 해 공연된 이 음악극은 일종의 도덕극으로서 천사와 악마 사이에서

음악을 작곡 중인 힐데가르트

투쟁하는 인간의 영혼을 그린다. 힐데가르트는 하늘로부터 음악이 들려와 자신은 그 음악을 악보에 옮길 뿐이라고 고백한다.

2009년에 독일의 마가레테 폰 트로타Margarethe von Trotta 감독이 힐데가르트의 삶을 〈위대한 계시 Vision〉라는 제목으로 영화화한다.

중세연극

중세 신비극

클라이브 웅거-헤밀튼Clive Unger-Hamilton 이 책임 편집을 맡은《엔터테이너The Entertainers》라는 책에는 중세의 연극이 간략하게 정리되어 있는데, 그 글을 다시 간추려서 번역하면 다음과 같다.

로마의 향락주의는 북쪽의 게르만 민족이 고대문명을 파괴하기도 훨씬 전에 이미 진지한 연극을 죽이고 있었다. 그러나 중세 암흑시대의 도래에도 대중연희의 생명력은 땅 밑에서 꿈틀거리고 있었고, 몇 세기 후에 다시 땅을 뚫고 올라와 연극의 부활에 한몫 단단히 하게 될 것이었다.

거의 1천여 년 동안 이렇다 하게 언급할 만한 극작가나 연기자도 없었고, 실제로 아주 단편적인 기록만이 이 시대의 연극을 증언해줄 뿐이다. 그 기록들을 참조하면, 당시 유럽의 거리에서는 광대들, 이야기꾼, 곡예사, 미무스 배우 그리고 방랑시인들이 인간의 오락에 대한 보편적인 욕구를 충족시켜주고 있었으며, 그렇게 함으로써 훗날 꽃을 피우게 될 생생한 연극적 기술들이 보존될 수 있었다. 연극은 비록 가장 열악하고 적대적인 환경 속에서도 자그마한 공터와 몇 사람의 관객과 훈련된 배우, 그리고 아주 단순한 소도구만 있으면 살아남을 수 있는 것이다.

로마 제정시대 후기의 무대를 지배한 타락한 연극적 볼거리는 게르

만족의 침입에서 살아남지 못했다. 그러한 데카당스의 연극은 단순하고 강직한 북쪽의 지배자들을 분개시켰기 때문이다. 한동안 공연이 계속되기는 했으나 결국 극장은 문을 닫게 되고, 성교와 살인이 무대 위에서 실연되었던 문화는 이제 과거의 일이 되었다. 따라서 대중연극은 적어도 몇몇 공연은 허락한 게르만족의 취향에 자신을 맞추어야만 했다.

훈족의 왕 아틸라가 콘스탄티노플에서 온 사신들을 위해 448년에 연회를 베풀었다는 기록이 있다. 그는 영웅시 음송, 스키타이 출신 광대의 묘기, 무어족 익살꾼 등의 프로그램으로 사신들의 인상에 남는 여흥을 제공하려고 노력했다. 그러나 골Gaul 지방에 위치한 서고트족의 왕 테오도릭Theodoric 2세(?-466)가 여흥을 제공하려는 연희자들을 거부할 때 취한 태도야말로 당시의 전형적인 경우였다. 그는 만일 그들의 공연이 자신의 손님들을 불쾌하게 하지 않고, 노래가 그들의 귀를 사로잡는 것만큼 미덕이 자신들의 마음과 영혼을 사로잡을 수 있다면 공연을 허락하겠노라고 말했다.

중세의 암흑시대를 통해 문화를 보존한 교회는 로마 연극의 관능과 폭력에 혐오감을 느낄 더 큰 이유를 갖고 있었다. 기독교 신자들에 대한 박해를 구경거리로 만든 로마인들의 잔인함은 제쳐두고 로마의 미무스 연극은 초기교회의 예배의식을 풍자적으로 조롱했는데, 특히 세례라는 의식을 신랄하게 놀려댔다. 뿐만 아니라 미무스의 외설적인 공연 또한 교회 성직자들의 분노를 샀다. 그들은 다음과 같이 설교했다.

"음탕한 말들, 우스꽝스런 몸짓들, 바보 같은 머리모양, 걸음걸이, 옷차림, 목소리, 팔다리의 흐느적거림, 눈 깜빡거림, 피리소리, 이야기와 토론들, 이 모든 것이 노골적인 음란함으로 점철되어 있지 않은가. 간음, 간통, 창부, 여장한 남자 그리고 흐느적거리는 팔다리를 가진 소년들을 제외하고 나면 그러한 연극 속에 남는 것이 도대체 무엇이 있는가."

기원 4세기경부터 르네상스시대까지의 연극에 대한 보편적인 이러한 언급은 왜 교회가 연극에 적대적이었는가를 말해줄 뿐만 아니라, 1천여 년 동안의 긴 기간 중에 대중적 연희가 어떤 성격의 것이었는가를 말해주는 거의 유일한 자료로서 중요한 의미가 있다. 거의 900년이 지난 후에 영국의 한 성직자가 세 종류의 연희자들을 구별하면서 말한 내용은 그 맥락에서 900년 전이나 거의 다름이 없다.

"어떤 연희자들은 조잡한 춤과 몸짓으로 그들의 몸을 변형시킨다. 그들은 때로는 음탕하게 옷을 벗어젖히기도 하고 때로는 끔찍한 탈바가지를 뒤집어쓰기도 한다. … 다른 연희자들은 이렇다 할 직업도 갖고 있지 않으면서 귀족의 성에 신세를 지는 떠돌이일 뿐이다. 그들은 자리에 없는 자들에 관한 험담이나 늘어놓으면서 좌중의 환심을 사려한다. … 여흥을 돋우기 위해 악기를 연주하는 또 다른 종류의 연희자들도 있다. 일부는 술집이나 그와 유사한 음란한 자리에서 외설적인 노래를 부르고 음유시인이라 불리는 자들은 왕자들이나 성자들에 관한 노래를 부른다."

비록 이러한 연희자들에 대해 우리가 아는 것이 거의 없지만 그들의 역할은 의미 있는 것이었다. 그들은 어떠한 문학작품도 남기지 않왔고, 무슨 대단히 윤리적인 사회적 영향력을 행사한 것도 아니었지만, 오늘날 살아 있는 연극적 기술을 보존해주는 역할을 담당함으로써 후에 재등장하는 연극에 자양분이 되어준다.

비록 교회가 연극에 적대적이긴 했지만, 교회는 자신도 모르게 연극의 재탄생에 동기를 부여한다. 예배의식의 언어로서 라틴어를 채택하면서 교회는 라틴어를 공부하고 연구해야 할 필요성을 인정했는데, 이러한 인정의 당연한 결과로 라틴어로 쓴 고전의 보존이라는 문제가 대두했던 것이다. 특히 로마의 극작가 테렌티우스의 작품은 그 윤리적 성격으로 인해 기독교 문필가들 사이에서 선호되었다.

10세기경 독일의 간데르스하임Gandersheim에서 색슨족의 성처녀로서 평판이 높았던 로스비타Hrosvitha라는 이름의 베네딕트파 수녀는 테렌티우스를 모델로 한 희곡을 집필했다. 그녀는 테렌티우스를 공부하는 학생들 일부가 테렌티우스의 문체와 매력에 빠져 내용의 사악함에 경계를 늦추고 말려들어갈 위험성을 두려워했다. 그래서 그녀는 테렌티우스가 품행이 단정치 못한 여인의 수치스러운 행위를 묘사할 때 사용한 글쓰기 방식을 그대로 빌려오기는 하지만, 그 내용을 기독교 처녀들의 순결함을 찬미하는 것으로 바꾸어 희곡을 완성한 것이다. 물론 그녀는 주의 깊게도 이교도 작가의 위태로운 탐욕을 생략을 통해 피해갔음을 덧붙인다.

그녀의 작품 〈아브라함Abraham〉에서는 속세에서 은거한 수행자가 용맹을 뽐내며 자신의 조카를 색주가에서 구해내고, 〈둘치티우스Dulcitius〉에서는 호색한인 젊은 남자가 성스러운 처녀들의 길을 인도하는 과업을 수행한다. 우리는 어느새 희극의 요소가 그녀의 윤리적인 이야기들 속에 스며들어 있음을 느낄 수 있다.

로스비타의 희곡이 연극사의 한 흥미 있는 지류로서 의미는 있겠으나 무대에서 공연되었을 가능성은 거의 없다. 그러나 우리는 그녀의 희곡을 통해 고대 그리스와 로마의 문화에서 영감을 추구하는 르네상스의 정신을 감지할 수 있다.

중세의 연극은 예배의식의 연극적 가능성을 주어진 한도 내에서 충실히 현실화하려고 한 교회 내에서 신속하게 발전했다. 기독교 신앙의 핵심적인 신비는 예수의 부활이다. 따라서 그것은 적절하게 축하되어야 했고, 성직자이든 속인이든 기억할 만한 종교의식이 되어야 했다. 부활이 내포한 극적인 측면의 가능성은 누군가가 실제로 전통적인 금기를 타파하기 전에 이미 상상력이 풍부한 많은 성직자들에게 느껴졌음에 틀림없다.

10세기경 스위스의 한 베네딕트파 수도원에서 그러한 도약이 이루어졌다. 처음에는 부활절 미사의 초입경 도중에 성가대의 일부가 대화로 된 노래를 부르는 정도였다. 성가대의 한 파트가 세 명의 마리아 역을 맡았고, 다른 파트는 비어 있는 무덤가에서 그들이 만나는 천사 역을 맡았다. 천사는 그들에게 다음과 같이 묻는다.

"당신들은 누구를 찾으시나요?Quem quaeritis"
그래서 그들은 대답한다.
"스스로 예언하신대로 십자가에 못 박히신 나사렛의 예수입니다."
그때 천사가 말한다.
"그분은 이곳에 계시지 않습니다. 그분은 스스로 예언하신 것처럼 승천하셨습니다. 가서 예수님이 무덤에서 부활하시어 승천하셨다고 전하십시오."

이렇게 매우 단순한 '연극'이 유럽 전역에 퍼져 나갔다. 그 대중적인 인기는 지금 남아 있는 대략 400가지의 다양한 퀴엠 퀴에리티스Quem quaeritis가 증거한다. 결국 퀴엠 퀴에리티스 부분은 부활절 미사에서 따로 떨어져 나와 아침 미사에서 공연되었고, 천사의 역은 성가대의 한 파트에서부터 성직자 한 개인으로 성격이 변화되었다.

이제 다양한 변화의 가능성이 열렸다. 예를 들면 이제 세 명의 마리아가 무덤에 가기 전에 향료 가게에 들른다든지 하는 변화가 시도되기 시작한다. 그리고 향료 상인은 당시 흥행하던 떠돌이 무언극에서 빌려온 돌팔이 의사의 유형이었다.

이러한 원시적인 대사와 역할분담은 중세 말기의 위대한 종교연극을 향한 첫 발걸음이었다. 세속적인 요소의 침투도 주목할 만한 부분이다. 연극은 갈수록 복잡해져서, 이탈리아 몬테 카지노의 예수 수난극의 경우 유다의 변절에서부터 십자가 아래에서 마리아가 비통해 하는 장면에 이르기까지 모두 12장으로 이루어지게 된다. 뿐만 아니라, 이 경우 탄식의 찬송가가 이탈리아어로 되어 있어서 이것으로 우리는 라틴어가 아닌 세속어가 조금씩 교회연극 속으로 들어오고 있음을 알 수 있다.

당연히 부활절뿐만 아니라 크리스마스도 연극의 지평을 확대하는 데 중요한 역할을 했으며, 예수를 찾는 양치기들이나 동방박사 등이 인기 있는 소재였다. 동방박사 세 사람이 어린 예수를 찾을 때 그들은 헤롯 왕을 만나게 된다. 이제 처음으로 철저한 악인이 교회연극 속에 들어온 것이다.

문제는 종교연극에서 어떤 방식으로 이 악당을 묘사할까 하는 점이었다. 과연 성직자가 그러한 역할을 맡아도 되는가? 교회 안에서 불경스럽게도 헤롯 같은 인물이 설치고 다녀도 되는가? 그 대답은 희극이었다. 헤롯은 어릿광대로 묘사되었고, 그 역은 속인이 맡았다. 이러한 해결은 헤롯이 심지어 주교를 주머니로 후려갈기는 장면이 있는 연극을 연출한 파두아의 성직자들에게는 하나의 구원이 되었다.

독일에서는 교회의 예배의식보다 이교도적 제의가 축제의 연극에 더 큰 영감을 주었다. 사순절이 시작되기 전 사육제 중에 거리에서 공연된 연극Fastnachtsspiele들은 세속의 일상적인 삶을 묘사한 짤막하고 희극적인 연극들이었다. 흥청거리고 난잡한 이 대중적인 연극들은 정형화된 등장인물들에 의해 공연되었는데, 한스 작스Hans Sachs(1494-1576) 같은 인물에 의해 문학적인 장르로 발전하게 된다. 그의 연극 〈떠돌이 학자〉는 질투에 불타 돌아온 남편을 속이기 위해 악마로 가장하는 사제의 이야기를 담고 있다.

1264년 교황 우르바누스Urbanus 4세는 성체축일Corpus Christi이라는 새로운 축제를 선포한다. 이것은 예수의 피와 살이 포도주와 빵으로 변하는 성체의 기적을 기리기 위한 축제였다. 성체의 기적은 처녀 수태와 부활의 기적에 버금가는 지위를 누렸다. 기독교의 의식들이 집결해 있는 부활절 즈음에서 이 기적을 찬양하는 대신 새로운 축제가 여름 중에 열리게 된 것이다.

15세기경에 이르면 이 축제는 유럽 전역에서 대단히 중요한 축제가 된다. 이 축제의 중심은 정화된 성체의 뒤를 따라 종교와 세속의 지도급 인사들이 거리를 가로질러 행렬을 이루며 행진하는 것이었는데, 이 행렬은 중간에 곳곳에서 예배를 위해 멈춰 서곤 하였다. 물론 이 행렬의 마지막 순서는 대성당이나 교회에서 행해진 미사였다.

참가자들 중에는 수공업자 길드나 상인 길드의 대표자들도 분명 포함되어 있었을 것이다. 유럽 전역에 번창하는 무역의 중심지에서 길드는 새로운 상인계층의 번영과 야심을 반영하고 있었다. 종교와 상업의 중심지였던 요크York 같은 도시에서 길드는 그 수와 활동력 면에서 전형적인 경우였다.

각 길드는 저마다의 수호 성자와 교회를 갖고 있었다. 처음에 각 길드는 자신들을 대표하는 깃발을 들고 행렬에 참가했다. 그러나 시간이 흐르면서 길드들은 공들인 전시물들을 통해서 자신들의 신심과 번영을 과시하고자 했다. '패전트Pageant'라고 불린 풍요롭게 장식된 마차가 등장했으며, 일부는 적절한 의상으로 분장한 상인들에 의해 성경의 장면들을 연출하곤 했다. 때때로 이 인물들은 미리 준비된 대사를 서로 교환하기도 했는데, 여기에서 중세의 신비극Mystery Plays이 탄생하게 된 것이다.

5막

고대와 중세의
인도, 중국, 일본, 한국

찬드라 굽타 2세의 궁정에서 머물던 칼리다사,
거리로 나오다

바라타Bharata(연대 미상. BC 2세기?-AD 2세기?)는 인도 사람으로 인도의 연
극 보전《나티아 사스트라Natya Shastra》라는 책의 저자로 알려져 있다. 이
책은 인도 연극의 기원, 장르, 연기, 무용, 음악, 의상과 분장, 무대 장
치, 관객 등 연극의 다양한 측면들에 대해 구체적으로 접근한 꽤 부피
감 있는 작업이다. 연대는 대략 기원전 2세기에서 서기 2세기 사이 정
도로 추정된다. 특히《나티아 사스트라》에는 관객의 감성에 작용하는
미적 정서rasa의 창출과, 눈이나 손 또는 몸짓과 관련된 연기적 표현과
의 엄격한 상호관련성에 대한 기술적 묘사가 주를 이룬다.

이만한 정도의 작업이 가능하려면 바라타 자신이 뛰어난 연기자였
음에 틀림이 없다. 전설에 따르면 바라타는 현자였고, 100여 명의 아
들과 100여 명의 천녀를 훈련시켜 신에 바치는 연극을 제작했다.

인도의 전통연극의 배경에서는 아테네 연극처럼 종교가 작용한다.
제의라는 형식 말고도 작품의 내용을 이해하기 위해서는 그리스 신화
만큼이나 브라흐마Brahma나 비슈누Vishnu 또는 시바Shiva나 크리슈나
Krishna 같은 인도 신들에 대한 이해가 필요하다.

칼리다사

대략 서기 320년부터 550년경까지 북인도를 지배한 굽타 왕조 시대에 연극이 융성했으며, 희곡 〈샤쿤탈라〉의 작가 칼리다사Kalidasa(?-?)는 서기 400년경 찬드라굽타 2세(재위 380경 - 415경) 시기에 산스크리트어로 작업한 궁정시인이었던 것 같다. 그는 인도의 셰익스피어라 칭해지지만, 그에 대해 알려진 것은 거의 없다. 굽타 왕조의 멸망과 함께 인도 연극도 쇠퇴한다.

칼리다사의 것으로 추정되는 남아 있는 일곱 작품으로 미루어보면, 칼리다사는 힌두교의 세계관과 가치관에 깊이 천착해 있는 것으로 보인다. 일곱 작품 중 희곡은 세 편인데, 그중 위에서 언급한 〈샤쿤탈라〉가 범세계적으로 널리 알려져 있다. 산스크리트어 문학의 정형화된 특징들로 말미암아, 남아 있는 작품들에서 칼리다사의 개인적인 체취를 감지하기는 어려우나, 그가 히말라야를 포함해 인도 전역을 두루 여행한 방랑시인이었다는 사실과 우자인Ujjain이라는 도시에 대해 그가 품고 있던 애정을 확인할 수 있다.

민간전승에 따르면 칼리다사는 젊은 시절에 거의 바보라 할 만큼 우둔한 인물이었던 모양이다. 바보와 결혼시켜 오만한 공주의 부족함을 깨닫게 하려고 한 현자가 술책을 부려 칼리다사를 공주와 결혼시키는데, 이 술책이 재미있다. 이 계략을 세운 현자는 칼리다사가 입을 열면 바보인 것이 탄로날까 봐 공주에게 말하기를, 칼리다사가 너무 지혜로워 세속의 말을 멀리 해서 단지 몸짓으로만 소통을 해야 하니 자신이 그 몸짓을 통역해야만 한다는 것이다. 그 통역이 얼마나 멋들어졌을지 짐작이 가고도 남는다. 하지만 결혼 후, 칼리다사가 바보인 것을 눈치 챈 공주가 곧바로 그를 내쫓았고, 강가를 헤매던 칼리다사는 강가에서 둥근 돌을 써서 빨래하던 여인을 보고는 "모난 돌도 저렇게 둥근 돌이 되는데, 자신의 우둔함도 갈고 닦으면 언젠가는 지혜로워지지 않겠는가!" 하는 큰 깨달음을 얻는다.

산스크리트 문학을 연구하는 학자들에 따르면, 칼리다사는 고대 브라만교의 엄격하고 절제된 종교의식의 전통과 세속적이면서 화려한 힌두교의 의식을 문학적으로 융합하려 시도한 작가이다. 그러고 보면, 칼리다사의 작품에는 왕의 궁정에서 공연되거나 음송되기에 어울리는 고상한 분위기가 있으면서도 어딘지 서민적이며 다정한 느낌이 있다.

뿐만 아니라, 왠지 위에서 인용한 민간전승에는 실제 칼리다사가 거리에서 일반 대중들을 상대로 공연한 거리극을 칼리다사의 삶으로 옮겨놓지 않았나 싶은 데가 있다. 엉뚱한 마임을 하는 칼리다사와 그것을 재치 있게 통역하는 현자… 오늘날의 TV 드라마 등에서 상당히 익숙한 장면이다.

405년에서 411년까지 6년 동안 중국의 구법승 법현法顯이 찬드라 굽타 2세의 인도에 머문다. 독실한 힌두교도이면서도 불교와 자이나교를 모두 인정한 찬드라 굽타 2세는 백성들을 위해 병원을 포함한 여러 구제 사업들을 벌이고 있었다. 법현은 찬드라 굽타 2세의 치세와 백성들의 편안함에 감탄을 금치 못한다.

법현이 궁정에서 찬드라 굽타 2세를 알현한 기록은 없지만, 혹시라도 거리에서 법을 찾는 법현과 공연하는 칼리다사의 만남이 있었다면, 생각만 해도 멋진 그림이 나오는 장면이다.

칼리다사의 시 〈여명黎明에의 인사〉를 싣는다.

이날을 보라!
이것이 생명, 생명의 생명이다.
이 짧은 시간에
너의 존재인 모든 것의 진실과
현실이 포함되어 있다.
성장의 기쁨
행동의 영광
아름다움의 화려함
어제는 꿈에 지나지 않고
내일은 환상일 뿐
그러나 충실하게 지낸 오늘은
모든 어제를 행복의 꿈으로
내일은 희망에 찬 환상으로 만든다.
그러니 오늘을 잘 지켜보라!
이것이 새벽을 위한 인사다.

왕령령이 말하다.
"무대에서 연기를 할 때 저는 두아가 됩니다…"

관한경

서구의 헬레니즘 시기에 해당하는 중국 한 나라 시대(BC 202-AD 220)는 서역과의 잦은 교류로 다양한 형태의 공연들이 존재하여 백희百戱라 불렸다. 수양제는 해마다 정월이면 백희를 노는 행사를 대대적으로 벌였다. 당의 현종은 궁중 기예학교 이원梨園을 설치하고 200여 명에 달하는 연희자를 양성하여 중국 연극의 수호신으로 숭배되기도 한다. 희곡戱曲은 연극대본이 아니라 중국 연극을 칭하는 말이다.

하지만 세계 연극사에서 원나라 시대(1271-1368)의 중국 연극이야 말로 그 특별함으로 언급할 가치가 있다. 몽고가 원元이라는 이름으로 중국 전역을 지배할 때, 몽고인이 아닌 한족이 관리로 등극할 수 있는 길이 제한되자 재주 있는 인물들이 문학 창작에 전념하였다. 원나라의 연극을 원곡元曲, 또는 잡극雜劇이라 부르는데, 200여 명의 작가 이름과 700여 편의 대본이 전해진다. 그중 왕실보王實甫(1250?-1337?)

의 〈서상기西廂記〉와 관한경關漢卿(1241?-1320?)의 〈두아원竇娥冤〉이 유명하다.

왕실보, 마치원馬致遠, 백복百樸 등과 함께 원곡 4대가元曲四大家의 중심 인물인 관한경은 송宋, 금金 시대의 희곡 전통을 무시하고 새로운 형태인 잡극雜劇을 창시하는 데 핵심적인 역할을 한다. 그래서 아예 한경漢卿이라는 그의 이름이 잡극 작가라는 일반적인 의미로 쓰이기도 한다.

원래 관한경은 지금으로 하면 황실 병원을 관리하는 태의원호太醫院戶라는 관직에 있었으나, 원 황실의 부패한 권력에 환멸을 느껴 관직을 내팽개치고 극작에 전념해 직업적인 극작가로 활동한 것으로 보인다. 아마도 왕실보와 같이 전문적으로 공연을 위한 대본을 쓰는 극작가 조합에 소속되어 있었을 것이다. 그가 창작한 것으로 제목이 알려진 60여 편 중에 지금은 14편만이 남아 있다

왕실보의 〈서상기〉는 최앵앵과 장생의 사랑 이야기로, 1791년 우리나라 최초의 희곡인 〈동상기東廂記〉의 오리지널이다. 관한경은 왕실보의 〈서상기〉에 도움을 주었다고도 하는데, 그의 〈두아원〉은 〈서상기〉와는 성격이 많이 다른 작품이다. 〈두아원〉을 통해 관한경은 무지막지한 인간의 욕망과 부조리한 권력의 횡포가 어떻게 두아라는 한 불행한 젊은 과부의 삶을 지독한 파국으로 몰아가는지를 한 치의 양보도 없이 묘사한다.

그 자신이 관리로서 나라의 녹을 먹던 관한경은, 중국 희곡의 날카로운 노래 소리의 여운에 기층, 특히 여인들의 원통함이 절절히 맺혀 있는 작품들을 쉽고 꾸밈없는 언어로 담아내어 후대에 남긴다.

원 잡극에서는 남자 주인공이나 여자 주인공만 노래(唱)를 하고 다

른 등장인물들은 대사(白)만 한다. 원 잡극은 아무래도 볼거리보다는 듣거리에 집중한 연극형식이어서 연기자들의 움직임(科)은 단조로웠던 반면 노래의 표현이 풍부했던 것으로 보인다. 관한경 자신이 분장을 하고 무대에 올라 스스럼없이 연기를 했다고 한다.

관한경은 사회의 최하층으로 간주된 연기자들과도 잘 어울렸는데, 호방한 그의 성품을 말해주는 노래 가사가 전한다.

"나는 찌고, 삶고, 때리고, 볶아도 익힐 수 없는 구리로 만든 완두콩이라네."

원나라 시대는 뛰어난 여성 연기자들의 시대였다. 그중 가장 유명한 연기자가 주렴수珠簾秀로, 그녀의 태어난 해는 알 수 없지만 지금의 북경인 대도大都 출신으로 전한다. 주렴수는 미모에다 교양이 풍부하고 문재가 뛰어난 연기자였다. 이민족이 지배하던 중국을 거침없이 떠돌면서 연극을 무기로 세상을 뒤엎어 보려던 관한경과 뜻을 같이해, 그가 쓴 작품들에서 연기적으로 뛰어난 성과를 보인다.

조정의 한림학사 노지盧摯가 그녀를 사모하여 〈별주렴수別珠簾秀〉라는 노래를 만들어 불렀다고 하는데, 주렴수가 한 솜씨를 발휘해 읊은 그 노래의 답가가 전해진다. 그녀의 답가를 들은 관한경이 〈증주렴수贈珠簾秀〉를 지어 그녀의 재능을 치하했다.

주렴수는 생전에 제자들을 많이 키웠으며, 생을 마감할 때에도 남편 홍단곡洪丹谷의 노래를 들으며 미소를 띤 채 눈을 감았다고 한다. 홍단곡은 "너는 어떤 사람이며, 나는 누구인가爾是何人 我是誰"라는 유명한 시구를 남긴 도가道家의 도사道士이다.

원 잡극의 연구자들이 지적하는 것처럼 관한경의 작품에는 여성의 역할이 두드러진다. 관한경이 묘사하는 여성이 당하는 억압은 사회적 모순의 축소판이었고, 여성은 그 억압에 적극적으로 대처한다.

풍류라면 결코 빠지지 않던 관한경이 만년에 서호西湖로 유명한 항주杭州에 들렀을 때의 일이다. 마침 호주湖州 쌍림雙林에서 온 대복반大福班이라는 극단이 〈두아원〉을 공연하고 있었는데, 왕령령汪怜怜(?-?)이라는 연기자가 어찌나 두아竇兒를 실감나게 연기하는지, 관한경은 다시 그녀의 공연을 보려고 호주까지 찾아간다. 역시나 그녀의 공연에 벅차오르는 감동을 주체하지 못하고 관한경은 그녀에게 묻는다.

"어떻게 그렇게 연기를 잘 하오?"

그녀가 대답한다.

"무대에서 연기를 할 때 저는 두아가 됩니다. 관객에게 두아 같이 보이려고 꾸미는 일은 하지 않습니다."

실제로 왕령령의 삶 자체가 피눈물 나는 것이었다. 호주 쌍림의 고향 마을에서 그녀는 모진 시어머니의 구박을 받으며 살았다. 그녀의 남편이 일찍 세상을 떠나자 시아버지는 그녀로 인해 남편이 죽었다며 그녀를 내쫓았다. 나중에 그녀는 억울한 누명을 쓰고 감옥살이까지 한다. 이러한 고초를 겪다가 나이 스물에 극단에 들어가 연기자의 길을 택한 그녀의 연기에 어찌 관객들의 마음을 후벼 파는 절절함이 없겠는가. 왕령령의 대답에 관한경은 크게 감탄하여 그녀를 '활두아活竇

兒'라 칭찬한다.

물론 관한경 당대의 여성 연기자들의 삶이 다른 시대보다 특별히
모범적인 것은 아니었다. 중국의 문필가 진명원陳明遠은 여성 연기자
들의 소위 '스캔들'과 관련해서 '잠규칙潛規則'이란 말을 쓴다. 여성 연
기자들의 삶에 스캔들은 일종의 드러나지 않은 관행과 같은 것이라는
뜻이다. 이 당시 여성 연기자들은 일반적으로 '여령女伶'이나 '우령優伶'
등으로 불렸는데, 그중에서도 스타급의 여령, 우령은 '명령名伶'이라고
도 했다.

원 순제順帝(재위 1333-1368) 15년인 1355년에 문인 하정예夏庭藝는
《청루집靑樓集》이라는 책을 써서, 원나라 시대 110여 명의 여성 연기
자 및 청루가녀靑樓歌女의 에피소드를 기록으로 남겼다.

제아미, 온나미로부터
아들 모토마사의 죽음을 전해 듣다

일본에서 대략 11세기경에 출현하여 14세기에 절정을 이루는 사루가쿠猿樂라는 연희 양식이 있다. 이 사루가쿠가 훗날 노能, 또는 노가쿠能樂라 불리는 일본 전통 연희로 전개된다. 일반적으로 세상에 알려진 '노' 또는 '노가쿠'라는 말은 메이지 시대부터 쓰인다. 그러니까 '사루'와 '노'는 모두 '재주'를 뜻하는 말로 단지 어감에 차이가 있을 뿐이다.

메이지 시대에 노能를 지지하던 무사 계급이 붕괴되자, 유신 정부는 국가의 문화정책적 차원에서 전통 연희로 노를 부각시키려 한다. 이를 위해 '노가쿠샤能樂社'란 단체가 결성되고, 노를 연희할 수 있는 '노가쿠도能樂堂'란 극장이 세워진다.

사루가쿠의 원류인 산가쿠는 중국 당나라 시대에 전래된 산악散樂이 근원이다. 신라 말기 최치원이 그 당시 신라오기新羅五伎라 하여 민간에서 놀아지던 다섯 가지 놀이를 다섯 수首의 7언 4구체 한시로 읊어 〈향악잡영鄉樂雜詠〉이란 제목의 글로 남겼는데, 최치원이 노래한 다섯 가지 놀이는 금환金丸, 월전月顚, 대면大面, 속독束毒, 산예狻猊 등으로, 대면과 속독은 탈놀이, 산예는 사자춤, 월전은 어릿광대의 재주

부리기, 금환은 도구를 사용한 기예로 추정된다.

재주부리기나 흉내 내기에서 신라의 향악과 별 다름이 없었을 산가쿠는 좀 더 멸시어린 뉘앙스를 풍기는 '사루가쿠'란 이름으로 당시의 도읍이었던 교토 주변으로 진출하게 된다. 사루가쿠의 '원猿'은 '원숭이'를 의미한다. 1300년대 중엽의 간아미觀阿彌(1333-1384)는 야마토大和에서 유자키좌結崎座라는 전업 극단을 조직해 사루가쿠를 공연한 인물이다. 교토로 진출한 그는 극단 이름을 간제좌觀世座로 바꾸고 오미 사루가쿠近江猿樂나 단바 사루가쿠丹波猿樂 또는 우지 사루가쿠宇治猿樂 등을 공연하던 다른 극단들과 흥행을 다툰다.

그 당시 교토에는 농악에 기원을 두고 있는 덴가쿠田樂란 연희가 대중적인 호응을 얻고 있었고, 간아미는 덴가쿠의 역동적인 춤과 음악을 자신의 작업에 접목시켜 좀 더 세련된 형태로 사루가쿠를 가다듬는다. 뿐만 아니라 간아미는 북장단에 맞춰 노래하는 쿠세마이曲舞란 연희의 풍부한 서사성을 적극적으로 사루가쿠에 끌어들인다. 이제 사루가쿠는 단순한 흉내 내기에서 좀 더 복잡한 구성의 대본을 갖춘 연극으로 변화한다. 형식과 내용에서 이러한 특징을 보이는 사루가쿠를 간제류라 칭한다.

사루가쿠는 신사의 제례에 봉사할 의무 또한 지고 있었으며, 자주 신사의 뜰에 무대를 세웠다. 그러나 간아미의 사루가쿠에는 아직 세속적 여흥의 요소가 지배적이었으며, 불교적 세계관에 기초한 깊이 있는 내용을 포함해서 간제류가 제 모습을 갖추게 되는 데에는 간아미의 아들 제아미世阿彌(1363-1443)가 결정적인 역할을 한다.

1392년 조부 아시카가 다카우지足利尊氏에 의해 야기된 남북조南北朝 2인 천황체제에 협상의 물꼬를 튼 아시카가 요시미쓰足利義滿(재위

제아미

1368-1394)는 아시카가 가문에 의한 무가武家 정권 시대(1336-1573)의 3대 쇼군이다. 그가 교토의 무로마치室町에 새로 궁성을 지었기 때문에 이 정권을 보통 무로마치 막부室町幕府라고도 한다.

열한 살의 나이에 쇼군에 오른 아시카가 요시미쓰는 1374년 17세가 되던 해 교토 이마쿠마노今熊野 신사에서 공연하는 간아미의 사루가쿠를 보고 감탄하여 그의 극단을 후원한다. 그는 특히 11세의 어린 제아미의 연기에 매료되어 툭하면 간아미와 제아미 부자를 성에 초대했는데, 쇼군이나 귀족 사회와의 친교가 앞으로 제아미의 성장에 상당한 영향력을 행사한다.

이제 권력을 잡은 무사 집안이 단순히 무력만이 아니라 정신적인 문화를 강조했던 것은 이해할 수 있으며, 아시카가 요시미쓰는 절제와 정신성을 중시하는 무사도 문화의 형성에 간제류의 사루가쿠가 적절하다고 판단한 것 같다. 1384년 간아미가 세상을 떠난 뒤 제아미에 의해 주도되는 간제류가 대세를 이루어 사루가쿠를 연희하던 곤파루류金春流나 호쇼류宝生流 또는 곤고류金剛流 등도 간제류에 맞춰 변화된다.

그러나 부친 아시카가 요시미쓰와 사이가 나빴던 4대 쇼군 아시카가 요시모치足利義持는 제아미에게 냉담했으며, 제아미와 같은 시대의 연기자인 조아미의 덴가쿠를 편애했다. 제아미는 출중한 연기자로서 조아미를 좋아했고, 그로부터 생산적인 자극을 받기도 했지만, 제아미의 사루가쿠가 재현을 의미하는 모노마네物真似로부터 좀 더 상징적이고 초월적인 유현幽玄으로 성격이 변화하는 데 중요한 역할을 한 인물은 경쟁 극단 오미 사루가쿠를 이끌던 이누오犬王였다. 훗날 그는 도아미라고 이름을 바꾼다. 제아미는 잇큐一休 선사와 같은 선승들과 친교를 맺다가 1422년 속가승이 된다.

간아미가 죽고 십 수 년이 흐른 뒤 1400년경 제아미는 사루가쿠에 대한 부친의 가르침과 그때까지 자신의 경험을 참조해《후시카텐風姿 花傳》이란 사루가쿠 지침서를 쓴다. 사루가쿠 연기의 핵심을 눈에 보이는 겉멋의 창조에서보다는 껍데기 아래에 있는 세상의 본질을 드러내는 것으로 파악한 제아미는《후시카텐》을 포함해 20편이 넘는 지침서를 썼다.

제아미가 쓴 글들은 비전秘傳의 성격을 띤 비급秘笈으로 간제류와 관련되는 사람들만 읽을 수 있었다. 그의 글들은 1908년 요시다 도고 吉田東伍 박사에 의해《제아미십륙부집世阿彌十六部集》으로 출판됨을 시작으로 비로소 세상의 빛을 보게 된다.

《후시카텐》또는 흔히《가덴쇼花傳書》라 부르는 지침서는 무엇보다도 제아미가 후배 연기자들에게 제시하는 진정한 연기자의 길이다. 지침서의 제목에서도 드러나지만, 제아미는 그 길을 '꽃'으로 비유한다. 씨앗이 뿌려져서 싱싱한 잎사귀와 은은한 향기와 함께 색색의 꽃을 피우고, 다시 고요하게 저무는 과정은 그대로 불교적 수행의 과정이다. 불교의 깨달음이 그렇듯이, 연기자가 자신의 세속적 에고에 대한 집착을 버릴 때 그는 비로소 극적 역할을 성취할 수 있다.

제아미에게 연기는 표현할 수 없는 것을 표현하는 작용이다. 이런 유현 미학적 입장을 배경으로 제아미는 사루가쿠의 역사, 말투나 의상 등을 포함해서 배역에 따른 적절한 움직임, 연기자의 마음가짐 등 구체적인 사항들에 대한 자신의 생각을 현장의 경험을 바탕으로 진술

하게 전개한다.

타고난 재능과 끊임없는 훈련, 그리고 갖춰진 인격은 연기자의 기본이며, 연기자는 언제나 자신의 연기를 객관적인 눈으로 볼 수 있어야 하고, 자칫 자만심에 빠질 수 있는 위험으로부터 늘 깨어 있어야 하며, 어리고 부족한 연기자에게서라도 본받을 점이 있다면 항상 배움의 자세를 취해야 한다는 등의 충고에서는 제아미에게 전하는 부친 간아미의 엄격한 목소리를 들을 수 있다.

제아미에게 냉담했던 4대 쇼군 아시카가 요시모치의 뒤를 이은 5대 쇼군 아시카가 요시카즈足利義量(1407-1425)는 무슨 일을 하기에는 너무 어린 18세의 나이로 요절한다. 그 공백을 메우기 위해 제비뽑기로 즉위한 6대 쇼군 아시카가 요시노리足利義教(재위 1428-1441)는 요시미쓰의 세 번째 아들로 원래 출가한 스님이었다. 요시노리는 제아미의 외삼촌이 아시카가 가문에 쫓겨 남쪽으로 도망간 남조 천황의 지지자였으므로 어쩌면 간아미 집안이 남조의 첩자일지도 모른다는 끈질긴 의심을 갖고 있었다. 요시노리가 제아미의 두 아들들을 제쳐놓고 제아미의 조카이자 양아들이던 온나미音阿彌에게 간제류를 계승시키려고 끊임없이 제아미를 압박한 배경에는 이런 의심이 작용하고 있었는지도 모른다.

제아미의 아들들은 모토마사元雅와 모토요시였다. 모토마사가 온나미보다 능력이 부족한 사루가쿠 연기자였을지 모르나, 제아미는 요시노리의 압력에도 불구하고 간제류의 후계자로 모토마사를 지목한다. 화가 난 요시노리는 센토황궁仙洞皇宮의 축제에 모토마사와 온나미를 불러 일본 씨름인 스모에서나 볼 수 있을 것 같은 다치아이立合い와 흡사한 연기 대결을 시키고, 제아미에게는 출입금지 명을 내린다. 결

국 다음 해 키요타키 신사 공연을 관장하는 책임자 역할이 모토마사로부터 온나미에게로 넘어간다.

돌아가는 분위기가 심상치 않다고 판단한 제아미의 둘째 아들 모토요시는 출가하여 승려가 된다. 그리고 곧이어 큰 아들 모토마사가 미에현三重県에 있는 이세신궁伊勢神宮에서 공연하던 중 돌연한 죽음을 맞는다. 의심스러운 상황에서 의심스러운 죽음이다. 1432년의 일이었다.

이제 쇼군의 명으로 온나미는 제아미로부터 간제류의 지휘권을 물려받는다. 쇼군의 명이라 모든 것이 석연치 않았던 제아미로서도 따를 수밖에 없다. 그러나 제아미 자신이 직접 저술한 비급들만은 쇼군으로서도 이래라 저래라 할 수 없다. 제아미는 이 비급들을 자신의 사위 곤파루 젠치쿠金春禪竹에게 물려준다.

비급을 물려받고 싶다는, 또는 제아미로부터 정식 후계자로 인정받고 싶다는 욕망에 불타던 온나미가 제아미를 찾아왔을 때 두 사람 사이에 오고 갔을 대화는 상상력을 자극한다. 그동안 요시노리로부터 받았던 굴욕과 아들의 의심스러운 죽음으로, 보통 사람 같으면 복수의 칼을 갈았을 제나미가 온나미에게 전해준 말은 무엇이었을까.

실제로 어떤 대화가 오갔던, 1434년 제아미는 요시노리의 명으로 71세의 노구를 끌고 사도섬佐渡島으로 귀양을 갔고, 요시노리는 1441년 암살당한다. 요시노리의 죽음으로 제아미가 다시 교토로 돌아왔을 가능성이 크지만, 실제 제아미의 죽음에 관해서는 명확한 자료가 없다. 제아미는 사도섬에서 생을 마쳤을 수도 있다.

간제류는 온나미를 통해 계승되고, 제아미의 비급은 젠치쿠에 의해 보존되지만, 훗날 '노'로 통칭되는 사루가쿠의 정점은 제아미의 시대였다. 오늘날 남아 있는 230여 편의 노 가운데 절반가량이 제아미의 작품이다. 좀 좋다 싶은 작품은 대부분 제아미의 작품이라는 것이 전문가들의 평가이다. 남자 연기자만의 연극인 노는 가면극이긴 하지만, 중심 캐릭터인 시테仕手만 가면을 착용한다. 어떤 의미에서 노는 시테를 중심으로 한 일인극이라 할 수도 있는데, 일단 시테가 입을 열면 다른 모든 캐릭터들은 침묵한다.

제아미가 죽은 뒤 사루가쿠는 천황과 쇼군을 중심으로 한 일본 지배계층 문화의 핵심으로 소위 무가식악武家式樂의 전형을 이룬다. 일종의 의식으로서 전형이 되다보니 형식과 내용에서 변화는 용납되지 않고 고도로 양식화하여, 교겐狂言이라는 희극적 분출구를 포함하더라도 요쿄쿠謠曲라는 대사, 하야시囃子라는 음악, 그리고 쇼사所作라는 동작을 거의 지나치리만큼 지배하는 절제된 엄격함이 오늘날 노의 중요한 특징을 이룬다.

이러한 엄격함을 유지하기 위해서는 '게이코稽古'라 부르는 마음가짐과 그에 수반하는 쉴 새 없는 훈련이 필요한데, 기록에 따르면 이 게이코에 소홀했던 연기자는 심지어 그 자리에서 할복을 명령 받았다고도 한다.

공길, 연산을 희롱하다

고려 말의 학자 목은牧隱 이색李穡(1328 -
1396)은 성리학자로서 정도전의 스승이자,
끝까지 고려에 대한 절개를 지킨 인물이다.
그가 지은 한시 중에 〈산대잡극山臺雜劇〉
이 있다. 일종의 관극시觀劇詩로 14세기 후
반 고려의 가무백희歌舞百戲를 엿보는 데
소중한 자료이다.

처용무

山臺結綴似蓬萊 산대 맺은 모양 봉래산 같고
獻果仙人海上來 바다에서 온 선인이 과일을 바치네.
雜客鼓鉦轟地動 북과 징소리 천지를 울리고
處容衫袖逐風廻 처용의 소맷자락 바람에 날리누나.
長竿倚漢如平地 긴 장대 위 사내, 평지처럼 놀고
瀑火衝天似疾雷 폭발하는 불꽃은 번개처럼 보이네.
欲寫太平眞氣像 태평스런 이 기상 그리려 해도

老臣簪筆愧非才 늙은 신하의 붓, 재주 없음을 부끄러워하네.

헌선도獻仙桃 춤, 처용무, 솟대타기長竿戱 등의 공연을 묘사하고 있는 이 시에 내포된 고려 시대 연희의 특징들을 정리하면 다음과 같다.

1) 우선 산대라는 공연공간이다. 단을 세운 무대였거나 배경이었던 것으로 보인다. 산대는 채붕綵棚이라고도 불렸다.
2) 공연의 제의적 성격이다. 많은 공연들이 척사斥邪나 기복祈福을 포함해 종교적 성격을 띠었다.
3) 음악, 춤, 연기와 함께 마술이나 재주부리기 등의 여흥적 성격이 강한 공연들도 연희되었다.
4) 공연은 국가가 주관하는 경우가 많았으며, 꼭 그렇지 않더라도 대체로 공공적 성격의 역할을 담당하고 있었다.

고려 시대 산대잡극은 산대잡희山臺雜戱, 백희가무百戱歌舞, 백희잡기百戱雜技 등으로도 불리었는데, 팔관회八關會나 연등회燃燈會 같은 국가 행사가 중심무대였다. 이색이 묘사한 공연들 말고도 고려의 문인 이규보李奎報(1168-1241)는 《교방치어敎坊致語》라는 글에서 줄타기와 백수무百獸舞와 같은 공연들을 거론한다.

고려 초기 이러한 공연을 관리하는 주무관청을 산대색山臺色이라 했으며, 신라 시대에 무속적 역할과도 관계가 있었을 화랑이 고려에 이어져 선랑仙郎이란 이름으로 이러한 공연을 담당했다. 이러한 전통은 조선 시대 '화랭이'란 이름으로 이어진다.

신라 말 진흥왕 551년에 처음 행해진 팔관회는 고려시대에 이르러 불교와 토속신앙이 결합된 제의로서 호국과 기복의 성격이 강한, 이를테면 국가적 축제로 되었으며, 고려 때 시작한 불교의식인 연등회 또한 마찬가지로 국가적 행사였다. 그 밖에 가례嘉禮로 왕의 즉위나 세자 책봉과 같은 조정의식이 있었다.

이런 축제의 자리에서 가무백희가 연희되었는데, 이색의 한시 제목 〈산대잡극〉에서도 보이는 것처럼 고려 시대가 후기로 가면서 점점 연극화하는 경향이 있었다. 대략 1000년경 중국에서 들어온 섣달그믐의 척사, 기복 행사인 나례儺禮 또한 조선 인조仁祖(재위 1623-1649) 때까지 지속되어 조선시대 임시관청이던 나례도감儺禮都監이 광해군 때에 상설기관인 나례청儺禮廳으로 승격되었다가 인조 때 사라진다.

나례가 점차 나희儺戱로 불리면서 연희가 연극화하는 데에는 고려 시대 조희調戱라 불리던 대사 중심의 소극이 일정한 역할을 한다. 조희는 우희優戱, 또는 배우희俳優戱라고도 불렸다. 조희는 현실 비판적 성격의 풍자극으로 조선시대 소학지희笑謔之戱를 거쳐 판소리나 가면극으로 이어진다.

조희의 기록으로는 1110년 고려 예종睿宗 5년에 공연된 〈하공진 놀이〉가 남아 있다. 하공진河拱辰은 고려 현종顯宗(992-1031) 때 거란의 포로가 되어 변절의 유혹을 뿌리치고 지조로서 죽음을 택한 공신이다. 〈하공진 놀이〉가 일인극이었던 반면 1165년 의종毅宗 19년 4월에 무대에 오른 〈공물 바치기 놀이〉는 여러 명의 내시들이 출연해, 외국 사신들이 고려에 와서 공물을 바치는 광경을 보여준다.

이러한 공연들에는 전문적인 창우唱優들의 지도를 받은 내시나 선비, 또는 관리들의 자제들로 구성된 아마추어 연기팀이 동원되었다. 官에 소속된 연기자건, 민간에서 흥행하던 연기자건 연기자의 신분은 천인賤人이었다. 의종 때 기록에 보이는 영관伶官이라는 용어는 관官에 소속되어 음악을 담당하던 악관樂官과 구별하여 연기자를 칭한 것으로 보인다.

고려 말기 공민왕(1330-1374) 때 당시의 세도가였던 염흥방廉興邦을 풍자하는 우희가 있었다. 염흥방은 자신을 풍자하는 줄도 모르고 관객들과 함께 공연을 즐겼던 모양인데, 시정에서 흥행을 하던 직업적인 창우들에 의한 공연이라 생각된다.《고려사》제126권, 28장에 보면 다음과 같은 글이 있다.

"흥방이 일찍이 이부 형인 이성림과 함께 무덤에 갔다가 돌아오는데 기사가 길을 메웠다. 이때 어떤 사람이 우희를 행하면서 권세가의 노예가 백성을 괴롭혀 조세를 거두는 모양을 하자, 성림은 부끄러워하였으나 흥방은 즐겁게 보고 이를 깨닫지 못하였다.

興邦嘗與異父兄李成林 上冢而還 騶騎滿路 有人爲優戱
極勢家奴隸剝民收租之狀 成林忸怩 興邦樂觀不之覺也."

농업이 근본인 고려의 경제였지만, 관 주도의 수공업과 무역이 점차 서민계층으로 확대되면서 개성을 중심으로 한 상업적 발전이 무시할 수 없는 수준으로 성장한다. 이에 따라 공연계도 함께 성장하게 되는데, 1387년 우왕禑王 13년에는 적지 않은 수의 직업적 창우들이 존재했다는 기록이 남아 있다. 1389년 공양왕恭讓王 원년 기록에는 효자 우인優人 군만軍萬에 대한 기록이 보인다. 이미 공연의 형태도 다채로워져, 1201년 신종神宗(재위 1197-1204) 4년에 권력자 최충헌이 화려한 산대를 세우고 공연한 호한잡희胡漢雜戱와 기악잡희伎樂雜戱를 비롯하여, 가면희잡희假面戲雜戲, 주유희侏儒戲, 창우희倡優戲, 걸호희乞胡戲, 당인희唐人戲 등의 공연이 있었다.

이 당시 연기자들은 우인優人, 창우唱優, 배우俳優, 광대廣大 등으로 불렸다. 특히 광대라는 말은 충렬왕忠烈王(재위 1274-1308) 때의 고려가요 〈쌍화점〉에서 처음 보인다. 광대와 관련해서는《고려사》전영보열전全英甫列傳에 충숙왕忠肅王(재위 1314-1330, 1332-1339)과 관련된 일화에서 '우리말로 가면을 쓰고 연희하는 사람國語假面爲戲者'이라는 기록이 남아 있다.

일부 연구자들은 〈쌍화점〉이 1279년 충렬왕 5년에 궁중에서 공연된 연극일 수 있다는 주장을 한다. 주연을 즐긴 충렬왕의 명에 따라 승지 오잠吳潛이 당시 유행하던 속요를 개작해서 연극으로 만들었다는 것이다. 이러한 주장에 따르면, 노래 재주와 춤 재주 또는 외모에 따라 뽑힌 기생들이 남장을 하고 수령궁壽寧宮의 향각香閣이라는 무대에서 오잠의 지휘로 충렬왕 앞에서 이 노래를 대본으로 연희했다고 한다. 남자복색을 한 이러한 공연팀을 남장별대男裝別隊라 한다.

고려가 원의 지배를 받으면서 고려 왕실의 권위가 크게 떨어지고, 따라서 팔관회나 연등회 같은 국가적 차원의 축제들도 그 규모가 위축될 수밖에 없는 사정이었으니, 그러한 축제들에 동원되던 광대들의 일거리가 크게 줄어들었음은 충분히 짐작할 수 있다. 일부 광대들은 굿과 같은 무속 쪽으로 방향을 틀고, 나머지 광대들은 일종의 계契를 조직해 권세가의 잔치나 대중적 흥행에서 살 길을 찾는다. 게다가 원의 문화가 유입되면서 다채로운 원의 잡극이 고려의 산대잡극에 끼친 영향도 무시할 수 없었을 것이다. 이러한 배경에서 〈쌍화점〉의 연극설은 상당히 일리 있는 가설이다.

조희는 조선 시대로 가면 소학지희로 불린다. 소학지희가 나례의 한 부분이었다고 주장하는 학자들도 있는데,《문종실록》에 나례가 규식지희規式之戱와 소학지희笑謔之戱로 나뉘어져 있다는 것이다. 규식지희가 곡예와 춤을 중심으로 한 연희였다면, 소학지희는 '배우들이 일정한 인물과 사건에 관련된 주제를 전개하는 연극'이다.

이런 이유로 조선 시대 광대를 다룬 연극 〈이爾〉의 광고 문안에는 '조선 광대들의 소학지희'란 표현이 들어 있다. 여기에서 소학지희는 '말장난, 성대모사, 흉내 내기, 재담, 음담패설 등 말을 이용해 시정을 풍자하고 비리를 고발했던 조선 시대 언어유희'로 정리된다. 백과사전에 소학지희는 '즉흥적으로 익살과 재치를 부리며 재미있게 이야기하거나 말재주로써 연출한 조선 시대의 풍자적인 연극'으로 나와 있다. 소학지희는 다른 말로 배우지희俳優之戱, 또는 창우지희倡優之戱라고도 한다.

2000년 김태웅이 쓰고 연출한 〈이〉는 2005년 〈왕의 남자〉란 영화로 각색되어 흥행에서 커다란 성공을 거둔다. 이 연극은 연산군(재위 1494-1506) 시대의 광대 공길孔吉(?-?)이 벼슬을 제수 받고 궁중에서 공연하다가, 연산군 11년 연산군에게 올린 간언으로 연산군의 분노를 사 귀양 갔다는《조선왕조실록》연산군일기 제60권, 22장에 실린 짧은 글에 근거한다. 이爾는 임금이 종 4품 이상의 신하들을 높여 부를 때 쓰는 말이다.

1505년 12월 29일 공길은 연산군 앞에서 늙은 선비 놀음을 하다가, 공자의 《논어》를 인용하면서 자신을 중국 고대사에 나오는 인물인 고요皐陶에 빗대어 연산에게 간언한다. 고요는 순임금 때의 법관이자 충신이다. 공길은 이 간언으로 곤장을 맞고 유배된다. 기록에 남아 있는 공길의 말만 골라 인용하면 다음과 같다.

"전하는 요, 순 같은 임금이요, 나는 고요 같은 신하입니다. 요, 순은 어느 때나 있는 것이 아니나, 고요는 항상 있는 것입니다. 임금은 임금다워야 하고, 신하는 신하다워야 하고, 아비는 아비다워야 하고, 아들은 아들다워야 합니다. 임금이 임금답지 않고, 신하가 신하답지 않으면, 아무리 곡식이 있어도 어찌 그것을 먹을 수 있겠사옵니까."

연산군일기의 원문은 이렇다.

優人孔吉, 作老儒戱曰: "殿下爲堯, 舜之君, 我爲皐陶之臣. 堯, 舜不常有, 皐陶常得存." 又誦《論語》曰: "君君臣臣父父子子. 君不君臣不臣, 雖有粟, 吾得而食諸?" 王以語涉不敬, 杖流遐方.

《왕조실록王朝實錄》, 《패관잡기稗官雜記》, 《지양만록芝陽漫錄》, 《어우야담於于野談》 등 조선시대 전기의 문헌들을 보면, 궁중에서 광대들이 왕 앞에서 소학지희를 공연한 기록들이 남아 있다. 예를 들어, 《지양만록》에는 "이조 판서와 병조 판서가 서로 못난 조카와 사위를 관리로 임명하는 문답을 하니 왕이 크게 웃었다"는 소학지희에 대한 기록이 있으며, 《패관잡기》에는 "소학지희로 인해 부당한 수탈이 시정되기도 해서 배우도 백성에게 유익하다"는 기록이 있다.

그 밖에 연산군일기 35권에 배우 공결公潔이 왕의 앞에서 소학지희를 하다가 왕의 분노를 사서 곤장 60대를 맞고 노비로 쫓겨 갔다는 기록도 보인다. 공결이나 공길이나, 곤장이나 귀양을 불사한 광대로서 이들이 왕 앞에서 왕을 희롱한 소학지희는 조선 시대 광대의 전통에서 크게 벗어난 것 같지 않다. 단지 연산군이라는 지독한 왕을 만난 것이 그들의 불행이었을 테이지만, 바로 그렇기 때문에 공결이나 공길은 소학지희의 정신에 투철할 수밖에 없었을지도 모른다. 이 정신은 훗날 산대도감 계통의 가면극으로 이어진다. 하필 공결과 공길 같은 광대들의 성이 공자와 같은 孔인 것이 우연은 아닌 듯싶다.

〈이〉에 나오는 또 다른 광대 장생蔣生은 김태웅이 창작한 허구의 캐릭터이다. 여러 가지 정황으로 미루어, 〈이〉의 장생이 탄생한 영감의 근원은 〈홍길동전〉의 작가 허균(1569-1618)의 〈장생전〉에 나오는 장생이다. 허균이 묘사하는 장생의 뛰어난 용모와 광대적 재주, 그리고 유토피아에 대한 비전은 허균이 꿈꾸던 조선 시대 영웅의 이상적인 모습이 아니었을까 짐작된다.

물론 종4품 이상의 관직을 받은 공길 같은 예외도 있었겠으나, 고려 중기 이후 광대들의 사회적 신분은 세습적 천민 수준으로, 과거에 응시할 수 없었던 것은 물론이고 토지 소유조차 불허되었다. 광대를 칭하는 말로 수작手作, 또는 수척水尺이란 말이 있는데, 이것은 고려 시대부터 유기장柳器匠과 광대 집단을 양수척揚水尺이라 부른 것과도 관련이 있다. 또한 그를 화척禾尺 또는 무자리라고도 불렀는데, 기생이나 지금의 백정까지 포함해서 천업賤業에 종사하며 떠돌아다니는 자들이라는 의미이다. 조선 시대에 백정白丁이라 하면 연기자까지 포함하는 말이었다.

6막

르네상스기의
스페인, 포르투갈,
독일, 이탈리아

질 비센테, 후안 델 엔시나와
대학 도시 살라망카의 거리를 거닐다

1453년 동로마 제국이 오스만투르크에 의해 붕괴되면서 동로마 제국
의 학자나 예술가 등을 포함한 유민들이 대거 서구로 유입된다. 여기
에다 구텐베르크의 활자와 목판화의 상용화로 인한 정보의 유통, 스콜
라 학파와 구별되는 인본주의자들의 전통, 십자군 전쟁으로 인한 봉건
제도의 해체와 이탈리아 도시들의 자본 축적, 과학의 발달 등이 작용하
면서 문화사에서 르네상스라 불리는 시대가 시작한다.

　스페인에서는 1499년 페르난도 데 로하스Fernando de Rojas(1465경
-1541)라는 인물에 의한 대화체 소설 〈라 셀레스티나La Celestina〉가 발
표된다. 원래 제목 〈칼리스토와 멜리베아의 희비극La Tragicomedia de
Calisto y Melibea〉에는 '희비극'이란 표현이 들어 있으나, 내용적 측면에
서는 신문 사회면에 실릴 법한 기구한 운명의 두 남녀 이야기이다. 문
체에서는 감상sentimentalism이 철저히 배제되어 있으며, 주제로는 유태
인 차별을 다루고 있다. 로하스의 작품은 연극사에 지대한 영향력을
행사하지만, 정작 로하스 자신은 이 작품의 무대 공연을 의도하지는
않았다. 로하스 본인이 유태인으로, 그는 1490년경 살라망카 대학에

서 법학을 전공했다.

살라망카는 스페인 르네상스 연극의 아버지라 불리는 후안 델 엔시나Juan del Encina(1468경-1529경)의 고향이기도 하다. 마드리드에서 200 킬로미터, 포르투갈 국경으로는 80킬로미터 정도 떨어진 살라망카는 스페인 중서부 카스티야 이 레온Castile y León 지방의 중심도시로, 1218년에 세워진 유서 깊은 대학으로 유명하다.

1264년 교황 우르바누스 4세가 가톨릭 축제로 선포한 성체축일 Corpus Christi과 관련되어 공연되던 종교적 연극은, 엔시나 이래 민중의 거친 언어와 교양인의 세련된 감수성이 적절하게 결합된 새로운 국면으로 전개된다. 경쾌한 분위기의 세속적 목가극Pastoril 풍의 작품들로 연극을 교회로부터 해방시킨 엔시나는 시인이자 작곡가이면서 연기자이기도 했다. 로마 교황 앞에서도 공연을 한 엔시나는 후에 연극보다 신앙을 택한다.

로하스와 비슷한 시기에 태어난 질 비센테Gil Vicente(1465경-1536경)는 포르투갈 르네상스 연극의 아버지로서, 흔히 '포르투갈의 플라우투스'로 일컬어진다. 비센테도 로하스처럼 살라망카 대학에서 법을 공부했

질 비센테

으며, 엔시나의 영향을 받은 듯한 목가극을 위시해서 상당수의 풍자적인 작품들을 내놓는다. 포르투갈어 외에 스페인어로도 작업한 비센테는 음악에도 조예가 깊었고, 자신의 작품에 직접 출연도 한다. 또한 그는 금세공사이기도 했다. 1498년 살라망카 대성당에서 주최한 음악경연에서 엔시나를 물리친 극작가이자 음악가 루카스 페

르난데스Lucas Fernández(1474경-1542)도 역시 살라망카 출신이었으며, 그는 1522년 살라망카 대학의 음악교수가 된다.

1500년경이면 극작가이자 연기자로서 엔시나가 자신의 역할을 다했을 무렵이다. 엔시나의 대표적인 작품들은 대체로 1500년 이전에 쓰인다. 또한 그 시기는 비센테가 본격적으로 자신의 이름을 세상에 알리기 시작할 때이다. 비센테는 1502년 〈목동의 독백Monológo del Vaquero〉이라는 목가극을 시작으로, 그가 에보라Évora에서 세상을 떠날 때까지 34년 동안 문화계의 중심인물로 포르투갈과 스페인의 무대를 주름잡는다.

이 두 사람이 1500년경의 어느 날 살라망카에서 우연히 마주쳐 거리를 걸으며 함께 대화를 나누었다면 그 대화는 어떤 내용이었을까. 여기에 살라망카와 인연이 깊은 로하스와 루카스가 그 대화에 합류했다면 그들 사이의 대화는 스페인과 포르투갈 르네상스의 결정판이었으리라.

비센테처럼 세비야 태생의 금세공업자였던 로페 데 루에다Lope de Rueda(1510경-1565)는 1500년 이후에 태어난 세대이다. 젊은 시절 이탈리아 유랑 극단의 순회공연을 보고 연극에 도취한 그는 곧 자기 스스로 유랑 극단을 조직하여 스페인 전역을 떠돈다. 당시 유럽 전역이 비슷한 상황이었지만, 스페인에도 연극 전용극장은 1560년대 후반이나 되어서야 마드리드에 지어진다.

스페인 투우에 길들여진 격렬한 관객들을 앞에 두고, 특히 사회의 밑바닥 층 부랑아나 여인 역을 희극적으로 잘 소화한 루에다는 1554년 필립포 2세의 궁전에서도 공연한다. 세련된 이탈리아 희극의 영향을 강하게 받은 희곡작가이기도 한 루에다이지만, 그는 무엇보다도 스페인적 전통에 따라 자신이 개발한 통속적 막간극 파소스pasos의 달

로페 데 루에다

인이었다. 그의 사후인 1567년에 그의 작품집이 출간된다.

훗날 미겔 데 세르반테스(1547-1616)는 어린 시절 본 로페 데 루에다의 공연이 인상적이었다고 회고한다. 세르반테스는 서른 편이 넘는 희곡을 썼지만, 지금까지도 동·서양을 막론하고 연기자들이 가장 하고 싶은 역 중의 하나인 돈키호테는 그가 작가로서 야심을 갖고 쓴 희곡이 아니라 생계를 위해 쓴 소설 속의 등장인물이었다. 세르반테스가 희곡에서 스스로 경쟁자라고 생각한 로페 데 베가Lope de Vega(1562-1635)는 천오백 편의 시와 이천 편에 육박하는 희곡을 쓴 '스페인 무대의 불사조'이다. 지금 남아 있는 희곡도 오백 편에 가깝다. 그 놀라운 생산력에 탄복해 세르반테스는 그를 '경이로운 존재a monster of nature'라 부른다.

로페 데 베가는 고대 신화들로부터 중세 성자들의 전설들이나 당시 유행하던 이탈리아 소설들에 이르기까지 극적 효과가 가능한 모든 것들을 자신의 작품에 끌어들인다. 로페 데 베가에게 코메디아comedia는 희, 비극이 혼합된 이런 절충적인 성격의 것이다. 1498년 아리스토텔레스의 《시학》이 라틴어 번역으로 완역되어 나온 뒤 르네상스의 유럽은 시학의 물결로 뒤덮인다. 로페 데 베가는 1609년 《이 시대의 새로운 극작법Arte nuevo de hacer comedias en este tiempo》을 출간해 삼일치의 원칙 같은 고전적 시학의 규범에 반발하는 자신의 입장을 정리한다.

어쨌든 로페 데 베가에게 연극은 대중들의 즐거움을 위한 것이다. 로페 데 베가의 작품들 중에서 무엇보다도 스페인 르네상스 초기 바르톨로메 데 토레스 나하로Bartolomé de Torres Naharro(1485경-1524경)의 뒤를 이어 사랑과 명예와 음모가 소용돌이치는 소위 '망토와 단검comedias de capa y espada'류의 연극들이 대중들의 사랑을 받는다. 쉽게 짐작할 수 있겠지만, 남자 연기자들에게 펜싱 연습은 무엇보다도 필수적인 것이다.

로페 데 베가의 작품에 작용한 영감 중에는 여자 연기자들이 있다. 가령 베가의 젊은 시절 극단주의 딸이면서 연기자였던 엘레나 오소리오Elena Osorio는 베가의 작품에서 필리스Filis로 나타나며, 미모의 연기자 미카엘라 데 루한Micaela de Luján은 그의 수많은 시에 등장하는 루신다Lucinda이다. 신앙생활에 전념하던 베가를 다시 연극으로 불러들인 것은 연기자 루시아 데 살세도Lucia de Salcedo였다.

페드로 칼데론 데 라 바르카Pedro Calderón de la Barca(1600-81)도 작품의 상징성과 형식의 세련된 정교함으로 스페인뿐만 아니라 유럽 전체에 커다란 영향을 끼친 극작가이지만, 1651년 예수회 성직자가 되어 무대를 떠난다. 이후로는 국왕의 요청에 따라 주로 성체축일용 대본을 쓰는 일에만 작업을 제한한다. 전형적인 성체축일용 대본은 〈세상은 신의 거대한 무대El gran teatro del mundo〉라 할 수 있다. 이 작품을 통해 칼데론은 '우리 모두는 신이 연출하는 거대한 무대의 연기자들'이라는 소식을 전한다. 칼데론이 신앙으로 귀의한 배경에는 사랑하는 여인의 죽음이라는 낭만적인 전설이 있기는 하다. 칼데론이 1635년 경에 발표한 〈인생은 꿈La vida es sueno〉은 그의 대표적인 작품 중 하나이다. 그 한 구절을 여기에 인용한다.

삶이란 무엇인가? 그래, 열정이지.

삶이란 무엇인가? 하지만 환상이야.

그림자일 뿐이며, 허상일 뿐이지.

무언가 엄청난 것을 얻었다고 기뻐해봐야

한낱 사소한 것일 뿐인걸.

결국 삶은 꿈일 뿐이니까.

꿈이란 깨고 나면 그저 꿈인 게야.

2 1542년

루짠떼, 마지막으로 '우라질'을 외치다

이탈리아 베네치아 근교의 파도바 출신인 루짠떼Ruzzante(1502경-1542)의 본명은 안젤로 베올코Angelo Beolco이다. 루짠떼라는 이름은 그가 창조하고 연기한 꾀 많고 수다스러운 농부 루짠떼에서 비롯된 것이다. 오랫동안 무시되었던 그가 남긴 희곡들에서 훗날 베네치아를 기점으로 한 코메디아 델 라르테Commedia dell'arte의 특징들을 본 학자들은, 그가 르네상스 유럽 전체에 커다란 영향을 미친 코메디아 델 라르테의 개척자 중 한 명이었으리라 추정한다.

루짠떼

방언의 독창적 사용과 거친 표현들, 그리고 정형화된 역할들과 즉흥적 성격의 몸 개그들은 그의 작품들이 동시대 베네치아 상류 계층의 환심을 사기 어려웠던 이유들이면서, 동시에 그가 베네치아의 상류 문화에 반감을 가지고 있었던 사회의 대다수 계층들로부터 압도적인 지지를 받았던 이유이기도 하다.

이탈리아 르네상스 시기에 활약한 니콜로 마키아벨리(1469-1527)나 루도비코 아리오스토Ludovico Ariosto(1474-1533) 또는 피에트로 아레티노Pietro Aretino(1492-1556) 등은 모두 세련된 희극을 썼다. 세바스티아노 세를리오Sebastiano Serlio는 뛰어난 무대 미술가였고, 안드레아 팔라디오Adrea Palladio는 1584년에 완성된 장엄한 테아트로 올림피코Teatro Olimpico 극장을 설계했다.

하지만 이탈리아 르네상스 연극의 중심은 뭐니뭐니 해도 장터에서 공연되던 코메디아 델 라르테이다. 코메디아 델 라르테가 뿜어내는 생생한 활력은 화석화된 라틴어로서는 감당할 수 없는 것이었다. 실제로 1570년경에 이르면 궁정 귀족 계층에서조차도 강단 연극 Commedia erudita처럼 경직된 전통적 5막극보다 자유분방한 막간극 Intermezzi을 더 선호하지 않았는가. 코메디아 델 라르테는 무엇보다도 연기자들의 곡예에 가까운 몸짓 연기와 감칠 맛 나는 말장난에 의존한다. 연기자들마다 저마다 특유의 몸 개그나 말장난들을 갖고 있었는데, 이를 라찌Lazzi라 한다. 대본이 있기는 했으나, 코메디아 델 라르테의 세계는 한 마디로 대본을 바탕으로 한 총체적 엉망진창의 완벽한 균형의 세계이다.

탐욕스런 노인 판탈로네Pantalone, 허황한 지식인 도토레Dottore, 허풍장이 카피타노Capitano, 하인 잔니Zanni 등이 코메디아 델 라르테의 핵심 역할들이다. 이들은 모두 정형화된 가면과 의상으로 한 눈에 식별이 가능하다. 젊은 연인 역할들은 가면을 쓰지 않았으며 눈요깃감이라 할까, 극중 비중도 그다지 크지 않다.

코메디아 델 라르테의 꽃은 잔니이다. 우리 탈춤의 말뚝이에 해당하는 역할인데, 다양한 개성과 이름을 갖고 있다. 잔니 중 가장 유명한 이름은 아를레키노Arlecchino이다. 천 조각들을 기워놓은 듯한 얼룩덜룩한 옷을 입고 허리춤에 나무 조각 두 개로 만든 작대기를 꽂고 등장하는데, 그는 필요할 때마다 이 작대기로 다른 배역들을 두드려 팬다. 슬랩스틱Slapstick이란 표현은 여기에서 유래한 것이다.

아를레키노가 프랑스로 가면 아를르깽Arlequin, 독일로 가면 할레킨Harlekin, 영국으로 가면 할리퀸Harlequin이 된다. 그 밖에 풀치넬라Pulcinella, 메쩨띠노Mezzettino, 벨트라메Beltrame, 브리겔라Brighella, 트루팔디노Truffaldino, 페드놀리노Pedrolino, 트리벨리노Trivelino, 프리텔리노Fritellino, 스카피노Scapino, 스카라무치아Scaramuccia 등 여러 잔니들이 있다. 페드놀리노는 프랑스로 가서 삐에로Pierrot가 되며, 영국 인형극의 주인공 펀치Punch는 풀치넬라로부터 영감 받아 창조된다. 종종 아를레키노의 연인으로 나오는 하녀 콜롬비나Colombina나 플라미니아Flaminia도 관객에게 즐거움을 주는 배역이다.

베네치아는 1494년에 시작해 이런저런 사연들과 함께 1559년까지 계속되는 일련의 전쟁들에 깊숙이 연루되는데, 역사에서는 유럽의 거의 모든 나라가 연루된 이러한 전쟁들을 묶어 이탈리아 대전쟁이라고 부른다. 루짠떼의 작품 중에 전쟁으로 인해 부인과 땅과 명예를 모두 잃은 루짠떼가 다음과 같이 토해내는 대사가 있다.

"우라질, 전선과 전쟁과 군인들, 그리고 군인들과 전쟁, 우라질!
Cancaro ai campi e à la guera e ai soldè, e ai soldè e à la guera!"

이 시기에 이러한 사정이 베네치아만의 것은 아니었으며, 코메디아 델 라르테는 잔니들을 앞세워 유럽의 거의 모든 나라로 치고 들어가

"우라질!"을 삶에 대한 찬가처럼 토해놓는다.

1542년은 루잔떼가 세상을 떠나는 해이다. 루잔떼가 뿌려놓은 코메디아 델 라르테의 씨앗은 새로운 세대의 연기자들에 의해 온 세상의 이곳저곳에서 다채로운 꽃을 피운다. 미루어 짐작컨대, 삶의 마지막 순간에 루잔떼의 외침이 귀에 생생하다. "우라질!"

1500년대 중엽 프랑스는 이탈리아 출신의 왕비 카트린 드 메데치가 버티고 있어 이탈리아 문화의 유입에 호의적이었다. 잔 가나사Zan Ganassa로 알려진 베르가모Bergamo 출신의 알베르토 나셀리Alberto Naselli(1540경-1584경)는 코메디아 델 라르테를 프랑스와 스페인에 소개한 대표적인 연기자이다. 그는 기록에 남아 있는 최초의 아를레키노이기도 하다. 예명 잔이 잔니의 줄임말인 것은 당시의 관행이다.

카피타노 역할에 장기가 있던 프란체스코 안드레이니Francesco Andreini(1548-1624)는 부인 이사벨라Isabella와 함께 전설적인 코메디아 델 라르테 극단인 젤로시Gelosi 극단을 이끈다. 그의 아들 지암바티스타 안드레이니Giambattista Andreini(1576-1654)도 훗날 잘 알려진 코메디아 델 라르테의 연기자가 된다. 젤로시 극단은 파리에서 선풍적인 인기를 얻는다.

프랑스의 루이 13세와 14세는 모두 연극에 호의적인 군주들이었다. 1643년에 왕위에 등극한 루이 14세 시대에 코메디아 델 라르테는 프랑스에서 공식적으로 코메디 이탈리엔느Comédie Italienne가 된다.

나폴리 출신의 티베리오 피오릴리Tiberio Fiorilli(1608-1694)의 스카라무치아는 파리의 관객들에게 스카라무슈Scaramouche로 사랑받는다. 항상 검정 옷에 기타를 들고 있는 스카라무슈를 피오릴리는 가면 없이 섬세한 몸짓으로 연기해 관객들로 하여금 배꼽을 잡게 한다. 80줄에

공연 중인 젤로시 극단

들어서도 파리와 런던의 관객을 사로잡은 피오릴리는 코메디아 델 라르테 연기자 몰리에르에게 적지 않은 영감을 준다. 몰리에르는 그를 자기 시대의 최고의 연기자라고 칭송하기를 주저하지 않았다.

티베리오 피오릴리의 아버지가 그 유명한 실비오 피오릴리Silvio Fiorilli(1570경-1632경)이다. 실비오는 위로 꼬인 콧수염의 허풍쟁이 스페인 기사 카피타노 마타모로스Capitano Matamoros와 커다랗고 기괴한 코를 한 풀치넬라의 창시자이다. 이미 두 아들이 함께 투어에 참여했는데, 티베리오는 투어 중에 극단의 여자 연기자와의 사이에서 태어난 셋째이다.

생몰 연대가 불분명한 지오반니 가브리엘리Giovanni Gabrielli는 일인 코메디아 델 라르테의 달인이다. 스카피노의 창시자인 그의 아들 프란체스코 가브리엘리Francesco Gabrielli(1588-1636)는 아버지의 원맨쇼 능력을 이어받아 코메디아 델 라르테를 혼자 다양한 악기를 연주하는 원맨밴드라는 아이디어와 결합시킨다.

한스 작스, 67세의 나이에 사랑의 노래를 부르다

한스 작스

포르투갈의 질 비센테가 금세공사였다면, 독일의 한스 작스Hans Sachs(1494 - 1576)는 제화공이었다. 그는 뉘른베르크에서 제화공으로 일하면서 100편이 넘는 희곡과 6,000편이 넘는 시, 그리고 4,000곡이 넘는 노래를 작곡했다. 그중에 〈광대 재단사Das Narrenschneiden〉, 〈임신한 농부Der schwangere Bauer〉, 〈송아지의 탄생Das Kälberbrüten〉, 〈천국으로 가는 편력 학생Der fahrende Schüler im Paradies〉, 〈노파와 악마Der Teufel mit dem alten Weib〉 같은 작품들은 지금도 공연된다.

한스 작스 자신 마이스터징어Meistersinger였는데, 그 당시 뉘른베르크는 자유도시로서 마이스터징어의 본산이었다. 마이스터징어라 함은 1254년 호엔슈타우펜Hohenstaufen 왕조의 붕괴와 기사계급의 몰락으로 사라진 중세 독일의 궁정 음유시인인 민네징어Minnesinger의 전통을 상인이나 수공업자 계급에서 이어받은 일종의 제도적 권위이다.

엄격한 위계질서의 최상승부인 마이스터징어들은 떠돌이 음유시인 Minstrel들의 통속적 행각에 대한 문화적 책임감도 느끼고 있었던 것 같다. 단순히 노래만 잘 부르는 가수Sänger라서 마이스터징어인 것은 아니며, 최종적으로 마이스터징어로 인정받으려면 시인Dichter으로서 인정받아야 한다.

따라서 종교개혁의 중심인물 마르틴 루터(1483-1546)의 열광적 추종자였던 한스 작스의 희곡들에는 교훈적 성격이 강하게 작용한다. 1523년 그가 쓴 〈비템베르크의 나이팅게일Die Wittembergisch Nachtigall〉이란 시는 곧바로 세인의 관심을 받으면서 뉘른베르크의 종교개혁을 촉진한다.

그래도 희곡 작품으로서 대중적 잠재력은 한스 작스가 큰 맘 먹고 쓴, 거의 대화체 소설에 가까운 희곡들에서보다는 오히려 사순절 축제용 소극Fastnachtsspiele들에서 발견되는 세속적 슬랩스틱과 윤리적 교훈 사이의 자연스러운 조화에서 드러난다. 훗날 괴테는 이 자연스러움 속에 숨김없이 드러나는 진정성과 생명심을 높이 평가한다. 예를 들어 1530년 한스 작스의 시 〈무위도식의 천국Das Schlaraffenland〉이 그러한데, 플랑드르 화가 피테르 브뢰헬Pieter Bruegel(1525경-1569)이 그의 시에서 영감을 받아 그린, 같은 제목의 그림에서 작스의 사순절 소극의 살아 있는 느낌을 맛볼 수 있다.

뉘른베르크에서 재단사의 아들로 태어난 한스 작스는 17세가 되던 해 마이스터로 존경받는 전문적 제화공이 되기 위해 독일어로 게젤렌 반데룽Gesellenwanderung이라는 방랑 수업의 길을 떠난다. 그러던 중 뮌헨에서 린하르트 눈넨벡Lienhard Nunnenbeck의 지도 아래 마이스터징어가 되기 위한 도제교육을 받은 그는, 1516년 뉘른베르크로 돌아와 제화공으로 자리를 잡는다. 한스 작스는 1520년경부터 뉘른베르크 마이스터징어 음악학교의 중심인물로 활동하기 시작했다.

한스 작스는 평생 구두를 만들면서 시와 노래를 지었다. 이로 미루어볼 때 마이스터징어가 보수를 받는 직책이 아닌 것은 분명하다. 한스 작스가 기쁨과 보람으로 노래를 부르고, 가르치고, 희곡을 쓰고, 연출하고, 또 무대에서 연기했다는 것은 남아 있는 그의 작품들을 통해 충분히 느낄 수 있다.

독일의 작곡가 바그너가 작곡해 1868년에 뮌헨에서 처음 무대에 올린 〈뉘른베르크의 명가수Der Meistersinger von Nürnberg〉는 한스 작스를 중심인물로 하고 있지만, 한스 작스라기보다는 바그너 자신의 이야기라는 성격이 강하다. 어쨌든 이 작품에서 한스 작스는 그 복잡한 감정의 소용돌이를 넘어서서 시와 노래를 사랑하는 지혜로운 인물로 그려진다.

어쩐지 무거운 느낌을 주는 바그너의 오페라보다는 독일의 소설가 그림멜스하우젠Grimmelshausen(1610-76)이 쓴 경쾌한 피카레스크 소설 Picaresca* 〈짐플리치시무스의 모험Der abenteuerliche Simplicissimus〉에서 더 한스 작스의 체취를 느낀다는 사람도 있다.

젊은 날 결혼해서 40여 년의 세월을 함께 한 첫 번째 부인이 세상을 떠난 다음 해인 1561년, 67세의 작스는 바르바라 하르슈너Barbara Harschner라는 젊은 미망인과 재혼한다. 첫 부인과의 사이에서 낳은 일곱 명의 아이는 모두 작스보다 먼저 세상을 떠났으나, 두 번째 부인이 전

---

* 16세기 중반 에스파냐에서 나타나 17세기까지 크게 유행하였던 문학 양식. 악한소설(惡漢小說)·건달소설(乾達小說)이라고도 한다. 유럽 여러 나라에까지 파급되어 많은 독자층을 형성하였다.

남편과의 사이에서 낳은 여섯 명의 아이를 데리고 온다. 왠지 작스적인 스케일이다.

7막
셰익스피어 시대의 영국

제임스 버비지, 극장을 짓다

〈에브리맨〉 삽화

중세에는 수난극Passion play이나 신비극 Mystery play 또는 기적극Miracle play 등과 같은 종교극들이 특별한 종교 행사의 맥락에서 공연되었다. 그리고 이런 종교극들과 함께 1200년대 프랑스에서 비롯된 도덕극 Morality play이 귀족이나, 대학, 또는 부유한 시민들의 축제 등에서 오락을 통한 교훈이라는 취지로 공연되었다.

1400년대 말 영국의 〈에브리맨Everyman〉은 '죽음'의 부름을 받은 주인공이 '친구'나 '지식' 등에 도움을 구하나, 결국 '선행'만이 남아 그에게 천국을 약속한다는 전형적인 도덕극이다. 이런 전형을 알레고리 Allegory라 한다.

영국에서 처음에는 도덕극도 종교극의 영향으로 교훈적 성격이 지배적이었지만, 점점 세속적인 요소가 공연으로 들어오기 시작한다. 특히 '악마Devil'나 그의 시종 '악덕Vice' 같은 역할에 희극적인 요소가 들어오면서, 도덕극은 교훈극이라기보다는 오락극적 성격으로 관객의 호기심을 부추긴다. 여기에 덧붙여 궁정이나 귀족의 저택에서는 가면극Masque이나 막간극Interlude 같은 세속적 여흥극이 공연된다.

1500년대에 들어서면서부터는 세속 연극을 전문으로 하는 극단들이 영국의 도시들을 순회하며 주로 장터나 여관의 앞마당에서 공연한다. 종교극이나 도덕극은, 가령 프랑스 법조극단인 바소슈Basoche처럼, 주로 비전문적 연기자들에 의해 종교 행사나 큰 축제의 맥락에서 공연된다. 이탈리아의 코메디아 델 라르테의 연기자들처럼 전문적 연기자들에 의한 세속 연극은 중세로부터의 전통인 유랑극단 신세를 면하기 어렵다.

그러다가 1500년대 중엽에 이르면 영국의 런던 교외에 세속 연극을 위한 극장이 지어지기 시작한다. 1576년 목수 출신인 제임스 버비지James Burbage(1530경-1597)에 의해 더 씨어터The Theatre라는 공공극장이 세워지면서 전문적 연기자들을 위한 본격적인 무대가 마련된다. 버비지는 자신이 극장을 관리하면서 연기자로서 공연에도 참여하였다.

전통적으로 연기자의 사회적 지위는 불안정하다. 1572년에 제정된 법Tudor Poor Law에 따르면 연기자는 직업 없이 떠도는 부랑아Rogues로 취급되어 범죄자로 취급된다. 부랑아는 태형에서 심지어는 사형까지도 가능한 범법 사항이다. 1574년에 영국에서 허가법Licensing Act이 발효되면서 비로소 연기자의 지위가 합법적으로 보장된다. 물론 연기자가 합법적인 직업인으로 인정받으려면 연기자가 소속된 극단이 최소 남작Baron 이상의 신분에 있는 귀족의 후원을 받아야 했으며, 1576년 궁정에 왕실 연회 수석Master of the Revels이 임명되어 연극 대본의 검열과 공연 허가에 관한 제반 업무를 담당하게 된다.

1559년에 최초로 레스터 백작 극단Earl of Leiceter's acting company이 설립되는데, 이는 보통 줄여서 레스터스 맨 극단Leiceter's Men이라 불린다. 제임스 버비지는 레스터스 맨 극단의 주역급 연기자이다.

엘리자베스 여왕이 연극에 호의적이었다는 것은 잘 알려진 사실이다. 1583년에는 퀸스 맨Queen Elizabeth's Men 극단이 창립된다. 사회의 상층 계급 사이에서 권력의 줄다리기에 노심초사했던 여왕의 입장에서 연극은 감성적 위안일 수도 있겠지만, 왕권의 기반으로서 광범위한 대중에게 접근하는 중요한 통로일 수도 있다.

1576년이면 블랙 프라이어스Blackfriars라는 사설극장이 시작되는 해이기도 하다. 공공극장에 비해 입장료가 비싼 사설극장은 교회 성가대 출신의 소년 연기자들의 공연을 주관한다. 공공극장이 옥외극장인데 비해 사설극장은 건물 내부에 있다. 공공극장에 비해 규모는 작지만 조명을 쓸 수 있고, 겨울에도 공연이 가능하다.

땅 주인의 요구로 기존의 블랙 프라이어스 극장이 문을 닫자, 1596년 제임스 버비지는 다른 장소에 관객 700명 정도의 규모를 가진 새로운 블랙 프라이어스 극장을 세운다. 이 극장의 무대에 선 소년들은 아마추어 연기자들이지만, 그중 네이선 필드Nathan Field(1587-1620)는 뛰어난 연기자이자 극작가로 성장한다. 그러나 그의 아버지 존 필드 John Field는 연극과 같은 세속적 연회 형태들에 대단히 완고한 입장을 갖고 있던 성직자였다.

연극에 대한 시민 계층의 의심스러운 시선에도 불구하고 극장은 호황을 누린다. 1576년 더 씨어터 극장을 비롯해 1577년 커튼Curtain 극장, 1587년 로즈Rose 극장, 1594년 스완Swan 극장, 1599년 글로브Glove 극장 등이 연속해서 세워진다. 비교적 큰 편에 속하는 스완 극장 같은 경우는 3000명까지 관객을 수용할 수 있었다. 글로브 극장은 킹스 맨King's Men 극단의 전용극장인데, 그들은 1609년부터 겨울철에 블랙 프라이어스 극장을 사용할 수 있는 허가까지 얻는다.

호황의 연극계에서 필립 헨즐로Philip Henslowe(1550경-1616)는 제임스 버비지의 강력한 경쟁자이다. 그는 로즈 극장에서 시작해서 포츈Fortune 극장, 호프Hope 극장, 그리고 화이트 프라이어즈Whitefriars에 이르기까지 강력한 극장 체인을 구축한 타고난 흥행사Entrepreneur이기도 하다. 제임스 버비지와 필립 헨즐로 사이의 나이를 초월한 우정과 경쟁의 역사가, 곧 찬란한 꽃을 피울 르네상스 영국 연극의 서장을 이룬다.

리처드 버비지, 자신만의 무대를 만들다

셰익스피어는 영국이 인도와도 바꾸지 않
겠다는 극작가이다. 어떤 의미에서는 연극
의 대명사이기도 하고, 지금도 세상 어딘
가에서 셰익스피어의 작품이 공연되지 않
는 날이 없다. 셰익스피어의 이름으로 38
편의 희곡과 154편의 소네트, 그리고 2편
의 장시가 전해진다.

셰익스피어

스트래트퍼드Stratford-upon-Avon라는 평
범한 도시의 평범한 가정에서 태어나 평범한 교육을 받은 그가 어떻게
셰익스피어가 되었는가를 둘러싸고 온갖 전설이 난무한다. 외계인이
라는 설도 있고, 사실은 그와 동시대인인 크리스토퍼 말로우Christopher
Marlow(1564-1593)의 필명이라는 설도 있으며, 심지어는 셰익스피어의
누이가 사실은 셰익스피어라는 설도 진지하게 제기된 적이 있다.

어쨌든 가끔씩 스트래트퍼드를 방문한 유랑극단의 공연이 셰익스
피어의 피를 끓게 했을 가능성은 충분히 있다. 고향에서 결혼도 하고

아이도 있던 셰익스피어는, 1592년 홀연히 런던에 나타나 1594년에 조직된 챔벌린스 맨Lord Chamberlain's Men 극단의 단원이 되었으며, 여기서 연기뿐만이 아니라 대본 번안도 하고 자신의 작품도 쓰게 된다. 챔벌린스 맨 극단은 1603년 왕위에 오른 제임스 1세의 후원을 받으면서 킹스 맨King's Men 극단으로 이름을 바꾼다.

한편, 셰익스피어가 희곡에 손을 대던 1500년대 말엽은 대학 교육을 받은 극작가들이 활발하게 연극계로 진출하던 시기이다. '대학 출신 재사들University wits'이라 불리기도 하는 이들은 옥스퍼드나 케임브리지에서 라틴어로 플라우투스, 테렌티우스 또는 세네카를 배운 문사들로서 대체로 학교 연극을 통해 연극에 입문한다.

미문체Euphuism의 달인 존 라일리John Lyly(1554경-1606), 아리오스토의 장시 〈광란의 오를란도〉를 희곡화한 로버트 그린Robert Greene(1558-1592), 잔혹한 복수극의 토마스 키드Thomas Kyd(1558-1594), 호메로스를 번역한 조지 채프먼George Chapman(1560경-1634), 다양한 장르에 달통한 조지 필George Peele(1556-1596), 런던 시장의 아들이자 1580년 〈시, 음악, 그리고 연극 변호론Defence of Poetry, Music and Stage Plays〉을 쓴 토마스 로지Thomas Lodge(1558경-1625), 그리고 이미 대학 시절 로마의 시인 오비디우스의 〈사랑도 가지가지Amores〉를 번역한 크리스토퍼 말로우 등의 희곡들은 런던 무대의 주요한 레퍼토리를 이룬다.

셰익스피어가 이들로부터 영향을 받은 것은 확실하다. 〈햄릿〉의 원작자가 토마스 키드인 것은 거의 틀림없으며, 1590년 토마스 로지의 산문 〈로잘린드Rosalynde〉에서 셰익스피어의 〈뜻대로 하세요As You Like It〉가 나온다. 뿐만 아니라 셰익스피어는 영향 받을 수 있는 이 세상 모든 것에서 기꺼이 영향을 받았는데, 여기에 문학적으로 아직 원시적이던 영어를 차원 이동시킨 시인 셰익스피어의 놀라운 언어구사 능력이 작용하면서 셰익스피어라는 불가사의가 탄생한 것이다.

셰익스피어가 극작만큼 연기에도 뛰어났는지는 확실하지 않다. 그는 초기에는 주로 이런저런 단역들을 맡았으며 〈햄릿〉에서는 아버지의 유령 역을 연기하기도 했다. 셰익스피어가 합류한 챔벌린스 맨 극단에는 헨리 콘델Henry Condell(1556경-1627)이나 존 헤밍John Heminge(1556경-1630) 같은 연기자들이 셰익스피어의 동료로서 함께 작업한다. 이들은 성실한 연기자들이며, 무엇보다도 1623년 흩어져 있던 셰익스피어의 연극 대본들을 모아 출판했다. 필립 헨즐로는 로즈 극장을 비롯해서 여러 극장들을 성공적으로 경영한 탁월한 흥행사이지만 극작이나 연기자적 능력과는 별 상관이 없다. 연기는 그의 사위 에드워드 앨린Edward Alleyn(1566-1626)의 몫이다. 애드미럴스 맨Lord Admiral's Men 극단의 중심 연기자인 앨린은 르네상스 영국 연극의 가장 위대한 비극 배우 중 하나이다.

르네상스 영국 연극의 관객들은 기층에서 귀족까지 다양한 계급적 분포를 보인다. 좌석도 피트Pit라 불린 입석, 일반석인 갤러리 또는 쿠션이 깔린 박스석 등에 따라 등급이 나뉜다. 한낮의 옥외 극장 분위기는 상당히 소란하며, 이런 분위기에서 관객을 공연에 집중시키기 위해 공연은 강렬한 대사와 자극적인 효과, 그리고 연기자의 화려한 의상에 상당 부분 의존했다.

로버트 그린의 〈광란의 오를란도〉 같은 비극은 연기자 에드워드 앨린에게는 제격인 작품이다. 이런 작품의 절정에서 절창의 대사를 할 때, 앨린은 상대 연기자를 보고 연기하는 것이 아니라 바로 관객에게 대사를 내지른다. 바로 관객에게 들이대는 것이다. 실제로 이런 방식의 연기는 앨린 시대에는 일반적인 것이다. 즉, 연기자들이 서로 눈을 마주치며 연기하는 것이 아니라 관객과 눈을 마주치며 연기한다.

크리스토퍼 말로우의 〈탬벌린Tamburline the Great〉이나 〈포스터스 박사Doctor Faustus〉, 또는 〈말타의 유태인The Jew of Malta〉 등의 작품들에서 에드워드 앨린의 내지르는 연기는 엄청난 대중적 인기를 확보한다. 1593년 페스트가 런던을 덮쳤을 때 앨린은 애드미럴스 맨 극단과 스트레인지스 맨 극단의 연기자들로 구성된 투어 극단을 조직하여 영국 전역을 순회한다. 매 공연마다 작품이 바뀌는 당시의 관습에서 특히 앨린처럼 대부분의 대사를 소화해야 하는 연기자에게 걸린 부담은 막중하다. 하루 전에야 내일 어떤 역할을 연기해야 하는지 알게 되는 경우도 비일비재했던 것으로 보인다.

에드워드 앨린은 1598년 명성의 절정에서 은퇴를 결심하지만, 엘리자베스 여왕의 간곡한 요청으로 1604년까지 은퇴를 미룬다. 일설에 의하면 〈포스터스 박사〉를 공연하는 중 실제 무대에서 악마를 본 앨린의 두려움이 그를 은퇴로까지 몰고 갔다고도 한다. 흥행사로서 장인의 사업을 물려받은 앨린은 장인으로부터 왕을 위해 개싸움이나 소

싸움 또는 곰싸움을 개최하는 역할Master of the king's games of bears, bulls and dogs까지 물려받았으며, 심지어는 본인이 직접 제임스 1세가 보는 앞에서 사자를 길들이기도 했다.

말년에 젠틀맨이라는 사회의 존경스런 위치에까지 오른 앨린은 덜위치Dulwich에 대학을 세웠으며, 무엇보다도 자신의 삶과 시대를 기록한 광범위한 일지를 남긴다.

에드워드 엘린

이 일지는 1843년 존 페인 콜리어John
Payne Collier에 의해《앨린 일지The Alleyn Papers》
라는 제목으로 출간된다.

1576년에 더 씨어터 극장을 세운 제임
스 버비지는 연기자였다. 제임스 버비지가
얼마나 뛰어난 연기자였는지 확실하지 않
지만, 그의 아들 리처드 버비지Richard
Burbage(1567-1619)는 셰익스피어의 동료이

리처드 버비지

자 위대한 비극 배우로 지금까지 칭송된다. 그의 형 커스버트 버비지
Cuthbert Burbage(1566-1636)도 역시 연기자였다. 어린 리처드 버비지는
아버지가 주역으로 있던 레스터스 맨 극단에서 연기 수업을 시작한
것으로 보인다. 젊은 날에는 애드미럴스 맨 극단에서 에드워드 앨린
과 함께 연기하기도 했으나, 섬세한 연기를 추구했던 버비지의 연기
는 앨린의 위풍당당한 연기에 눌려 빛을 발하지 못한다. 버비지는
1594년경 챔벌린스 맨 극단에 합류해 셰익스피어와 동료가 된다.

본격적인 전기는 1599년에 만들어진다. 1597년 제임스 버비지의
죽음과 함께 엄격한 청교도인 더 씨어터 극장의 대지 소유자는 이 극
장의 대지 사용료를 턱없이 올려 씨어터 극장의 문을 닫게 만든다.
하지만 건축 자재에 대한 권리가 버비지 가문에 있었기 때문에 버비
지 형제는 더 씨어터 극장의 목재를 이용해 1599년에 템스 강 건너
사우스워크Southwark에 새로운 극장을 짓는다. 이 극장이 버비지와 셰
익스피어의 요람이 된 글로브Globe 극장이다. 이제 셰익스피어의 위대
한 비극들이 탄생하고, 위대한 비극 연기자 리처드 버비지의 무대가 마
련된다.

1603년 엘리자베스 여왕의 뒤를 이어 제임스 1세(1603-1625)가 왕위를 물려받으면서, 영국 연극사에서는 스코틀랜드와 잉글랜드가 하나의 왕에 의한 통치를 받게 되는 재커비언Jacobean 시대가 시작된다. 이 해에 챔벌린스 맨 극단의 이름도 킹스 맨 극단으로 바뀌었다.

버비지와 만난 뒤 셰익스피어의 희곡에서 인물의 성격이 좀 더 복잡해지고, 내면적으로 섬세해지는 것은 사실이다. 이러한 변화에는 어릴 때부터 무대 곁에서 성장해온 버비지의 풍부한 인생 경험과 그의 연기적 성향이 밀접하게 관련되어 있다. 관객을 향해 토해내는 트럼펫 같은 앨린의 발성에 비해 버비지의 대사 처리는 좀 더 차분하면서 내면 지향적이다.

한편 관객에게 무게감을 주는 앨린의 장엄한 몸짓은 무대 위의 비교적 일정한 장소에 고정된 채 별 다른 움직임이 없는 반면에, 버비지의 움직임은 무대 전체를 활용한다. 발성과 몸짓에서 버비지의 이러한 새로운 경향이 셰익스피어의 인물 창조에 어떤 식으로든 생산적으로 작용했음은 충분히 짐작할 수 있다. 햄릿, 오델로, 리어, 맥베스 그리고 셰익스피어의 마지막 작품 〈템페스트〉의 프로스페로를 생각해 보라. 실내 극장이던 블랙 프라이어스 극장에서의 겨울철 공연 또한 버비지의 내면적 연기 경향에 긍정적으로 작용했을 것이다.

〈햄릿〉에서 햄릿의 입을 통해 셰익스피어는 유랑극단의 배우들에게 과장 없는 연기를 통해 세상을 비추는 거울이 되어 줄 것을 부탁한다. 훗날 시인이자 극작가인 리처드 플렉노우Richard Flecknoe(1600경-1678?)가 쓴 것처럼, 겉치레적인 과장이 없고 깊이가 있는 연기라는 점에서 버비지가 여타의 평범한 연기자들과 구별되는 것은 분명하다. 하지만 대부분의 관객들에게 연극은 세상의 거울이라기보다는 하나의 별천지이다. 무대 위에서 왕, 왕비, 왕자, 공주, 귀족, 부유한 상인, 성직자, 악당, 어릿광대, 마법사, 요정, 선남선녀 등 범상치 않은 온갖 존재들이 그에 못지않게 온갖 별스런 기이한 상황들 속에서 삶의 영욕과 인간사 희노애락을 경험한다.

연극의 무대를 하나의 별천지로서보다 세상의 거울로 보는 관객이라면 연기자의 연기를 삶에 대한 진지한 통찰의 계기로 삼을 법도 하다. 그러나 거울이 세상을 왜곡시킨다고 생각하는 관객은 분노한다. 특히 관객이 신앙심이 깊은 청교도라거나, 기층의 불손함이 신경 쓰이는 왕족이나 귀족 계급일 경우 자칫 연기자는 분노의 표적이 될 수 있다.

1597년 케임브리지 출신의 극작가 토마스 내쉬Thomas Nashe(1567-1601)와 벤 존슨Ben Jonson(1572-1637)이 함께 무대에 올린 〈아일 오브 독스The Isle of Dogs〉는 그 정치 풍자의 신랄함으로 인해 벤 존슨과 연기자들이 감옥에 갇히고, 잠시 동안 런던의 모든 극장이 강제로 영업 정지를 당한다. 1601년 2대 에섹스 백작Eael of Essex인 로버트 데부르 Robert Devereaux의 반란 직전에 공연된 〈리처드 2세〉가 엘리자베스 여왕을 노하게 할 수도 있었다. 물론 그 당시 대본에서 리처드 2세의 폐위 장면은 검열에서 삭제되어 없다. 에섹스 백작의 반란 후, 어느 날 고문서를 훑던 여왕이 옆에 있던 사관에게 "내가 리처드 2세야, 그거 알아?"라고 말했다는 것은 유명한 전설이다. 챔벌린스 맨 극단은 에섹스 백작의 처형 전날에도 여왕을 위해 공연을 한다.

리처드 2세뿐만 아니라 셰익스피어가 창조한 불멸의 역할들 대부분을 연기한 버비지는 비교적 무난하게 이러한 위험한 고비들을 넘긴다. 유능한 화가이면서 비범한 대사 기억력의 소유자였던 그는 1619

년 세상을 떠나는 해까지 무대에 선다. 지금 그의 무덤에 묘석은 사라졌으나 그를 기리는 익명의 추도시는 남아 전해진다. 그 한 부분을 옮기면 다음과 같다.

> 그는 갔습니다. 그리고 그와 함께 한 세상이 사라집니다.
> 그가 음미했고, 그렇게 생생하게 살려내었던
> 햄릿도, 히에로니모도, 리어 왕도, 비탄에 빠진 무어인도,
> 그리고 그의 영혼 안에서 살아 있던 그 모든 인물도
> 그와 함께 영원히 사라집니다.

그의 죽음에 바쳐진 모든 애도시 중에 가장 버비지의 삶을 잘 나타내주는 것은 아마도 한 줄로 된 묘비명일 것이다.

> "버비지 퇴장하다Exit Burbage."

윌리엄 켐프,
셰익스피어와 다툰 후 9일간 춤추다

리처드 탈튼Richard Tarleton(?-1588)은 엘리자베스 여왕의 총애를 받은 궁정 어릿광대이다. 그는 여왕의 측근으로, 심지어 정치적 권력까지 휘두른 것으로 보인다. 탈튼은 1570년대 중엽 궁정을 떠나 무대 연기자로 새로운 도전을 시작했으며, 1583년 퀸스 맨 극단이 처음 창설될 때 합류해 그 극단의 중심적 희극 연기자로서 관객의 사랑을 받는다.

극작가에게는 성가신 일이겠지만, 탈튼의 빛나는 즉흥 대사는 그에게 엄청난 대중적 성공을 가져다준다. 도덕극의 한 역할인 악덕의 전통을 이어받은 어릿광대의 위악적 대담함과 떠돌이 음유시인의 자유분방함이 결합된 희극적 스타일을 과시한 탈튼은 공연이 끝난 뒤 관객들과 기꺼이 농담 따먹기를 즐긴다. 또한 펜싱의 달인이기도 했던 그는 지금은 사라진 〈일곱 가지 치명적인 죄The Seven Deadly Sins〉라는 대중적으로 크게 성공한 공연의 대본을 쓴다.

레스터스 맨Leiceter's Men 극단과 퀸스 맨 극단에서 다양한 역할을 눈부시게 소화한 로버트 윌슨(1550경-1600경)은 정제된 즉흥 대사의 달인이라는 점에서 자주 리처드 탈튼과 비교된다. 그는 극작가이기도 했

춤추는 윌리엄 켐프

다. 하지만 고전적 어릿광대로서 리처드 탈튼의 진정한 계승자는 윌리엄 켐프William Kempe(?-1603)이다. 비록 탈튼 자신은 자신의 후계자로 로버트 아민Robert Armin(1563경-1615)이라는 희극배우를 지목했지만 말이다. 아이러니하게도 정작 아민은 훗날 켐프의 후계자가 된다.

켐프는 레스터스 맨 극단의 중심 연기자였다가 챔벌린스 맨 극단이 설립되면서 셰익스피어와 동료가 된다. 연기자로서 켐프는 셰익스피어를 포함해 네 명의 다른 동료들과 함께 극단의 주식 지분을 갖고 있었다. 이것은 켐프가 극단에 적지 않은 영향력을 행사했다는 것을 의미한다. 셰익스피어의 희곡 〈헛소동〉에서 도그베리나 〈로미오와 쥴리엣〉에서 나오는 종복 피터는 그가 맡았던 역할들임에 분명하다. 〈헨리 4세〉에서 폴스타프나 〈한여름 밤의 꿈〉에서 보텀 등의 역할들도 그와 관련되어 거론되나 확실하지는 않다.

전통적 어릿광대로서 켐프는 탈튼의 후예로서 당연히 무대에서 즉흥성을 추구한다. 공연이 끝나면 켐프는 일종의 에필로그처럼 무대로 나와 몇 명의 동료들과 함께 지그Jig라 불리는 엎치락뒤치락 슬랩스틱을 즐겨 공연했으며, 관객들은 본 공연만큼이나 열렬하게 켐프의 지그를 기대한다. 하지만 그의 즉흥 대사들이 심심치 않게 셰익스피어의 심기를 건드리기도 한 것 같다. 추정컨대 그로 인한 견해의 차이로 켐프와 셰익스피어의 동료 관계가 1599년 종지부를 찍지 않았나 싶다.

1600년, 셰익스피어와 헤어진 켐프는 런던에서 노르위치Norwich까

164

지 100마일이 넘는 거리를 모리스 춤morris dance*을 추면서 걷기로 결심하고 중간중간 쉬는 날을 빼고 9일 동안 쉬지 않고 춤을 추며 간다. 켐프의 이러한 기행은 그 당시 '켐프의 9일 동안의 경이Kemps Nine Daies Wonder'로 널리 알려진다. 그러나 사실 켐프의 마지막 몇 해는 분명하지 않다. 다만 1603년 켐프의 것으로 짐작되는 사망 기록이 사우스워크 교구 등본에 남아 있다.

"Kempe, a man."

이것이 그의 삶 전체를 말해주는 단 한 줄의 기록이다.

1599년 초, 켐프가 챔벌린스 맨 극단을 떠날 때 바론 챈도스 맨Baron Chandos's Men 극단에서 희극배우의 경력을 갖고 있던 로버트 아민이 그의 뒤를 잇는다. 셰익스피어와 호흡을 맞춘 그는 고전적 어릿광대에서 비롯한 희극 연기자의 역할에 뉴웨이브의 손길을 가한다. 셰익스피어는 그를 위해 〈십이야〉에서 페스테Feste라는 역할을 창조했으며, 이제 어릿광대 역할에도 철학적 깊이가 배어나온다. 페스테 말고도 아민은 〈뜻대로 하세요〉에서 터치스톤이나 〈리어왕〉에서의 광대를 연기한다.

희극작가로서도 재질을 보인 로버트 아민은 1608년에 출판된 〈광대들의 소굴A Nest of Ninnies〉에서 타고난 어릿광대a fool natural와 만들어진 어릿광대a fool artificial를 구분한다. 그에 의하면 타고난 어릿광대

---

* 영국 민속무용 중 하나인 가장무도(假裝舞蹈). 2박자 또는 4박자의 음악에 따르며 간혹 3박자의 음악에 따를 때도 있다. 원래 프랑스를 비롯한 유럽 여러 나라의 모레스카 무용이 영국에 전해진 것이라고 한다

는 자신의 주인을 끊임없이 성가시게 하는 광대이며, 만들어진 어릿 광대는 그저 주인을 즐겁게나 해주려는 광대이다. 로버트 아민에게 진정한 희극 연기자는 단순한 아첨꾼이 아니었다.

4
1659년경

존 로윈, 좋았던 시절을 회상하다

존 로윈

1603년 엘리자베스 여왕의 죽음과 함께 영국의 튜더 왕조는 막을 내린다. 그 뒤를 이어 제임스 1세와, 찰스 1세(1625-1649)의 스튜어트 왕조가 시작하는데, 이 시기의 영국은 왕이 신봉하는 영국 국교와 청교도적 경향의 기독교와 전통적인 가톨릭 사이의 종교적 갈등, 그리고 절대 왕권과 의회 사이의 정치적 갈등 등으로 상당히 혼란스러웠다.

이 혼란은 결국 1649년 크롬웰에 의한 찰스 1세의 처형이라는 극단적인 사건으로 절정을 맞는데, 1642년에 시작한 이 사건을 역사에서는 보통 청교도 혁명이나 영국 내전The English Civil War(1642-1651)이라 부른다. 바로 이 청교도 혁명의 여파로 영국 내의 모든 극장은 문을 닫게 된다.

제임스 1세의 등극에서 청교도 혁명이 발발하기 전까지의 영국 연극은 건축가이자 무대 미술가인 이니고 존스Inigo Jones(1573-1652)가 궁정 연회를 위해 디자인한 화려한 가면 의상극masque과, 극작가이자 연기자인 토마스 헤이우드Thomas Heywood(1574-1641)의 일반 대중을 위한 시정 풍속극 등으로 특징지을 수 있다. 토마스 헤이우드는 이니고 존스가 연출한 가면 의상극의 잘 짜인 대본을 쓰기도 했지만, 그의 본령은 역시 감상적 가정사이거나 세련된 풍속극이다.

세익스피어만 한 깊이는 없지만 벤 존슨Ben Jonson(1572-1637), 존 플레처John Fletcher(1579-1625), 토마스 미들튼Thomas Middleton(1580-1627), 존 웹스터John Webster(1580경-1637경), 필립 매신저Philip Massinger(1583-1640), 존 포드John Ford(1586-1639경) 등도 세련된 작품들을 쓴다. 특히 제임스 셜리James Shirley(1596-1666)의 1620년대 후반에서 30년대 중반에 걸친 희극들은 런던 중류계층의 삶을 묘사하는 방식에서 시대 취향의 변화를 보여준다.

1620년 메이플라워호로 상징되는 청교도들의 불만은 국내에서 진작부터 연극과 연기자들에 대한 공격으로도 표현된다. 1612년 토마스 헤이우드는 그런 공격에 맞서서《연기자들을 위한 변명An Apology for Actors》을 쓰는데, 그 글을 쓸 때 헤이우드는 상당 부분 토마스 로지가 1580년에 쓴《시, 음악, 그리고 연극 변호론》을 참조했다. 연기와 극작을 구분하지 않은 헤이우드에게 연기자의 품위는 당연한 것이다. 그러나 시대의 전반적인 풍조를 염두에 두면 꼭 그렇다고 말하기는 어렵다.

어린 나이에 연기를 시작한 크리스토퍼 비스튼Christopher Beeston(1579경-1638)은 챔벌린스 맨 극단의 원로 연기자 어거스틴 필립스Augustine Phillips(?-1605)의 수습 연기자를 거친다. 벤 존슨이나 셰익스피어를 포함해서 많은 극작가들의 작품에 출연하지만 누구보다도 토마스 헤이우드와 인연이 깊다. 비스튼은 분명 보이 플레이어boy player로 연기를 시작했을 것이다. 르네상스 영국 무대에서는 여성 연기자가 허락되지 않았기 때문에 어리거나 젊은 남성이 여성 역을 연기하게 되는데, 그런 연기자를 보이 플레이어라 한다. 한편으로는 소년 성가대 극단 단원을 보이 플레이어라고도 한다. 비스튼은 1602년 강간 혐의로 재판을 받는다. 무혐의로 풀려난 것 같긴 하지만, 그는 이 사건을 계기로 챔벌린스 맨 극단에 쫓겨났고, 곧 퀸 앤스 맨Queen Ann's Men 극단으로 이름을 바꾸게 될 우스터스 맨Worcester's Men 극단의 지배인을 거쳐 1616년 실내 극장인 콕피트Cockpit 극장을 짓는다.

1617년 콕피트는 불에 타고, 새로 지은 극장을 비스튼은 피닉스라 부른다. 퀸 앤스 맨 극단의 주 무대이던 레드 불 극장과 피닉스 극장을 경영하면서 비스튼은 죽기 1년 전, 적은 봉급의 흥행과 동시에 새로운 연기자 세대를 키워내는 산실로 과거 성 바오로 소년 극단Children of Paul's이나 성가 소년 극단Children of the Chapel과 같은 소년 극단을 구상한다. 그 결과로 나타난 것이 '비스튼스 보이즈Beeston's Boys'라 불린 소년 극단으로, 그것의 정식 명칭은 킹 앤 퀸즈 영 컴퍼니The King and Queen's Young Company이다. 비록 많은 단원들의 나이가 이십을 넘어 소년 극단이라 하기에는 좀 어색하긴 하지만 말이다.

연극인으로서 비스튼의 경험이 워낙 풍부해 훗날 극작가 존 드라이든John Dryden(1631-1700)이 그를 '무대의 연대기'라 불렀다지만, 비스튼의 경험에는 수상쩍은 부분이 많다. 그는 공금 횡령으로 두 번이나 재판을 받았으며, 뇌물 공세에도 능숙한 솜씨를 발휘했다.

헤이우드가 죽은 다음해인 1642년, 청교도 혁명이 일어나면서 의

회를 장악한 청교도들이 '연극과 막간극 금지에 관한 조례First Ordinance against Stage Plays and Interludes'를 발표한다. 이의 직접적인 영향으로 1644년 글로브 극장을 필두로, 1649년 포츈 극장과 피닉스 극장, 1655년 블랙 프라이어스 극장, 그리고 1656년 호프 극장이 차례로 무너졌다.

한편 금세공사 출신이었던 존 로윈John Lowin(1576-1669)은 킹스 맨 극단에서 셰익스피어와 함께 작업한 연기자이다. 〈헨리 8세〉 공연에는 셰익스피어로부터 연기 지도도 받고, 악당 역이나 우스꽝스런 군인 역에 일가견이 있었다. 1607년에는 《춤에 관한 논란Conclusions upon Dances》이란 제목의 짤막한 책도 펴낸 그는 글로브 극장과 블랙 프라이어스 극장의 관리인이기도 했다. 1626년 로윈은 제정 로마 시대 연기자 파리스Paris의 삶과 죽음을 다룬 필립 매신저 작 〈로마의 연기자The Roman Actor〉에서 도미티아누스 황제 역을 맡아 배반당한 남편의 분노를 연기한다. 그러나 스튜어트 왕조와 청교도 혁명의 한복판을 통과한 로윈 또한 격동의 시대가 가져온 여파를 벗어나지 못했다. 연기자로서 누구보다 활발하게 살아온 그는 청교도 혁명이 일어나자 브랜트포드Brantford에서 여관 주인이 된다.

1659년 찰스 2세의 귀환으로 왕정이 복고되기 1년 전쯤 여관을 찾아온 손님에게 격동의 시기를 연기자로 살아온 자신의 삶의 이야기를 들려주고 싶어 하는 로윈의 모습이나 떠올려볼까나.

8막

프랑스 고전주의

벨르로즈, 침묵하는 몽도리를 만나 타바랭을 회상하다

프랑수와 1세(재위 1515-1547)와 앙리 2세(재위 1547-1559) 시대에 프랑스
는 르네상스의 물결을 맞는다. 앙리 2세가 제위에 오른 다음 해인
1548년, 중세 신비극 전통의 종교극을 무대에 올리기 위한 예수수난
부활회Confrères de la Passion et de la Résurrection de Notre Seigneur Jésus –Christ
의 발원으로 오텔 드 부르고뉴Hôtel de Bourgogne 극장이 지어진다.

그런데 천지창조에서부터 예수의 부활에 이르는 수난극의 거대화
가 종교극을 단순한 볼거리로 만드는 경향을 보이자, 같은 해인 1548
년 파리의회는 수난극 금지령을 결정하게 된다. 이에 따라 부르고뉴
극장에서 종교극은 불허되었으며, 그 대신 세속극이 공연된다. 프랑
스의 유랑극단들에게 이제 극장 공연이 가능해진 것이다. 연기자 발
레랑 르꽁뜨Valleran Lecomte가 이끄는 코메디앵 뒤 루와Comédiens du Roi
극단은 이런 유랑극단 중의 하나이다. 극작가 알렉상드르 아르디
Alexandre Hardy(1572경-1632)는 이 극단에서 연기도 하면서 엄청난 양의
대본을 쓴다. 1598-1600 시즌, 1606-1612 시즌에 부르고뉴 극장을
대관한 코메디앵 뒤 루와 극단은 1629년 부르고뉴 극장의 독점사용

17세기 중엽
오텔 드 부르고뉴 극장

권을 얻는다.

프랑스 왕가의 전제 정치적 기반을 닦은 루이 13세(재위 1610-1643)는 연극과 음악에 관심이 많았으며, 1624년 재상으로 등용된 리슐리외 추기경(1585-1642) 또한 연극에 관심이 많아 자신의 거주지에 프로시니엄 무대를 갖춘 극장을 짓는다. 팔레 카르디날Palais Cardinal로 불리던 이 거주지는 그의 죽음 뒤에 팔레 루아얄Palais Royal로 불렸다. 리슐리외 추기경은 1635년 프랑스 한림원Académie Française을 세워 프랑스 문학과 연극에서 신고전주의의 기초를 닦기도 했다.

1609년, 벨르로즈Bellerose(1592경-1670)는 발레랑 르꽁뜨의 수습 연기자가 된다. 그는 지방과 네덜란드에서 연기자로서의 다양한 경험을 한 후, 1622년 코메디앵 뒤 루와 극단의 주역 연기자가 되었다. 워낙 섬세하고 자연스러운 스타일의 연기를 추구한 벨르로즈는 절대 군주가 연극에 호의적인 이런 문화적 대기권에서 1638년 발레랑 르꽁뜨의 뒤를 이어 코메디앵 뒤 루와 극단의 리더가 된다.

벨르로즈의 섬세한 연기는 극작가 삐에르 꼬르네이유Pierre Corneille (1606-1684)의 비극에 풍취를 더한다. 물론 그의 연기가 짐짓 꾸미는 연기라는 비판도 없지는 않다. 그의 연기는 한편으로는 대사를 하면서 다른 편으로는 어떻게 하면 모자의 멋진 깃털을 망가뜨리지 않고 모자를 던질 수 있을까를 궁리하는 격이라는 것이다. 그러나 극작가 꼬르네이유에 대한 비판 역시도 만만치 않았다. 특히 1637년 〈르 시드Le Cid〉의 대중적 성공과 관련해, 꼬르네이유가 부도덕성·통속성·표절 등은 물론이고, 희극과 비극을 뒤섞으며, 시간·장소·행위에 대한 삼일치의 원칙을 무시한다는 질투 섞인 여론이 거세게 일자, 리슐리외 추기경은 한림원을 통해 이 건을 심의하게 한다. 한림원의 결론은 꼬르네이유의 작품에 면죄부를 준다. 한편 벨르로즈와 사이가 틀어진 극작가 아르디는 1627년 클로드 드샹Claude Deschamps을 중심으로 한 극단 비외 코메디앙 뒤 루와Vieux Comédiens du Roi로 자리를 옮긴다. 신고전주의의 규칙 같은 것에는 신경 쓰지 않으면서 과거와 현재에서 흥미로운 모든 작품을 엄청난 속도로 번안한 아르디는, 꼬르네이유나 장 메레Jean Mairet(1604-1686) 같은 젊은 극작가들을 위해 길을 열어준다. 장 메레는 비극과 희극을 엄격히 구분하는 장르 순수주의나, 시간·장소·행위의 일치라는 신고전주의의 엄격한 규칙에 따라 작품을 쓴 최초의 극작가이다.

비극 연기자로서 벨르로즈의 강력한 라이벌은 1634년 마레 극장 Théâtre du Marais을 지은 몽도리Montdory(1594-1651)라 할 수 있다. 1629년 몽도리가 자신의 극단을 이끌고 순회공연을 하던 중 루앙Rouen에 들렀을 때, 그는 한 젊은 변호사가 대본을 쓴 〈멜리트Mélite〉라는 공연을 본다. 몽도리는 그 공연에 반해 즉시 그 대본을 파리로 가져왔고 관객들에게 첫 선을 보인다. 그 젊은 변호사가 바로 꼬르네이유였다.

몽도리는 꼬르네이유와 영양가 만점인 합동 작업을 계속한다. 특히 1637년 〈르 시드〉에서 로드리그Rodrigue는 몽도리의 득의의 역할이었다. 몽도리는 벨르로즈와 달리 위풍당당한 스타일의 웅변조 연기자이다. 즐겨 트집 잡는 비평가들도 몽도리의 목청이 워낙 특별해, 그의 연기는 일상적이고 별 대수롭지 않은 감정조차도 숭고하게 만든다고 시인한다. 그러나 나이 마흔이 좀 넘었을 무렵, 몽도리는 리슐리외 추기경 앞에서 공연할 기회를 갖게 되는데, 그가 평소에 얼마나 목청을 혹사시켰던지 이 공연에서 그는 그만 혀가 마비고 만다. 추기경의 격려에도 불구하고 다시 목소리를 회복하지 못한 몽도리는 그렇게 해서 생의 마지막 14년을 침묵 속에서 보낸다.

강력한 경쟁자인 몽도리의 운명을 지켜본 벨르로즈는 1643년 자발적으로 은퇴하고 종교에 깊이 몰두한다. 벨르로즈의 극단 운영은 민주주의적이었던 것으로 알려져 있고, 벨르로즈의 부인은 격렬한 기질로 유명한 비극 연기자이다. 그러나 1660년대까지 벨르로즈는 극단과 관계를 완전히 끊지는 않는다.

부르고뉴 극장이나 마레 극장이 프랑스 연기의 역사에 중요한 역할을 한 것은 분명하지만, 이러한 극장은 입장료 때문에라도 비교적 제한되어 있는 관객을 대상으로 했다. 그러나 이제 테니스 코트를 모델로 했던 길쭉한 초기 극장도 점점 세련되어가고, 이탈리아에서 영향 받은 프로시니엄 무대의 정착으로 특히 무대장치가 장족의 발전을 보인다.

한편 당시에는 극장 무대에서의 공연만 있었던 것이 아니라 거리에서도 시정 관객을 대상으로 한 즉흥적이고 역동적인 거리 연극이 존재했다. 예를 들면 타바랭이 있다. 타바랭은 원래 파리 거리 이름으로, 거리의 장돌뱅이였던 앙뜨완 지라르Anthoine Girard(1584경-1633)의 예명이다. 앙뜨완은 예명이 몽도르Mondor인 동생 필립과 함께 팀을 이뤄 거리에서 약 같은 것을 팔았다. 그들의 공연에는 종종 그의 부인도 참여하고 가끔 그 밖의 인물들도 등장해, 만담 중심의 즉흥적인 성격의 공연에 다채로움을 더했다.

코메디아 델 라르테의 영향이 분명한 타바랭과 몽도르 팀의 거리 공연은 워낙 명성이 자자해져 궁정에서도 공연되었으며, 몰리에르 Molière(1622-1673)나 시인 라 퐁텐느Jean de La Fontaine(1621-1695)에게도 영향을 준다. 훗날 브왈로Nicolas Boileau-Despréaux(1636-1711)나 볼테르 Voltaire(1694-1778) 등도 거리 연기인으로서 타바랭의 성과에 긍정적인 발언을 남긴다.

2 1671년

몰리에르, 플로리도르의 죽음에서
자신의 죽음을 예감하다

1600년대 중반까지 파리는 부르고뉴 극장과 마레 극장의 경쟁체제였다. 그러나 1651년 몽도리의 죽음과 함께 부르고뉴 극장의 지배가 시작된다. 부르고뉴 극장은 벨르로즈, 플로리도르, 앙드레 바롱André Baron(1600경-1655), 조들레Jodelet(1600경-1660), 자카리 몽플뢰리Zacharie Montfleury(1600-1667), 오테로쉬Hauteroche(1617경-1707) 등 쟁쟁한 연기자들을 독점한다. 연기자들을 부르고뉴 극장에 뺏긴 마레 극장은 이후 주로 기계장치의 효과에 의존한 공연에 주력한다.

한편, 당시 군인이었으며 귀족이었던 조시아 드 술라Josias de Soulas는 어느 날 갑자기 이름을 플로리도르Floridor(1608-1671)로 바꾸고 연기자가 된다. 그는 희극 연기로 잘 알려진 필랑드르Philandre 등이 참여한 순회극단을 조직해 지방을 순회하는데, 영국에 잠시 머물면서 프랑스 연기자의 기량을 선보이다가 다시 파리로 돌아와 1637년 마레 극장에 소속되어 극작가 꼬르네이유와 뜻을 함께 한다. 이러한 인연으로 1650년에 플로리도르가 부르고뉴 극장으로 옮겨 벨르로즈로부터 극단의 지휘권을 물려받을 때 꼬르네이유도 함께 간다.

이 시기에 극단의 지휘권은 일종의 공연허가권Privilège으로서 값을 지불해야 했다. 플로리도르는 그 대신 벨르로즈의 무대 의상을 물려 받는다. 과장이 없는 플로리도르의 연기는 특히 부르고뉴 극장 소속의 연기자들을 신랄하게 풍자한 몰리에르마저 인정한다. 아마 그에게 패러디되지 않은 유일한 연기자일 것이다. 플로리도르 말년의 작업은 젊은 극작가 장 라신느Jean Lacine(1639-1699)의 작품들이다. 플로리도르가 무대에서 병으로 쓰러질 때 그는 라신느의 작품 〈베레니스Bérénice〉를 무대에 올리는 중이었다. 플로리도르가 쓰러질 즈음에 몰리에르는 연기자로서 삶의 위기 한복판에 있었으며, 결국 몰리에르도 2년 후에 세상을 떠나게 된다.

또한 그 당시 연극무대에서 다양한 역할을 소화했던 연기자 바롱은 꼬르네이유의 〈르 시드〉를 연기하던 중 칼에 찔린 부상으로 숨진다. 그 또한 마레 극장에서 부르고뉴 극장으로 옮겼다. 바롱은 원래 이름이 보이롱Boyron이었는데, 루이 13세가 발음을 잘못해 그 다음부터 바롱이 되었다. 동료 연기자와 결혼한 바롱은 자녀들을 포함한 많은 연기자들을 배출하여 커다란 연기인 일가를 이룬다. 그의 아들 미셸 바롱Michel Baron은 훗날 프랑스 국립극단 코메디 프랑세즈Comédie française의 주연급 연기자인 소시에떼르Sociétaires가 된다.

코 막힌 소리와 즉흥 연기로 명성이 자자한 희극 연기자 조들레도 마레 극장과 부르고뉴 극장의 무대를 모두 경험한다. 그는 몽도리가 마레 극장을 시작할 때 비극의 꼬르네이유와 함께 희극 연기의 주춧돌이 었다. 몰리에르의 1659년 작품 〈웃음거리 재녀들Les Precieuses ridicules〉에서 시종 역은 조들레를 염두에 두고 쓴 것이다. 한편, 이런 상황에서 1658년 몰리에르Molière(1622-1673)가 파리에 등장한다.

몰리에르

본래 이름이 장 밥티스트 포클랭Jean-Baptiste Poquelin이었던 몰리에르는 1642년 젊은 나이에 법을 공부하던 중, 연기자 마들린느Madeleine와 그녀의 오빠 조세프 베자르Josephe Béjart를 만난다. 이름을 몰리에르로 바꾼 그는 연극에 인생을 걸리라 결심하고 1643년 일뤼스트르 떼아뜨르Illustre Théâtre 극단을 만들었지만, 빚에 몰려 2년 만에 문을 닫고 결국 철창신세가 된다. 이후 감옥에서 나온 몰리에르는 베자르 일가와 함께 샤를르 뒤프렌느Charles Dufresne의 극단에 합류해 남부 프랑스로 투어를 떠난다. 여기에서 몰리에르는 르네René와 마르키스 뒤 빠르Marquise du Parc 부부와 카뜨린느 드 브리Catherine de Brie 같은 재능 있는 연기자들과 동료가 된다. 1650년 몰리에르는 이 극단의 책임을 맡게 되는데, 이 극단을 보통 몰리에르 극단Troupe de Molière 이라 부른다.

원래 몰리에르의 꿈은 위대한 비극 연기자였다. 그러나 그는 1658년 루이 14세 앞에서 꼬르네이유의 〈니코메드Nicomède〉를 연기하던 중 관객의 반응이 신통치 않자 그의 장기인 막간 소극을 공연하였는데, 이것이 오히려 커다란 환호를 야기한다. 이 성공으로 몰리에르 극단은 프티 부르봉Petit-Bourbon 극장에서 티베리오 피오릴리가 이끄는 코메디아 델 라르테 극단과 하룻밤씩 교대로 무대를 사용할 수 있게 된다. 여기에서 몰리에르는 피오릴리의 자연스러운 희극 연기 스타일에 깊은 인상을 받는다.

희극에서 큰 성공을 거둔 몰리에르는 곧 팔레 루아얄 극장을 전용

극장으로 삼게 된다. 피오릴리도 몰리에르의 허가하에 팔레 루아얄 극장을 빌려 사용하곤 한다. 팔레 루아얄 극장에서 몰리에르가 야심을 갖고 올린 작품은 비극 〈나바르의 동 가르시Dom Garcie de Navarre〉이다. 몰리에르 자신은 최고의 작품이라 생각하지만 관객의 반응은 그렇지 않아 이 작품은 몰리에르의 처음이자 마지막 순수 비극이다. 그의 희극에 비극적 여운이 감도는 것은 이런 배경에서 이해할 수 있다. 오히려 비극은 몰리에르가 아니라 당시 젊은 극작가였던 라신느에게 커다란 성공을 가져다준다. 엄격하게 금욕적인 가톨릭 분파 장세니스트가 배경인 라신느는 홀린 듯 파리의 연극계로 들어와 몰리에르의 전폭적인 지지를 받는다. 1664년 몰리에르 극단은 그의 비극 〈라 테바이드La Thébaïde〉를 무대에 올린다.

몰리에르는 라신느를 전적으로 띄우지만 라신느는 사정없이 몰리에를 배신한다. 그의 두 번째 비극 〈알렉상드르Alexandre〉를 몰리에르 극단이 한창 리허설 중일 때 라신느는 그 대본을 부르고뉴 극장으로 가져가 서둘러 무대에 올려버린다. 게다가 1667년 몰리에르 극단의 주역 마르키스 뒤 파르를 유혹해 부르고뉴 극장으로 자리를 옮기게 한 후 자신의 〈앙드로마끄Andromaque〉에 출연시킨다. 그러나 라신느는 나이 사십도 안 되어 갑자기 작품 활동을 중지하고 왕실 사관이 된다. 그가 십여 년 뒤 쓴 두 편의 비극은 종교적 성격이 두드러지는, 그로 인해 라신느의 심경 변화의 일단을 짐작해볼 수도 있다.

한편, 장세니스트들의 위선에 대한 신랄한 풍자를 담은 몰리에르의 1664년 작품 〈따르튀프Tartuffe〉는 커다란 물의를 빚는다. 이 작품은 즉시 공연금지 처분을 받았으며, 몰리에르는 심각한 곤경에 처한다. 이런 상황 속에서도 1665년 루이 14세는 몰리에르 극단에 '국왕폐하 극단Troupe du Roi'이란 칭호를 하사하고 후원금을 내린다. 하지만 몰리에르가 경제적 곤궁을 타개해보려고 쓴 〈동 쥬앙Dom Juan〉도 장세니스트들의 비위를 상하게 했는데, 이렇게 올리는 공연마다 공연금지 처분을 받는 위협적인 상황 속에서도 몰리에르는 극작가이자 연기자로서 자긍심을 잃지 않는다. 〈따르튀프〉는 1669년, 여러 차례 수정을 거친 후에야 비로소 일반 관객을 만난다.

어려운 고비마다 루이 14세의 지원이 몰리에르에게는 큰 힘이 되었겠지만 그것도 이내 한계에 이른다. 1670년 궁정에서 〈서민 귀족Le Bourgeois gentilhomme〉의 성공과 1672년 〈여학자들Les Femmes savantes〉의 세속적 성공에도 불구하고, 복잡한 정치 상황이 루이 14세로 하여금 1672년 그에 대한 지원을 철회하게 한다. 루이 14세의 호의는 오페라 작곡가 장 밥티스트 륄리Jean-Baptiste Lully에게로 향한다. 실의에 빠진 몰리에르는 1673년 〈상상병 환자〉를 공연하던 무대에서 이미 치명적으로 진행 중이던 결핵에 의한 각혈을 이겨내지 못한다. 끝까지 공연을 끝낸 몰리에르는 그날 밤 숨진다. 엄청난 용기와 애정으로 무대에 일생을 바친 삶이었다. 몰리에르 극단에서 연기생활을 시작했다가 부르고뉴 극장으로 옮긴 연기자이자 극작가 귀욤 브레꾸르 Guillaume Brécourt(1638-1685)는 〈몰리에르의 그림자L'Ombre de Molière〉를 써서 몰리에르를 애도한다.

몰리에르는 희극이라는 형식을 빌려, 사제와 학자를 포함해 세상의 위선과 허위를 통렬하게 풍자한다. 1662년 작품인 〈아내들의 학교 L'École des femmes〉에서 비롯한 공격과 역공격 속에서, 1663년 〈아내들의 학교 비판La Critique de L'École des femmes〉을 무대에 올림으로써 몰리에르는 단막 토론극이라는 특별한 형식을 개진한다. 여기에서 몰리에르는 도랑트Dorante라는 등장인물의 입을 빌어 관객의 사랑을 받는 희극에도 비극만큼의 가치가 있으며, 일반석의 평범한 관객도 궁정 귀족만큼이나 진지한 관객임을 강조한다. 몰리에르는 특히 교양인인 척하는 속물들을 조롱했다. 단막 토론극은 같은 해 〈베르사이유 즉흥극 L'Impromptu de Versailles〉에서도 연속적으로 시도된다. 1643년 몰리에르가 처음 일뤼스트르 떼아뜨르 극장을 지어 파리의 공연계로 뛰어들었을 때 부르고뉴 극장과 마레 극장은 너무 강력한 경쟁자였다. 1650년을 경계로 마레 극장이 힘을 잃게 되자, 파리에서 대부분의 이름 있는 연기자들을 확보한 부르고뉴 극장은 전제적인 영향력을 행사한다. 연기에서 무엇보다도 상황과 역할에 맞는 몸짓과 언어의 자연스러움jeu naturel을 중요하게 생각한 몰리에르는 〈베르사이유 즉흥극〉에서 연기자들과 함께 하는 리허설이라는 틀을 빌려 부르고뉴 극장 연기자들의 허세부리거나 경직된 스타일의 연기를 신랄하게 공격한다. 이에 대해 부르고뉴 극장의 비극 연기자였던 자카리 몽플뢰리의 아들 앙투안 자콥 드 몽플뢰리Antoine-Jacob de Montfleury(1639-1685)는 아버지의 명예를 걸고 1664년 〈오텔 꽁데 즉흥곡L'Impromptu de l'Hôtel Condé〉를 쓴다. 여기에서 아들 몽플뢰리는 몰리에르 연기의 상투성을 풍자한다. 한편 자신의 허리둘레와 천둥처럼 외쳐대는 발성에 대한 몰리에르의 조롱에 깊이 상처받은 아버지 몽플뢰리는, 몰리에르가 자기 딸과 결혼했다는 원색적인 비난마저 서슴지 않는다. 그러나 몰리에르의 죽음이 모든 것에 공허한 메아리만을 남긴다.

몰리에르가 세상을 떠난 뒤 신뢰한 연기자 라 그랑쥬Charles Varlet La Grange(1635-1692)를 중심으로 몰리에르 극단이 마레 극장의 단원들과 함께 뭉쳐 귀에네고Hôtel de Guénégaud 극장을 새로운 터전으로 삼고 전열을 정비하지만, 1680년 국왕의 명으로 이 새로운 극장에 부르고뉴 극장의 연기자들이 합류한다. 이렇게 경쟁과 갈등의 관계에 있던 몰리에르 극단과 마레, 부르고뉴가 통합됨으로써 코메디 프랑세즈 Comédie Française가 탄생한다. 라 그랑쥬는 새로 설립된 코메디 프랑세즈에서 첫 번째 오라퇴르Orateur의 임무를 수행하였는데, 오라퇴르란 공연이 끝난 후 무대에 등장해 관객에게 감사의 말과 함께 차기 공연 작품을 소개하는 지위를 말한다. 1689년 이 새로운 극단을 위한 새로운 극장이 지어지면서 국립극단이자 국립극장인 코메디 프랑세즈의 전통은 지금에까지 이르고 있다.

1673년 몰리에르의 죽음과 함께 몰리에르 극단이 전용극장으로 사용하던 팔레 루아얄은 아카데미 루아얄 드 뮤지끄Académie Royale de Musique의 전용 극장이 된다. 이 단체는 륄리의 지도하에 발레와 오페라를 전문으로 하는 극단이다. 그래서 보통 오페라Opéra라고 줄여 부른다. 현재 정식 명칭은 파리 국립 오페라Opéra National de Paris이다. 원래 시인 피에르 페랭Pierre Perrin이 1669년 루이 14세로부터 오페라 독점권을 얻을 때의 명칭은 오페라 아카데미Académie d'Opéra였다. 이제 희극 무대에서조차 노래는 여섯 명의 가수에서 두 명으로 제한되고 악기도 열둘에서 여섯으로 한정된다. 당연히 오페라는 오로지 Opéra에서만 가능하다. 물론 약간의 융통성은 있었지만 말이다.

1680년 부르고뉴 극장의 연기자들이 코메디 프랑세즈에 합류함에 따라 부르고뉴 극장은 코메디아 델 라르테 전문의 코메디 이탈리엔느 Comédie Italienne가 사용했었다. 그런데 이 극단이 1697년 무대에 올린 〈사이비 요조숙녀La fausse prude〉가 그만 루이 14세의 애첩인 맹뜨농 부인Madame de Maintenon의 비위를 건드려 프랑스에서 추방된다. 그후,

이탈리아 극단이 1716년에나 돌아옴에 따라 한동안 파리의 공연계는 비극과 같은 대사가 있는 정격 연극을 독점한 코메디 프랑세즈와 오페라를 독점한 오페라의 쌍두마차 체제가 된다.

코메디 프랑세즈의 주역급 연기자들은 극장의 주주로서 소시에떼르라 불린다. 뺑시오네르Pensionnaires라 불리는 조연급 연기자들은 계약제이다. 언제든 공연이 가능한 여러 편의 레퍼토리와 비교적 안정된 수입체계는 연기자들로 하여금 오로지 공연에 몰두할 수 있게 한다. 하지만 독점과 안정이 내포한 자족과 자만의 위험은 예술에 항상 유리한 것만은 아니다.

볼테르,
아드리엔느 르쿠브뢰르의 죽음에 분노하다

아드리엔느 르쿠브뢰르

1680년 코메디 프랑세즈는 대사가 있는 본격 연극의 무대를 독점한다. 극장의 주주로서 소시에떼르라 불린 주역급 연기자들의 안정된 생활과 사회적 지위는 이전과 비교해서 눈에 띄게 향상된다. 그러나 타 극단과의 경쟁에서 비롯하는 자극이 없었다.

전통적으로 프랑스 신고전주의 연극은 비교적 제한된 연기자의 움직임과 함께 알렉산드랭alexandrin 율격의 시적 대사 전달에 무게를 싣는다. 소박한 일상적 몸짓의 재현이나 화려한 연기적 기교의 과시보다는 세련된 시적 감각이 연기자에게 요구된다. 따라서 연기의 전반적인 느낌은 움직임이란 측면에서 볼 때 정적이라 할 수 있다.

이런 점은 심지어 스펙타큘라spectacular와 총체극적 효과mixed media show를 추구한 몰리에르의 희극에도 해당한다고 할 수 있다. 신고전주의의 이상을 빌려 말하자면, 효과보다는 진실을 추구한다고나 할까.

예를 들어 셰익스피어가 한 작품에 24,000개 정도의 어휘를 구사할 때 라신느는 2,000개 정도의 어휘로도 부족함이 없었다.

1655년에 세상을 떠난 연기자 앙드레 바롱의 아들 미셸 바롱Michel Baron(1653-1729)은 코메디 프랑세즈의 중심 연기자로, 아직 어린 나이에 몰리에르에게서 인정받은 타고난 연기적 재질과 열정에서 남다른 데가 있다. 그런데 코메디 프랑세즈의 스타였던 그는 1691년, 갑자기 무대에서 은퇴한다. 비록 30여 년 후 일흔을 바라보는 나이에 다시 팔레 루와얄 무대로 돌아오긴 하지만 말이다. 연기자들의 사회적 지위가 향상되었다고는 하지만, 여전히 연기자를 보는 일반의 시선에 바롱이 환멸을 느낀 것은 분명하다. 뿐만 아니라 자연스럽고 표현적인 연기를 추구한 바롱이 당시의 구태의연한 연기적 관습에서 한계를 느꼈을 가능성도 짐작해볼 수 있다.

바롱이 추구한 자연스러운 연기와 독창적 역할 해석은 뛰어난 외모와 풍부한 성량의 연기자 퀴노-뒤프렌느Quinault-Dufresne(1693-1767)에게로 이어진다. 뒤프렌느는 여러 편의 희곡을 남긴 극작가이자 아마추어 연기자이기도 한 철학자 볼테르가 신뢰한 연기자이다. 하지만 바롱만큼이나 자기애self-love적 성향이 강한 퀴노-뒤프렌느가 연기계 전체에 퍼져 있는 안일과 자만의 분위기를 일신하기는 버거웠을 것이다. 대부분의 관객들은 그를 단지 감각적으로 톡톡 튀는 역할에 어울리는 연기자로 기억할 뿐이다.

마르크-앙투완느 르그랑Marc-Antoine Legrand(1673-1728)은 그로테스크한 외모로 평범한 희극에 만족해야 했던 연기자였다. 그러나 그는 1721년 〈카르투슈Cartouche〉로 커다란 성공을 거두게 되는데, 카르투슈는 당시 악명 높은 강도였다. 르그랑은 카르투슈가 붙잡힌 순간 대

미셸 바롱   퀴노-뒤프렌느

본 작업에 착수하여 카르투슈를 소위 기술 고문으로 임명했고, 카르투슈가 처형되기 전날 잘 나가던 공연을 마무리한다. 깔끔한 마무리였다.

볼테르는 1728년 바롱과 1729년 르그랑의 죽음을 깊이 슬퍼했으며, 비록 그가 사려 깊은 철학자였음에도 1730년에 있었던 한 여성 연기자의 죽음에는 분노를 참지 못했다.

지방 극단에서 10년의 수련 기간을 보낸 여성 연기자 아드리엔느 르쿠브뢰르Adrienne Lecouvreur(1692-1730)는 아직도 "끔찍한 자태로 울거나 소리 지르는" 연기에 머물러 있는 코메디 프랑세즈의 동료 여성 연기자들 사이에서 그 자연스러운 연기와 아름다움으로 단연 빛을 발하는 존재였다. 하지만 귀족들 사이에서 인기를 끌었던 그녀를 질투한 한 공작부인이 1730년 그녀를 독살했을 때, 그녀는 연기자라는 신분 때문에 제대로 된 장례식 절차조차 밟지 못한다. 그녀의 지지자였던 볼테르에게 이것은 도가 지나친 사건이었다. 같은 해 세상을 떠난 영국의 여성 연기자 앤 올드필드Anne Oldfield는 웨스트민스터 사원에 묻혔는데 말이다.

이 사건은 프랑스의 극작가 스크리브Eugène Scribe와 르구베Ernest Legouvé에 의해 1849년 〈아드리엔느 르쿠브뢰르Adrienne Lecouvreur〉라는 비극으로 발표되어 공전의 성공을 거둔다.

9막
왕정복고 시대의 영국

1
1660년

토마스 베터튼,
마가렛 휴즈에게 데스데모나를 맡기다

1658년, 영국 청교도 혁명의 주역 크롬웰
은 말라리아로 죽는다. 그리고 1660년 프
랑스에 망명가 있던 찰스 1세의 아들 찰스
2세(재위 1660-1685)가 영국으로 돌아온다.
영국 역사에서 왕정복고Restoration라 부르
는 시기가 도래한 것이다.

토마스 베터튼

　찰스 2세는 프랑스에 가 있는 동안 연극
에 심취했으며, 따라서 왕정복고의 시작은
즉각적인 연극의 부활이었다. 찰스 2세는 두 개의 극단에 쇼나 음악극
또는 구경거리 공연Spectacular과는 구별되는 본격연극Legitimate theatre의
독점권을 준다. 하나는 토마스 킬리그루Thomas Killigrew(1612-1683)의 킹
스 컴퍼니King's Company 극단이고, 다른 하나는 윌리엄 대버넌트William
Davenant(1606-1668)의 듀크스 맨Duke's Men 극단이다. 이들을 패턴트 극
단Patent theatre companies이라 한다.

　물론 이들만이 이 시기에 활약했던 극단들의 전부는 아니다. 가령 조지 졸리George Jolly(?-1673)라는 인물이 있다. 졸리는 1648년부터 1659년까지, 14명으로 구성된 잉글리시 코미디언 플레이어즈English Comedian Players 극단을 조직해 독일과 폴란드, 스웨덴까지 유럽 전역을 순회한 결의에 찬 연기자이다. 1655년 프랑크푸르트에서는 미래의 찰스 2세 앞에서 공연도 했던 것으로 보인다.

1660년 12월 24일 졸리는 왕으로부터 공연 허가를 받는다. 졸리 극단은 콕피트 극장이든 레드 불 극장이든 공연할 수 있는 곳이면 어디에서도 공연했다. 또한 1663년에는 런던 외의 지역에서 공연할 수 있는 허가를 새롭게 획득해 순회공연을 떠난다. 그러나 여기서 킬리그루와 대버넌트가 그의 런던 진입을 일치단결해서 막는다.

토마스 킬리그루나 윌리엄 대버넌트 모두 충성스런 찰스 2세의 추종자들이다. 킬리그루는 왕의 망명 시기를 함께 했으며, 왕의 귀환 후 궁정의 연회 수석이자 일종의 고전적인 어릿광대 역할을 수행한다. 어린 시절부터 타고난 연극인인 킬리그루는 테니스 코트Gibbon's Tennis Court를 개조한 극장에서 왕정복고의 첫 작품을 올린다. 내전 중 여관 주인이던 존 로윈도 존 헤밍John Hemming과 함께 킹스 컴퍼니의 공동 지배인으로 돌아온다. 킬리그루는 좀 더 나은 무대를 만들기 위해 1663년 브릿지스 스트리트Bridges Street에 씨어터 로열 극장Theatre Royal을 지었다. 그러나 이 극장은 1672년 불에 타 없어지고, 1674년 같은 자리에 현재 영국에서 가장 오래 된 극장인 로열 드루리 레인Theatre Royal Drury Lane 극장이 들어섰다. 이 극장은 킹스 플레이하우스King's Playhouse라고도 불린다. 한편 킬리그루는 첫 번째 씨어터 로열 극장을 지은 뒤 너서리Nursery라 부른 어린 연기자들을 위한 학교를 세웠다.

찰스 1세에 의해 벤 존슨의 뒤를 이어 계관시인으로 임명된 대버넌트 또한 내전 중 왕당파의 전사였다. 그는 망명 중이던 찰스 2세에 의해 식민지였던 메릴랜드의 주지사로 임명되어 미국으로 가던 중 붙잡혔다. 그 후, 런던탑에 1년 이상 갇혀 있다 풀려나온 대버넌트는 1656년 〈로도스 섬 공성전The Siege of Rhodes〉을 무대에 올린다. 그는 크롬웰의 연극금지령을 피해 '음악 교육'을 표방했는데, 혹자는 이 공연을 영국의 첫 번째 오페라라고도 한다. 이 공연에서 콜맨 부인Mrs. Coleman이라는, 현재까지 확인된 바로는 영국 최초의 직업적 여자 연기자가 등장한다.

대버넌트가 셰익스피어의 사생아라는 소문이 있었으며, 대버넌트 자신이 그 소문을 부인하지 않았다. 실제로 그는 극작가 드라이든John Dryden의 도움을 얻어 가며 셰익스피어의 작품을 다시 쓰는 무모한 작업에 매달리기도 한다. 일단 청교도들의 파괴를 모면한 샐리스베리 극장Salisbury Court에서 공연하던 대버넌트는, 1661년 자신의 모든 자금을 쏟아 부어 링컨스 인 필즈Lincoln's Inn Fields에 위치한 라일 테니스 코트Lisle's Tennis Court를 극장으로 개조하고 킹스 컴퍼니에서 젊은 연기자인 토마스 베터튼Thomas Betterton(1635경-1710)을 스카우트한다. 그러나 추후 왕실 의전장관Lord Chamberlain의 명에 의해 두 극단 사이의 스카우트와 같은 이러한 과열 경쟁은 금지되었다. 대버넌트의 사후 1671년 듀크스 맨 극단은 도르셋 가든Dorset Garden에 좌석 수가 1,000에서 1,200개인 새로운 극장을 짓는다.

킹스 컴퍼니에는 마이클 모언Michael Mohun(1616?-1684)이나 찰스 하트Charles Hart(1625-1683) 같이 레드 불 극장 출신의 소위 관록 있는 연기자들이 주를 이루었다. 찰스 하트는 셰익스피어 조카의 아들이다. 이들은 기계장치를 이용한 무대효과에 의존하는 듀크스 맨 극단과는 달리 대사 위주의 정격 연기를 고집한다. 이 점에서 때로는 극단 운영자인 킬리그루와의 갈등도 야기되었다.

1672년의 화재로 치명상을 입은 킹스 컴퍼니 극단은 듀크스 맨 극단의 흥행감각을 도저히 따라가지 못했으며, 결국 1682년 듀크스 맨 극단의 주도하에 두 극단이 유나이티드 컴퍼니United Company 극단으로 통합한다. 토마스 베터튼이 극단 운영의 책임을 맡았고, 무대는 드루리 레인 극장을 선택했다. 극단 운영자로서 듀크스 맨 극단의 대버넌트와 그 뒤를 이은 토마스 베터튼의 능력은 탁월한 것이다. 실제로 듀크스 맨 극단이 단지 기술적 볼거리에만 의존 한 것은 아니었으며, 무엇보다도 토마스 베터튼은 뛰어난 연기자였다. 타고난 외모에서 킹스 컴퍼니 극단의 찰스 하트와 비교할 수는 없지만, 베터튼은 펑퍼짐한 외모와 자갈 긁는 듯한 음성을 성격창조의 천재성으로 보완한다. 베터튼은 특히 햄릿 역에 일가견이 있었다. 셰익스피어로부터 직접 연기지도를 받았다는 조셉 테일러Joseph Taylor의 연기에 자신의 해석을 덧입힌 그의 햄릿은, 그가 70줄에 들어서서도 여전히 관객의 좋은 반응을 얻는다. 아버지의 유령 장면에서 유령 역을 맡은 한 연기자가 "자기가 베터튼을 두렵게 하는 것보다 베터튼이 자기를 더 두렵게 한다"고 말했다는 일화가 있을 정도다. 베터튼의 부인인 매리 샌더슨Mary Sanderson도 극단 운영의 소중한 반려이자, 유능한 연기자였다.

1741년에 베터튼의 이름으로《영국 무대의 역사The History of the English Stage》란 책이 출판된다. 베터튼이 썼을 리는 없고, 아마도 출판인인 에드먼드 컬Edmund Curll이 썼을 것이다. 그런데 이 책 안에는 연기자가 지켜야 할 준수사항 같은 것이 나열된 부분이 있는데, 이 부분은 어쩌면 베터튼 본인의 메모에서 비롯되었을지도 모른다. 베터튼은 몸짓의 우아함을 위해 연기자들이 무용을 배울 것을 권장하며, 연기에서 눈빛의 중요성을 강조한다.

"어떤 사람이 분노에 차서 말을 할 때 그의 감성작용이 불타올라 그의 눈에 일종의 불꽃을 피우는데, 그렇게 눈에서 튀는 불똥이 그 사람의 언어를 한 마디도 이해 못 하는 이방인이나, 아무리 커다란 소리도 듣지 못하는 귀가 먼 사람일지라도 그의 분노와 격분을 즉각적으로 이해하게끔 작용한다. 이처럼 연기자의 눈에서 피어오른 불꽃은 관객의 감성을 쉽게 건드리며, 어떤 신기한 감정의 전염 현상으로 인해 관객의 눈에도 같은 성격의 불꽃이 피어오르게 한다."

유나이티드 컴퍼니 극단의 드루리 레인 극장은 소유주가 이리저리 바뀌는 곡절을 거친 뒤 1693년 변호사 크리스토퍼 리치Christopher Rich (1657-1714)의 손에 넘어간다. 그러나 지나치게 전제적이었던 그의 극단 운영 방식에 반발해, 1695년에는 베터튼, 엘리자베스 배리Elizabeth Barry, 앤 브레이스거들Anne Bracegirdle 같은 극단의 주역급 연기자들이 극단을 떠난다. 이후 베터튼 극단은 링컨스 인 필즈 극장에 거점을 마련하고 화려한 배역진으로 공연을 시작한다. 일반적으로 베터튼 극단은 비극, 드루리 레인은 희극에 강점이 있는 것으로 알려졌다. 하지만 시간이 지남에 따라 베터튼은 나이와 통풍으로 인한 한계를 맛보게 된다.

어떤 특정 연기자에게 그날 공연의 수익금을 전부 몰아주는 방식을 베니피트 퍼포먼스benefit performance라고 한다. 1707년 은퇴를 결심한 베터튼의 베니피트 퍼포먼스는 그 당시 풍속 희극의 대표적인 극작가 윌리엄 콩그리브William Congreve(1670-1729)의 〈사랑에는 사랑을Love for Love〉에서 발렌타인 역이다. 베터튼은 1695년 동료들과 이 작품의 첫 공연을 무대에 올렸다. 이 공연에서 베터튼의 수입은 500파운드에 이르렀다고 한다. 베터튼은 세상을 떠나기 며칠 전까지 무대에 섰다.

지금은 너무 당연한 소리이겠지만, 1662년의 영국에서는 모든 여성 역은 여성이 연기해야 한다는 왕의 칙령이 발표된다. 이 칙령이 발표되기 전 왕정복고기 여성 연기자의 등장은 1660년 베터튼의 킹스 컴퍼니 극단이 무대에 올린 〈오델로〉에서 데스데모나 역할을 연기한 마가렛 휴즈Margaret Hughes(1630-1719)가 처음이다. 베터튼의 안목과 뚝심이 돋보인 순간으로, 미모가 돋보였던 마가렛 휴즈는 왕의 사촌 루퍼트Prince Rupert 제독의 정부가 된다. 실제로 이것이 이 당시 여성 연기자들의 일반적인 운명이고 평판이었다.

연기자 넬 권Nell Gwynn(1650-1687)이 아마 이러한 운명의 전형적인 경우일 것이다. 넬은 극장에서 오렌지를 팔다가 연기자 찰스 하트의 연인이 되어 1665년 연기를 시작한다. 극 중 남성 연기자와 재치 있는 대사를 주고받는 역할에 솜씨를 보인 넬은 나이 스물에 찰스 2세의 눈

넬 권

에 들어 왕의 정부가 되어 은퇴한다. 찰스 2세의 눈이 번쩍 뜨인 이 순간 넬은 무대에서 일종의 에필로그 격으로 드라이든의 시를 읽고 있었다고 한다. 드라이든은 자신의 작품 프롤로그와 에필로그를 시로 써서 부치곤 했는데, 당시 극단의 인기 있는 연기자들이 낭송하곤 했다.

그러나 모든 여성 연기자들의 운명과 평

판이 전부 그런 건 물론 아니다. 듀크스 컴퍼니 극단의 책임자인 윌리엄 대버넌트는 샌더슨 부인이나, 다벤포트 부인Mrs. Davenport, 데이비스 부인Mrs. Davies, 롱 부인Mrs. Long 등 주역급 여성 연기자들을 보호하기 위해 자기 집에 투숙시켰다. 그 후, 대버넌트의 부인이나 베터튼의 부인 샌더슨은 여성 연기자들을 집에 머물게 하면서 연기 훈련을 담당하기도 했다.

에드워드 키니스턴,
앤 브레이스거들과 데스데모나를 논하다

에드워드 키니스턴

왕정복고 시대에 여성 연기자들의 무대공연이 허락되면서 이제 더 이상 남성 연기자가 여성 역을 연기할 필요가 없어졌다. 에드워드 키니스턴Edward Kynaston(1640경-1712)은 보이 플레이어의 마지막 세대이다. 그의 외모의 아름다움에는 대체로 동의가 이루어지는 것 같으나, 발성이 조금 지나치게 애처롭다는 비판도 있다. 어쨌든 키니스턴은 남성 역으로의 전환을 성공적으로 해결한 것 같으며, 그가 연기한 셰익스피어의 〈헨리 4세〉는 커다란 성공으로 기록된다.

2004년에는 리처드 에어 감독에 의해 키니스턴의 삶을 다룬 영화 〈스테이지 뷰티〉가 만들어졌는데, 이 영화에서 키니스턴은 자신이 연기하던 〈오델로〉의 데스데모나를 실제 여성인 마가렛 휴즈가 연기하는 것을 보고 갈등한다. 물론 영화가 끝으로 가면서 이 두 연기자의 관계는 동료이자 연인으로 발전하지만 말이다.

영화가 아닌 현실에서 에드워드 키니스턴과 버킹엄 공작Duke of Buckingham인 조지 빌리어즈George Villiers(1628-1687)의 동성애적 관계는 잘 알려진 소문이다. 재주꾼 조지 빌리어즈가 1671년에 쓴 희곡 〈리허설The Rehearsal〉은 동시대의 진지한 극작가이자 계관시인 존 드라이든 John Dryden(1631-1700)의 과장된 영웅극을 풍자한다. 왕정복고 시대의 이러한 윤리적 타락의 분위기는 조지 빌리어즈의 술친구들인 로체스터 백작 존 월모트Earl of Rochester John Wilmot(1647-1680), 극작가 조지 에서리지George Etherege(1634경-1691경), 시인 찰스 세들리Charles Sedley 또는 극작가 윌리엄 위철리William Wycherley(1640-1716)의 작품에서 잘 드러난다. 도르셋 백작Earl of Dorset인 찰스 색크빌Charles Sackville은 뛰어난 재능을 갖고 있으면서도 단지 '게을러서' 한 편의 작품도 남기지 않았다.

극단적으로 금욕적인 세계관과 가치관을 기반으로 한 청교도 혁명에 뒤이은 왕정복고가 극단적으로 향락을 추구한 것은 일종의 반동적 현상일 수 있다. 돈과 사랑과 죽음을 가벼이 여기는 경향에는 삶에 대한 어두운 냉소주의가 감돈다. 존 월모트나 윌리엄 와이철리의 작품에서 동시대의 위선에 대한 신랄한 저항을 찾아볼 수도 있다. 어쨌든 매독으로 죽어가던 존 월모트는 삶의 마지막 순간에 신앙을 회복한다.

로체스터 백작인 존 월모트는 방탕아이면서 감수성이 예민한 시인이자 극작가였다. 아직까지도 금서인 〈소돔〉은 그 노골적인 외설성으로 유명하다. 남들 앞에서 돋보이고 싶은 자만심에서 시작했겠지만, 도르셋 가든 극장의 젊은 연기자 엘리자베스 배리Elizabeth Barry(1658-1713)에게서 새롭게 시작하는 여성 연기자의 가능성을 본 월모트는 배리의 연기 훈련을 자임하고 나선다.

엘리자베스 배리

〈스테이지 뷰티〉와 같은 해인 2004년 로렌스 던모어 감독에 의해 만들어진 영화 〈리버틴〉은 특히 존 월모트가 연기자로서 엘리자베스 배리를 성장시키는 과정에 초점을 맞춘다. 실제로도 영화와 크게 다르지는 않았을 거라 생각되는데, 존 월모트에 의해 감성과 연기의 상호작용에 눈을 뜬 엘리자베스 배리는 무대에서 토마스 베터튼과 어깨를 나란히 할 만한 연기자로 성장해, 왕정복고 시대의 대표적인 여성 연기자가 된다.

남성편력과 격렬한 기질로 유명한 그녀는 너대니얼 리Nathaniel Lee (1653-1692)의 〈라이벌 여왕들The Rival Queens〉 공연 중 무대에서 실제로 라이벌 여성 연기자 부텔Miss Boutel을 칼로 찔러버린다. 무대 의상으로 두르고 싶은 베일을 뺏겨버린 것이 이유였던 것으로 알려져 있다.

무대에서 엘리자베스 배리의 당당한 존재감과 강력한 음성은 특히 드라이든이나 리의 영웅극에 정평이 있다. 동시에 그녀는 섬세한 감정 표현에서 또한 발군의 기량을 과시한다. 엘리자베스 배리를 연모한 극작가 토마스 오트웨이Thomas Otway(1652-1685)의 비극 〈고아〉에서 모니미아Monimia 역이나, 극작가 토마스 서던Thomas Southerne(1660-1746)의 〈치명적 결혼The Fatal Marriage〉에서의 이사벨라 역으로 엘리자베스 배리는 관객의 눈물샘을 말려버린다.

엘리자베스 배리의 신뢰를 받은 후배인 앤 브레이스거들Anne Bracegirdle(1674경-1748)은 토마스 베터튼 부부의 돌봄하에 아주 어린 나이에 무대에 선 것으로 보인다. 엘리자베스 배리의 옷자락을 잡아주

는 역할에서부터 시작한 앤 브레이스거들
은 일종의 경외심에서 절대로 엘리자베스
배리의 역할을 연기하지 않았다.

앤 브레이스거들

마치 우연처럼, 극작가 윌리엄 콩그리브
의 작품들에 엘리자베스와 앤에게 잘 맞는
역할들이 있었다는 것은 극단 운영자 토마
스 베터튼에게 큰 행운이었다. 그러나 이
러한 행운을 그저 우연으로 볼 수만 없었
던 것은 콩그리브가 앤에게 보통 이상의 감정을 품고 있었기 때문이
다. 두 사람이 비밀리에 결혼했다고도 전해진다.

왕정복고 시대의 위대한 아마추어 콩그리브의 대표적인 작품 〈세
상만사The Way of the World〉에서 밀라먼트Millamant 역할은 오로지 앤 브
레이스거들을 위한 역할이다. 물론 그녀의 연기가 지나치게 정숙을
가장한다는 비판이 없지 않았으나, 그녀의 연기에 그녀의 인품이 배
어 있다는 평가가 지나친 것만은 아니다. 1689년, 앤은 애프라 벤Aphra
Behn(1640-1689)의 〈과부 랜터The Widow Ranter〉에서 세메르니아Semernia
를 연기한다. 애프라 벤은 영국 최초의 여성 문필가로, 엘리자베스 배
리가 출연했던 토마스 서던의 〈치명적 결혼〉도 애프라 벤의 소설을
극화한 것이다. 왕정복고기의 조악한 시대를 반영하듯 문체는 거칠지
만 따뜻함이 있으며, 무엇보다도 그녀의 작품에는 자유로운 영혼이
숨 쉰다.

그 일 년 후인 1690년 앤 브레이스거들은 〈리처드 3세〉의 레이디
앤Lady Anne의 역할과 〈오델로〉의 데스데모나를 연기함으로써 관객의
주목을 받았다. 1660년 베터튼의 배려로 마가렛 휴즈가 데스데모나

를 연기한 이래 이제 무대에서 여성의 연기는 관객에게 자연스럽게 받아들여지게 된다. 혹시 에드워드 키니스턴이 객석에서 앤 브레이스거들의 데스데모나를 보았다면 그가 앤의 연기에서 어떤 교감의 경험을 했을지 궁금하다. 만일 객석에 키니스턴이 있었다면, 연기자로서 불혹의 나이에 접어든 그가 틀림없이 분장실로 약관 16세의 앤을 찾아갔을 것이라는 데에 한 표를 던진다.

실제로 연기자로서 앤 브레이스거들의 매력은 동갑내기 극작가 니콜라스 로우Nicholas Rowe(1674-1718)로 하여금 법정 변호사라는 직업 대신 계속 극작에 전념하게 한다. 로우가 1632년 매신저Philip Massinger와 필드Nathan Field의 공동창작이었던 〈치명적 지참금The Fatal Dowry〉을 개작해 1703년에 발표한 〈진정한 참회자The Fair Penitent〉는, 토마스 베터튼이나 데이비드 개릭David Garrick 같은 남성 연기자들, 또는 엘리자베스 배리나 앤 올드필드, 사라 시든스Sarah Siddons 같은 여성 연기자들에게 자신들의 연기적 능력을 과시할 좋은 기회를 제공했다. 로우는 1715년 계관시인이 된다.

1707년 앤 브레이스거들은 자신의 매력이 기울고 있다고 느낀 순간 무대에서 은퇴한다. 같은 해 토마스 베터튼의 베니피트 퍼포먼스 공연을 위해 윌리엄 콩그리브의 〈사랑에는 사랑을〉에서 안젤리카Angelica로 무대로 돌아온 것이 무대에서 그녀의 마지막 모습이다. 우리는 드라이든의 프롤로그와 에필로그를 그녀가 무대에서 자주 읊었다는 기록에서 그녀의 인기를 짐작할 수 있다.

예술적 재능은 평범하지만 관객의 취향을 읽어내는 재주는 뛰어났던 극작가이자 연기자 콜리 시버Colley Cibber(1671-1757)는 오늘날 작품보다는 자서전으로 기억된다. 그에 따르면 앤 브레이스거들의 미모가 유독 출중했다기보다 그녀가 무대에서 뿜어내는 생기발랄함이 관객들을 사로잡은 것으로 보인다. 그 매력이 결국 유괴사건을 불러왔고, 그 와중에서 앤의 상대역이었던 연기자 윌리엄 마운트포트William Mountfort가 살해되기도 했다. 콜리 시버 본인도 앤의 상대역을 열망했지만 이루어지지는 않는다. 감상적인 대중 취향을 읽는 시버의 재주는 1700년 〈리처드 3세〉의 번안에서도 분명하다. 아마 셰익스피어를 제외하고는 모두를 열광시킨 이 작업으로 그는 1710년 드루리 레인 극장의 지배인 중 한명이 되고, 궁극적으로는 1730년 계관시인이 된다.

1706년 앤 브레이스거들의 은퇴에는 젊은 연기자 앤 올드필드Anne Oldfield(1683-1730)의 등장이 한몫했다. 외모의 아름다움과 표현적인 눈빛 연기에서 앤 올드필드는 엘리자베스 배리와 앤 브레이스거들의 빈 자리를 눈부시게 메운다. 그러나 드루리 레인 극장의 크리스토퍼 리치는 이름 없는 존재로서 극단에 합류한 앤 올드필드의 연기자적 자질을 영 못 미더워 했다. 하지만 사람 보는 눈이 있는 콜리 시버가 자신의 작품에 그녀를 기용했고, 곧 이어 왕정복고 시대 희극의 마지막을 장식한 극작가 조지 파커George Farquhar(1678-1707)의 작품 〈모병관 The Recruiting Officer〉에서 실비아 역으로 무대에 오른 앤 올드필드는 런던의 관객들을 매료시킨다. 바느질 견습생이던 앤 올드필드의 연기자적 자질을 처음 알아본 이도 파커였다.

여성들에게 남장이 유행이었던 왕정복고 시대에, 짧은 바지를 입은 앤 올드필드의 실비아는 시기적으로도 적절해서 관객

앤 올드필드

들에게 커다란 호소력을 발휘했다. 무대에서 앤 올드필드는 기품 있는 움직임과 풍부한 눈의 표현력, 그리고 명료한 발성으로 원래 주 영역인 희극뿐만 아니라 비극에서도 동료 연기자들의 찬탄과 시새움을 산다. 그녀는 연기뿐만 아니라 의상에서도 남다른 감각을 소유하고 있었으며, 또한 1730년 그녀가 죽었을 때는 웨스트민스터 사원에 있던 극작가 콩그리브의 무덤 근처에 묻힐 정도로 사회적 평판이 높았다. 그녀의 정부였던 찰스 처칠Charles Churchill 장군이 기념비를 세우고 싶어 했으나 사원 수석사제의 거부로 뜻을 이루지는 못한다.

여성 극작가 수잔나 센트리버Susannah Centlivre(1667경-1723)는 지방 극단에서 남성역 전담 연기자로 출발해서 극작을 시작한다. 세련된 작품은 아니어도 그녀의 희극에는 생기발랄함이 있다. 그 시대를 대표하는 연기자였던 데이비드 개릭David Garrick(1717-1779)은 1776년 자신의 은퇴 공연에서 그녀의 희극 〈불가사의한 여인The Wonder: A Woman Keeps a Secret〉을 선택한다.

이렇게 왕정복고 시대 이후 영국의 무대는 여성 연기자들로 수놓아지기 시작한다. 프랑스 르네상스 무대에서 여성 연기자는 자연스러운 현상이었으며, 독일의 경우에는 연기자이자 극단의 지배인이던 요하네스 벨텐Johannes Velten(1640-1693경)의 주도하에 보이 플레이어들이 여성 연기자들로 대체되기 시작했다. 1618년에서 1648년까지 벌어진 30년 전쟁으로 황폐해진 독일 전역을, 자신이 세운 극단 작센 연희단Kursächsische Komödianten을 이끌고 삶의 마지막 순간까지 공연을 올린 요하네스 벨텐은 독일 연극의 아버지라고도 불린다.

10막

1700년대의
영국, 프랑스,
독일, 러시아

존 리치는 부자가 되고, 존 게이는 즐겁다

제임스 2세의 가톨릭화 정책이 야기한 1688년의 명예혁명으로 프로 테스탄트인 네덜란드 총독 오렌지공(公) 윌리엄과 제임스 2세의 장녀이자 그의 부인 메리는, 1689년 윌리엄 3세와 메리 2세로서 공동 왕위에 오른다. 이제 영국은 권리장전으로 왕권과 의회의 대립에 종지부를 찍게 된다.

이런 정치적 상황 속에서 1695년 토마스 베터튼은 드루리 레인을 장악한 변호사 크리스토퍼 리치의 전제적 극단 운영에 반발해 일단의 연기자들과 연합해 독립하지만, 베터튼의 협동극단cooperative acting company은 링컨스 인 필즈 극장의 열악한 조건에서 고전한다. 동료 연기자들의 단합과 복지를 유지하기 힘들어진 베터튼은 1704년 극장 지배권을 건축가이자 극작가인 존 밴브루John Vanbrugh에게 넘겼고, 밴부루는 1705년 헤이마켓Haymarket에 새로운 극장을 짓지만 음향 등이 열악하여 실패한다.

한편 1709년 크리스토퍼 리치가 떠난 드루리 레인 극장은 1710년 콜리 시버, 로버트 윌크스Robert Wilks(1665-1732), 토마스 도게트Thomas

할리퀸 역의 존 리치

Dogget(1640경-1721) 세 명의 연기자에 의한 삼두지배Triumvirate의 시대로 접어든다. 1713년 도게트가 은퇴한 후에는 바튼 부스Barton Booth (1681-1733)가 그를 대치한다.

시버는 주로 공연 대본을 선택하고 자금 관리는 도게트가 담당했는데, 이들이 항상 조화롭게 극단을 운영한 것 같지는 않다. 윌크스는 살해된 윌리엄 마운트포트의 뒤를 잇는 연기자이며, 극작가 조지 파커의 친구이다. 바톤 부스는 베터튼 사후에 그를 잇는 연기자로 극단의 지배인이 된 뒤 조금 게을러진 듯했지만 여전히 줄충한 오델로를 연기한다.

한편 평판이 좋지 않았던 드루리 레인의 지배인 크리스토퍼 리치는 우여곡절 끝에 드루리 레인을 떠나서 링컨스 인 필즈에 새로운 극장을 짓기 시작한다. 그러나 그는 완공을 보지 못하고 죽었으며, 그의 아들 존 리치John Rich(1692경-1761)가 1714년 12월 완공된 극장의 공연 허가권patent을 물려받는다. 존 리치는 아버지와는 대조적으로 많은 사람들에게 사랑을 받는다. 존 리치는 본격 연극legitimate theatre으로는 드루리 레인 극장과 경쟁이 어렵다고 느끼고, 1716년 코메디아 델 라르테에서 영향 받은 영국 고유의 할리퀸 연극harlequinade을 고안한다. 그가 무대에 올린 공연은 당시 보통 스펙타큘라라 부르던 무대효과 만점의 볼거리 연극으로서, 지금까지도 크리스마스 시즌의 전통적인 가족공연으로 영국 관객의 사랑을 받고 있다. 영국에서는 이 공연을 판토마임Pantomime이라 부르는데, 이것은 어떤 주된 이야기에 할리퀸과 콜롬바인의 사랑 이야기가 삽화처럼 끼어들면서 전개되는 춤과 노래와 서커스적 효과로 가득 찬 공연으로서 영국 문화권의 고유한 양식이다.

존 리치는 1717년부터 1760년까지 부동의 할리퀸이었다. 실제로 판토마임의 첫 고안자는 드루리 레인 극장의 안무 담당이었던 존 위버John Weaver인 것으로 보인다. 어쨌든 춤과 역할을 결합시키는 존 위버의 아이디어는 존 리치에 의해 하나의 양식으로 확립된다. 그 당시 드루리 레인과 링컨스 인 필즈 사이에 벌어진 경쟁은, 심지어 1723년 두 극장에서 거의 동시에 〈할리퀸 포스터스 박사Harlequin Doctor Faustus〉를 무대에 올리게 할 정도로 치열했다.

명문 집안에서 태어나 법을 전공한 헨리 필딩Henry Fielding(1707-1754)이 1730년대에 들어와 본격적으로 풍자극들을 무대에 올리기 시작한다. 세상의 위선과 거짓에 대한 그의 풍자는 된통 신랄해서, 수상 로버트 월포올Robert Walpole을 포함한 성직자나 왕족들까지도 가차 없이 풍자의 도마에 올랐다. 이로 인해 결국 로버트 월포올은 1737년, 저 악명 높은 무대 허가법Stage Licensing Act를 통과시키며, 이제 모든 연극 대본들은 사전에 왕실 의전장관Lord Chamberlain의 검열을 거쳐야 했다. 이 악법은 1968년에야 비로소 폐기된다.

나름대로 할 말은 하면서도 동시에 이런 거센 풍랑을 요령껏 헤쳐가는 데에는 음악극이 효과적이다. 이미 1728년 극장 경영주로서 존 리치는 존 게이John Gay(1685-1732)가 대본을 쓰고 요한 크리스토퍼 페푸쉬Johann Christoph Pepusch(1667-1752)가 음악을 맡은 세태 풍자적인 발라드 오페라 〈거지의 오페라〉로 대성공을 맛본다. 세간에 "게이는 부자가 되고, 리치는 신이 나네Gay rich, Rich gay"란 유행어가 떠돌 정도의

존 게이

대성공이었으며, 이 공연의 성공으로 존 리치는 1732년 새로운 극장 로열 코벤트 가든 극장Royal Theatre Covent Garden을 짓는다.

1695년 작곡가 헨리 퍼셀Henry Purcell을 잃은 영국은 1700년대에 들어서면서 이탈리아 오페라의 물결을 맞는다. 이 시기에 독일의 작곡가 헨델도 오페라로 대중적 성공을 노리면서 영국에 머무른다. 발라드 오페라는 이를테면 수입산 이탈리아 오페라의 허황함에 대한 토종산 노래극의 풍자이다. '발라드 오페라'란 용어에서 '오페라'는 그런 의미이다. 실제로 〈거지의 오페라〉는 레치타티보recitativo가 없는 오페레타나 뮤지컬에 가까운 노래극이다. 여기서 레치타티보라 하면 극중 모든 대사에 곡을 붙여 노래하는 것을 말한다.

처음에 극작가 존 게이는 리치에게 연기자들이 반주 없이 그냥 노래를 부르는 방식을 제안한다. 심사숙고한 리치는 작곡가 페푸쉬에게 작곡과 편곡을 맡겨 세간에 잘 알려진 70곡 정도의 시정 가요를 공연에 가져왔으며, 여기에는 대중이 좋아하는 오페라 아리아 몇 곡도 포함되어 있었다. 이제 더 이상 새로움이 없는 이탈리아 오페라에 싫증을 느낀 관객은 발라드 오페라에 열광적인 반응을 보인다.

1500년대 말, 이탈리아 피렌체에서 일군의 인문학자, 시인, 음악가들이 지오반니 데 바르디 백작Count Giovanni de' Bardi의 살롱에 모여 카메라타camerata라는 모임을 형성한다. 그들은 고대 아테네 연극을 재현해보려는 취지에서 드람마 인 무지카dramma in musica, 또는 드람마 페르 무지카dramma per musica라 부른 음악극을 시도했는데, 오페라는 바로 이렇게 해서 시작된 표현 형식이다. 이들에게 아테네 연극의 이미지는 노래로 음송하는 대사와 춤의 조화였던 것으로 보인다. 1597년 작곡가 자코포 페리Jacopo Peri의 〈다프네Dafne〉가 그 첫 번째 작품으로 기록되었는데, 실제 오페라라는 명칭은 1607년 만토바의 궁정에서 초연된 작곡가 클라우디오 몬테베르디Claudio Monteverdi 〈오르페오La fovola d'Orfeo〉에서 처음으로 사용되었다.

데이비드 개릭, 무대에서 관객을 내쫓다

데이비드 개릭

영국의 연기자 제임스 퀸James Quin(1693-1766)은 커다란 몸짓과 질러대는 소리의 비극연기 마지막 세대이다. 사실 제임스 퀸의 연기는 희극 연기에서 오히려 자연스러워, 그가 존 리치 극단에서 팔스타프로 거둔 성공은 드루리 레인 극단으로 스카웃 되어가는 계기가 된다. 어쨌든 '황소울음 퀸 The Bellower Quin'이라는 별명이 붙을 정도의 질러대는 제임스 퀸의 연기가 헨리 8세 같은 딱 어울리는 역할과 결합될 때는, 스코틀랜드의 작가 토비아스 스몰레트Tobias Smollett의 표현처럼 누군가에게는 장엄하게 보일 수도 있다.

아일랜드 출신의 극작가이자 정력적인 연기자였던 찰스 맥클린 Charles Macklin(1700경-1797)은 1741년 무대에 올린 〈베니스의 상인〉에서 역할의 해석이 무엇인지를 관객에게 처음으로 보여준다. 지금까지 샤일록은 그저 희화화된 어릿광대 같은 역할일 뿐이었으나, 찰스 맥

클린은 샤일록에게 성격을 부여한다. 이제
까지 무대에서 연기자가 취해왔던 장대한,
그러나 경직된 자세의 연기 대신 모든 근
육 하나하나와 모든 표정 하나하나가 살아
있는 생생한 연기의 시대가 그 막을 연다.
단지 역할이라는 옷만 걸치면 되었던 연기
자의 시대는 지나간 것이다. 이러한 시대
의 전환점에서 데이비드 개릭David Garrick

찰스 맥클린

(1717-1779)이라는 뛰어난 연기자의 등장은 찰스 맥클린이라는 뛰어난
조역이 있기 때문에 가능한 일이었다. 찰스 맥클린은 극장에서 극장
으로 온갖 역을 소화하며 연기자로서 치열한 삶을 산다. 젊은 날 찰스
맥클린은 탁월한 감각의 권투선수였고, 광대이자 할리퀸이었다. 그는
나이 들어 술집을 운영하면서, 또 한편으로는 연기학교를 세운다.

1741년 찰스 맥클린의 샤일록도 샤일록이지만, 같은 해 데이비드
개릭의 〈리처드 3세〉는 영국 연기의 역사에 한 획을 긋는 사건이었다.
구세대를 대표하는 연기자 제임스 퀸이 한 말은 이 사건의 성격을 잘
드러내준다.

"만일 이 젊은이가 옳다면, 우리 모두가 틀린 것이다."

프랑스와 아일랜드의 혈통이 섞여 있는 개릭은 리치필드 출신이다.
옥스퍼드를 졸업한 젊은 사무엘 존슨Samuel Johnson(1709-1784)이 리치
필드에 학교를 세웠지만, 이 학교는 곧 망한다. 후세가 셰익스피어 전
문가로 기억하는 사무엘 존슨은 이 학교에서 데이비드 개릭의 스승이

었다. 순회극단의 공연에서 연극을 접한 개릭은 아마추어 극단을 조직하기도 한다. 1737년 스승과 제자는 런던까지 도보로 여행한다. 런던에 도착하니 주머니에는 동전 몇 닢만 남았었다는 전설도 있다.

개릭은 친척으로부터 포도주 사업을 물려받는다. 하지만 무대에의 꿈을 접기 힘들었던 개릭은 극본도 써보고 익명으로 뒷골목 불법극장 굿맨스 필즈 씨어터Goodman's Fields Theatre에서 별 대수롭지 않은 역할로 무대에도 서본다. 그러다가 이 좁고 컴컴한 극장에서 1741년 〈리처드 3세〉가 그야말로 대박을 터뜨린 것이다.

이제 뒷골목 불법극장은 소문을 듣고 찾아온 귀족들로 북적거렸고, 데이비드 개릭은 즉시 드루리 레인 극장과 기록적인 봉급으로 계약을 맺는다. 개릭이 1742년 아일랜드 출신의 여성 연기자 페그 워핑튼Peg Woffington과 더블린에서 공연할 때, 그 인상이 얼마나 강력했던지 마침 그때 유행하던 열병이 '개릭 피버Garrick fever'란 이름을 얻는다. 이 공연으로 개릭과 펙 워핑튼은 연인 사이가 된다. 펙 워핑튼은 남장 연기로 더블린과 런던의 남성 관객들을 사로잡는다. 한동안 데이비드 개릭과 펙 워핑튼 그리고 찰스 맥클린 사이에 기묘한 삼각연인 관계가 형성되기도 하였다.

연기에 대한 개릭의 입장은 한 마디로 역할의 개성에 대한 탐구이다. 개릭은 광대로부터 햄릿에 이르기까지 가능한 다양한 역할에 이러한 자세로 접근한다. 개릭에게 상투적이고 죽어 있는 몸짓은 반연기이다. 연기에 대한 이러한 접근은 동시에 개릭으로 하여금 무대에서 공연하는 순간의 신비스러운 어떤 작용에 주목하게 한다. 그 작용을 개릭은 '전류의 불꽃electrical fire'이라고 부른다.

연기자가 공연 전에 역할에 대해 치밀하게 연구하고 결론에 도달할 수는 있지만, 공연에서 그 역할에 생명을 주는 불꽃은 신비로움이라 부를 수밖에 없는 어떤 다른 힘의 작용이다. 개릭의 연기에는 이러한 초월적인 힘에서 비롯되는 놀라운 설득력이 있어서, 가령 그가 리어 왕을 연기할 때면 관객뿐만 아니라 스탭들도 눈물을 쏟았다. 이러한 불꽃과 관련된 개릭의 여러 일화가 전설처럼 전해진다. 한 번은 〈리처드 3세〉 공연 중에 뼈가 부러졌는데도 그것을 의식하지 못하고 연기에 집중했다고 한다. 영어권에서는 연기자가 무대로 나갈 때 "Good Luck!" 대신에 "Break a leg!"이란 표현을 쓰는데, 이 표현이 개릭의 일화에서부터 비롯되었다는 설도 있다.

데이비드 개릭은 연기자로서의 삶을 드루리 레인과 함께 했으며, 1747년에는 드루리 레인의 공동 지배인이 된다. 극단 운영자로서 그의 역할 또한 소소한 것이 아니다. 그는 우선 셰익스피어의 작품을 재정비했으며, 공연에 방해가 되지 않는 적절한 조명 장치를 개발하고, 무대 뒤에는 실제 같은 배경막을 설치하기도 했다. 그러나 무엇보다도 개릭은 무대에서 관객을 내쫓는 수훈을 세운다. 그때까지도 입장료를 듬뿍 낸 관객들이 무대 위에 앉아 공연을 관람하는 관습이 유지되고 있었다. 이렇게 연기자들과 관객들이 한데 섞인 분위기에서 수준 있는 공연을 기대하기는 어렵다. 프랑스의 다재다능한 철학자 볼테르(1694-1778)도 그 필요성을 역설한 바 있지만, 개릭은 단호한 태도로 이 악습을 철폐한다.

개릭의 독주 시대에 그래도 남성 연기자로서 이름을 내놓을 수 있던 스프랭거 배리Spranger Barry(1719-1777)는 기가 막힌 미남 연기자이다. 로미오로서는 개릭도 경쟁이 되지 않았으며, 오델로 역에도 정평이 있었다 한다. 그는 더블린에서 극장 사업에 뛰어들었다가 망하고,

로미오 역의
스프랭거 배리

말년에 연기자 앤 댄서Anne Dancer와 재혼한다. 그녀에 대한 총체적 헌신으로 배리는 오로지 그녀의 상대역으로서만 무대에 오른다.

개릭은 온전히 연기자로서 거둔 업적을 인정받아 웨스트민스터 사원에 묻힌 첫 번째 연기자이다. 사무엘 존슨 박사는 아무에게도 해를 끼치지 않는 즐거움을 선사한 개릭의 죽음으로 영국은 그 명랑함의 빛을 잃었다고 안타까워 했다. 개릭의 곁에는 연기자 중 처음으로 기사 직위를 하사받은 헨리 어빙Henry Irving(1838-1905)이 묻혀 있다. 웨스트 민스터 사원에 묻히는 영광을 누린 세 번째 연기자는 로렌스 올리비에 Laurence Olivier(1907-1989)이다. 2007년에 스페인 마임 극단 트리시클레 Tricicle가 개릭을 추모하는 작품 〈개릭Garrick〉을 무대에 올린다.

연기자로서 개릭의 명성은 살아 있을 때부터 전 유럽에 걸쳐 널리 퍼져 있었다. 예를 들어, 프랑스에서는 관록 있는 연기자 르캥 Lekain(1729-1778)을 칭송의 의미로 '프랑스의 개릭'이라 불렀고, 독일에서는 독일 시민극의 중심 연기자 콘라트 에코프Konrad Ekhof(1720-1778)를 마찬가지의 경외심으로 '독일의 개릭'이라 불렀다.

한편, 러시아에서는 1756년 연기자 표도르 그리고리예비치 볼코프 Feodor Grigoryevich Volkov(1729-1763)와 이반 아파나시예비치 드미트레프스키Ivan Afanasyevich Dmitrevsky(1733-1821)가 아마추어 극단의 동료들과 함께 러시아 최초의 상설 극단을 조직한다. 이들은 1762년 극단에 호의적이던 표트르 3세를 몰아내고 그의 부인이던 예카테리나 2세를 황제로 옹립하는 데 일조하기도 했다.

1763년 볼코프의 죽음으로 극단의 지휘를 맡은 드미트레프스키는 데이비드 개릭과 르캥의 선례를 연구했으며, 열렬한 애국심에 불타던 드미트레프스키는 1812년, 일흔아홉 살의 나이로 관객들에게 반나폴레옹 정서를 고취시키기 위해 다시 한 번 무대에 오른다.

유럽에서 코메디아 델 라르테의 새로운 시대는 쥬세페 도메니코 비안코렐리Giuseppe Domenico Biancolelli(1637경-1688)에서 비롯된다. 그는 슬랩스틱을 휘두르는 어릿광대로서 아를레깽을 새로운 차원의 희극적 인물로 차원이동 시켰다. 또한 비안코렐리는 루이 14세를 설득해서 코메디아 델 라르테 연기자들이 이탈리아어가 아닌 프랑스어로 공연할 수 있는 허가를 확보하기도 한다. 그러나 이러한 기회가 오히려 화근이 되어 1697년 코메디아 델 라르테 연기자들은 프랑스에서 추방되는데, 대체로 루이 14세의 정부였던 맹뜨농 부인Mme de Maintenon을 희화화한 안젤로 콘스탄티니Angelo Constantini(1654경-1729)에게 이 사건의 일차적인 책임을 돌린다. 콘스탄티니는 가면을 쓰지 않는 광대 메제티노Mezzetino를 창출한 인물이다.

피에르 프란체스코 비안코렐리Pier Francesco Biancolelli(1680-1734)는 쥬세페 도메니코 비안코렐리의 막내아들이다. 1697년 파리에서 쫓겨나 이탈리아와 프랑스의 지방을 전전하다가, 1716년 코메디아 델 라르테가 복권될 때 다시 파리로 돌아온다. 광대 역인 트리벨리노Trivellino

로 정평 있는 피에르는 코메디아 델 라르
테를 쇄신하는 중심 역할을 맡는다.

　카를로 안토니오 베르티나찌Carlo Antonio
Bertinazzi(1710-1783)가 1741년 코메디 이
탈리엔느에 입단할 무렵이면 프랑스의
코메디아 델 라르테는 그 쇠퇴기에 접어
든다. 프랑스어를 할 줄 모르는 베르티나
찌는 오로지 몸짓 연기에만 의존했는데,

카를로 안토니오 베르티나찌

그 솜씨가 타의 추종을 불허할 만큼 뛰어났다고 한다. 이 덕분인지,
1780년 코메디 이탈리엔느가 오페라 코미크Opéra comique로 해체될 때
오페라 코미크에 남은 유일한 이탈리아 연기자는 아이러니하게도 바
로 베르티나찌였다. 영국의 연기자 데이비드 개릭은 특히 베르티나찌
의 뒷모습이 그렇게 표현적일 수가 없다며 찬탄을 금치 못한다.

　장터 연극으로서의 생기를 잃어가는 코메디아 델 라르테는 이탈리
아 극작가 카를로 골도니Carlo Goldoni(1707-1793)와 카를로 고찌Carlo
Gozzi(1720-1806)에 의해 본격 연극의 장으로 진입하는데, 골도니는
1762년 루이 15세의 요청으로 코메디 이탈리엔느의 책임을 맡기도
했다. 그러나 카를로 고찌는 코메디아 델 라르테에 코메디 프랑세즈
의 세련됨을 접목시키려는 골도니와 달리 여전히 코메디아 델 라르테
의 원초적 즉흥성을 높이 산다. 그의 작품들은 1769년 극단이 해산될
때까지 주로 코메디아 델 라르테를 전문으로 하는 안토니오 사키
Antonio Sacchi 극단에 의해 무대에 올려졌다.

　1733년 페르골레지Giovanni Battista Pergolesi(1710-1736)의 오페라 부파
opera buffa 〈마님이 된 하녀La Serva Padrona〉가 1752년 파리에서 뒤늦은

돌풍을 일으킨다. 오페라 부파는 정격 오페라인 오페라 세리아opera seria의 막간에 공연되던 막간극intermezzo 성격의 가벼운 여흥극으로 음악극이다. 공연 시간이 45분 남짓 걸리는 페르골레지의 오페라 부파는 오래되고 진부한 파리 오페라에 신선한 충격으로 작용했다. 생동감 없이 무겁기만 한 파리 오페라 세리아에 대한 반발로 철학자 루소 Jean-Jacques Rousseau(1712-1778)를 중심으로, 자연스럽고 관객들이 동감할 수 있는 이탈리아 오페라 부파에 대한 예찬이 터져 나온다. 이로 비롯한 논쟁을 '오페라 부파 논쟁Querelle des Bouffons'이라고 한다.

이미 1714년 오페라를 관장하던 아카데미 루와얄 드 뮤지크의 음악극 독점은 장터 극장Théâtre de la Foire들의 끊임없는 압력으로 조금씩 무너지고 있었다. 1697년 코메디 이탈리엔느가 추방된 빈자리를 채우며 등장하기 시작한 장터 극장들이 어느새 공연계에 자신들의 자리를 확보한다. 물론 그 대가로 일정한 흥행료를 세금처럼 오페라에 납부하고 있었지만 말이다.

이렇게 해서 기존의 유행가에 대사를 붙인 노래vaudeville들로 이루어진 오페라 코미크opéra comique가 등장하는데, 이것은 처음에 코메디 엉 보드빌comédie en vaudeville이라 불렸다. 오페라 부파가 오페라 세리아처럼 레치타티보를 고집해 쳄발로 반주에 맞춰 대사를 노래로 한 반면, 오페라 코미크는 노래aria와 함께 일상의 대사를 유지했다. 1762년 코메디 이탈리엔느는 장터 극단들과 연합해 오페라 코미크로 방향 전환을 시도하는데, 이제 부르고뉴 극장이 오페라 코미크의 본거지가 되고 장터 극단들은 공적인 지위를 확보한다. 1780년 루이 16세의 칙령으로 코메디 이탈리엔느 극단은 오페라 코미크Opéra comique라는 새로운 이름을 부여받는다.

오페라 부파 논쟁의 이슈 중 하나는 과연 프랑스어가 음악극에 적합한가 하는 것이었다. 1845년 메리메Prosper Mérimée(1803-1870)의 소설을 1875년 음악극으로 각색한 비제Georges Bizet(1838-1875)의 〈카르멘〉은 이 논쟁에 종지부를 찍는 대표적인 오페라 코미크 작품이다. 여기에서 '코미크'는 희·비극의 문제가 아니라 음악극에서 레치타티보의 있고 없음에 따른 문제이다.

1760년 이래 텅플 거리Boulevard du Temple에는 생-로랭Saint-Laurent이나 생-제르맹Saint-Germain 시장에 근거지를 둔 장터 극단들이 세속 극단으로 새롭게 정착하기 시작한다. 1784년, 오페라는 독점권을 주장하며 세속 극단들에게 일 년치 허가비를 받아냈는데, 이런 독점적 관행은 1789년 프랑스 대혁명을 거쳐 1791년에 들어서야 비로소 철폐된다.

르캥, 연기에 목숨을 바치다

드니 디드로
드니 디드로Denis Diderot(1713-1784)는 18세기 프랑스 계몽주의 시대의 핵심적인 인물이다. 그는 백과사전을 편찬하고 미술 비평에도 손을 대었으며, 또한 희곡을 쓰기도 한다. 디드로는 프랑스 신고전주의 비극에 반발해서 시민연극Le drame bourgeois의 중요성을 강조했는데, 연극이 라신느의 비극에서처럼 고대의 오래된 소재에서 벗어나 현재의 일상적 삶과 밀접한 관련이 있는 윤리적인 문제들을 다루어야 한다는 그의 생각은 커다란 반향을 불러일으켰다.

계몽주의는 이성의 중요성을 일깨우지만, 동시에 감성도 발견한다. 하지만 자칫하면 극작가 피에르 드 라 쇼제Pierre de la Chaussée(1692-1754)의 작품에서처럼 감성이 과잉으로 작용하는 감상적인 최루물comédies larmoyantes이 될 수도 있다. 대체로 디드로의 희곡은 여기에 윤리라는 양념이 잔뜩 끼얹어진 경우라 할 수 있다.

디드로의 희곡은 그렇다 해도, 디드로의 연기론인《연기자의 역설 *Paradoxe sur le comédien*》은 지금까지도 읽혀지는 책이다.《연기자의 역설》은 디드로가 1773년에서 1777년 사이에 쓴 것으로 추정되며, 그의 사후 인 1830년에 출판된다.

1747년 레몽 드 생트-알빈느Rémond de Sainte-Albine는《연기자*Le Comédien*》란 논문을 통해 연기에서 오성만큼이나 감성이 중요함을 강조 했으며, 1750년 프란체스코 리코보니Francesco Riccoboni는 자신의 논문 《연극예술*L'art du théâtre*》에서 감정의 적절한 통제가 연기에서 얼마나 중 요한가를 역설했다. 1750년 영국에서 발표된《연기자*The Actor*》란 글은 생트-알빈느의 글을 그대로 옮겨놓은 것인데, 1769년 이 글이 다시 《개릭, 또는 영국 연기자들*Garrick ou les acteurs anglais*》란 제목으로 불어로 번 역된다. 디드로는 연기를 둘러싼 이러한 논란들을 잠재우기 위해《연 기자의 역설》을 썼다.

《연기자의 역설》에서 디드로는 어떻게 연기에서 오성과 감성이 역 설이라고 하는 기묘한 방식으로 작용하는가를 두 사람의 대화를 통해 반복적으로 풀어간다. 디드로에 따르면, 관객이 공연에서 어떤 역할에 감성적으로 반응하기 위해서는 그 역할을 연기하는 연기자의 오성이 비교적 냉정하게 작용하고 있을 필요가 있다. 연기자는 역할의 성격을 철저히 이해하고 자신이 이해한 바를 연기를 통해 일관되게 구축해가 야 할 필요가 있다는 것이다. 공연에서 연기자가 역할의 감정 상태에 말려 들어가면 공연 전체를 그르칠 수도 있다. 디드로에게 악퇴르acteur 로서의 연기자는 자신이 잘할 수 있는 역할만 잘하는 연기자인 반면, 꼬메디엉comédien으로서의 연기자는 모든 역할을 소화해낼 수 있는 연 기자이다. 당연히 디드로는 후자가 진정한 연기자라고 생각한다.

그렇지만 예술가로서 연기자에게 여전히 영감inspiration은 중요하다. 무대에서 오성과 감성이 연기자의 내면에서 상호작용하는 방식은 현실과는 다르다. 무대의 세계와 현실의 세계는 서로 다른 차원의 세계들이다. 영국의 연기자 데이비드 개릭은 누구보다도 이 점을 잘 이해했다. 그는 영감을 '천륜의 불꽃'이라 부른다. 디드로가 드러내놓고 언급하지는 않았지만, 개릭은《연기자의 역설》이란 책을 가능하게 한 영감의 근원이다.

1758년 디드로는 코메디 프랑세즈와 코메디 이탈리엔느의 책임자인 뒤라스 공작Emmanuel-Félicité de Durfort, duc de Duras(1715-1789)에게서 들은 이야기를 소개한다. 이것은 개릭이 공작의 일행들과 연기의 힘에 대해 환담을 나누고 있을 때의 일로, 그가 직접 몸으로 보여준 마법 같은 연기의 한 순간에 대한 것이다.

개릭이 베개를 들고 아이처럼 어르는 연기를 시작한다. 모두 웃으면서 개릭의 연기를 보는 중에 갑자기 개릭이 열려진 창문 밖으로 베개를 떨어뜨린다. 그러고는 진짜 아이를 떨어뜨린 아빠처럼 비통해하기 시작한다. 그러자 함께 있던 일행들은 모두 두려움에 몸을 떤다. 그들 모두 떨어진 것이 아이가 아니라 베개인 것을 알고 있었음에도 말이다. 여기에 안다는 것과 느낀다는 것의 수수께끼가 있다.

디드로의《연기자의 역설》에서는 마리-프랑스와즈 뒤메닐Marie-Françoise Dumesnil(1713-1803)과 마드모아젤 클레롱Mlle. Clairon(1723-1803)이라는 두 여성 연기자의 이름이 거론된다. 뒤메닐은 외모가 수려한 것도 아니고, 무대에서 존재감이 돋보이는 연기자도 아니다. 그러나 일단 그녀가 불타오를 때 그녀는 천하제일이었다. 볼테르는 항상 그 가능성을 기대하고 그녀를 자신의 작품에 주인공으로 기용한다.

226

그러나 문제는 그렇게 불타오르기 위해
서는 알코올이든 아니면 어떤 감성적 계기
가 필요하다는 점이다. 뒤메닐은 마음에
들지 않는 상대역 남성 연기자와 연인 관
계의 역할을 연기하기가 절대로 어려운 연
기자이다.

마리 프랑스와즈 뒤메닐

반면에 클레롱은 자신의 개인적인 감정
이 어떤 상태이든 비교적 충실하게 주어진
역할을 소화하는 연기자이다. 불우한 환경
에서 연기자로서 미래를 설계한 클레롱은
코메디 이탈리엔느에서 연기수업과 지방
순회를 거친 뒤 스무 살의 나이에 코메디
프랑세즈에 입단한다. 뒤메닐의 강력한 경
쟁자로 등장한 클레롱은 십 년 후 갑자기
전통적인 거대 몸짓grandiloquence을 버리고
자연스러운 몸짓 연기를 추구한다. 클레롱
은 또한 역사적 고증에 입각한 무대의상에

클레롱

도 각별한 주의를 기울였다. 뒤메닐에서 클레롱으로의 변화는, 영국
으로 치면 퀸에서 개릭으로의 변화라고도 할 수 있다. 뒤메닐과 클레
롱을 거론한 디드로의 관심이 어디에 있는지는 불을 보듯 분명한 것
이다.

연기에서 이러한 새로운 변화는 연기자 르캥Lekain(1729-1778)의 등
장에서도 볼 수 있다. 르캥은 '프랑스의 개릭'이라 불렸던 연기자이다.
영국에서 개릭이 그랬던 것처럼, 르캥은 프랑스에서 무대 위의 관객

르캉

들을 쫓아냈다. 볼테르는 아마추어 극단에서 연기하는 작고, 뚱뚱하고, 못 생긴 연기자를 발견하고 여섯 달 동안 집중적으로 연기 훈련을 시킨 뒤 1750년 자신의 작품에 주연으로 등장시키는데, 이 인물이 바로 앙리-루이 캥Henri-Louis Caïn, 즉 르캉이다.

루이 15세의 강력한 추천으로 코메디 프랑세즈의 단원이 된 르캉은 클레롱과 함께 프랑스 뉴웨이브 연기의 막을 연다. 그러나 르캉은 1778년 명성의 절정에서 과로로 눈을 감는다.

그의 동료였던 클레롱은 르캉이 외모의 열세를 극복하기 위해 얼마나 열심히 노력했는지를 증언한다. 몸짓이나 목소리 훈련만이 아니라 독서와 사유, 그리고 여러 나라의 언어 습득에 바친 시간에서도 그러하다. 그러나 클레롱에 따르면 르캉은 코르네이유나 라신느의 작품들을 인상적으로 소화하키지는 못한 것 같다. 어쨌든 적어도 볼테르의 작품에 관한 한 그의 연기는 한 마디로 '완벽' 그 자체였다고 클레롱은 말한다.

르캉의 뒤를 이어 프랑스 연기 예술의 뉴웨이브를 주도한 프랑수와-조세프 탈마François-Joseph Talma(1763-1826)는 르캉 회고록 서문에서 르캉에게 최대의 찬사를 바쳤다. 그는 자칫 극작가나 철학자의 마우스피스로 전락하기 쉬운 연기자에게 르캉을 그 함정에서 벗어난 선례로 제시한다. 가령 왕을 연기하기 위해 연기자는 억지로 왕의 권위와 위엄을 몸짓이나 목소리에 담아내려 애쓸 필요가 없다. 왜냐하면 왕에게 권력은 일상이기 때문에, 권위와 위엄은 차라리 왕이 생활하는 일상의 습관 속에 묻어서 발휘되곤 하기 때문이다. 탈마는 이런 통찰을 자신의 연기에 끌어들인 르캥을 천재라고 불렀다.

5
1753년

콘라트 에코프, 연기 아카데미를 세우다

1700년대가 시작될 무렵 독일은 백여 년 전의 30년 전쟁 이래 작은 영주국들로 조각나 있었고, 문화는 정체 상태에 머물러 있었다.

1697년, 독일 동부 엘베 강변의 마을 라우베가스트Laubegast에서 사법 조사관의 딸로 태어난 카롤리네 노이버Caroline Neuber(1697-1760)는 나이 스물에 젊은 서기와 눈이 맞아 완고한 아버지 집에서 도망쳐 나와 결혼한다. 연극에 전념하기로 뜻을 세운 그녀는 남편과 함께 지방 극단들을 전전했다. 이렇게 10여 년의 세월을 보낸 뒤 그들은 라이프 치히에 디 노이베린Die Neuberin이라는 자신들의 극단을 세운다.

이 시기 독일의 연극 수준은 연기뿐만 아니라 모든 점에서 이웃 프랑스의 비교대상이 될 수 없었다. 카롤리네 노이버는 프랑스 신고전주의 예찬론자인 극작가 요한 크리스토프 고트셰트Johann Christoph Gottsched와 뜻을 같이 해 1727년 꼬르네이유와 라신느의 번역극을 공연하기 시작한다. 이들의 입장을 상징적으로 보여주는 사건은 1737년 이들이 연출한 독일 세속극의 대표적인 광대 한스부르스트 Hanswurst의 화형식이다.

카롤리네 노이버가 실린 동전과 우표

　노이버 부부와 고트셰트의 잘 나가던 관계는 카롤리네가 더 이상 고트셰트의 완고함을 견디지 못하게 되면서 결렬된다. 카롤리네는 헌신적인 연기자이자 연기교사였지만, 자신의 비극 〈죽어가는 카토Der sterbende Cato〉가 실제 로마의 의상으로 공연되어야 한다는 고트셰트의 요구를 받아들이지 못한다. 그녀의 생각에 고트셰트는 시대에 뒤떨어진 공론가일 뿐이다. 그녀는 연기자들에게 핑크빛 타이츠를 입힘으로써 자신의 입장을 분명히 한다. 라이프치히 관객들의 분노, 함부르크와 러시아 순회공연의 실패, 그리고 7년 전쟁의 역경을 이겨내지 못한 노이버 부부는 결국 낙담 속에 은퇴한다.

　콘라트 에른스트 악커만Konrad Ernst Ackermann(1712-1771)은 군대를 제대하고 라이프치히의 프리드리히 쇠네만Friedrich Schönemann(1704-1782) 극단에서 연기를 시작했으며　1751년 자신의 극단을 세운다. 1767년 새로 세워진 함부르크 국립극장의 전속작가로 극작가 고트홀트 에프라임 레싱Gotthold Ephraim Lessing(1729-1781)이 임명될 때 악커만 극단도 함부르크 극장으로 이동한다. 악커만은 특히 레싱의 〈미나 폰 바른헬름Mina von Barnhelm〉에서 베르너의 역할에 탁월한 솜씨를 보인다. 희극에서 비극까지 다양한 연기를 소화한 악커만은 연기의 질을 높이기 위해 노력한 연기자이지만, 카롤리네 노이버와 같은 선구적 비전가visionary는 아니다.

독일 연극이 프랑스 신고전주의의 영향하에서 헤어 나오지 못할 때, 레싱은 영국의 극작가 조지 릴로George Lilo(1693-1739)가 1731년에 발표한 〈런던 상인〉을 새로운 모델로 제시한다. 〈런던 상인〉은 지금으로 치자면 신문 사회면의 작은 기사가 비극이 된 격으로, 처음에는 이 것을 조롱거리로 삼으려던 관객들이 연극을 본 후 감동으로 반응하게 되면서 이 작품은 소시민 비극의 새로운 장을 연다.

〈런던 상인〉의 여파는 가까이는 디드로에서 멀리는 입센Henrik Ibsen (1828-1906)에 이르기까지 확인할 수 있다. 디드로에게서 영향을 받아 레싱이 표방하고 나온 시민 연극drame bourgeois에 대한 연기적 입장은 함부르크 국립극단의 후배 콘라트 에코프Konrad Ekhof(1720-1778)의 몫이다.

시민 연극에 대한 레싱의 입장이 항상 그의 희곡에서 확인되는 것은 아니지만, 이미 쇠네만 극단 시절인 1740년부터 구세대 연기와는

구별되는 자연스러운 연기를 추구한 콘라트 에코프에게 함부르크 국립극단은 값진 실험의 장이었다. 또한 그는 1753년 연기적 입장에서 희곡 독해와 토론을 위한 아카데미를 세운다. 비록 지나치게 꼼꼼한 그의 방식 탓에 이 아카데미는 실패하지만, 역할에 섬세하고 치밀하게 접근하는 그의 경향은 희극에서 비극에 걸치는 다양한 그

콘라트 에코프

의 역할 연기를 빛나게 했다. 에코프는 독일의 개릭the German Garrick이라고 불렸으며, 1778년 프랑스의 르캥과 같은 해에 세상을 떠난다.

종잡을 수 없는 성격의 프리드리히 루드비히 슈뢰더Friedrich Ludwig Schröder(1744-1816)는 콘라트 악커만의 양아들이다. 연기보다 곡예에 더 관심이 많았던 그는, 1764년 함부르크에서 극단에 합류한 에코프로부터 자연스러움을 추구하는 새로운 경향의 연기에 눈을 뜬다.

슈뢰더는 레싱과 괴테를 무대에 올리고, 프랑스 신고전주의를 무대에서 청산한다. 무엇보다도 그는 햄릿을 출발점으로 셰익스피어를 독일 무대에 차례로 소개했으며, 그 자신이 리어왕 역할에서 발군의 연기력을 과시했다. 많은 성격적 결함에도 불구하고 슈뢰더는 독일 연극 개혁의 추진력이라 할 수 있다.

이처럼 독일 연극이 변화의 한복판을 통과하고 있을 때, 보수 진영을 대표하는 연기자 아우구스트 이플란트August Iffland(1759-1814)에게는 감상적인 관객의 도덕심을 자극해 눈물을 쏟게 하는 능력이 있었다. 그는 희극에서 현란한 의상과 활발한 무대 몸짓으로 대중적으로 호소력 있는 무대를 창출했다. 그는 이런 뛰어난 재능 덕분에 1796년 베를린 국립극장의 극장장이 된다. 그는 자신이 젊었을 때인 1782년 초연된, 극작가이자 시인인 실러Friedrich Schiller(1759-1805)의 작품 〈군도〉에서 격렬한 프란츠 무어Franz Moor를 인상적으로 연기했는데, 이 작품은 1774년 괴테의 소설 〈젊은 베르테르의 슬픔〉과 함께 독일 질풍노도 Sturm und Drang 시기를 대표한다. 괴테의 처남 불피우스Christian August Vulpius(1762-1827)는 1797년 도적소설 〈리날도 리날디니Rinaldo Rinaldini〉로 괴테와는 비교가 안 되는 베스트셀러를 기록한다.

실러의 〈군도〉는 1804년 〈빌헬름 텔〉로 전개되고, 괴테의 〈베르테르〉

는 1831년 〈파우스트〉가 된다. 어떻게 살 것인가에 대한 실러의 치열한 역사의식과, 자연스럽지만 일상성에 함몰되어서는 안 되는 괴테의 초월적 형식주의를 연기자가 적절하게 파악해서 연기하기 위해서는 외면적 연기 이상의 것이 연기자에게 요구된다.

괴테는 비교적 거리를 두고 연기자와 소통한 반면, 실러는 연기자들에게 친밀한 동반자적 공감을 느낀 것으로 보인다. 하지만 모든 점을 고려해볼 때 안타깝게도 괴테와 실러가 말년에 함께 작업하던 바이마르 두칼Ducal 궁정 극장의 연기자들은 아마추어 수준이었다.

거지의 오페라

음악학자 레지날드 네틀Reginald Nettle은 1956년 펴낸 《대중음악 700년: 도시 대중음악의 사회사Seven Centuries of Popular Song: a social history of urban ditties》에서 〈거지의 오페라〉에 한 장을 할애한다. 그 부분을 간추려 번역하면 다음과 같다.

사무엘 피프스Samuel Pepys(1633-1703)는 왕정복고기의 런던 풍속에 대한 상세한 일기를 남겨 후대에 유명해진 인물이다. 그의 일기에는 그가 만난 이탈리아 가수들의 이름들이 기록되어 있다. 알브리체 Albrice 집안의 빈센초Vincenzo, 바르톨로메오Bartolomeo 형제와 그들의 누이인 레오노라Leonora, 그리고 작곡가이자 하프시코드 연주가인 지오반니 밥티스타 드라기Giovanni Baptista Draghi라는 이름도 보인다.

피프스는 퀸스 채플Queen's Chapel에서 노래하는 그로씨G.F. Grossi라는 환상적인 카스트라토 가수도 만나는데, 그는 시파체Siface라고도 불렸다. 앞서 언급한 알브리체 형제들도 카스트라토 가수들이다. 이탈리아에서 카스트라토 가수들은 어릴 때부터 주의 깊게 교육을 받는다.

피프스의 일기를 보면 '남작부인The Baroness'이라는 별명을 갖고 있던 이탈리아 여성 가수와, 마르가리타 드 레핀Margarita de L'Épine이라는 프랑스풍의 이름을 갖고 있는 이탈리아 여성 가수의 이름도 거론된다. 특히 마르가리타 드 레핀은 훌륭한 하프시코드 연주가이자, 가수이고, 음악학자이다.

이렇게 쟁쟁한 이탈리아 가수들이 영국 무대에서 영국 가수들과 경

윌리엄 호가스가 그린 〈거지의 오페라〉 한 장면

쟁한다. 주요한 작품의 배역은 당연히 언어에서 유리한 영국의 가수들에게로 돌아간다. 이탈리아 가수들은 막간에 이탈리아어로 된 자신들의 노래를 불렀다. 어쨌든 이탈리아의 가수들이 영국 출신 가수들보다 노래를 더 잘했던 것은 사실이다. 서서히 관객들이 이탈리아 가수들의 노래에 반응하기 시작한다. 그러나 1600년대 이탈리아 가수들이 정착시키려고 애를 쓴 이탈리아 오페라는 상업적으로 위험부담이 너무 컸다. 이탈리아 오페라가 런던에 정착하기까지 1700년대의 시작을 기다려야 했다.

원래 여자 연기자들의 속성이 좀 그런 경향이 있지만, 질투는 어쩔수가 없다. 1704년 1월 19일 마르가리타 드 레핀이 그녀의 두 번째 공연을 하고 있을 때 객석에서 무대로 오렌지를 던지는 소동이 일어난다. 이 소동을 주도한 앤 바위크Ann Barwick를 포함해서 몇 사람이 체포된다. 이 소동과 관련해서 꽤 알려진 소프라노 가수 토프츠 부인Mrs. Tofts이 드루리 레인의 지배인 크리스토퍼 리치에게 편지를 보낸다.

"선생님, 최근에 우리 집 하녀였던 앤 바위크가 지난 밤 극장에서 레핀 부인의 공연 중에 오렌지를 던지는 등의 소란을 피웠다는 소식을 들었을 때 저는 정말 놀랐습니다. 레핀 부인은 상냥한 이탈리아 부인인데 그녀가 왜 그랬을까요? 저는 이 소란에 제가 관여했을 것이라는 조그마한 오해도 원치 않습니다. 저는 정말 그러한 야만적인 행위를 혐오합니다. 제 하녀였던 앤 바위크에게 마땅한 벌을 엄하게 내려주십시오. 그럼 안녕히 계십시오. 당신의 캐서린 토프츠로부터."

불쌍한 앤! 만약 토프츠 부인이 이 사건과 전혀 무관했으리라 믿는다면 그건 소박한 믿음일 것이다. 앤은 주인의 명령에 따라 최선을 다했지만 결국 체포되는 수모를 겪게 된 것이다.

그 다음 해에 영국에 이탈리아식의 오페라, 그러니까 레치타티보와 아리아로 구성된 오페라가 처음 소개되는데, 영국 극단에 의해 영어로 번역되어 공연된 〈아르시노에, 사이프러스의 여왕Arsinoe, Queen of Cyprus〉에 토프츠 부인이 출연한다. 그녀의 이탈리아 라이벌 마르가리타는 이 오페라의 막간에서 노래를 부른다.

능력이 보잘것없는 토마스 클레이튼Thomas Clayton이라는 이가 편곡했음에도 〈아르시노에〉는 24번 공연에다 다음 해 11번까지의 연장공연을 마친다. 공연의 성공은 아마 제임스 손힐James Thornhill 경의 정교한 바로크 스타일의 무대장치에 덕을 본 바가 많았을 것이다. 그러나 무엇보다도 일반 관객은 아무 오페라라도 좋으니 오페라 관람을 갈구하고 있었다. 이러한 환경에서 1710년 영국인들은 헨델을 맞이할 만반의 준비를 갖춘다. 헨델은 다른 음악가들과는 한 차원 격이 다른 음악가이다. 그는 하노버에서 건너와 영국에서 자리를 잡는다.

1720년 남태평양 투자 열풍과 함께 모든 이가 한몫 잡아보려는 계획에 들떠 있을 때 이탈리아 오페라 전문 공연극단이 등장한다. 프랑스풍으로 '국왕 폐하 음악 아카데미Royal Academy of Music'라는 이름을 달고 나온 이 단체는 이탈리아의 본격 오페라opera seria에 승부를 건다. 1728년까지 활동을 계속한 이 극단을 위해 일한 작곡가들의 중심에 헨델이 있다. 뿐만 아니라 뛰어난 기량을 갖춘 이탈리아 카스트라토 가수들이 소프라노와 콘트랄토에 걸쳐 포진하고 있었다. 이들은 고전 영웅들이나 신의 역할들을 맡는다. 우리에게 헨델의 〈라르고〉로 익숙한 선율은 남자 콘트랄토가 오페라 〈세르세스Xerses〉에서 부른다. 남자 콘트랄토는 악보에는 없는 온갖 장식음들을 붙여 노래를 부르는데, 그의 높은 보수는 바로 이와 같이 온갖 장식음들을 붙이는 현란한 능력 때문이다. 그 효과는 오늘날 우리가 듣는 〈라르고〉의 그 단순함이 전혀 아니다.

또한 이때 새로운 예술형식이 나타난다. 그것이 '발라드 오페라ballad opera'이다. 존 게이가 극본을 쓴 〈거지의 오페라〉는 흥행에서 엄청난 성공을 거둔다. 〈거지의 오페라〉는 흥행작이었을 뿐만 아니라, 동시에 사회적 조롱이고, 정치적 풍자이며, 이탈리아 오페라에 대한 도전이다. 이 모든 것이 한 작품 속에 용해되어 있다. 음악은 귀를 끌고, 감상적이며, 자연스러운 선율들로서 모든 사람들에게 익숙한 그런 곡들이다. 편곡은 유능한 음악가인 페푸쉬가 맡는다. 페푸쉬의 부인은 1704년 토프트 부인에 의해 오렌지 세례를 받은 바로 그 마르가리타 드 레핀이다.

〈거지의 오페라〉가 공연된 해는 1728년이다. 이 두 사건 사이의 20년 동안 이탈리아의 본격 오페라가 영국에서 큰 인기를 누리고 있다가 이제 최초의 반발을 경험하는 것이다. 헨델은 1728년 자신의 오페라들이 푸딩 세례를 맞으며 무대에서 쫓겨났다는 기록을 남겨놓고 있다. 〈푸딩덩어리Lumps of Pudding〉라면 바로 〈거지의 오페라〉 마지막 춤 장면에 사용된 노래의 이름이 아닌가!

〈거지의 오페라〉의 서두에서 극중 진행자인 거지는 이렇게 말한다.

"요즈음 유행하는 오페라들처럼 그렇게 부자연스러운 오페라를 만들지 않은 것에 대해 관객 여러분들은 당연히 용서하시겠지요. 이 오페라에는 어떠한 레치타티보도 없으니까 말이지요."

〈거지의 오페라〉에 나오는 주인공은 장엄함과는 거리가 먼 악당이자, 부랑아이다. 그리고 여인은 책임 때문이 아니라 사랑 때문에 결혼을 한다. 한편 이탈리아 오페라에서 유행하는 상투성들이 〈거지의 오페라〉에서는 가차 없이 패러디 된다.

"우리는 지금 유행하는 이탈리아 오페라들로부터 제비, 나방, 꿀벌, 배, 꽃 등의 수사학을 기꺼이 빌려 쓸 겁니다."

그러고 나서 거지는 두 여주인공들(프리마돈나prima donna와 세콘다돈나 seconda donna)이 문자 그대로 무대에서 격렬한 싸움을 벌이는 이탈리아 작곡가 보논치니Bononcini의 오페라를 슬쩍 비꼬면서 말한다.

"그 역할들에 관해 말하자면, 나는 우리의 두 여인에 대해 어느 쪽에도 기울어지지 않은 감정을 느끼고 있으므로 그들 중 누구도 불평 할 수는 없겠지요."

부논치니의 오페라에 대한 패러디는 〈거지의 오페라〉 3막 감옥장면에서 나타난다. 주요 등장인물들은 강도 캡틴 맥키스Captain Macheath, 간수 록키트Lockit, 그의 딸 루시Lucy, 장물아비 피첨Peachum 그리고 그의 딸 폴리Polly이다. 폴리와 루시 둘이 다 자신이 맥키스의 부인이 될 것이라고 믿고 있다. 루시는 맥키스를 뉴게이트 감옥에서 탈출시키는데 일조를 하지만 그는 다시 붙잡힌다. 아래 장면에서 우리는 사랑과 책임에 관한 즐거운 삽화를 볼 수 있다.

> 록키트: 이제 마음을 가라앉히고 차분히 운명을 기다리지 그래 캡틴. 더 이상 사랑의 기회와 탈출할 돈은 없을 테니까 명령이 내려 왔는데 너를 즉시 재판에 회부시키라는 거야.
>
> 피첨: 저리 비켜라, 이 왈가닥들아. 지금은 지아비가 부인들에게 시달릴 시간이 아니야. 너희들은 이 신사분이 체인 줄에 꽁꽁 묶여 있는 것이 보이지도 않느냐?
>
> 루시: 오, 남편이시여, 남편이시여. 내 마음이 얼마나 당신을 그리워했는지. 그러나 감옥에 갇힌 당신을 보는 내 마음은 너무 괴롭군요.
>
> 폴리: 내 그리운 남편은 폴리에게 눈길을 주시지 않으시렵니까? 왜 당신은 보호를 위해 저에게로 오지 않으셨어요? 저와 함께라면 안전했을 것을.

노래

폴리: 내 남편이시여. 저를 좀 보세요.

루시: 당신의 눈길 한 번에 내 마음은 행복하네.

폴리: 당신이 고개를 돌리시면 폴리는 죽을 거예요.

루시: 저를 피하지 마시고 제 이야기를 들으세요.

폴리: 폴리가 애원합니다.

루시: 루시도 호소합니다.

폴리: 이것이 진정한 사랑의 보답이란 말입니까?

루시: 내 마음은 터질 것 같아요.

폴리: 내 마음도 그래요.

루시: 정말로 이렇게…….

폴리: ……무시하시긴가요?

맥키스: 여인들이여, 당신들은 무슨 말을 하고 싶은 거요? 보시오.
　　　　 이제 곧 당신들 어느 누구의 폐도 끼치지 않고 이 모든 것이
　　　　 끝나게 될 것이오.

피첨: 하지만 이 국면의 해결이 당신의 두 과부 사이에 벌어질 법
　　　 정 공방을 막아줄 수는 있을 텐데.

　맥키스는 최후까지 신사였다. 왜냐하면 극중 진행자인 거지도 인정
하듯이 요즈음 고귀한 신사가 거리의 신사를 모방하는지, 아니면 거
리의 신사가 고귀한 신사를 모방하는지 결정하기란 참 어렵기 때문이
다. 자신의 두 부인에 대한 캡틴의 태도는 대단히 분명하다.

당신 둘과 함께 있으니 얼마나 행복한가.

한쪽이 떠나면 다른 쪽도 사라지리.

단지 여인들만이 만족스럽지 못할 뿐이다. 폴리는 감상에 사로잡히고 루시는 복수를 맹세한다.

폴리: 나는 속았어…….

루시: 나도 속았어…….

폴리: 오! 나는 얼마나 고통스러운가!

루시: 나를 깜쪽 같이 속여 넘기다니…….

폴리: 내 고통은 곱절로 증가하네.

루시: 당신이 나무 아래에 서서 망나니가 당신의 목을 조이기를 거

　　　부하면 내가 이 두 손으로 즐거이 올가미를 당기지.

폴리: 나는 속았어…….

루시: 나도 속았어…….

폴리: 오! 얼마나 고통스러운가!

루시: 나를 깜쪽같이 속여 넘기다니…….

폴리: 내 고통은 곱절로 증가하네.

〈거지의 오페라〉의 이 부분에서 사용된 선율은 〈지난 번 내가 무어 족 쪽으로 넘어갔을 때The last time I went over the Moor〉와 〈아일랜드 트롯The Irish Trot〉이다. 〈거지의 오페라〉 극본을 쓰면서 존 게이는 모든 것의 위, 아래를 뒤집어버린다. 그리고 그렇게 뒤집는 것이 그 당시 위선적인 정치나 예술의 이론들보다 훨씬 더 이성적이라는 것을 보여준다.

존 게이는 토마스 들로니Thomas Deloney의 발라드와 소설에서 사용된 모든 트릭들을 구사한다. 그리고 이 재치 있는 풍자극은 18세기의 사고에 헨델의 오페라를 모두 합친 것보다도 더 큰 영향력을 끼친다. 물론 헨델은 사람들의 사고에 영향을 끼치기 위해서라기보다는 가능한 한 최고 수준의 오락을 제공하기 위해 작곡했다.

이탈리아 본격 오페라에서 관객은 현실 세상이 아닌 별천지 세상을 무대에서 보지만, 발라드 오페라에서 관객은 일그러진 세상을 본다. 이 일그러짐이 너무 극단적이라서 정치가 로버트 월폴Robert Walpole 경이 그런 것처럼, 그 일그러짐에 저항하고 싶은 충동을 사람들에게 불러일으킬 수 있다. 세상을 바꾸고 싶은 충동 말이다. 아니면 적어도 관객은 그 일그러짐을 풍자로 돌려 웃어 치워버릴 수 있다. 한 마디로, 〈거지의 오페라〉는 사회적으로나 역사적으로 이탈리아 오페라와는 다른 차원에서 의미 있는 작품이다.

초연에서 폴리 피첨의 역을 맡았던 라비니아 펜튼Lavinia Fenton(1708-1760)의 운명 또한 흥미롭다. 처음에 존 리치는 그녀에게 단지 주급 15실링만을 지급한다. 그녀의 목소리에는 단순한 발라드에 어울리는 명랑성 같은 것이 있는데, 벨칸토의 정교함 같은 것과 비교할 필요 없이 그녀는 노래를 자연스럽게 부른다.

그녀의 노래가 링컨 주점의 무대에 더 어울린다 한들 무슨 상관이랴. 마치 오늘날의 대다수 사람들이 현대미술에 대해 느끼는 것처럼, 그 당시 도시는 멋들어진 인공성으로 병들어 있었다.

〈거지의 오페라〉는 1728년 62일간 공연한다. 이 당시로는 대단한 기록이다. 마지막 공연은 6월 19일이었다. 그리고 같은 해 7월 16일에 존 게이는 가까운 친구이자 문필가 조나단 스위프트에게 편지를 쓴다.

"볼튼 공작Third Duke of Bolton이 폴리 피첨과 사랑의 도피를 했다고 들었네. 만족스러운 때에는 일 년에 400파운드, 그렇지 못하면 200파운드로 서로 타협을 한 모양이네."

연기자 라비니아의 사회적 지위는 이제 분명해진다. 귀족의 정부라는 지위는 〈거지의 오페라〉에 나오는 여인들의 사이에서도 특별한 것이다.

볼튼가의 세 번째 공작인 찰스 폴레트Charles Paulet는 1713년 귀족집안의 앤 본Lady Anne Vaughan과 결혼한다. 그것은 그가 아무런 애정도 느끼지 못하는 여인과의 합리적인 거래였다. 그녀에게는 아름다움도, 재치도 결여되어 있었고, 1722년 아버지가 죽자 그는 곧바로 부인을 떠난다. 1751년 볼튼 공작부인이 마침내 죽었을 때 공작은 즉시 라비니아 펜튼과 결혼식을 올렸는데, 23년 동안의 자연스러운 애정이 폴리와 볼튼을 한데 묶는다. 그는 그녀보다 스물세 살이나 더 연상이었다. 그러나 정부로서, 그리고 후에는 부인으로서 그녀는 정숙하게 처신한다. 대중이 마음속으로 항상 그녀와 연관 짓는 극 속의 폴리 피첨처럼 그녀는 자신의 재치와 사랑의 능력으로 사회적 존경을 획득한다.

폴리: 사랑이 충고에 의해 통제될 수 있나?
큐피드가 어머니에게 복종이나 할까?
비록 나의 마음이 얼음같이 얼어붙어 있었지만
그의 열정에 그만 녹아버리네.

그이는 입을 맞추면서 나를 꼭 껴안았네.

너무 달콤해서 나는 복종할 수밖에 없었지.

그러니 내 생각에 가장 안전하고 최선의 길은

결혼뿐이네. 두려움은 내쫓아야 하거든.

폴리 피첨이 이렇게 생각할 때 객석의 모든 여인은 그녀의 황홀한 생각에 암묵적으로 동의한다. 사랑을 위한 결혼! 그 당시 사회에서 사랑이란 비합리적인 것이었고, 모든 것이 타산에 의해 이루어졌다. 〈거지의 오페라〉는 이러한 사회적 경향에 비교하면 대조적인 작품이다. 퍼셀의 오페라 〈디도와 아에네아스Dido and Aeneas〉를 보아도 사랑과 의무의 갈등에서 의무가 승리를 거두고 있지 않는가.

그러나 폴리 피첨의 감상주의를 과장할 필요는 없다. 그 보다는 존 게이의 풍자적 입장의 한 부분으로 이해하는 것이 좋다. 실제로 이 시기에 중산계층은 연극에 별다른 존경심을 갖고 있지 않았으며, 연극 또한 중산계층에 고유한 무대를 준비하지도 않았다. 하지만 극단들이 중산계층의 관심에 영합하는 공연을 무대에 올림에 따라 중산계층에 호소력을 발휘하는 감상주의가 탄생한다. 극작가 콜리 시버의 대중적 성공을 생각해보라.

콜리 시버와 비교할 때, 그리고 그 후로 쏟아져나온 아류작들과 비교할 때, 〈거지의 오페라〉는 특별한 작품이다. 역사와 풍자와 건전한 상식들이 노래 속에서 어우러져서 많은 사람들에게 즐거움을 선사한다.

부유한 계층은 이탈리아 오페라 가수들에게 열광하고 있었고, 중산계층은 연극에 의심스러운 시선을 던지고 있던 시대에 〈거지의 오페라〉 같은 작품이 쉽게 나올 수 있는 것은 아니다.

당시 대표적인 화가 중의 한 사람이었던 윌리엄 호가스의 그림에서 우리는 세네시노Senesino나 파리넬리Farinelli 같은 이탈리아 카스트라토 가수들이 귀족의 주머니를 긁어가는 모습을 볼 수 있다. 이것은 사실 이었다. 이탈리아 가수들은 귀족들의 사적인 여흥의 대가로 엄청난 금액을 요구했다. 그들은 또한 헨델의 오페라단이나 그의 라이벌이었던 프레드릭Frederick, Prince of Wales이 세운 오페라 극단 '귀족의 오페라 The Opera of the Nobility'에서도 보수를 받았다. 1737년, 헨델 역시도 심각한 재정상의 위기에 처하지만 그의 경쟁자들의 사정은 더욱 말이 아니어서, 그들은 결국 극단 문을 닫을 수밖에 없게 된다.

정교하지만 지나치게 복잡한 이탈리아 가수들과 비교해서 좀 더 직접적인 호소력이 있는 영국 가수들이, 특히 교육이나 기질에 의해 이탈리아 오페라 세리아의 현란한 스타일을 견디기 어려워 한 대중들에 의해 점차 평가받기 시작한다.

11막

1800년대의
유럽과 미국

프랑수와-조세프 탈마, 나폴레옹의 부름을 받다

프랑스 연극에서 가장 인상적인 코메디아 델 라르테의 유산은 아마도 극작가 보마르셰Pierre-Augustin Caron de Beaumarchais(1732-1799)의 1775 년 초연작 〈세비야의 이발사〉와 1784년 〈피가로의 결혼〉일 것이다.

루이 16세는 〈피가로의 결혼〉에 내포된 하인과 백작과의 대립에서 불온성을 감지한다. 루이 16세의 명으로 검열관들의 심사가 시작되고 보마르셰는 감옥행이 되는데, 아니러니하게도 왕의 동생이 영향력을 발휘해 풀려난다. 〈피가로의 결혼〉이 궁정에서 공연될 때 다름 아닌 왕의 동생이 피가로의 역을 연기한 인연 덕을 보마르셰는 톡톡히 본 것이다. 그때 피가로의 연인인 수잔느 역은 여왕 마리 앙뚜아네트가 맡았다.

〈피가로의 결혼〉에 내포된 혁명의 조짐이야 어떻든 1789년 프랑스 대혁명 와중에서 보마르셰가 어느 편에 섰는지는 확실하지 않다. 프 랑스 대혁명의 깃발을 높이 치켜든 연기자는 프랑수와-조세프 탈마 François-Joseph Talma(1763-1826)이다. 치과의사의 아들로 태어나 자신의 직업을 계승하기를 바란 아버지의 뜻을 져버리고 어린 탈마는 오로지

네로 역을 연기하는 탈마

연극에만 관심을 쏟는다. 그는 당시 개릭으로부터 풍요로운 유산을 물려받은 영국의 무대도 경험한듯 하고, 연기학교에서 기량도 닦는다. 타고난 풍채와 음성의 소유자인 탈마는 1787년 꿈에 그리던 코메디 프랑세즈의 무대에 데뷔한다.

탈마가 데뷔한 시기는 혁명의 시대였다. 1787년 무리하게 더 많은 세금을 걷어 들이려는 정부안에 반발한 시민들의 삼부회의 소집 요구에서 1789년 7월 바스티유 함락에 이르기까지, 숨 돌릴 새 없는 격동의 시기에 탈마는 코메디 프랑세즈에서 작은 역을 맡을 때부터 공화주의자로서의 강렬한 면모를 보였다.

때가 되어 드디어 탈마도 코메디 프랑세즈 무대에 주역으로 서게 된다. 1789년 11월 프랑스의 루이 왕가가 일단 혁명 세력의 요구에 굴복한 정황에서 극작가 마리-조세프 셰니에르Marie-Joseph Chénier(1764-1811)의 반군주제적 경향의 작품 〈샤를 9세Charles IX〉에서 탈마는 타이틀 롤을 맡는다. 다른 연기자들이 작품의 급진적 경향 때문에 두려워 그 배역을 회피했다는 이야기도 있다. 어쨌든 이 작품의 공연 중에 탈마의 혁명적 성향이 얼마나 격렬하게 표현되었던지 관객석에서 찬·반의 엄청난 소요가 야기되어 결국 극장 문을 닫기까지에 이른다. 당시의 시대적 분위기에 따라 연기자를 지지하는 관객들의 열기 또한 대단하여 심지어 연기자들을 둘러싼 패거리들 사이에 목숨을 건 결투까지 벌어지기도 하였다. 이 공연이야말로 프랑스 대혁명의 진정한 불꽃이었다고 평가하는 역사가도 있을 정도다.

이 공연을 둘러싼 갈등으로 일군의 급진적인 연기자들이 코메디 프랑세즈를 떠나 팔레 루와얄에 새로운 웅지를 튼다. 물론 그 중심에는 혁명가 미라보Honoré Gabriel Riquetti Comte de Mirabeau(1749-1791)나 당통 Georges Jacques Danton(1759-1794)의 지지를 등에 업은 탈마가 있다.

탈마의 급진적 경향은 정치뿐만 아니라 공연에도 작용한다. 탈마는 연기에서 인위적인 몸짓을 배제한 자연스러움과 진정성을 추구한다. 그리고 무대 의상에서도 클레롱과 르캥의 뒤를 이어 시대적 현실성을 강조한다. 가령 볼테르의 〈브루투스〉에 단역으로 출연할 때에도 탈마는 로마식 전통의상과 머리 스타일에 한 치의 빈틈도 없었다고 한다. 의상과 헤어스타일의 역사에서도 무대에서 탈마의 개혁적 시도들이 끼친 영향력을 감지할 수 있다. 지금도 긴 길이의 반원형 남성용 망토를 그의 이름을 따서 탈마라 칭한다. 이처럼 연기에 관련된 모든 것이 탈마에게는 또 하나의 언어이다.

1799년 탈마는 그 당시 집정관이던 나폴레옹의 부름을 받아 새로운 코메디 프랑세즈의 리더가 된다. 나폴레옹은 화가 다비드Jacques-Louis David(1748-1825)와 함께 정치적으로나 예술적으로 탈마에 대한 찬탄을 숨기지 않는다. 다비드는 무대 의상이나 소품들에 대해 탈마가 자문을 구하는 동료이기도 하다.

진실임 직하게 보이는 연기적 진실과 실증적 진실 사이에서 탈마가 보인 고민의 흔적은 그 자체로 낭만주의적인 것이다. 전통적으로 코메디 프랑세즈를 지배하던 고전적인 대사의 부자연스런 율격은 탈마에 의해 새로운 언어적 감각을 회복한다. 이런 점에서 나폴레옹의 군사적 위협에도 불구하고 1808년 탈마의 공연을 직접 볼 기회가 있었던 괴테가 보인 기쁨은 충분히 이해할 수 있다.

탈마의 부인도 연기자였는데 엄청 경직된 연기를 하는 그런 고전적 스타일의 연기자였던 모양이다. 아무리 나폴레옹이라도 그 연기에는 견딜 수 없어 탈마에게 어떻게 좀 해보라고 호소한다. 탈마의 부인은 결국 3년 후 은퇴한다.

탈마의 작업은 젊은 빅토르 위고와 알렉상드르 뒤마에게 커다란 영감을 준다. 1827년 첫 희곡 〈크롬웰〉을 출판할 때 위고는 크롬웰로 탈마를 염두에 두었지만, 탈마는 그 전 해에 이미 세상을 떠난다. 결국 〈크롬웰〉은 무대에 오르지 못했다.

프랑스 연극에서 낭만주의라는 사건은 탈마가 세상을 떠난 후인 1830년 위고의 〈에르나니Hernani〉에서 터지는데, 이 작품에서 위고는 신고전주의의 규범들을 송두리째 뒤엎어버린다. 꼬르네이유의 〈르 시드〉이래 일대 사건이었다. 시간, 장소, 행위의 일치라는 삼일치 법칙은 깨지고, 비극과 희극이 섞이며, 언어의 구사는 거침없이 자유롭다. "자정인가요Est-il minuit?" "곧 자정입니다Minuit bientôt." 이런 대사들은 신고전주의 무대에서는 생각할 수 없다. 신고전주의에서라면 다음과 같은 대사를 썼을 것이다. "시간은 곧 그의 최후의 처소에 도달할 것입니다."

프랑스의 탈마나 앞으로 소개하게 될 영국의 에드먼드 킨Edmund Kean(1787경-1833)과 같은 연기자들은 연기에 낭만주의적 경향과 멜로드라마적 세속성과 일상성을 적절하게 배합한 윌리엄 찰스 맥크리디 William Charles Macready(1793-1873) 같은 차세대 후배 연기자들에게 지대한 영향력을 행사한다. 맥크리디에 따르면 탈마의 연기에는 다른 재능 있는 연기자들과 구별되는 어떤 천재적인 것이 있다. 그것은 모든 순간이 그대로 조각가의 작품이 될 정도로 뛰어난 연기가, 전혀 사전

준비 없이 이루어지고 있는 것 같은 즉발성과 자연스러움으로 표현된다는 점이다. 이 점에서 근대적 연기 예술이 시작된다.

탈마는 선배 연기자 르캥의 회고집 서문으로 〈르캥과 극예술에 대한 단상들Réflexions sur Lekain et l'art théâtral〉이라는 글을 남긴다. 혁명기의 관객들에게 고전 비극의 소통 가능성이라는 무거운 짐을 양 어깨에 짊어지고 줄기차게 무대에 오른 탈마는 1826년 6월 3일 들라빌Delaville의 작품 〈샤를 6세Charles VI〉를 마지막 출연작으로 피곤한 눈을 감는다.

바그너에 대한 글에서 니체는 다음과 같이 탈마를 언급한다.

"연기자는 보통 사람들보다 통찰이라 할 수 있는 한 가지 점에서 앞서 간다. 그것은 바로 진실로서 효력을 발휘하는 것은 사실 진실일 수 없다는 통찰이다. 이것이 탈마가 말하고자 했던 것이다. 어떤 의미에서 이것은 연기 심리학의 모든 것일 수 있다. 의심할 여지도 없이, 이것이 곧 연기자로서 탈마의 윤리관이다. 그렇다면 바그너의 이야기를 해볼까? 바그너의 음악은 진실이 아니다. 그것은 진실임 직할 뿐이다. 따라서 바그너의 음악에서 이루어져야 할 모든 것이 다 이루어졌다."

마하일 쉬엡킨, 말리 극장에 웅지를 틀다

미하일 쉬엡킨

러시아의 연기자 미하일 쉬엡킨Mikhail Shchepkin(1788-1863)은 1788년 백작 집안에 소속된 농노의 자식으로 태어났다. 어린 나이에 백작 저택에서 벌어진 오페라 공연에 매혹된 그는 17세 되던 해 농노극단에서 연기를 시작한다.

도시의 극장들이 쉴 때 그 자리를 메우기 위해 지방에 영지를 갖고 있는 귀족들에 의해 만들어진 농노극단은, 18세기 말 러시아서만 존재한 특별한 형태의 극단이다. 하인들의 일상적인 대화에서조차 연극조의 말을 요구하는 백작도 있었을 만큼 러시아의 연극 사랑은 각별했던 모양이다. 그런 귀족이라면 자신에게 소속된 농노극단에게 일정 수준의 공연을 요구할 법도 하고, 그렇게 해서 러시아 전역에 유명해진 농노극단들도 있었다.

1810년 쉬엡킨이 그런 극단 중의 하나인 메세르스키Mestchersky 농노극단의 공연에서 메세르스키 백작의 연기를 본 순간, 그는 '천지우당탕'의 경험을 한다. 백작의 연기가 너무 자연스러웠던 것이다! 이 경험을 통해 쉬엡킨 앞에는 연기에 대한 새로운 도전의 영역이 펼쳐진다. 이러한 도전의 결실로 그의 연기가 관객들을 매료시켰음은 두 말할 필요가 없으리라.

마침내 1821년에는 쉬엡킨의 지지자들이 그의 노예 신분을 사서 그를 자유민으로 해방시킨다. 그리고 곧 탁월한 연기력의 쉬엡킨은 모스크바 제국 극장Imperial theatre of Moscow의 스타가 된다.

쉬엡킨 시대 러시아 연극은 거의 우스꽝스러울 정도로 과장된 프랑스의 연극조 스타일을 흉내 내고 있었다. 무대에서 아무도 실제처럼 움직이거나 말하지 않았고, 쉬엡킨 생각에 모든 대사와 움직임은 경직된 틀 속에서 질식하고 있는 것 같았다. 연기자의 존재는 사라져버리고 이상한 꼭두각시만이 무대에서 작용한다. 쉬엡킨은 자신이 살아온 삶의 경험을 통해 무대 위에 살아 숨 쉬는 존재를 창조하리라 결심한다. 일견 소박한 연기처럼 보이는 쉬엡킨 연기의 본질을 당시 활동하던 한 평론가는 다음과 같은 말로 간파한다.

"쉬엡킨은 연극 속에서 연극적이지 않은 최초의 사람이었다."

쉬엡킨이 자기 나름의 결론에 도달했을 때, 러시아에는 그리보예도프Aleksandr Sergeyevich Griboyedov(1795-1829)나 푸쉬킨Aleksandr Sergeevich Pushkin(1799-1837) 같이 그와 비슷한 생각을 한 일군의 작가들이 있었다. 연기자로서 쉬엡킨은 전 생애를 통해 이러한 동료 작가들과, 또한 장차 등장할 고골리Nikolai Vasilevich Gogol(1809-1852), 레르몬토프Mikhail

Lermontov(1814 - 1841) 그리고 투르게네프van Sergeevich Turgenev(1818 - 1883)
와 같은 새로운 작가들과 함께 생산적인 협동작업의 성과를 남긴다.

1824년 쉬엡킨은 자신의 근거지를 말리Maly 극장으로 옮긴다. 말리 극장은 말 그대로 1천 석이 안 되는 소극장이란 뜻으로, 대극장을 의미하는 볼쇼이Bolshoi 극장과 구별된다. 외래 문화의 영향과 귀족 문화의 지배로부터 러시아 민중의 영혼이 깃든 문화의 회복을 주창한 민중 문화 운동에 공감한 쉬엡킨은 앞으로 40년 가까이 말리 극장과 함께 러시아 문화의 중심에서 활동한다.

연기 예술사에서 매우 중요한 인물로 거론되는 스타니슬라프스키 Konstantin Stanislavsky(1863 - 1938)에게 쉬엡킨이 끼친 영향은 분명하다. 그러고 보면 의미심장하게도, 쉬엡킨이 세상을 떠난 1863년은 스타니슬라브스키가 태어난 해이기도 하다. 지금은 스타니슬라프스키의 트레이드마크처럼 되었지만, 쉬엡킨은 '오성 연기'와 '감성 연기'를 구분하면서 연기자의 내면으로 역할을 가져오는 연기를 강조한다. 연기자가 역할을 머리로 이해하는 것만으로는 부족하며 마음으로 역할을 이해할 필요가 있다는 것이 쉬엡킨의 주장이다. 이에 따르면 연기자는 역할을 흉내 내는 존재가 아니라 역할을 삶으로 살아내는 존재이다.

스타니슬라프스키

연기에 대한 이런 태도뿐만 아니라, 연기자 사이의 앙상블의 중요성이나 연기교육의 방법론 같은 데서 그와 스타니슬라프스키 사이의 연계성은 스타니슬라프 자신도 옷깃을 여미며 인정하는 바이다. 연기자로서 쉬엡킨의 삶에 대해 스타니슬라프스키가 바친 글을 인터넷 연구 집단 '열혈학사'의 번역으로 한 부분 소개한다.

"19세기 전반기 러시아의 가장 위대한 배우 미하일 쉬엡킨은 우리의 위대한 작가 고골리의 친구였으며, 위대하고 역량 있는 예술가들 세대의 교육자였다. 그는 러시아 연극에 꾸밈없음simplicity과 사실성life-likeness을 소개한 최초의 사람이며, 실제 인생을 통한 정서의 표현방식을 제자들에게 가르쳤다. 나는 그가 고골리와 다른 친구들에게 보낸 편지들 속에 연극예술에 관해 썼던 모든 것들을 익히려고 노력하였으며, 그의 동시대인들이 그에 관하여 얘기했던 것들에 대해서 늘 귀를 기울였다."

쉬엡킨이 남긴 "작은 역이란 없다. 작은 배우가 있을 뿐이다"라든지, "연기를 잘할 수도 있고, 잘 못할 수도 있다. 중요한 것은 진실 되게 연기한다는 것이다"와 같은 멋진 경구들은 모든 시대에 보편적인 것이다. 그러나 시대와 관객에게 항상 성실했던 쉬엡킨은 말년에 오스트로프스키Alexander Ostrovsky(1823-1886)로 대표되는 세대의 새로운 경향을 따라가기가 힘들다고 느낀다. 자연스러움은 연기를 바라보는 쉬엡킨의 관점에서 무엇보다 중요한 핵심이지만, 지나친 사실주의는 그 지나침으로 해서 더 이상 자연스럽지 않다고 그는 생각한 것 같다. 자연스러움이 예술이기 위해서는 어떤 절제, 또는 균형 같은 것이 필요하다는 입장이라고나 할까.

새로운 시대의 한 걸음 더 나아간 사실주의를 받아들이기 어려웠던 쉬엡킨은 말리 극장의 중앙 무대를 오스트로프스키에게 양보한다. 이제 사실주의적 객관성에 입각한 일상 구어체의 새로운 연기 경향이 향후 말리 극장을 지배한다. 특히 오스트로프스키의 〈폭풍〉에서 여주인공 카테리나 역할은 연기적 능력을 인정받기 원하는 모든 여성 연기자가 거쳐야 하는 관문 같은 것이 된다.

마지막으로 인터넷 연구 집단 '열혈학사'의 번역으로 쉬엡킨의 육성을 들어보자. 연기에 대한 그의 생각이 잘 정리되어 있는 듯하여 소개한다.

"기억하자… 무대는 죽은 시체를 싫어한다는 것을. 무대에 살아 있는 인간을 주어라. 단순히 물리적으로 살아 있는 것이 아닌, 지성과 심장을 가지고 살아가는 사람을. 무대에 오를 때는, 개인적 근심 걱정은 모두 뒤에 버려두어라. 과거는 잊고, 지금의 나에 대해서만 생각하라…. 당신은 지금 역을 맡았고, 그것이 무슨 종류의 새인가를 알기 위해서는, 당신은 극을 깊게 탐색해야 한다. 그렇게 하면 어김없이 만족할 만한 해답을 얻게 될 것이다. 어느 배역을 읽을 때는, 당신이 묘사하는 그 인물이 생각하고 느끼는 방식으로 사고하고 느끼도록 최대한 노력하라. 말하자면, 배역을 씹고 삼켜서 그것이 당신의 살과 피의 일부가 되게 하라. 만약 이것에 성공하면, 진실한 말투와 몸짓이 저절로 당신에게 떠오를 것이다."

비교적 현대에 이르기까지 대체로 연기자
들의 삶은 출생에서부터 곡절이 있다. 1800
년대 전반기 영국의 무대를 휘어잡았던 연
기자 에드먼드 킨Edmund Kean(1787경-1833)
또한 그렇다.

에드먼드 킨

　물론 콜리 시버 같이 나중에 계관시인의
자리에까지 오른 시인의 자식들도 삶이 만
만치 않기는 마찬가지이지만 말이다. 시오
필러스Theophilus Cibber(1703-1758)와 샤를롯 시버Charlotte Cibber(1713-
1760)가 그들인데, 연기자로서 재능이 없지 않았던 시오필러스는 감상
적 시민극의 초석을 놓은 조지 릴로의 〈런던 상인〉 초연에서 주인공
조지 반웰George Barnwell을 연기해 호평을 받는다. 그러나 방탕한 생활
이 그를 무책임의 전형으로 몰아갔으며, 선배 연기자 제임스 퀸과의
결투도 유명한 사건이다. 결국 그는 더블린으로 항해하는 중 폭풍을
만나 숨진다.

샤를롯은 어릴 때부터 무대 위에서든 무대 밖에서든 남장을 하고 지냈으며, 그녀가 남장을 하고 여인들을 유혹한다는 소문은 충분히 근거 있는 것으로 보인다. 예정된 일이었겠지만, 결국 결혼에 실패한 그녀는 별 일을 다 거치는 중에 존 게이의 〈거지의 오페라〉에서 맥키스의 역할을 연기하기도 하고, 심지어는 헨리 필딩의 풍자극에서 자신의 아버지 역인 포플링 프리블Fopling Fribble을 연기하기도 한다. 그녀의 삶에는 무언가 기묘하게 비극적인 느낌이 감돈다.

시오필러스와 샤를롯 남매의 굴곡진 삶과 비교해 차라리 연기자 집안 출신의 사라 시든스Sarah Siddons(1755-1831)와 존 필립 켐블John Philip Kemble(1757-1823) 남매의 삶은 비교적 순탄하다고 말할 수 있다. 1809년 켐블이 소유하고 있던 코벤트 가든 극장이 화재로 전소하는 사건을 빼면 말이다.

1952년 이래 미국의 시카고 극장에서 공연된 작품에서 뛰어난 연기를 보인 연기자에게 수여하는 상이 사라 시든스 상Sarah Siddons Award이다. 꼭 그런 것은 아니지만 주로 여성 연기자들이 수상한다. 1950년 조셉 맨키비치Joseph L. Mankiewicz 감독의 〈이브의 모든 것All About Eve〉에서 허구로 등장한 상에서 영감을 받아 2년 후 실제로 제정한 상이 사라 시든스 상이다. 노익장 헬렌 헤이즈Helen Hayes가 1953년과 1969년 두 번에 걸쳐 이 상을 수상했고, 수상자 중에는 1996년 줄리 앤드류스Julie Andrews나 2008년 캐서린 터너Kathleen Turner의 이름도 보인다.

아름다움과 기품 있는 연기로 영국의 왕 조지 3세(재위 1760-1820)의 찬탄을 한 몸에 받은 사라 시든스는 순회극단을 이끌던 부모의 12자녀 중 첫째이다. 당시로서는 꽤 이름 있는 연기자 집안이었던 탓에 비교적 교육도 잘 받았고, 우여곡절이 있었지만 부모 극단의 연기자와

사라 시든스

존 필립 켐블

결혼해서 사라 시든스는 18세에 극단의 무대에 선다. 지방에서부터 서서히 회자되기 시작한 연기자로서 그녀의 명성이 1775년 드루리 레인 극장을 책임지던 데이비드 개릭에게까지 알려져, 그녀는 그 유명한 무대에 개릭과 함께 선다.

개릭에게서 드루리 레인의 지휘권을 물려받은 극작가 리처드 셰리단Richard Brinsley Sheridan(1751-1816)은 사라 시든스의 재능을 높이 평가해, 1782년 아일랜드의 극작가 토마스 서던Thomas Southerne(1660-1746)의 〈치명적 결혼The Fatal Marriage〉에서 이사벨라 역을 그녀에게 맡긴다. 이렇게 해서 드루리 레인의 여왕이 탄생했으며, 그녀는 남동생 존 필립 켐블과 1803년 코벤트 가든 극장으로 옮길 때까지 드루리 레인의 여왕으로 군림한다.

평이한 일상적 대화까지도 영웅시의 단장 오보격iambic parameter으로 노래하듯 낭송하는 사라 시든스의 연기에 바친 총체적 삶은 때로는 농담거리가 되기도 한다. 1783년 그녀는 왕실 가문의 아이들에게 낭독법을 가르치는 선생으로 임명된다. 아닌 게 아니라 사라 시든스 득의의 연기는 맥베스 부인이다. 1812년 6월 그녀의 은퇴 공연도 〈맥베스〉였는데, 공연 중 몇 차례나 앙코르를 받았다고 한다.

장중한 연기로 하자면 존 필립 켐블도 결코 누이에 뒤지지 않는다. 탁월한 기억력의 소유자인 켐블은 셰익스피어의 비극 작품들에 정말 잘 어울리는 풍채의 소유자이다. 1783년 그의 런던 데뷔공연도 햄릿이다.

켐블은 15년간 드루리 레인 극장을 이끌다가 전 재산을 끌어 모아 코벤트 가든 극장에 투자한다. 이 투자는 극장의 화재로 실패로 돌아가고 그는 1817년 은퇴한다.

사라 시든스와 존 필립 켐블의 동생 찰스 켐블Charles Kemble(1775-1854)도 연기자이며, 찰스의 딸 패니 켐블Fanny Kemble(1809-1893) 역시도 연기자이다. 두 권으로 된 그녀의 자서전은 그녀 시대의 무대와 그 뒷이야기에 대한 흥미 있는 통찰을 담고 있다. 영국 연기 예술의 역사에서 켐블 일가는 셰익스피어의 작품들이 현대로 넘어오는 데 가교로서 중요한 역할을 담당한다.

존 필립 켐블의 장중하지만 냉철한 연기는 새로운 세대를 대표하는 에드먼드 킨의 등장으로 옛것이 되어버린다. 이것은 전 세대 데이비드 개릭의 등장에 따른 제임스 퀸의 운명과도 같은 것이다. 켐블이 은퇴하기 직전인 1816년 10월 젊은 연기자 윌리엄 찰스 맥크리디William Charles Macready가 코벤트 가든에서 켐블이 카토Cato를 연기하는 것을 본다. 켐블이 카토의 마지막 대사 "나는 만족한다 I am satisfied!"를 내뱉자 극장은 감동의 박수갈채로 뒤덮이고 맥크리디는 켐블의 장엄한 연기가 관객들에게 발휘하는 힘을 인정한다. 하지만 그의 눈에도 켐블의 연기는 경직되고 따분한 옛 스타일의 반복일 뿐이다. 이제 시대는 변하고 관객은 새로운 감수성을 대표하는 젊은 연기자 에드먼드 킨을 기다린다. 켐블은 역할이라는 가면을 멋들어지게 쓰고 연기하지만 킨은 자신의 심장에 불을 붙여 역할에 빛을 비추인다. 켐블과 비교해 킨은 대담하고 다양하며, 독창적인 연기에 도전한다.

에드먼드 킨의 유년기는 안개에 싸여 있다. 킨의 부모에 대해서는 여러 가지 설이 있지만 그가 갓난 아이 시절 고아로서 버림받은 것은 거의 확실하다. 우여곡절 끝에 킨은 유랑극단 여배우에게 보살핌을 받으며 자란다. 이미 젊은 나이에 곡절이 많은 삶을 경험한 킨은 연기자가 되기로 결심하고 지방극단을 전전하며 경험을 쌓는다.

1814년 드루리 레인 극장에서 〈샤일록〉, 〈리처드 3세〉, 〈햄릿〉과 〈이아고〉를 차례로 무대에 올리면서, 킨은 런던에 선풍적인 회오리바람을 불러일으킨다. 시인 코울리지Coleridge는 다음과 같이 말한다.

"킨의 연기를 보는 것은 번갯불로 셰익스피어를 읽는 것과 같다."

에드먼드 킨은 자신이 연기하는 역할의 내면적 움직임을 효과적으로 관객에게 전달하기 위해서라면 거침없이 무대에서 망가지고, 무너진다. 대사도 상황에 따라 필요하면 사자후를 내지르고 그렇지 않으면 관객이 거의 들을 수 없게 속삭인다. 킨이 무대에서 뿜어내는 존재감은 그리 큰 키가 아님에도 무대 위에서 누구도 부정할 수 없는 카리스마로 작용한다. 그보다 훨씬 키가 큰 동료들 사이에서도 그의 존재감은 광채를 발휘했다.

1700년대 중엽은 감성이 흘러넘치는 시대이다. 독일의 극작가 아우구스트 폰 코체뷔August von Kotzebue(1761-1819)나 프랑스의 극작가 길베르 드 픽세레꾸르Guilbert de Pixérecourt(1773-1844)의 멜로 드라마적 경향의 작품들이 관객들의 엄청난 호응을 받는다. 원래 멜로 드라마는 그리스어로 음악을 의미하는 멜로스melos가 드라마와 결합하여 탄생한 용어로, 철학자 루소가 연극에서 음악이 창출하는 감성적 효과의 중요성을 강조하기 위해 제안한 프랑스어 멜로드람므melodrame에서 비롯한다. 멜로드라마는 특히 무차별적으로 관객의 감성을 자극하는 눈물과 음모와 광기가 버무려진 감상적이고 선정적인 통속적 성향의 공연들을 일컫는다. 프랑스의 악명 높은 코메디 프랑세즈와 오페라의 극장 독점 시대가 프랑스 대혁명으로 막을 내린다. 멜로드라마는 그 이후 우후죽순처럼 생겨나는 대중극장들의 중요한 레퍼토리를 이룬다.

드루리 레인 극장과 코벤트 가든 극장의 독점이 1843년까지 계속되는 영국의 경우에도 이미 오래된 감상적 시민 비극의 전통이 있다. 사실 셰익스피어의 작품들에서도 얼마든지 멜로드라마적 성격을 확인할 수 있다. 멜로드라마는 괴테나 실러의 독일의 질풍노도적 경향의 작품들이나 빅토르 위고(1802-1885)나 알렉상드르 뒤마(1802-1870)의 낭만주의적 경향의 작품들과도 밀접한 관련이 있다. 일반적으로 셰익스피어는 낭만주의를 선구하는 작가로 간주된다. 거칠게나마 정리하면, 낭만주의는 예술을 고전적 규범들의 족쇄에서 풀어내려는 경향으로, 예술을 합리적 논리가 아닌 초월적 직관의 작용으로 새롭게 자리매김하려는 움직임이라 할 수 있다.

에드먼드 킨의 격렬한 삶과 연기는 한 세대 선배 연기자 조지 프레드릭 쿡George Frederick Cooke(1756-1812)에게서 그 선례를 본다. 사실 낭만주의라는 말이 이해하기 쉬운 말은 아니지만, 대체로 조지 프레드릭 쿡에게서 영국 낭만주의 연기가 시작되었다고도 한다. 유랑극단에 자극받아 연기를 시작한 쿡은 오랫동안 지방을 떠돌다가 1800년 런던의 비평가에게 인정받아 '더블린 로스키우스Dublin Roscius'라는 별명으로 불린다. 로스키우스는 로마 공화정 말기의 뛰어난 연기자의 이름이다. 쿡과 비슷한 시기에 런던을 통째로 매혹시킨 조숙한 소년 연기자 윌리엄 베티William

이아고를 연기하는
조지 프레드릭 쿡

Betty(1791-1874)는 '어린 로스키우스'라 불린다. 열다섯 나이에 연기자로서 절정을 맞은 그는 '거장 베티Master Betty'라 불리기도 했다.

킨과 비교해서 연기에 정교함이 조금 부족하긴 했어도 쿡은 1794년 더블린에서 〈오델로〉로 시작해서 〈리처드 3세〉, 〈샤일록〉, 〈이아고〉, 〈맥베스〉 등의 역할들을 차례로 정복해 간다. 1803년 코벤트 가든에서 존 필립 켐벨과 사라 시든스의 동료가 된 쿡은 고질적인 알코올 문제로 씨름하다 1810년 미국으로 건너가 커다란 연기적 성공을 거두었다. 1820년에는 에드먼드 킨도 미국으로 건너가 특히 뉴욕 관객의 열광적인 호응을 얻는다. 어떤 의미에서 쿡과 킨은 영국 연기자의 미국 흥행에서 최초로 스타 시스템이 가동된 경우라고도 할 수 있다.

알코올 문제는 에드먼드 킨도 심각해서 46세에 그는 이미 노인같이 쇠약해졌으며, 〈오델로〉 공연 중 무대에서 쓰러진 킨은 회복하지 못하고 몇 주 후 타계한다. 그와 같이 어울리려는 귀족 계층을 물리치고 선술집에서 친구들과 기울이는 술 한 잔을 더 좋아한 킨은 사랑과 결투와 술과 연기의 폭풍 같은 삶을 살다 갔다. 에드먼드 킨의 아들 찰스 킨 Charles Kean(1811-1868)도 아버지의 뒤를 이어 연기자의 삶을 산다.

프레드릭 르메트르가
연기하는 막캐르

킨의 사후인 1836년, 알렉상드르 뒤마의 〈킨〉이라는 작품에서 프랑스 연기자 프레데릭 르메트르Frederick Lemaetre(1800-1876)가 킨을 연기한다. 르메트르는 중세로부터 전해지는 전설적인 무뢰한 로베르트 막캐르Robert Macaire에 동시대의 의상을 입혀 하룻밤 만에 유명해져버린 연기자이다. 1830년대의 탐욕과 이기심을 적나라하게 드러내는 막캐르라는 캐릭터에 놀란 루이 필립Louis Philippe (재위1830-1848) 치하의 검열관들은 서둘러 공연을 중지시킨다.

독일의 연기자 루드비히 데브린트Ludvig Devrient(1784-1832)도 쿡이나 킨에 못지않은 격렬한 기질의 소유자이며, 연기에도 또한 고전적 규범과는 거리가 먼 거친 스타일의 자유분방함이 있다. 팔스타프나 샤일록에 일가견이 있는 데브린트는 1819년 그의 재능을 인정한 아우구스트 이플란트로부터 베를린 국립극장의 책임을 넘겨받는다. 알코올과 그에 따른 여러 문제에도 불구하고 데브린트는 세상을 떠나기 몇 주 전까지 무대를 떠나지 않았다. 에드먼드 킨이 임종의 자리에서 남겼다는 멋진 말이 전해진다.

"죽기는 쉬워도, 코미디는 어렵다Dying is easy, comedy is hard."

이 정도 내공의 연기자들이 1800년대 전반기의 무대를 땀과 열정으로 수놓는다.

에드먼드 킨의 아들 찰스 킨은 풍채와 음성에서 비극 배우의 자질은 아니었다. 비록 아버지가 갖고 있던 연기자로서 천품은 부족했어도 그는 노력과 감수성으로 연기자의 길을 걷는다. 셰익스피어의 작품들에서 정품성authenticity을 살리려는 그의 노력이 때로는 과장되어 보이기도 하지만, 어쨌든 그는 역사적 고증에 입각한 의상을 입은 맥베스를 무대에 올렸다.

햄릿 역의 찰스 킨

찰스 킨이 셰익스피어를 붙들고 씨름하던 1843년은 악명 높던 공연 허가 제도가 느슨해져 음지에 있던 뒷골목 극장들이 본격적으로 양지로 올라오는 시기이다. 찰스 킨은 1850년 1843년 이전에는 불법 극장이던 프린세스 극장의 경영을 맡아 이후 9년 동안 외관상 화려하고 수준 있어 보이는 셰익스피어의 작품들로 극장을 장식했다. 1866년 세계 순회공연을 마친 찰스 킨은 기력이 다 소진해버린 채 57세의 나이로 눈을 감는다.

샤를롯 커쉬맨, 무대에서 윌리엄 찰스 맥크리디와
에드윈 포레스트를 압도하다

1800년대가 진행되면서 무대는 점점 무대 밖 세상을 닮아간다. 음악가이자 펜싱 선생의 딸로 태어나 18세부터 무대에 선 영국의 여성 연기자 마담 베스트리스Madame Vestris(1797-1856)는 지금까지 영국 무대의 관행이었던 거칠게 그려진 무대 장치가 영 마음에 들지 않았다. 그녀는 1831년 런던의 올림픽 극장을 빌려 본격적으로 자신의 새로운 아이디어들을 실험하기 시작한다.

누구보다도 먼저 그녀는 무대 공간을 가능한 한 현실공간처럼 꾸민다. 그녀가 시도한 무대공간을 지금은 보통 박스 세트라 부른다. 그녀는 문에 실제 문고리를 달고, 필요하면 천장도 설치한다. 이러한 영감의 근원은 탈마였다. 스물 남짓한 나이에 프랑스에 건너갔을 때, 그녀는 코메디 프랑세즈의 무대에서 함께 공연했던 탈마의 모습에서 강한 인상을 받았던 것이다. 탈마가 의상이나 무대 소품들에 얼마나 세심하게 신경을 썼던가!

맥키스나 돈 후앙 같은 정력적인 남성 역할에 정평이 있었던 그녀는 올림픽 극장, 코벤트 가든 극장 그리고 라이시엄Lyceum 극장 등에서 거침없이 자신의 생각을 현실화한다. 그녀가 무대에 올린 셰익스피어의 희극들과 패러디소극burlesque들은 흥행에서 상당한 성공을 거둔다. 그러나 그녀가 무대에 투자한 비용이 너무 엄청나 그녀는 결국 파산한다. 마담 베스트리스는 어느 남자에 못지 않게 대담한 연기자이자, 흥행사였다.

윌리엄 찰스 맥크리디

가정 형편 때문에 연기를 시작한 윌리엄 찰스 맥크리디William Charles Macready(1793-1873)는 1819년 〈리처드 3세〉로 관객들의 주목을 받는다. 이 공연을 본 많은 관객들이 그를 에드먼드 킨과 동급에 놓는다. 맥크리디에게는 개릭이나 킨과 같은 연기자들이 연기하는 순간 발현하는 '섬광' 같은 것은 부족했지만, 그는 깊이 있는 역할 해석과 역할과의 적절한 공감 능력을 통해 무대에서 섬세하면서 균형 잡힌 연기력을 발휘한다. "나는 맥베스이지 않고서는 맥베스를 연기할 수 없다 cannot act Macbeth without being Macbeth"라는 맥크리디의 발언 속에서 현대 연기의 씨앗이 감지된다.

맥크리디의 완벽주의는 하나의 전체로서 공연을 이루는 모든 부분의 완벽을 추구한다. 1837년 코벤트 가든 극장의 책임자가 된 맥크리디는 공연 참가자 모두가 참여하는 리허설을 요구하며, 엄청난 비용의 세트와 배경 막을 주문한다. 그의 이러한 성향은 2년 후 드루리 레인 극장으로 옮길 때에도 마찬가지이다. 그는 경제적 타산 따위는 전혀 자신의 관심 사항이 아니라고 말한다.

맥크리디는 켐블 일가의 뒤를 이어 셰익스피어 작업에 집중한다. 그러나 내향적이면서 포용력이 부족한 맥크리디는 함께 작업에 참여한 동료들과 끊임없이 갈등한다. 그와 작업하며 호된 시련을 거친 연기자 사무엘 펠프스Samuel Phelps(1804-1878)는 1843년 새들러스 웰스Sadler's Wells 극장을 인수해서 젊은 연기자들을 교육시켜가며, 향후 18년 동안 네 편을 제외한 셰익스피어의 전 작품을 무대에 올린다.

1843년은 영국 무대에서 중요한 전기가 되는 해이다. 1737년에 제정된 공연 허가법Licensing Act에 따르면 모든 공연은 왕실 의전장관의 사전 검열을 받아야 하며, 런던에 있는 드루리 레인과 코벤트 가든 두 극장만이 공식적으로 정격 연극 공연을 무대에 올릴 수 있는 허가권을 갖는다. 이 두 극장을 파텐트 극장patent theatre이라 한다. 1788년 공연법Theatrical Representations Act에 의해 지방 공연허가에 있어 치안판사의 권한이 조금 강화되었다가, 1843년 왕실 의전장관의 권한이 대폭 축소되어 파텐트 극장의 무대 독점이 풀어지면서 뮤직홀이나 그 밖의 장소로 연극 공연의 가능성이 확대된다. 이런 배경에서 뒷골목 극장이던 새들러스 웰스 극장이 펠프스에 의해 셰익스피어 극장으로 탈바꿈한다. 하지만 왕실 의전장관의 사전 검열은 1968년 연극법Theatres Act에 의해서 철폐될 때까지 오랜 세월을 기다려야 했다.

에드윈 포레스트

맥크리디와 미국의 연기자 에드윈 포레스트Edwin Forrest(1806-1872) 사이의 갈등은 커다란 재앙을 야기한다. 에드먼드 킨의 미국 투어에서 영향을 받은 에드윈 포레스트는 무대에서 엄청난 에너지를 뿜어내는 연기자이다. 특히 그가 뿜어내는 에너지에서 모두에게 가능성이 열린 젊은 미국을 느낀 미국 전역의 노동 계층 관객들은 〈메타모라Metamora〉에서 인디언 추장이나, 〈글레디에이터The Gladiator〉에서 스파르타쿠스로 분한 그를 전폭적으로 지지한다.

포레스트는 미국 연기자로서는 최초로 유럽의 관객을 사로잡은 연기자이다. 그의 리어왕은 런던 관객들의 얼을 빼 놓는다. 포레스트 자신은 다음과 같이 말한다.

"나는 여러 역들을 연기했다. 그러나 나는 리어이다 played others, but I am Lear!"

맥크리디도 그렇지만 포레스트 또한 남과 쉽게 친해지는 유형이 아니다. 괴력의 소유자인 포레스트는 함께 공연한 여섯 명의 연기자를 공연 중에 모두 무대 밖으로 날려버린 적도 있다. 마침 습격 장면에서 벌어진 일이라 관객들은 아무것도 눈치 채지 못했다. 이런 포레스트와 맥크리디가 서로를 곱게 보지 못할 때 사건이 벌어진다. 1849년 맥크리디의 마지막 미국 투어에서 그가 공연하던 아스터 플레이스 오페라 하우스Astor Place Opera House를 수천 명의 포레스트의 지지자가 치고 들어와 난동을 피우자 출동한 경찰에 의해 20여 명의 사상자가 발생한 사건이 발생한다. 공연 역사에서 최초의 아이돌 전쟁인 셈이다.

미국의 여성 연기자 샤를롯 커쉬맨Charlotte Cushman(1816-1876)은 무대에서의 존재감에서 거의 남성적인 에너지를 발산한다. 동료 여성 연기자들이 새된 소리로 고함만 질러대는 구태의연한 연기를 되풀이할 때, 커쉬맨의 허스키한 목소리는 레이디 맥베스 역에 그 이상 더 적절할 수가 없다. 로미오와 같은 남성 역할도 잘 어울리는 커쉬맨의 여

연기 중인 노년의 샤를롯 커쉬맨

성애적 성향이 빅토리아 시대의 사교계에서도 무리 없이 받아들여진 것으로 보인다. 영국의 연기자 윌리엄 찰스 맥크리디를 만난 그녀는 맥크리디에게서 무대 위에서 자신을 통제하는 법을 깨친다. 맥크리디의 청에 따라 1845년 에드윈 포리스트와 함께 런던 투어에 나선 그녀는 레이디 맥베스로서, 무대에서 자신이 리어였던 포리스트와 자신이 맥베스였던 맥크리디 모두를 압도해버린다.

위풍당당하게 미국으로 돌아온 그녀는 암에 걸린 삶의 마지막 7년 중 6년을 무대 위에서 버틴다. 공연을 마친 그녀를 관객들이 불꽃을 피우며 극장에서 호텔까지 호위하곤 했다. 한번은 호텔 근처에서 누군가의 동상이 불꽃에 모습을 드러내자 커쉬맨은 그 동상이 누구냐고 묻는다. 누군가가 대답한다.

"셰익스피어입니다. 미스 커쉬맨."

파리의 뒷골목,
장-밥티스트 가스파르 드뷔로의 죽음을 애도하다

조셉 그리말디Joseph Grimaldi(1778-1837)는
영국 고유의 판토마임 공연에서 할리퀸 삽
화 부분인 할리퀴네이드harlequinade를 토착
화시킨 연기자이다. 이제 할리퀴네이드에
서 코메디아 델 라르테의 주인공 할리퀸은
찾아보기 힘들고 그 자리에 그리말디가 창
조한 광대 조이Joey가 숨 쉰다.

그리말디의 조이

　춤 선생이었던 아버지로부터 물려받은
그리말디의 놀라운 신체적 능력은 그리말디로 하여금 지금 우리에게
익숙한 하얀 얼굴에 알록달록한 옷을 입은 서커스 광대의 전통을 무
대 위에서 최대로 발현하게 하는 데 일조했다. 그리말디의 몸짓과 대
사 그리고 노래는 관객을 공연에 적극적으로 참여시키는 영국 뮤직홀
전통의 한 중요한 근원이다. 그리말디의 몸 연기는 그 독창성과 난이
도에서 타의 추종을 불허했지만, 말년에 그는 젊은 시절 밤마다 새들
러스 웰스 극장과 코벤트 가든 극장을 오고가며 혹사한 육체의 대가

를 지불하여야 했다.

1825년 새들러스 웰스의 부지배인이 된 그리말디는 거의 몸을 쓸 수 없는 상태에서 1828년 은퇴한다. 은퇴 공연을 묘사한 그림을 보면 그리말디는 무대 중앙에 마련된 의자에 앉아 있는 모습이다. 어릿광대 그리말디가 말이다. 그의 광대 이름 조이Joey는 오늘날까지 영어에서 어릿광대들을 지칭하는 보통명사로 남아 있다.

코메디아 델 라르테에서 비롯된, 하지만 프랑스에 고유한 또 다른 캐릭터는 삐에로Pierrot이다. 헐렁한 하얀 옷에 수심에 찬 하얀 얼굴을 한 삐에로는 이제 온 세상 마임의 필수적인 아이템이다. 프랑스의 무언극 연기자 장-밥티스트 가스파르 드뷔로Jean-Baptiste Gaspard Deburau (1796-1846)는 지금 우리에게 익숙한 삐에로를 창안한다. 드뷔로의 연기적 역량이 삐에로에만 머무는 것은 물론 아니다. 그는 파리의 대중극장들이 모여 있는 거리인 불바르 뒤 텅플Boulevard du Temple에서 공연되는 모든 역할을 소화할 수 있는 연기자이지만, 단 한 가지 제한은 침묵이라는 점이다. 하지만 그에게 이 제한은 한계가 아니다. 1830년 7월 혁명이 야기한 어디로 튈 줄 모르는 소란스러움 속에서 온통 침묵

장 밥티스트 가스파르 드뷔로

장 샤를르 드뷔로

인 그의 무언극mime은 지적인 수준과 상관없이 모든 관객에게 이해받고 사랑받았다.

소위 품위 있는 극장들의 출연 제안을 모두 거절하고 오로지 불바르 뒤 텅플 거리에서 일생을 보낸 그의 장례식에는 파리 뒷골목의 거지, 도둑, 작부, 재봉사들이 모두 모여 그의 죽음을 애도한다. 그의 아들 장 샤를르 드뷔로Jean-Charles Deburau(1829-1873) 또한 아버지의 삐에로를 계승해 무대에서 활동한다. 사실 이탈리아의 코메디아 델 라르테가 유럽 전역에 끼친 영향력은 광범위한 것이다. 이런 맥락에서 조이나 펀취punch 또는 삐에로처럼 각 지역에 고유한 희극적 캐릭터의 전통과 코메디아 델 라르테의 생산적인 결합은 흥미롭다.

카롤린 노이버와 고트세트가 1737년 화형식을 통해 그 통속성과 외설성에 분명한 반감을 표시한 한스부르스트Hanswurst는 1500년대 독일에서 등장한 어릿광대이지만, 코메디아 델 라르테의 영향을 받은 오스트리아의 연기자 요제프 안톤 슈트라니츠키Joseph Anton Stranitzky(1676-1726)에 의해 비엔나의 관객들에게 사랑받는 무대 캐릭터로 새롭게 태어난 바로 그 한스부르스트가 독일어권에서 갖는 대중적 영향력이 워낙 광범위해서, 노이버와 고트세트는 화형식이라는 과격한 방식으로 반응할 수밖에 없었던 것으로 보인다.

안톤 슈트라니츠키의
한스부르스트

에마누엘 쉬카네더Emanuel Schikander(1751-1812)라는 오스트리아의 영향력 있는 연기자이자 흥행사는 1791년 작곡가 모차르트와 함께 〈마술피리Die Zauberflöte〉를 작업할 때, 환상적인 무대효과와 즉발적인 생기발랄함이 넘치는 한스부르스트적 감각으로 버무린 오페라를 비엔나 관객에게 선보였다. 공연은 즉각적인 성공을 거둔다. 특히 쉬카네더가 연기한 파파게노Papageno 역할에는 감출 수 없는 한스부르스트적 생동감이 꿈틀거린다. 이미 희미해져버린 전통이지만, 쉬카네더에게서 슈트라니츠키가 남긴 한스부르스트의 계보를 확인할 수 있다.

미국 흑인 연기자 아이라 알드리지, 영국 런던의 무대에서 아프리칸 로스키우스라 불리다

1700년대 청교도 정신이 지배적인 미국에서 연극을 한다는 것은 대단한 모험이었다. 미국에서 〈오델로〉를 공연할 때 '5막으로 된 윤리 대화극'이란 표제를 붙여할 정도였으니 말이다.

루이스 할램Lewis Hallam(1714 - 1756)은 1752년 가족들과 12명으로 구성된 작은 극단을 이끌고 대서양을 건넌다. 처음 이

아이라 알드리지

들은 버지니아 주 윌리엄스버그Williamsburg에 극장을 세우고 〈베니스의 상인〉 같은 연극을 상연했다.

윌리엄스버그와 필라델피아를 거쳐 1753년 뉴욕에 정착한 할램은 셰익스피어에서 조지 릴로에 이르는 런던 레퍼토리를 미국 관객들에게 소개한다. 물론 〈데이먼과 필리다Damon and Phillida〉 같은 발라드 오페라나 판토마임 광대극들도 극단의 중요한 레퍼토리였다. 할램의 사후, 할램의 부인은 경쟁 극단의 대표였던 데이비드 더글러스David

Douglass와 결혼했으며, 이 두 극단이 합쳐져 아메리칸 컴퍼니American Company 극단을 이룬다.

곧 극단의 스타가 되는 루이스 할램의 아들 루이스 할램 주니어 (1740경-1808)는 1767년 토마스 갓프리Thomas Godfrey라는 이가 쓴 미국 최초의 미국산 연극 〈파티아의 왕자The Prince of Parthia〉를 무대에 올린 다. 할램 주니어는 연극을 윤리 강연이라 소개하는 방식으로 미국 독 립전쟁 기간 중에 만들어진 반연극법anti-theatre laws에 대응한다.

이후 별 다른 미국적 특색 없이 지지부진하던 뉴욕의 공연계에 윌 리엄 알렉산더 브라운William Alexander Brown과 제임스 휴리트James Hewlett란 두 인물이 1821년 아프리칸 글로브African Glove 극장을 세운 다. 이 극장에서 흑인 연기자들이 코믹 막간극entr'acte과 함께 셰익스 피어의 작품들을 공연한다. 제임스 휴리트는 기록에 남아 있는 최초 의 흑인 오델로이다. 아프리칸 글로브 극장은 몇 년을 버티지 못하고 결국 백인들의 등쌀에 문을 닫았다. 그 당시 이 극장에서 로미오와 햄 릿 역을 연기한 아이라 알드리지Ira Aldridge(1807-67)는 열일곱 살의 나 이에 영국으로 이민을 떠난다.

흑인 연기자에게서 별 다른 즐거움을 기대하지 않던 런던의 관객들 에게 알드리지는 뜻밖의 연기력을 선보인다. 미국 노예제도 폐지와 관련된 문제는 영국에서도 흥미 있는 이슈여서 애프라 벤의 소설을 토마스 서던이 각색한 〈오루노코Oroonoko〉에서 알드리지가 연기한 자 유를 꿈꾸는 흑인 노예 역은 시기적절한 것이기도 하다.

일단 1825년 런던 데뷔를 성공적으로 치른 알드리지는 25년 동안 지방을 순회하며 연기력을 가다듬는다. 1848년 런던 공연에서 인종 차별적 성향이 강한 비평가들까지 자기편으로 만드는 데 성공한 알드리지는 다섯 차례에 걸쳐 유럽 순회공연을 떠난다. 가는 곳마다 커다란 반향을 불러일으키고 제후들이나 예술가들의 찬사를 한 몸에 받았던 알드리지는 러시아 상트페테르부르크에서 리어 왕을 연기했는데, 이 공연에서 얼굴을 하얗게 분장한 알드리지는 양손만은 까맣게 남겨둔다. 아프리칸 로스키우스African Roscius라 불린 알드리지는 스트래트포드-어펀-애이븐Stratford-upon-Avon에 있는 셰익스피어 기념관에 소장된 33인의 동판 인물 중 유일한 흑인이다.

알드리지의 연기가 얼마나 실감났는지를 말해주는 일화가 있다. 오델로를 연기하던 그가 부인 데스데모나의 목을 조르려 할 때 객석에서 한 관객이 무대 위로 뛰어올라가 사실은 데스데모나가 결백하다고 오델로를 설득하려 한 것이다. 명성의 절정에서 선 유럽에서 이제 그만 고향으로 돌아가려고 알드리지가 결심한 얼마 뒤 그는 그만 병에 걸려 세상을 떠난다.

토마스 다트마우스 라이스Thomas Dartmouth Rice(1808-1860)는 짐 크로우 라이스Jim Crow Rice란 이름으로 흑인을 연기한 백인이다. 짐 크로우 라이스는 얼굴과 손을 까맣게 칠하고 흑인들 특유의 몸짓으로 춤을 추며 백인들의 노래를 부른다. 처음 오하이오 강을 따라 변경 마을에서 시작한 그의 인기는 뉴욕을 거쳐 1836년에는 영국에 까지 이른다. 뉴욕 바우어리 극장Bowery Theatre에서 〈리처드 3세〉의 공연 막간에 등장한 짐 크로우 라이스는 스무 차례나 앙코르를 받는다.

짐 크로우 라이스의 공연은 곧 민스트럴 쇼Minstrel Show로 발전한다. 1837년 미국의 투기열풍이 빚은 경제 위기에서 모든 공연이 위축되었을 때, 그나마 수지를 맞추는 공연은 콘서트 쇼 정도라 할까? 1843년 네 명의 백인으로 구성된 버지니아 민스트럴즈가 등장한다. 이제

짐 크로우로 분장한
토마스 다트마우스 라이스

유랑가수를 의미하는 민스트럴에 미국에서 흑인 분장을 한 백인들의 쇼라는 의미가 추가된다. 그리고 다양한 농담, 노래, 춤, 꽁트 그리고 지금으로 하면 스탠드 업 코믹stand - up comic에 해당하는 스텀프 스피치stump speech 등으로 구성된 민스트럴 쇼의 전형이 윤곽을 잡는다. 이러한 전형은 에드윈 피어스 크리스티Edwin Pearce Christy (1815-1862)가 중심이 된 크리스티스 민스트럴즈Christy's Minstrels에 의해 3막 형식으로 완성된다. 민스트럴 쇼와 악보산업의 밀접한 관계는 크리스티를 위해 곡을 쓴 작곡가 스티븐 포스터Stephen Foster(1826 -1864)의 경우에서처럼 미학적으로 생산적인 결과를 창출하기도 한다. 포스터에게 경제적으로 생산적이라 할수는 없어도 말이다. 스티븐 포스터는 젊은 날 흑인 분장으로 노래하곤 한 서커스 광대 댄 라이스Dan Rice(1823-1900)에게 커다란 영감을 받는다. 실제로 포스터와 남부 흑인들의 삶과는 아무런 관계가 없다. 포스터 자신 자신의 삶에서 딱 한 번 신혼여행으로 남부를 방문했을 뿐이다.

민스트럴 쇼는 미국에서 흑인에 대한 백인의 시각을 다각도로 반영한다. 흑인을 웃음거리로 만드는 측면과, 하나의 고유한 존재로서 흑인에 대한 포용적 측면이 미묘하게 얽혀 있다. 경우에 따라 민스트럴 쇼가 사회적 약자로서 흑인과 백인 노동 계층의 화합을 암시하기도 하지만, 대개의 경우는 인종차별적 시각이 지배적이라 할 수 있다. 심지어는 흑인들로 구성된 민스트럴 쇼도 등장했는데, 이런 경우에도 흑인들은 얼굴에 흑인 분장을 덧붙였다.

미국에서 민스트럴 쇼의 영향력은 1927년 최초의 유성영화 〈재즈 싱어The Jazz Singer〉가 만들어질 때 현장의 사운드로 연기자 알 졸슨Al Jolson(1886-1950)의 민스트럴 공연을 선택한 것으로 짐작할 수 있다.

보카쥬, 2월 혁명의 중심에 서다

보카쥬

빅토르 위고의 〈에르나니Hernani〉가 코메디 프랑세즈에서 초연된 것이 1830년 2월이다. 〈에르나니〉의 서문에서 위고는 다음과 같이 썼다.

> "신의 목소리와 유사한 민중의 높고 강력한 목소리는 이제부터 시가 관용과 자유라는 정치적 표어와 같은 표어를 갖기를 요구한다."

그러나 7월 혁명 이후 프랑스 낭만주의는 여전히 관용과 자유를 향한 어지러운 투쟁의 소용돌이 한복판에서 몸부림친다.

어쨌든 '민중의 목소리'라는 프랑스 낭만주의 작가들의 이상을 구현한 여성 연기자라면 마리 - 토마스 도르발Marie - Thomas Dorval(1798 - 1849)을 꼽을 수 있다. 삶과 무대에서 열정적이었던 그녀를 시인 테오필 고

티에Théophile Gautier(1811-1872)는 "모든 여성성
이 한 여성에 의해 실체화한 자연 그 자체"라
고 묘사한다. 도르발은 시인이자 소설가이고
극작가인 알프레드 드 비니Alfred de Vigny(1797-
1863)의 정부이다. 비니는 셰익스피어를 번역
해 무대에서 '손수건'이란 단어가 발화된 것을
들어본 적이 없는 프랑스의 관객들에게 소개
한다. 거기에다 그 감성 표현의 자연스러움과
자유로움이라니!

마리 토마스 도르발

　도르발은 1835년 젊은 영국 시인 토마스 채터튼Thomas Chatterton
(1752-1770)의 삶을 다룬 비니의 〈채터튼〉에서 실제 계단에서 굴러 떨
어지는 연기를 감행해 관객들을 경악시킨다. 비니가 도르발을 염두에
두고 쓴 이 작품은 대성공을 거두었다. 도르발에게 코메디 프랑세즈
는 너무 제한적이었다. 코메디 프랑세즈와 콩세르바투와르Conser-
vatoire의 모든 규정을 조금도 개의치 않는 도르발은 치마를 무릎까지
치켜 올려도 아무렇지도 않은 대중 극장의 무대에 서는 것을 더 좋아
한다. 도르발과 헤어진 후 비니는 더 이상 무대를 위한 작품을 쓰지 못
한다.

　코메디 프랑세즈의 폭군 마드모아젤 마흐스Mlle Mars(1779-1847)는 몰
리에르나 마리보Pierre de Marivaux(1688-1763)의 희극들을 효과적으로 소
화하지만, 결국 낭만주의적 경향으로의 변화에 적응하는 데는 실패한
다. 반면에 나폴레옹과 러시아의 황제를 연인으로 둔 격렬한 기질의
마드모아젤 조르쥬Mlle Goerge(1787-1867)는 코메디 프랑세즈와의 불화
속에서 적절하게 낭만주의적 경향을 자기 것으로 하는 데 성공한다.

데자제

하지만 나이의 변화에 적응하는 데에는 시대의 변화만큼 성공하지 못한다. 연기자로서 말년의 그녀는 관객의 기억에서 사라진다.

도르발과 같은 시기에 폴린-비르지니 데자제Pauline-Virginie Déjazet(1798-1875)는 보드빌과 뮤지컬 코미디의 여성 스타이다. 남성 역할에도 일가견이 있는 데자제는 특히 심술궂게 틱틱대는 여성 역이 일품이다. 아예 그런 역할을 그녀의 이름을 따라 '데자제'라 부른다.

1859년 팔레 루와얄에서 거둔 커다란 성공 후, 그녀는 자신의 극장인 데자제 극장Théâtre Déjazet을 세운다. 이 극장은 불바르 뒤 텅플boule-vard du Temple의 대중 극장 중 지금까지 남아 있는 유일한 극장이다. 아들이 지배인이던 이 극장에서 데자제는 말년까지 작업을 계속한다.

뒤마 필스Alexandre Duma fils가 데자제에게 자신의 작품 〈춘희La Dame aux Camélias〉의 주인공 역을 의뢰했을 때, 데자제는 그 의뢰를 거절하며 다음과 같이 말한다.

"이 작품은 성공하겠네요. 단 두 가지 조건이 충족된다면 말이지요. 우선 혁명이 필요하구요, 그 다음엔 절대로 내가 출연하지 않아야지요"

결국 그녀가 옳았다. 뒤마 피스는 1848년 소설로 〈춘희〉를 발표하고, 무대화는 1852년에 이루어진다. 〈춘희〉는 무대에서 대성공을 거두었다. 데자제는 국립박물관에서 동료 연기자 보카쥬의 유품을 경매

할 때 그가 알렉상드르 뒤마의 〈앙토니Anthony〉에서 사용한 단검을 가장 값진 보물로 구한다.

프랑스 낭만주의를 온 몸으로 살아낸 연기자 보카쥬Bocage(1797-1863)는 가난한 노동자의 아들로 태어났다. 직물 노동자의 삶에 만족할 수 없었던 보카쥬는 연기에 뜻을 두고 콩세르바투와르에 들어가지만 수업료를 내기가 힘들어 지방 극단을 전전한다. 매력적인 외모와 음성, 그리고 날카로운 지성까지 겸비한 그는 점차로 낭만주의 연극의 중심 연기자로 성장한다. 그의 탁월한 연기는 뒤마 페르Dumas père, 위고, 조르쥬 상드George Sand와 같은 작가들의 작품이 대중적을 성공을 거두는 데 기여한다. 그는 조르쥬 상드의 숱한 연인들 중 한 명이기도 하다. 연기자로서 보카쥬의 가장 큰 성공은 뒤마 페르가 1832년 프레데릭 게이야데Frédéric Gaillardet의 작품을 개작한 〈네슬르의 탑La Tour de Nesle〉에서 부리다노Buridano의 역할이다.

코메디 프랑세즈의 단원이던 보카쥬는 1845년 오데옹 극장Théâtre de l'Odéon의 극장장이 된다. 1848년 2월 혁명이 발발하자 그는 일련의 급진적 연극들을 무대에 올림으로써 극장을 반정부 프로파간다의 요새로 삼았다. 그러나 혁명은 실패로 끝나고 그는 극장장의 지위에서 쫓겨나 시정의 이런저런 극장들을 전전하다 병과 빈곤 속에 세상을 떠난다.

배반을 일삼는 혁명의 시대에 어쨌거나 삶과 정면으로 박치기를 마다치 않은 보카쥬의 본명은 피에르-마르티니엉 투세Pierre-Martinien Tousez이다.

요한 네포무크 네스트로이,
드디어 작업복을 벗고 신사복을 입다

오스트리아 사람이라면 거의 모르는 사람이 없는 페르디난트 라이문
트Ferdinand Raimund(1790-1836)와 네스트로이는 1800년대에 활약한 오
스트리아의 극작가이자 희극 연기자이다. 친근한 비엔나 사투리로 비
엔나 관객들의 마음을 사로잡은 두 연기자에게 비엔나의 오스트리아
인들은 특별한 애정을 품는다.

라이문트의 얼굴은 유로화 이전 오스트리아 50실링 화폐에 찍혀 있
으며, 매년 최우수 독일어 연극에 주는 '네스트로이 상'은 오스트리아 비
엔나에서 주관하는 상으로서 네스트로이에게서 그 이름이 유래되었다.

어려운 환경에서 태어나 유랑극단에서 연극을 시작한 라이문트는
원래 비극에 뜻을 두었지만 발성과 외모에서 그 뜻을 이루지 못한다.
배움도 배경도 없었던 라이문트는 자신의 진정한 재능이 희극에 있다
는 것을 알아차린다. 그러나 그저 가벼운 기분전환으로서의 희극에
만족하지 못한 라이문트는 희극에 인간적인 깊이를 부여하고자 시도
함으로써 민중 희극의 지평을 넓힌다. 비엔나의 민중극장Volkstheater에
서 불기 시작한 라이문트 선풍은 점차 상류계층의 온상인 비엔나 궁

50실링 화폐 속의 라이문트

정극장Burgtheater까지 사로잡는다.

18세기가 저물 무렵 유행하기 시작한 마법이나 요정이 등장하는 환상적인 이야기에 춤과 노래, 그리고 특수효과들이 어우러진 라이문트의 공연은 1820년대 중엽 나폴레옹의 공세 이후 경제적으로 어려워진 비엔나 관객들의 시름을 달래준다. 초월적 환상과 현실적 풍자가 교묘하게 어우러진 라이문트의 작품들은 이 시기 비엔나 중산층 문화의 한 특징인 비더마이어 양식Biedermeier style과도 궤를 같이 한다. 그러나 1820년에 결혼한 라이문트의 개인적 삶은 그다지 행복했던 것 같지 않다. 아내와 정부 사이에서 안정을 찾지 못하던 라이문트는 안타깝게도 1836년 미친 개에게 물린 정신적 스트레스를 견디지 못하고 스스로 삶을 마감해버린다. 그가 남긴 작품들 중 〈정령왕의 다이아몬드 Der Diamant des Geisterkönigs〉, 〈알프스 왕과 염세주의자Der Alpenkönig und der Menschenfeind〉, 〈백만장자가 된 농부Das Mädchen aus der Feenwelt oder Der Bauer als Millionär〉, 〈낭비가Der Verschwender〉 등은 지금도 공연된다.

오스트리아의 극작가이자 연기자인 요한 네포무크 네스트로이 Johann Nepomuk Nestroy(1801-1862)는 라이문트의 정신을 이어받아 비엔나 사투리로 거침없는 희극 무대를 구현한다. 하지만 라이문트의 아직 순수한 동화적 세계와 비교할 때 네스트로이의 세계는 거친 풍자와 독설의 세계이다. 종종 셰익스피어와 비교되곤 하는 네스트로이의 절묘한 언어 구사의 능력은 억압적인 클레멘스 메테르니히Klemens Wenzel von Metternich(1773-1859) 체제의 검열을 피해간다. 말장난Wortspiel이나 언어유희Sprachspiel를 적절하게 구사하며 전개하는 이러한 풍자 능력 때문에 그는 때로는 '오스트리아의 몰리에르'라거나 '비엔나의 아리스토파네스' 등으로 불리기도 한다.

오페라에서 베이스 가수로 활약할 때부터 대본에 없는 즉흥적 코믹 연기로 악명 높던 네스트로이는 자신의 희곡이 공연될 때 연기자로 참여하면서 모나고 음영 짙은 역할을 생생하게 연기한다. "나는 모든 인간의 내면에서 최악의 존재를 본다. 나 자신도 물론이다. 그로 인해 우리 모두 낙담할 필요는 전혀 없다"는 경구를 남기고 있는 그이지만, 실제 삶에서 네스트로이는 심지어는 부인이 세상을 떠난 우울한 상황에서조차도 삶에 대한 따뜻한 시선을 놓지 않았다. 20대에 십여 년 동안 오페라에서 활동하다 1833년에 발표한 〈룸펜 방랑자Lumpacivagabundus〉로 커다란 성공을 거둔 네스트로이는 곧 비엔나 사람들에게서 라이문트의 후계자로 인정받는다. 고정된 틀을 깨는 연극적 감각과 비엔나 중산층의 속물근성에 대한 대담한 풍자 너머에서 네스트로이의 타고난 음악적 서정성이 그의 작품에 격조를 부여한다. 특히 기회가 올 때마다 그가 무대에서 거침없이 불러 젖히는 노래는 일품이었던 것으로 보인다.

80여 편에 달하는 네스트로이의 작품 중 〈1층과 2층Zu ebener Erde und erster Stock oder Die Launen des Glücks〉, 〈부적Der Talismann〉, 〈소음에 불어

온 자유의 바람Freiheit in Krähwinkel〉 등이 자
주 공연된다. 그의 작품 〈농담Einen Jux will er
sich machen〉은 손턴 와일더Thornton Wilder의
번역으로 〈중매장이The Matchmaker〉가 되어
뮤지컬 〈헬로 돌리!〉로 제작된다. 이 작품은
다시 스티븐 플레이스Stephen Plaice가 번역
하고 톰 스토파드가 손을 본 〈야단법석On
the Razzle〉이 되어 무대에 올랐다.

비엔나 네스트로이 광장에 있는
네스트로이 기념상

　기록에 따르면, 연기자로서 대단한 활동
가였던 네스트로이가 무대에서 맡은 배역들은 모두 879개에 달하는
서로 다른 역할들이었다고 한다. 그가 연기한 역할들은 거의 예외 없
이 보통 독일어권에서는 '포세Posse'라 부르는 비엔나의 민중적 통속희
극 전통의 풍자소극이었다.

　네스트로이가 이렇게 다채로운 역할들을 연기할 수 있게 판을 만들
어준 사람은 이름도 씩씩한 칼 칼Karl Carl이다. 칼은 1831년 비엔나 강
변극장Theater an der Wien에서 네스트로이와 인연을 맺은 이래, 1838년
레오폴트 슈타트 극장das Leopoldstädter Theater과 1847년 이 극장을 다
시 꾸민 칼 극장Carl Theater에 이르기까지 긴 세월 네스트로이의 충실
한 후원자였다. 1854년 칼이 세상을 떠난 뒤 네스트로이는 1860년 은
퇴할 때까지 이 극장의 책임을 맡는다.

　네스트로이의 삶에서 1830년에서 1848년 사이는 유럽이 30년과
48년 두 차례의 혁명으로 소용돌이치던 시기이다. 1848년 오스트리
아 비엔나의 3월 혁명 이후, 이제 유럽은 중산층 시민계급을 중심으로
한 가치관과 세계관이 지배하는, 문화사적 맥락에서 보통 근대라 부

알렉산더 기라르디

르는 시기로 접어든다. 1854년 칼 극장의 책임을 맡게 된 네스트로이는 평소에 즐겨 입던 허름한 작업복을 벗어버리고 깨끗하고 세련된 신사복을 입는다.

희극에서 라이문트와 네스트로이의 정신을 이어받은 알렉산더 기라르디Alexander Girardi(1850-1918)는 오스트리아의 사랑받는 성악가이자 연기자이다. 그는 1차 대전 전까지 비엔나 오페레타의 활기를 대하는 연기자이다. 대체로 오페레타는 1700년대 이탈리아의 오페라 부파opera buffa나 프랑스의 오페라 코미크opéra comique의 전통에서 프러시아 출신의 음악가 자크 오펜바흐Jacques Offenbach(1819-1880)가 1855년 자신이 세운 부프 파리지앵 극장Théâtre des Bouffes-Parisiens에서 작업한 일련의 작품들을 준거점으로 삼는다.

나폴레옹 3세 치하 프랑스 제2제정기의 흥청망청한 문화적 대기권과 맞물려 오펜바흐의 오페레타는 바리에테 극장Théâtre des Variétés을 거점으로 급유행의 물살을 타는데, 이 물살은 비엔나의 요한 슈트라우스 2세Johann Strauss, Jr(1825-1899)나 프란츠 레하르Franz Lehár(1870-1948), 또는 영국의 길버트W.S. Gilbert(1836-1911)와 설리번A. Sullivan(1842-1900)의 작품들로 전개된다.

알렉산더 기라르디가 공연 때마다 즐겨 쓰고 나온 납작하고 챙이 넓은 농부 모자를 '기라르디후트Girardihut'라고 부르는데, 그를 기리는 알렉산더 기라르디 국제 성악 콩쿠르가 독일의 코부르크Coburg에서 매년 열린다.

에르네스토 로시, 파리를 정복하다

에르네스토 로시

1800년대는 예술사적 견지에서 일련의 굵직한 사조들이 충돌하는 흥미 있는 시대로, 중기 무렵에는 그 흐름이 대체로 예술사에서 사실주의라 부르는 경향 쪽으로 가닥을 잡아간다.

연기의 역사에서 사실주의란 것이 사실 애매한 구분이긴 하지만, 지나치게 경직된 전통적 고전주의나 지나치게 과장된 급진적 낭만주의와는 구별되는, 좀 더 일상 삶에 가까운 발성과 몸짓이라는 점에서 확실히 1800년대 중엽은 옛것과 새것이 겹쳐지는 생산적인 과도기적 시대라 정리할 수 있다.

이탈리아의 평범한 중류가정에서 태어나 10세의 나이에 아동극단에서 연기를 시작한 에르네스토 로시Ernesto Rossi(1827-1896)는 18세 때 우연히 고향 리보르노Livorno 극장에서 한 연기자의 대역으로 무대에 서면서 연기자의 삶을 시작한다. 그러던 중 로시는 이탈리아 독립운동의 투사이자 연기자인 구스타보 모데나Gustavo Modena(1803-1861)의 눈에 든다. 모데나는 1800년대 중엽 아델라이데 리스토리Adelaide Ristori(1822-1906)나 톰마소 살비니Tommaso Salvini(1829-1915)가 포함된 이탈리아의 새로운 연기 세대를 키워낸 뛰어난 스승이기도 하다.

모데나에 의해 연기에 눈을 뜬 로시는 1852년 리스토리가 이끌던 캄파니아 레알레 사르다La Compagnia Reale Sarda에 소속되어 연기자로서 본격적인 출사표를 던진다. 이탈리아와 프랑스 순회공연에 나선 그는 1855년 동료 리스토리와 함께 폭풍이 몰아치듯 단숨에 파리의 관객들을 정복한다.

희곡 창작에도 일가견을 보인 로시는 리스토리를 주인공으로 한 〈아델레Adele〉란 작품을 썼으며, 당연히 초연에서 리스토리가 타이틀 롤을 맡는다. 그러나 두 연기자 사이에 견해 차이가 불거지면서 로시는 리스토리의 극단을 떠난다.

리스토리와 헤어진 로시는 프랑스나 러시아는 물론이고 루마니아에서 남아메리카에 이르기까지 세계 구석구석을 돌며 셰익스피어의 유명한 캐릭터들을 연기한다. 비록 이탈리아어를 알아듣지 못하는 관객이라도 그가 연기하는 햄릿Amleto의 영혼에 반응한다. 그의 개성적인 셰익스피어 해석에 상트페테르부르크에서 샌프란시스코의 관객까지 모두 열광한다. 물론 단 한 곳 영국의 비평가들은 고개를 절레절레 내젓지만 말이다.

에르네스토 로시와 함께 파리의 관객들을 사로잡은 이탈리아 여성 연기자 아델라이데 리스토리는 연극 집안에서 태어나, 태어난 지 세 달 만에 바구니에 담겨 무대에 데뷔한다. 감성으로 역할을 이해하는 탁월한 능력으로 그녀는 나이 열아홉에 이탈리아의 대표적인 극단 캄

파니아 레알레 사르다 극단의 중심 연기자
가 된다. 그녀의 장엄하고 기품 있는 풍채
는 셰익스피어의 레이디 맥베스나 실러의
마리아 스투아르트에 적격이며, 그녀의 강
력하고 열정적인 연기가 뿜어내는 에너지
는 관객을 압도하듯 사로잡았다. 그녀는
카프라니카 남작Marchese Capranica del Grillo
과 결혼한 후 1851년 무대를 떠났다가 그

라셸

다음 해 다시 돌아와, 1855년 에르네스토 로시와 함께 비토리오 알피
에리Vittorio Alfieri(1749-1803)의 〈미라Mirra〉로 파리의 관객들을 열광시킨
다. 그 열광이 얼마나 대단했던지 파리의 관객들은 두 그룹으로 나뉘어
서로 다투기에까지 이른다. 한 그룹은 리스토리를 지지하는 그룹이고
다른 그룹은 그 당시 코메디 프랑세즈의 여왕 라셸Rachel(1821-1858)을
지지하는 그룹이었다.

라셸은 가난한 유태인 집안의 아이로 태어나 생계를 위해 거리에서
노래를 부르며 자랐다. 생톨레르Saint Aulaire 연기학교에서 공부하고 콩
세르바투와르를 거쳐 코메디 프랑세즈에 입단하지만, 별로 희망이 보
이지 않자 열다섯의 나이에 그만둬버리고 파리의 작은 극장 짐나즈
Gymnase에서 멜로드라마에 출연한다.

1838년 탈마의 제자였던 연기자 요셉 이시도르 상송Joseph Isidore
Samson의 눈에 띄어 다시 코메디 프랑세즈로 돌아간 라셸은, 감정이
흘러넘치는 낭만주의적 경향의 파리 무대에 신고전주의의 절제된 단
순성을 가져온다. 작은 몸집의 이 어린 연기자가 무대에서 발휘하는
존재감의 무게가 워낙 특별해, 파리의 관객들은 그녀를 보기 위해 코

메디 프랑세즈로 밀려든다. 그녀는 나폴레옹의 아들이나 조카, 나폴레옹 3세 등 유명 인사들을 정부로 두었지만 결혼은 하지 않았다.

라셸은 고전주의와 낭만주의의 대립이 불꽃을 튀기는 시기의 한복판을 통과한다. 고전주의와 낭만주의의 대립은 곧 전통과 혁명 사이의 대립이기도 하다. 라셸은 후에 낭만주의적 경향의 작품에 손을 대기도 했지만 성공한 작품은 스크리브Eugène Scribe(1791-1861)와 르구베 Ernest Legouvé(1807-1903)가 실제 연기자의 삶에서 취재하여 공동으로 작업한, 〈아드리엔느 르쿠브뢰르Adrienne Lecouvreur〉 한 편뿐이었다.

〈아드리엔느 르쿠브뢰르〉는 리스토리에게도 득의의 배역이었다. 〈로미오와 줄리엣〉의 줄리엣과 함께 이탈리아에서 그녀의 출세 배역이기도 했으니까 말이다. 어떤 의미에서 전성기에 탈마의 재현으로 칭송을 받았던 라셸은 1800년대 중엽 이탈리아 연기자들의 파리 상륙에 맞선 프랑스 연기의 보루였다. 결국 라셸은 리스토리의 등장으로 지지층을 많이 상실하고 미국으로 순회공연을 떠난다. 하지만 미국에서 결핵이 심해진 상태로 돌아와 그녀의 짧지만 집중적인 삶을 마감한다. 그녀의 형제와 자매가 모두 연기자였다.

아델라이데 리스토리

아델라이데 리스토리의 극단에는 톰마소 살비니Tommaso Salvini(1829-1915)라는 뛰어난 연기자가 있었다. 밀라노에서 연기자의 아들로 태어나 14세에 첫 무대에 선 그는 1847년에 리스토리의 극단에 합류한다. 살비니는 매력적인 외모와 듣기 좋은 풍부한 성량의 음성으로 이탈리아뿐만 아니라 전 세계의 관객을 사로잡는다. 1875년 런던의 비평가 클리멘트 스코트Clement Scott는 그가 "급류 같고, 폭풍 같으며, 하나의 거대한 산과 같다"라고 쓴다. 살비니 자신도 스스로의 연기적 역량에 커다란 자부심을 갖고 있었다. "나는 무대에서 메뉴만 읽어도 관객을 흐느끼게 할 수 있다"는 그의 말은 전설처럼 회자된다.

톰마소 살비니

살비니의 〈오델로〉는 특히 정평이 있는데, 1882년 모스크바에서 그의 오델로를 직접 경험한 젊은 스타니슬라프스키에게 그것은 하나의 커다란 사건이었던 모양이다. 당시로서는 아주 특별했던 살비니의 연기에 대한 사실주의적 접근은 스타니슬라프스키의 연기관에 중요한 단초를 이룬다. 마지막 순간에 가서야 이아고에 의해 데스데모나에 대한 자신의 의혹을 확신하게 되는 오델로는 찰나적인 순간에 번득이는 섬광처럼 격정을 토해낸다. 이 순간 살비니의 연기는 소름이 끼칠 정도였다고 기록은 전한다.

1886년 살비니가 미국에서 〈오델로〉를 공연할 때 이아고 역을 연기한 연기자가 에드윈 부스Edwin Booth(1833-1893)이다. 1857년 에드윈 포리스트의 후계자로 지목받으며 뉴욕의 무대에 떠들썩하게 등장한 에드윈 부스는 전 세대 연기자 포리스트와는 대조적인 연기자이다. 포리스트가 웅변조의 연기라면 부스는 치밀하면서 꽉 짜인 연기자이다. 이제 질러대는 연기가 난무하던 미국의 무대에 비로소 절제deco-rum의 미덕이 자리를 잡는다. 거대한 레이디 맥베스인 샤를롯 커쉬맨이 아무리 그에게 맥베스가 바우어리 거리에서 건들거리는 모든 부랑자의 할아버지라는 자신의 입장을 주입시키려 해봐도 별 소용이 없

에드윈 부스

다. 맥베스는 그렇다 해도, 창백한 에드윈 부스의 햄릿은 19세기 최고의 햄릿 중 하나이다.

　에드윈 부스는 아버지와 형제들이 모두 연기자인 연기자 집안 출신이다. 모두 재능 있는 연기자들이었지만, 1865년 공연을 관람하던 링컨 대통령이 그의 동생 존 윌크스 부스John Wilkes Booth(1839-1865)에 의해 살해되는 사건이 발생한다. 이 사건으로 인해 에드윈 부스는 평생 온갖 테러에 시달렸다.

　삶의 우여곡절 속에서도 연기에 대한 부스의 예민하고 사려 깊은 접근은 미국 연기의 수준을 한 차원 격상시키는 데 일조한다. 시간이 갈수록 에드윈 부스의 연기에는 삶과 인간성의 어두움과 끔찍함에 대한 영적이라 할 수 있는 정신적 차원의 깊이가 배어든다.

10 1833년

아우구스트 린드베리,
입센의 〈유령〉 초연 무대에 서다

1850년경부터 극작을 시작한 노르웨이의 극작가 입센Henrik Ibsen (1828-1906)이 1879년 발표한 〈인형의 집Et Dukkehjem〉은 하나의 사건이다.

사실 1867년의 작품 〈페르 귄트Peer Gynt〉의 경우에도 분명한 것처럼 입센의 작품 세계에는 상징주의적이라 할 만한 독특한 풍취가 스며 있기도 하지만, 어쨌든 별 이견 없이 사람들은 그를 근대 사실주의 연극의 창시자라 부른다. 입센의 사실주의 연극 이전에도 연기사적 측면에서 사실주의적 스타일을 지향하는 하나의 경향이 '현재진행형'이었다. 이런 의미에서 입센은 연기 스타일에 있어 1800년대를 관통하는 이런 경향에 하나의 응결점이라 할 수 있다.

1865년 영국의 젊은 연기자 스콰이어 밴크로프트Squire Bancroft (1841-1926)는 단조로운 무대를 벗어나 좀 더 의미 있는 연기를 열망하는 매리 윌튼Marie Wilton(1839-1921)을 만난다. 의기가 투합한 둘은 멜로드라마가 전문이던 '스칼라 극장Scala Theatre'을 빌렸다. 둘은 '먼지구덩이Dusthole'라는 별칭으로 불리던 이 극장을 쾌적하게 개조해 황태자 극

스콰이어 밴크로프트

장The Prince of Wales's이라 이름 붙인다. 그리고 둘은 부부가 된다.

밴크로프트 부부는 실패한 연기자이자 별 볼 일 없던 멜로드라마 작가 토마스 윌리엄 로버트슨Thomas William Robertson(1829-1871)에게서 감춰진 능력을 본다. 이 세 사람은 조용히 빅토리아 여왕 시대의 영국 관객의 취향을 변화시킨다. 이제 관객은 처음으로 무대에서 차를 마신다든지, 푸딩을 만드는 등의 일상적인 행위를 본다. 연기자들도 이웃에서 볼 법한 사람들이며, 대사도 거리에서 들을 법한 말들이다. 연기자들은 별 대수롭지 않은 듯싶은 대사를 통해 역할의 성격을 드러낸다. 일부 비평가들은 그들의 작업을 경멸조로 '거실 코미디drawing-room comedy'라거나 '컵과 컵받침 드라마cup and saucer drama'라 부른다. 그러나 조지 버나드 쇼George Bernard Shaw(1856-1950)나 윌리엄 슈벤크 길버트William Schwenk Gilbert(1836-1911) 같은 극작가들에게 이들의 작업은 새로운 시대의 태동을 알리는 천둥소리와 같았다. 연기와 연극에 조용한 혁명이 시작된 것이다.

〈사회〉, 〈계급Caste〉, 〈학교〉 등과 같은 로버트슨의 희곡들에는, 사회가 사람들의 행태에 미치는 영향들에 대한 사실주의적 문제의식이 엿보인다. 이는 프랑스의 오지에Augier나 뒤마 피스Dumas fils가 했던 시도들과 비슷한 성격의 것이다. 로버트슨의 열정과 헌신에 매혹된 밴크로프트 부부는 그에게 무대를 통제할 절대적인 권한을 준다. 로버트슨은 개개 연기자 중심의 산만한 진행에서 연기자들에게 작품 전체의 일관된 방향을 제시하고 연기자들의 자기중심적 몸짓들을 제한한

298

다. 이제 이러한 작업을 통해 앙상블과 같은 근대적인 무대 연출 개념이 자리 잡기 시작한다. 로버트슨의 무대 작업은 쇼나 길버트의 작업에도 커다란 영향을 미친다.

밴크로프트 부부는 경쟁 극장이던 헤이마켓 극장Haymarket Theatre을 사들여 긴 나무의자들이 놓여 있던 무대 앞 피트를 쾌적한 쿠션과 융단이 깔린 공간으로 탈바꿈

아우구스트 린드베리

시킨다. 이렇게 피트pit가 스톨stall이라는 새로운 이름을 얻는다. 로버트슨은 젊은 나이에 세상을 떠나고, 밴크로프트 부부는 40대의 이른 나이에 은퇴한다.

스콰이어 밴크로프트가 로버트슨을 만났다면 스웨덴의 연기자 아우구스트 린드베리August Lindberg(1846-1916)는 노르웨이의 극작가 입센을 만난다. 1846년 묘지지기의 아들로 태어난 아우구스트 린드베리는 여러 형제들과 함께 빈곤한 환경에서 자란다. 어린 나이에 홀로 스톡홀름에 올라온 그는 식당에서 급사를 하다가 어느 날 저녁 극장에서 〈한여름 밤의 꿈〉을 본다. 이 경험은 그의 삶을 통째로 변화시킨다.

일 년 동안 열심히 돈을 모은 린드베리는 1865년 스톡홀름 왕립극단의 연기학교Kungliga teaterns elevskola에 들어가, 다음 해 연기학교를 마치고 지방 극단을 전전하다 1871년 스톡홀름에 돌아와 보통 드라마텐Dramaten이라 불리는 스웨덴 왕립극단Kungliga Dramatiska Teatern에 입단한다. 1871년 데뷔공연에서 그는 파란만장한 삶을 산 영국의 극작가 리처드 쉐리단Richard Brinsley Sheridan(1751-1816)을 연기한다. 1875년, 반년 정도 파리에 체류할 기회를 잡은 그는 살르 벙타두르Salle

Ventadour 극장에서 공연하던 이탈리아의 연기자 에르네스토 로시의 햄릿 연기를 보게 된다. 로시에 의해 연기의 새로운 차원을 경험한 린드베리는 새로운 연기자 세대의 대표적인 햄릿 연기자로 발돋움한다.

스칸디나비아에서 인상적인 셰익스피어 연기자로 서서히 제 이름을 알리기 시작한 린드베리는 1882년 자신의 극단을 세운다. 다른 기존의 극단들과 자신의 극단을 차별화할 만한 새로운 작품을 찾던 린드베리는 1883년 작품의 파격성으로 인해 모든 극단에서 감히 무대에 올리지 못한 입센의 1881년 작품 〈유령Gengangere〉을 무대에 올린다. 이 작품에서 오스발드Osvald를 연기한 린드베리의 성공은 엄청난 것이어서 스칸디나비아 순회공연에 나선 그는 일 년 동안 백 번 정도 오스발드로 무대에 선다. 〈유령〉에 이어서 린드베리는 연속해서 입센의 1884년 작품 〈들오리Vildanden〉와 1886년 작품 〈로스메르스홀름 Rosmersholm〉을 무대에 올린다. 〈들오리〉에서 얄마르 엑달Hjalmar Ekdal 과 〈로스메르스홀름〉에서 로스메르Rosmer를 연기한 린드베리는 이전에는 입센을 거부했던 극장들과 관객들을 제대로 설득하는 데 성공한다.

입센의 작품들을 통해 지금까지 자신이 공연해오던 작품들과는 전혀 다른 성격의 사실주의적 경향의 연기에 도전했던 린드베리이지만, 그러는 중에도 셰익스피어를 위시해서 일련의 고전적인 작품들에 새롭게 접근하려는 시도를 멈추지 않았다. 린드베리는 말년에 셰익스피어의 〈템페스트〉, 괴테의 〈파우스트〉, 소포클레스의 〈오이디푸스 렉스〉, 입센의 〈페르귄트〉 같은 작품들을 일인극으로 개작해 스칸디나비아는 물론 미국에서도 커다란 성공을 거둔다.

한편 린드베리가 입센의 〈유령〉을 처음 유럽의 무대에 올린 1883년, 폴란드 출신의 연기자 헬레나 모제스카Helena Modjeska(1840-1909)는

헬레나 모제스카

미니 매던 피스크

미국에서 입센의 〈인형의 집〉을 처음으로 무대에 올린다.

모제스카가 폴란드 바르샤바 연극계의 중심으로 활동하던 1860년
대 중엽의 폴란드는 러시아와 프러시아 사이에서 굴욕을 겪던 시대였
다. 공연이 끝난 모제스카에게 폴란드를 상징하는 꽃다발을 바친 17
명의 학생이 러시아의 압력에 의해 퇴학당하고 그중 한 학생은 권총
으로 스스로 목숨을 끊는 사건이 벌어진다. 이제 더 이상 폴란드에서
버티기 힘들어진 모제스카는 남편과 함께 미국으로 이민을 떠난다.

미국에서 다시 무대에 선 모제스카는 아름다움과 기품이 흘러넘치
는 셰익스피어 연기로 각광을 받는다. 그리고 1883년 그녀는 주위의
우려에도 불구하고 과감하게 〈인형의 집〉에서 노라Nora를 연기한다.
미국 공연계는 연기에 대한 그녀의 열정과 헌신에 커다란 영향을 받
는다. 가령 여성적인 아름다움으로 숱한 남성들의 마음을 설레게 했
던 미니 매던 피스크Minnie Maddern Fiske(1865-1932) 같은 연기자는 이제
더 이상 구태의연한 감상적인 작품들에 만족할 수 없게 된다. 그녀는
새롭게 입센의 1890년 작품 〈헤다 가블러Hedda Gabler〉에 도전한다.
19세기에서 20세기에 걸쳐 미니 매던 피스크는 연극 흥행계에 이를

테면 마피아 같은 장사꾼들에 맞서서 예술의 자유란 기치를 내건 대표적인 독립 연기자였다.

입센과 함께 연기의 사실주의적 영역을 개척한 연기자들 중에는 오스트리아의 여성 연기자 아그네스 조르마Agnes Sorma(1865-1927)가 있다. 셰익스피어의 작품들에서 당시 최고의 명성을 구가하던 요세프 카인즈Joseph Kainz(1858-1910)의 상대역으로 연기를 시작한 그녀는 무엇보다도 입센 작품의 섬세한 해석으로 평판이 높다. 그녀는 특히 〈인형의 집〉에서 노라 역으로 국제적인 명성을 얻는다. 한편 입센의 조국 노르웨이에는 여성 연기자 요한네 뒤브바드Johanne Dybwad(1867-1950)가 입센의 작품들을 연기한다. 그녀는 40여 년간을 노르웨이 국립극단의 중심 연기자로 활약한다. 심지어 그녀는 악명 높게도 67세의 나이에 셰익스피어의 작품 〈템페스트〉에서 요정 아리엘 역에 도전한다.

로시와 리스토리 또는 살비니를 위시해서 그 밖에 몇몇 연기자의 새로운 시도에도 불구하고 여전히 고전적 연기 스타일이 지배적인 이탈리아의 무대에 에르메테 자코니Ermete Zacconi(1857-1948)는 확연히 사실적인 연기 스타일을 가져와 많은 관객들에게 충격을 준다. 그는 19세기 후반 이탈리아 오페라에서 전개된 사실주의적 경향의 베리즈모verismo의 신봉자이며, 사실주의의 한 극단적인 경우인 자연주의자들의 벗이다. 그는 입센의 〈유령〉이 이탈리아에서 초연될 때 오스발드를 연기한다.

그렇지만 연기자로서 자코니의 폭은 엄청나서 그는 사실주의적 경향이 강한 게르

에르메테 자코니

하르트 하우프트만Gerhart Hauptmann의 작품들뿐만 아니라, 낭만주의의 대표적인 작품인 뮈세Alfred de Musset(1810-1857)의 〈로렌자치오 Lorenzaccio〉나 또는 셰익스피어의 〈오델로〉에 이르기까지 작품과 사조를 막론하고 뛰어난 연기력을 과시한다.

특히 뮈세의 1833년 작품 〈로렌자치오〉는 공연용이 아니라 독서용 희곡이라 연기하기가 엄청 어려운 작품이다. 〈로렌자치오〉가 공연하기 어려운 작품이 된 까닭은 1830년에 쓴 첫 작품 〈베네치아의 밤La Nuit vénitienne〉이 오데옹Odéon 극장에서 실패한 후 공연이 아니라 독서를 위한 희곡에 뮈세가 전념했기 때문이다. 1847년에야 처음으로 무대에 오른 이 작품은 신고전주의적 질서에 반발한 낭만주의적 경향이 극단적으로 드러난 작품으로, 단편적인 장면들의 연결로 구성되어 있어 평범하게 서술적인 연기로는 소화하기 힘들다. 자코니는 여든이 넘은 1943년까지 영화에 출연한다. 그의 마지막 출연작은 〈몬테 크리스토 백작〉이었다. 자코니의 상대역으로는 여성 연기자 이르마 그라마티카Irma Gramatica(1870-1962)가 있으며, 그녀는 동생 엠마Emma Gramatica(1875-1965)와 함께 하우프트만과 입센의 작품들을 무대에서 연기했다.

영국의 남성 연기자 할리 그랜빌 바커Harley Granville-Barker(1877-1946)는 코트 극장Court Theatre을 이끌면서 버나드 쇼, 입센, 존 골즈워디John Galsworthy(1867-1933) 그리고 하우프트만 등과 같은 동시대 작가들의 작품을 적극적으로 무대에 올린다.

11

1895년

헨리 어빙, 기사작위를 받다

꼭 사실주의나 자연주의라는 사조 상의 명칭이 붙지 않더라도 1800
년대를 일관해서 연기의 자연스러움이 추구되어온 것은 분명한 일이
다. 고전주의나 낭만주의에서 뿐만 아니라 1700년대에 등장하는 감
상적 시민극이나 1800년대를 풍미한 멜로드라마에서도 무언가 틀에
박힌 음성과 몸짓 연기를 벗어나 살아 있는 역할로서 관객에게 다가가
려는 연기자들의 시도가 쉽게 확인될 수 있다.

이러한 시도들은 이제 20세기에 접어들어 본격적으로 등장하는 영
화나 TV 같은 매체들의 대중적 영향력과 긴밀한 관련을 맺게 된다.
특히 연기적인 측면에서 이러한 매체들의 대중적 작용은 그러한 흐름
에 함께 어우러지거든 아니면 반발하든 간에 이제 더 이상 무관할 수
없게 되는 상황을 야기한다.

1800년대 영국의 무대를 마무리하는 연기자는 헨리 어빙Henry Irving
(1838-1905)이다. 연기자로서 어빙은 멜로드라마에서부터 셰익스피어
에 이르기까지 상당히 넓은 범위의 역할들을 소화했으며, 자신의 역
할에 자신만의 독특한 풍취를 넣는다. 대개의 경우 그 풍취에는 멜로

304

드라마적 그로테스크의 여운이 있다.

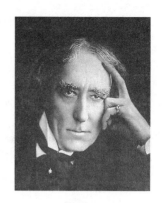

헨리 어빙은 지방 무대에서 10년의 세월을 보낸 뒤 런던에 들어와 공연한 1871년 극작가 레오폴드 루이스Leopold Lewis의 멜로드라마 〈종소리The Bells〉로 하룻밤 새 스타가 된다. 평생 그는 800회가 넘게 이 작품을 무대에 올린다. 1878년 어빙은 라이시엄Lyceum 극장의 주인이

헨리 어빙

된다. 극장이 불에 타기까지 20여 년 동안 어빙의 독선적인 극장 경영은 악명 높았다. 극장의 지배인이던 브램 스토커Bram Stoker가 1897년에 발표한 소설 〈드라큘라Dracula〉가 어빙에게서 받은 영감이라는 소문도 근거가 전혀 없는 것은 아니다. 사진으로 보면 어빙의 생김새에도 왠지 드라큘라적인 느낌이 있다. 어쨌든 라이시엄 극장은 19세기 후반 런던의 대표적인 극장이자 셰익스피어의 메카로 자리매김한다. 또한 1881년에는 독일의 작센 마이닝겐Saxe-Meiningen 공국의 공작 게오르크Georg(1826-1914)가 극단을 이끌고 영국을 방문한다. 1870년대 단순하고 상투적인 영국의 무대와 비교할 때 훨씬 더 다원적이고, 입체적인 작센 마이닝겐의 무대는 어빙에게 지대한 영향을 끼친다.

1800년대 영국과 미국에서 상당한 영향력을 행사한 아일랜드 출신의 극작가이자 연기자인 디온 부시코트Dion Boucicault(1820-1890) 또한 어빙에게 있어 영감의 근원이다. 디온 부시코트의 멜로드라마적 감수성은 진지한 셰익스피어 연기자이고 싶었던 에드먼드 킨의 아들 찰스 킨에게도 작용하여, 연기자로서 찰스 킨이 가장 빛나던 순간은 부시코트의 멜로드라마에서였다. 부시코트의 멜로드라마 중에는 1859년

작 〈혼혈아 또는 루이지애나에서의 생활The Octoroon: or, Life in Louisiana〉처럼 인종문제를 다룬 것도 있었지만, 그에게 사회적 이슈와 흥행은 별개의 것은 아니었다. 부시코트가 분한 최초의 주인공 역할은 1852년 〈흡혈귀The Vampire〉에서 흡혈귀 알랜 래비Alan Raby 경이다. 그의 흡혈귀에서 천재성을 엿본 비평가도 있다.

부시코트는 관객의 취향에 항상 민감하게 반응한다. 영어권 국가들에서 공전의 흥행을 기록한 〈아름다운 아일랜드 처녀The Colleen Bawn〉는 실제 일어난 살인사건을 소재로 한 작품이다. 본래는 소설이 원작인데, 부시코트는 관객의 취향에 따라 적절하게 원작을 개작했다. 하지만 그렇게 개작한 멜로드라마 속 어딘가에 인간과 삶, 그리고 세상에 대한 어떤 진실의 편린이 담겨 있게 마련이다. 어떤 평론가는 부시코트의 작품에서는 아일랜드 사람이 생생하게 살아 숨 쉰다고 극찬한다.

부시코트는 작가라기보다는 번안가가 어울릴 정도로 다른 작가의 작품들을 효과적으로 리메이크한다. 그의 말을 빌리면, "극본은 써지는 것이 아니라 새롭게 써지는 것이다Plays are not written, they are rewritten." 단적인 예를 하나 들자면, 그가 프랑스 오리지널 〈파리의 가난한 사람들Les Pauvres de Paris〉을 개작한 〈런던의 가난한 사람들The Poor of London〉은 공연 장소에 따라 〈뉴욕의 가난한 사람들〉이 되거나 〈리버풀의 가난한 사람들〉이 된다.

글 공장의 공장장이라는 표현이 어울릴 정도로 엄청난 양의 작품을 발표한 프랑스의 작가 외젠느 스크리브Eugène Scribe(1791-1861)는, 1830년 혁명의 혼돈 속에서 프랑스 중산층에게 익숙한 가치관과 세계관을 통해 관객에게 안정과 위안의 체험을 제공한다. 일단 세련된 글 솜씨와 작품 구성능력을 기본으로 관객에게 가까이 있는 세계의 디테일한 묘사는 사실주의적 경향의 연결고리로서 스크리브를 볼 수 있게 하는데, 아일랜드의 후배 극작가들인 싱J.M. Synge과 오케이시Sean O'Casey는 젊은 날 그렇게 부시코트에게서 커다란 영향을 받는다. 디온 부시코트의 프로페셔널리즘은 그로 하여금 철저한 리허설을 고집하게 한다. 물샐 틈 없는 대본과 철저한 리허설, 그리고 관객의 취향에 대한 주의 깊은 관심은 부시코트를 19세기에 가장 성공적인 연기자 중 한 명으로 기록에 남게 한다.

입센과 버나드 쇼의 사실주의적 작품들에서 드러나는 새로운 경향을 받아들이지 않은 어빙이지만, 어빙의 연기에는 확실히 이전의 연기와는 구별되는 근대적인 개성이 있다. 무엇보다도 어빙의 햄릿은 이전의 햄릿과 구별된다. 이제 어빙의 햄릿에서 거추장스러운 깃털들이 치워지고 현대에 익숙한 까만 튜닉의 햄릿이 등장한다.

헨리 어빙은 1895년 연기자로서는 최초로 기사 작위를 받는다. 중산층 윤리가 지배적이고 연극을 부도덕의 온상으로 본 빅토리아 여왕 시대에 이것은 주목할 만한 일이다. 그러나 1898년 라이시엄 극장의 화재로 모든 것을 잃은 어빙은 1905년 지방의 한 극장에서 테니슨Tennyson의 〈베케트Becket〉를 공연하던 도중에 극 중 베케트의 "신이시여, 당신의 손에 맡기나이다"라는 대사를 마지막으로 숨진다.

1871년 〈종소리〉의 개막공연이 끝나고 집에 오는 마차 안에서, 둘째를 임신 중이던 어빙의 부인 플로렌스Florence가 남편에게 "당신, 정말 이런 어처구니없는 짓을 하며 평생을 살 생각이에요?"라고 말을 건넨다. 그 말을 들은 어빙은 그 자리에서 마차 문을 열고 밖으로 나가 다시는 부인을 찾지 않는다. 앞으로 부인의 빈자리는 라이시엄 극장의 동료 연기자 엘렌 테리Ellen Terry(1847-1928)가 메우게 된다.

연기자 부모에게서 태어난 엘렌 테리는 어린 나이에 찰스 킨의 연기지도를 받는다. 열여섯의 나이로 서른 살 연상의 화가 와츠George Frederick Watts와 결혼하지만 일 년도 안 돼 이혼한다. 이후로도 그녀는 두 번 더 결혼했으며, 그 밖에 여러 관계들을 경험한다. 헨리 어빙을 만나기 전 건축가 고드윈Edward William Godwin과의 사이에서 두 아이를 낳는다. 그중 한 아이가 고든 크레이그Edward Gordon Craig(1872-1966)로, 연극을 고대 제의의 총체적 몰입에 비유했던 크레이그는 연극에서 연출의 역할을 강조하면서, 연기자를 인형으로까지 비유하는 극단적인 태도를 취한다. 1898년까지 그는 헨리 어빙의 라이시엄 극장에서 햄릿을 연기한다. 그는 어빙을 역사상 존재한 가장 위대한 연기자로 평가한다.

대담하고 개방적인 엘렌 테리가 빅토리아 여왕 시대의 윤리적 규범 속에서 엄청난 대중적 인기를 유지한 것은 그녀의 솔직한 기품이 한 몫한다. 심지어 그녀는 동성애 사건으로 실형을 선고 받은 오스카 와일드Oscar Wilde(1854-1900)를 칭송하기까지 한다. 무대에서 그녀의 아름다움과 민첩함 그리고 자연스러움은 버나드 쇼로 하여금 자신의 작품에 그녀의 출연을 열망하게 한다. 그러나 라이시엄에서 어빙에게 충실했던 그녀는 버나드 쇼와의 만남을 뒤로 미룬다. 실제로 어빙은 자기중심적 성격이 강한 연기자였다. 엘렌 테리에게 정말 잘 어울렸을 〈당신의 뜻대로〉에서 로잘린드Rosalind 역도 자신이 연기할 만한 상대역이 없다는 이유로 라이시엄의 무대에

엘렌 테리

올리지 않는다.

어빙과 갈라선 1903년 엘렌 테리는 런던의 임페리얼 극장Imperial Theatre을 인수한다. 그녀는 무엇보다도 어빙 때문에 공연하지 못했던 입센과 버나드 쇼의 작품들을 무대에 올리지만, 그 공연들은 흥행에 실패한다. 엘렌 테리의 말년의 모습들은 영화를 통해 볼 수 있다.

극작가 버나드 쇼가 한 눈에 사랑에 빠진 연기자는 패트릭 캠프벨 Mrs. Patrick Campbell(1865-1940)이다. 첫 번째 남편의 이름을 그대로 예명으로 쓴 그녀는 보통 팻Pat이란 예칭으로 불렸다. 버나드 쇼는 1914년에 발표한 〈피그말리온〉에서 그녀를 염두에 두고 꽃 파는 소녀 일라이자 두리틀Eliza Doolittle을 창조한다. 그녀는 나이 49세에 일라이자를 성공적으로 연기한다. 셰익스피어의 오필리어나 레이디 맥베스뿐만 아니라 입센의 작품들에서도 그녀는 연기자로서 자신의 개성을 십분 발휘한다. 30년대의 할리우드 영화에서도 나이든 그녀의 모습을 볼 수 있다.

버나드 쇼가 〈피그말리온〉을 쓸 때 그는 히긴스Higgins 교수로 연기자 조지 알렉산더George Alexander(1858-1918)를 염두에 둔다. 알렉산더는 우아한 세인트 제임스 극장St. James' Theatre의 중심 연기자로서 〈젠다 성의 포로〉에서 주인공 역할로 명성이 자자했다. 하지만 그는 다음과 같은 말로 기회를 놓친다. "캠프벨 부인과 한 번 더 공연하느니 차라리 죽겠소."

오스카 와일드에 따르면, 알렉산더는 연기할 필요도 없이 무대에서 그냥 편안하게 제 모습대로 있는 연기자이다. 그의 말을 직접 인용하면 다음과 같다.

"알렉산더는 연기하지 않는다. 그는 그냥 있을 뿐이다Alexander did not act, he behaved."

와일드의 1895년 작품 〈성실함의 중요성The Importance of Being Earnest〉에서 그는 자신이 맡은 역할인 존 워싱John Worthing을 연기할 필요도 없었다. 이런 연기로 그는 기사 작위를 수여받는다.

한편 많은 비평가들이 19세기 최고의 햄릿으로 꼽는 영국의 연기자 존스튼 포브스-로버트슨Johnston Forbes-Robertson(1853-1937)은 상대역 오필리어를 연기한 캠프벨 부인을 오랜 세월 연모했다. 그러나 캠프벨 부인은 외눈 하나 깜짝하지 않았다. 그는 44세에 처음으로 햄릿을 연기한다. 로버트슨은 "내가 도대체 왜 연기를 하는 거지?"라는 대답 없는 물음을 스스로에게 던지며 평생 연기한 대표적인 연기자이다. 1916년 은퇴한 그는 훗날 다음과 같이 썼다.

"햄릿의 의상을 벗을 때 조금의 미련도 없었다. 오직 홀가분한 느낌만 있을 뿐이었다."

패트릭 캠프벨

조지 알렉산더

로버트슨 역시 1913년 60세의 나이로 기
사 작위를 수여받는다. 그의 햄릿은 1913
년 무성영화로 제작되어, 지금도 그가 연
기한 절정의 햄릿을 엿볼 수 있으며, 30년
대에 나온 대사 음반으로 그의 음성을 들
을 수도 있다. 비교적 이른 나이에 은퇴하
여 1926년 세상을 떠나기 전까지 가끔 무
대로 돌아와 옛 동료들의 공연에 참여하곤
했던 스콰이어 밴크로프도 연극에 기여한

존스튼 포브스 로버트슨

공로를 인정받아 기사 작위를 수여받는다. 극장 경영에 탁월한 재주
가 있던 연기자 허버트 비어봄 트리Herbert Beerbohm Tree(1853-1917)도
1909년 기사 작위를 수여받았다. 같은 연기자였던 부인 모드 홀트
Maud Holt(1863-1937)와 함께 헤이마켓 극장을 사들여 경영에 수완을 발
휘한 그는, 여세를 몰아 여왕폐하 극장Her Majesty's Theatre를 지었는데,
빅토리아 여왕이 죽자 이 극장은 국왕폐하 극장His Majesty's Theatre으로
바뀐다.

　허버트 비어봄 트리는 1905년부터 1916년까지 셰익스피어 축제를
기획하며, 1904년에는 왕립 연극예술 아카데미The Royal Academy of
Dramatic Art라는 지금까지 존재하는 연극, 연기 전문학교를 세운다.

　이렇게 1900년대에 이르면 영국의 연기자들 중 적지 않은 수의 연
기자들이 기사 작위를 받게 된다. 시대가 변하고 있는 것이다. 프랑스
의 경우 루이-아르센느 들로네Louis-Arsène Delaunay(1826-1903)가 1883
년 정부로부터 명예훈장Chevalier of the Légion d'honneur을 수여받는다.

　들로네는 코메디 프랑세즈의 영원한 젊은 연인jeune premier이다. 그

허버트 비어봄 트리

루이-아르센느 들로네

는 코메디 프랑세즈에서 시인이자 극작가인 알프레드 드 뮈세Alfred de Musset(1810-1857)의 1834년 작품 〈사랑을 희롱하지 마세요On ne badine pas avec l'amour〉에서 남자 주인공 페르디깡Perdican 역할을 40년에 가깝게 연기한다. 60이 넘은 그는, 1887년 은퇴할 때에도 여전히 젊은 연인으로 관객들의 사랑을 받는다. 그의 은퇴 공연benefit performance은 그때까지의 모든 기록을 다 깨버린다.

들로네의 동료 연기자 코클랭Constant-Benoît Coquelin(1841-1909)은 도대체 들로네의 무엇이 이렇게 관객들의 사랑을 받게 하는가를 스스로에게 심각하게 묻는다. 들로네의 매력은 즉각적인 것이어서 마치 사랑받기 위해 태어난 사람 같이 느껴질 정도였다. 연기자에게 명예도 중요하고 관객의 사랑도 중요하지만, 예술가로서 연기자에게 중요한 것은 무엇인가라는 질문이 1800년대가 저물 즈음 코클랭에 의해 조시스럽게 던져지기 시작한다.

코클랭은 콩세르바투아르 희극 부분에서 일등으로 코메디 프랑세즈에 입단한다. 그는 스물의 젊은 나이에 벌써 보마르셰의 피가로 역을 인상적으로 연기했다. 그는 입단한 지 4년만인 1864년에 코메디

312

프랑세즈의 소시에테르société가 되지만
1886년 집행부와의 다툼으로 코메디 프랑세
즈를 떠났다가, 몇 년 후 자유로운 계약관계
인 뼁시오네르Pensionnaire로 돌아온다. 그는
코메디 프랑세즈뿐만 아니라 자유롭게 자신
을 찾는 모든 극장에서 다양한 역을 연기한
다. 그는 특히 몰리에르가 창조한 역할들에
일가견이 있었다.

누가 뭐래도 코클랭의 연기 인생을 대표하
는 역할은 시인이자 극작가인 에드몽 로스땅Edmond Rostand(1868-1918)

시라노로 분장한 코클랭

의 1897년 작품 〈시라노 드 베르쥬락Cyrano de Bergerac〉이지만, 그의
연기 폭은 동시대 극작가들인 테오도르 드 방빌Théodore de Banville
(1823-1891)의 희극에서부터 에밀 오지에Émile Augier(1820-1889)의 중산
층 시민극에 이르기까지 광범위하다. 이렇게 광범위한 연기 폭은 코
클랭이 연기자의 자질로 꼽는 중요한 조건 중의 하나이다. 물론 한 가
지 성격의 역할에 출중한 연기자가 없는 것은 아니지만 말이다. 연기
에 대한 그의 입장은 1894년에 출판한《연기자의 예술L'Art du comédien》이
란 책에 잘 정리되어 있다. 그는 이미 1880년《예술과 연기자L'Art et le
comédien》 그리고 1882년《연기자들Les Comédiens》이란 책을 펴낸 바 있다.

코클랭은 연기자에게는 제1의 자아와 제2의 자아가 있다고 생각한
다. 제1의 자아는 자신이 연기해야 할 역할을 치밀하게 이해하고 제반
상황들을 잘 정리하고 종합하는 능력의 자아이다. 제2의 자아는 그렇
게 이해한 역할을 표현하는 자아이다. 디드로의 충실한 후예답게 코
클랭은 연기에서 제1의 자아가 제2의 자아를 잘 조절하고 통제하는

일이 정말 중요하다고 확신한다. 연기자가 섣불리 자신을 역할과 동일시하는 것은 예술적으로 실패하기 십상이라는 것이다.

코클랭에 따르면, 연기자가 함부로 대사에 손질을 가하는 것은 위험하다. 그런 모험보다 가급적 연기자는 대본을 철저하게 파악해서 작가의 의도를 무대에 효과적으로 살려내는 데 온 힘을 쏟아야 한다. 그래서 코클랭의 친구였던 소설가 도데Alphonse Daudet는 "코클랭이 월광곡을 연주할 때 우리는 베토벤을 듣는다"라고 말한다. 다시 말해 연기자는 연기의 예술적 표현에서 제1의 자아가 제2의 자아에 쓸데없이 경험이나 취향을 앞세워 개입하는 것 또한 경계해야 한다는 것이다.

코클랭에게 연기자는 작가, 음악가, 화가, 조각가 등과 같이 중요한 예술가이다. 이를테면 연기자가 작위를 받고, 관객의 사랑을 얻는 일도 중요하지만, 과학자들이 우리의 경험을 출발점으로 자연을 연구하듯이 연기자는 인간과 인간의 삶을 탐구한다. 따라서 모든 예술에서처럼 연기에서도 구태의연한 상투성은 금물이다. 코클랭은 당연히 연기에서 자연스러움은 중요하다고 생각한다. 그러나 그의 시대에 유행하던 문예사조에서의 자연주의는 그에게 또 다른 어려움을 야기한다.

자연주의는 1860년 무렵에서 세기말에 걸쳐 프랑스의 소설가 에밀 졸라Émile Zola나 공꾸르Goncourt 형제 등이 주도한 문예사조이다. 자연주의자들은 과학자가 표본을 현미경 아래에 놓고 관찰하듯, 예술가들도 사회의 병리현상을 과학자의 자세로 냉정하게 관찰하고 사실적으로 기록해야 한다고 주장한다. 이런 의미에서 자연주의는 사실주의의 한 극단적인 현상이라고도 할 수 있다. 실제로 작업에 임할 때에도 자연주의자들은 과학자가 실험하는 것과 같은 자세를 취하며, 작품의 구성에도 환경의 작용이나 유전 법칙 같은 요소들이 중요하게 작용한다. 자연주의자들에게 커다란 영향을 미친 이폴리트 텐느Hippolyte Adolphe Taine라는 문예학자의《영국문학사》서문에는 다음과 같은 말이 있다. "악덕과 미덕은 다 같이 황산이나 설탕처럼 화합물이다." 자연주의자들의 입장을 잘 드러내주는 말이다. 졸라는 1867년에 발표한 〈테레즈 라캥Thérèse Raquin〉 서문에서 이 말을 인용한다.

실제 자연주의는 24세의 나이로 세상을 떠난 독일의 의사이자 극작가 게오르크 뷔히너Georg Büchner(1813-1837)의 미완성 유작 〈보이체크 Woyzeck〉에서 그 탄생의 씨앗을 본다. 이 작품은 사실주의조차 건너뛰어버린 한 천재의 놀라운 선구적 작업이다. 〈보이체크〉는 1879년 칼 에밀 프란조스Karl Emil Franzos가 대폭 보완해서 처음 출판하였으며, 초연은 1913년에서야 뮌헨에서 이루어진다.

자연주의적 경향의 작품들을 본격적으로 무대에 올린 인물은 파리 가스회사의 사무원이던 앙드레 앙투완느André Antoine(1858-1943)이다. 졸라의 〈테레즈 라캥〉을 무대에 올리고 싶었지만 기존의 극장에서는 불가능하다고 생각한 그는 1887년 자유극장Théâtre Libre을 세운다.

자유극장은 흥행을 목적으로 하는 일반적인 극장이 아니라 아마추어들로 구성된 독립극장이므로 검열로부터 자유로울 수 있었다. 343명의 회원과 함께 자유극장은 하나의 가족 공동체로서 기능한다. 작센 마이닝겐이 보여준 집단연기의 앙상블도 앙투완느에게는 하나의 중요한 영감의 근원이다.

앙드레 앙투완느

앙투완느는 무대를 집에 있는 가구를 가져와 채우고, 필요하면 정육점 진열장에서 생고기를 갖다 놓는다. 자유극장의 무대를 통해 노르웨이 작가인 입센의 〈유령〉이나 스웨덴 작가인 아우구스트 스트린드베리August Strindberg(1849-1912)의 〈미스 줄리〉가 프랑스의 관객들에게 처음 소개된다. 북구적 정서를 라틴 계열의 관객들에게 소개하는 것 자체가 하나의 모험이라 처음에는 우려의 소리도 적지 않았지만 앙투완느는 이를 모두 무시한다.

하층계급의 곤궁을 그대로 무대에 재현한 독일의 게르하르트 하우프트만Gerhart Hauptmann(1862-1946)의 작업이나, 삶의 추악한 단면들이 그대로 적나라하게 드러나는 프랑스의 앙리 베크Henry Becque(1837-1899)의 작업들도 자유극장의 주요한 레퍼토리들이다. 앙투완느는 연기자들이 눈에 보이지 않는 제4의 벽이라도 있어서 마치 객석에 관객들이 존재하지 않는 것처럼 연기하기를 바란다.

그러나 연기자로서 코클랭에게 이런 자연주의 경향의 작업은 소화시키기 어려운 성격의 것이다. 무엇보다도 그는 자연주의가 너무 지나치게 삶을 어둡게 묘사한다고 생각한다. 삶에 대한 객관적인 묘사가 의미없는 것은 아니겠지만, 그는 연기자가 관객에게 살아야 할 가치를 직접 몸으로 보여줄 수 있기를 바란다. 그러나 작품 해석에 있어 연기자의 섣부른 주관적 개입은 바람직하지 않다. 연기에서 연기자의 주관은 중요한 것이지만, 코클랭에게 주관주의는, 앞에서도 언급한 것처럼, 해결해야 할 또 다른 문제점들을 내포한다.

한편 앙투완느는 미술에서 보여준 인상주의적 효과들에도 주목한다. 무대가 현실을 다 채울 필요가 없는 것이다. 비어 있는 부분은 관객이 채운다. 어쨌든 효과는 대단히 사실적인 느낌이다. 뿐만 아니라 인상주의적 효과들은 상당 부분 비대칭이나 돌발적인 것 등에 의존하며, 이런 효과들이 관객의 상상력을 자극해 관객은 무대에서 현실을 경험한다. 따라서 분장을 절제하고 절제된 조명의 효과를 최대한 살리는 작업도 중요하다.

자연주의적 경향에 대한 코클랭의 유보적 반응은 이해할 수 있지만, 어쨌든 사실주의나 자연주의는 우리의 편견 너머에서 진실을 찾는 작업이라는 측면이 있다. 이 점에 관해서는 예술로서 연기에 접근하는 코클랭도 같은 선상에서 작업하고 있다고 말할 수 있다. 사실주의나 자연주의가 거둔 성과를 효과적으로 대중성과 결합하려 시도한 사람이 미국의 작가이자, 연출가이자, 흥행사이자, 연기자인 데이비드 벨라스코David Belasco(1853-1931)이다. 그는 뉴욕의 메디슨 스퀘어 극장 Madison Square Theatre이나 라이시엄Lyceum 극장을 통해 미국에 사실주의 무대를 도입한 수훈갑이다. 그는 심지어 필요하면 무대에 양떼를 풀어놓기도 한다. 그는 1902년에 자신의 벨라스코 극장Belasco Theatre을 세운다. 벨라스코는 특히 무대에서 조명의 중요성을 강조하며 색

데이비드 벨라스코

을 포함한 무대의 전체 효과에 대한 자신의 직관적인 느낌에 커다란
믿음을 보인다. 브로드웨이에서 커다란 영향력을 행사한 그는 패니 브
라이스Fanny Brice(1891-1951)나 캐서린 코넬Katharine Cornell(1898-1974)
같은 새로운 세대의 연기자들을 발굴한다. 1923년 스타니슬라프스키
는 그의 업적을 치하하며 그를 모스크바 예술극장의 명예 회원으로 추
대한다.

벨라스코는 1870년대 젊은 나이에 뉴욕 메디슨 스퀘어 가든에 위
치한 연기학교에서 보잘 것 없는 임금을 받으며 학생들을 지도하고
있던 부시코트를 만난다. 1856년 미국 의회에서 희곡 저작권법 통과
의 견인차 역할을 담당했던 부시코트가 1890년 세상을 떠날 때, 어쩌
면 벨라스코가 그의 임종을 지키고 있었는지도 모른다.

2010년 포게트K.J. Forgette란 극작가가 〈셜록 홈즈와 저지 릴리 사건
Sherlock Holmes & The Case of the Jersey Lily〉이란 작품을 발표한다. 실재했
던 인물들인 오스카 와일드와 저지 릴리란 애칭을 갖고 있던 릴리 랭
트리Lillie Langtry(1853-1929)가 홈즈에게 사건을 의뢰하면서 벌어지는
이야기이다. 릴리 랭트리는 연기력보다 사교계의 중심인물로 더 유명

릴리 랭트리

했던 영국의 여성 연기자인데, 아마 그 명성
에 기대어 광고 수입을 올린 첫 번째 경우일
것이다. 조금 과장하자면, 그녀가 출연한 작
품보다 그녀를 소재로 한 작품이 더 많을 정
도이다. 미국에서 활동할 즈음 Lillie란 이름을
백합을 의미하는 Lily로 바꾼 그녀는 커다란
대중적 성공을 거둔다. 물론 그녀의 연기에
대한 미국 비평가들의 반응은 냉소적이었지

만 말이다.

별로 알려지지 않은 2000년대의 평범한 셜록 홈즈 이야기로 1800년대를 마무리하는 이유는 윌리엄 질레트William Gillette(1855-1937)란 연기자 때문이다. 윌리엄 질레트는 무대에서 셜록 홈즈 역으로 유명했던 미국의 연기자로, 그가 셜록 홈즈로 처음 무대에 선 해가 바로 1800년을 마무리하는 1899년이었다. 1899년 이래 그는 30년이 넘는 세월 동안 1300번 이상 셜록 홈즈를

셜록홈즈 역의 윌리엄 질레트

연기한다. 생전에 그가 살았던 성은 지금은 지역 문화재가 되어 있다.

질레트의 연기는 터프가이의 전형이다. 그래서 한 평론가는 "살아 있는 그 누구도 팔에 총을 맞은 후 그처럼 그렇게 담배를 입에 물고 쿨하게 연기를 뿜어내지는 못할 것"이라고 말한다. 이제 무대에서 셜록 홈즈의 사냥모자와 구부러진 파이프는 하나의 전설이 된다. 사냥모자는 셜록 홈즈 소설들이 연재된 〈스트랜드Strand〉 잡지에 실린 시드니 파젯Sidney Paget의 삽화에서 빌린 것이지만 구부러진 파이프는 질레트의 효과적인 창안이다. 파이프가 구부러져야 연기자의 얼굴을 가리지 않기 때문이다.

셜록 홈즈의 작가 코난 도일이 셜록 홈즈의 무대화를 시도하면서 제일 먼저 헨리 어빙에게 홈즈 역을 의뢰한다. 어빙이 거절하자 다음에는 허버트 비어봄 트리에게 의뢰하는데, 비어봄 트리가 홈즈역과 모리아티 교수 역을 동시에 연기하겠다고 나선 탓에 그 역시 무산되고 만다. 우여곡절 끝에 윌리엄 질레트가 도일의 오리지널 대본과 소

설들을 토대로 4막짜리 대본을 완성한다.

처음 도일의 부탁은 이야기에 로맨스를 넣지 말아달라는 것이었는데, 질레트는 결국 도일을 설득해 사랑 이야기를 포함시킨다. 어쩌면 현실에서도 릴리 랭트리와 윌리엄 질레트가 1899년 오스카 와일드의 소개로 만났을지 모른다. 1899년이면 오스카 와일드가 세상을 떠나기 1년 전이다.

이렇게 징후적으로 실재와 가상이 얽히면서 1800년대가 마무리된다. 대중의 사랑뿐만 아니라 예술가로서 연기자의 사회적 지위가 공식적으로 인정받기 시작하는 1900년대의 문턱에서, 진실을 찾는 자로서 연기자의 행보는 셜록 홈즈의 확대경과 함께 좀 더 복잡하고 다층적인 궤적과 흔적을 남기기 시작한다. 원래 실재와 가상의 문제는 연기의 핵심적인 문제이지만, 이제 1900년대로 넘어가면서 영화나 TV같은 매체들을 통해 이 문제는 한결 실감나면서도 일상적인 현상으로 관객에게 다가간다.

12막

1700년대와 1800년대의
일본, 중국 그리고 한국

이치가와 단주로 1세, 분장실에서 자객의 칼을 맞다

1603년 도쿠가와 이에야스德川家康(1543-1616) 가 쇼군이 되어 에도江戶(지금의 도쿄)에 막부를 연후, 1868년 메이지 정부에 의해 함락될 때까지를 보통 에도 시대라 한다. 이 시기는 일본의 역사에서 정치적으로 비ス교적 안정된 시기로, 농업과 상업이 적절히 균형을 이루어 경제적으로도 꽤 번영하던 때였다. 정치와 경제가 안정됨에 따라 문화에서도 신분

이치가와 단주로 1세

과 계층에 따라 다양한 취향을 만족시키는 다채로운 작업들이 활발하게 이루어진다.

1700년대에 이르면, 시에는 바쇼芭蕉(1644-1694)의 하이쿠俳句가 이미 무르익었고, 미술에는 오쿠무라 마사노부奥村政信(1686-1764/68)의 채색 유키요에浮世絵가 전개되는데, 연극에는 지금도 여전히 살아 있는 전통으로 공연되는 이치가와 단주로市川團十郎 1세(1660-1704)의 가부키歌舞伎가 시정에서 흥행을 놓고 치열하게 경쟁한다.

1600년대에 제작되어 지금 교토박물관에 있는 여섯 폭 병풍 중간쯤에는 어깨에 칼을 턱하니 걸친 여인이 에도의 신사에 마련된 무대에서 공연하는 모습이 묘사되어 있다. 이 여인이 이즈모出雲의 오쿠니阿國라는 예인으로 가부키의 역사에서 출발점으로 거론되는 인물이다.

자료에 따르면, 869년 교토에 역병이 돌아 많은 사람들이 죽자 병과 악귀를 퇴치하기 위해 기혼고료우에祇園御靈會라는 제祭를 지내게 되는데, 그 제에서 후류오도리風流踊라는 춤을 추었다고 한다. 그 후 신사 등지에서 후류오도리를 추는 여성 예인집단들이 구성되어 흥행을 일삼으며 유랑하기 시작한다. 1603년 오쿠니가 세간에 선풍적인 화제를 불러일으키며 등장할 때 교토와 에도에는 남장을 하거나 몹시 화려한 의상을 입는 등 격식을 벗어난 행동을 하는 가부키몬かぶき者이라 불리는 사람들이 있었다. 오쿠니의 후류오도리는 흔들흔들하는 자신의 특색 있는 춤에 이 화려한 복장을 결합시킨 것이다.

가부키가 "제멋대로 흔들며 춤을 추다, 기발한 옷차림을 하다"라는 뜻의 고어古語 가부쿠かぶく에서 비롯되었다는 설은 이런 맥락에서 이해할 수 있다. 같은 맥락에서 가부쿠를 "방종放縱하다, 바람나다, 호색好色하다"와 결부시키기도 한다. 한자로는 '노래하고 춤추는 예기藝妓'라는 뜻에서 歌舞妓라고도 썼고, '기악伎樂, 기예伎藝'를 뜻하는 歌舞伎라고도 썼으나, 메이지 시대에 이르러 歌舞伎로 표기가 통일되었다.

1603년이면 도쿠가와 이에야스의 군대와 도요토미 히데요시豊臣秀吉(1536-1598) 측근의 군대가 전국의 패권을 놓고 겨루던 세키가하라關ヶ原 전투가 끝나는 시기이다. 이제 일본은 이 전투에서 승리한 도쿠가와 이에야스를 중심으로 재편되어 혼란스러운 전국시대의 굴레에서 벗어나게 된다. 오쿠니와 같은 여성들이 주축이 되어 가부키와 같

은 공연이 등장할 수 있는 배경이 마련된 셈이다.

　노能나 교겐狂言처럼 남성 연기자 중심의 공연이 아닌데다, 가면도 쓰지 않은 여성들이 교겐에서 영향 받은 것으로 보이는 사루와카猿若라는 익살스런 촌극을 곁들인 화려한 의상과 관능적인 춤으로 무대에 등장하니, 관객들이 열광하는 것도 이해할 만하다. 그런데 오쿠니가 소속된 극단 오쿠니이치자阿國一座는 1613년경에 사라졌다 해도, 이미 여기저기에서 우후죽순처럼 고개를 드는 바로 이 관능성이 문제였다. 원래 유랑하는 여성 연기자들이 유녀遊女의 역할을 겸하던 관행이 있어 왔지만, 이 관행이 도에 지나쳤다는 판단을 내린 막부가 드디어 미풍양속이라는 명분으로 가부키 공연에 간섭하고 나선 것이다.

　1629년 막부는 가부키에서 여성 연기자의 출연을 금지시킨다. 그 대안으로 나온 것이 열둘에서 열다섯 남짓의 남자아이들의 여성 역할이다. 그러나 이번에는 남색男色이 문제였다. 1652년, 막부는 남자 아이들의 출연 금지뿐만이 아니라 전면적인 가부키 공연 금지령을 내리기에 이른다. 그러나 일 년 후인 1653년, 주로 에도의 시민계층인 초닌町人들로 구성된 가부키 관객들의 탄원으로 춤과 노래를 제한하고 연기진이 어른 남자들로만 이루어진 지금의 가부키가 등장한다. 관능성이라는 측면에서 위험한 요소인 춤과 노래를 가부키에서 제한함에 따라 가부키는 자연스럽게 연극적 성격을 강화해갈 수밖에 없었는데, 이것은 장차 가부키의 발전에 긍정적인 요소로서 작용한다.

　이렇게 일본의 무대에서 메이지 24년인 1891년 신파新派 시대에 이르기까지 향후 262년간 여성 연기자의 존재는 뒷전으로 물러난다. 가부키 초기에는 할 수 없이 남성이 여성 역을 연기해야만 했지만, 앞으로 가부키 연기의 핵심은 남성이 연기하는 여성의 역할이다. 가부키에서 이 여성 역을 온나가타女方라 부른다. 노에서 여성을 연기하는 남성 연기자가 그대로 남성적인 발성과 몸짓으로 연기한다면, 가부키의 남성 연기자는 여성성을 극단적으로 과장해 표현한다. 물론 단순히 여성의 모방은 아니며, 상징적으로 추상화한 여성미의 양식적 표현이라 할 수 있다.

1600년대가 후반으로 가면서 에도와 오사카 등지에 실내 상설극장들이 나타난다. 가부키 무대의 주요한 특징 중 하나인 객석을 가로지르는 하나미치花道가 등장하며, 의상이나 분장, 또는 무대장치들이 세련되어갔다.

무엇보다도 가부키의 발전에 커다란 영향력을 행사하는 것은 닌교조루리人形淨琉璃라는 인형극이다. 조루리는 15세기 조루리히메淨瑠璃姬의 사랑을 노래한 민요에서 비롯한다. 16세기경, 류큐 제도琉球諸島에서 전래된 사미센 반주에 맞춰 불리던 조루리가 8세기 나라奈良시대부터 전래되던 인형놀음과 결합되면서 나타난 것이 닌교조루리이다.

닌교조루리가 연희될 때는 다유太夫라 불리는 낭송가가 사미센 연주가와 함께 무대 한편에 앉아 이야기를 전하는 일종의 변사로서 역할을 한다. 1684년 오사카에 다케모토자竹本座를 세운 다케모토 기다유竹本義太夫(1651-1714)는 '기다유부시義太夫節'라는 창법을 개발한다. 이 창법의 탁월함은 조루리와 거의 동의어가 될 만큼 유명하다.

30년에 가까운 세월 동안 기다유의 동료였던 극작가 지카마쓰 몬자에몬近松門左衛門(1653-1725)은 인형극뿐만 아니라 가부키 대본에도 커다란 족적을 남긴다. 1703년 실화를 바탕으로 한 지카마쓰 회심의 역작 〈소네자키신주會根崎心中〉의 대성공으로 다케모토자는 몇 년 동안 계속되었던 적자를 만회했다고 한다. 이 작품은 1719년 가부키로도 공연된다. 1734년 지카마쓰 사후 인형 조종사 요시다 분사부로吉田文三郎에 의해 고안된 3인 조종술로 완성된 닌교조루리는 특히 내용적인 측면에서 가부키의 발전에 중요한 영감으로 작용한다. 닌교조루리에 대해 지카마쓰는 "예술이란 허虛와 실實 사이의 얇은 껍질에 놓여 있는 것과 같다"라고 말한다. 그의 말에 암시되어 있는 것처럼 지카마쓰의 대본은 환상과 현실의 미묘한 균형에 기초했다.

1660년에 태어나 1704년에 세상을 떠난 가부키의 명문 집안 이치가와 가문의 초대 연기자 이치가와 단주로의 활동 시기가 다케모토 기다유와 지카마쓰 몬자에몬과 일치하는 것은 닌교조루리와 가부키의 밀접한 상관관계를 그대로 보여준다.

이치가와 단주로의 가부키는 주로 괴물과 싸우는 괴력의 영웅이라거나 역사적으로 영웅으로 일컬어질 만한 인물들을 주인공으로 내세운 호쾌한 무대로 정평이 있다. 이렇게 거칠고 용맹스러운 이치가와 단주로의 가부키를 아라고토게이荒事藝라 한다. 이치가와 단주로가 에도를 중심으로 활동한 반면, 교토에는 그의 경쟁자로 사카타 도주로坂田藤十郎(1647-1709)가 있었다. 그의 가부키는 주로 부드럽고 낭만적인 연애물이라 와고토게이和事藝라 불린다. 이 두 연기자의 경쟁적 관계는 '서쪽의 도주로, 동쪽의 단주로'라는 표현 속에 집약되어 있다. 당시 에도에는 이치가와 단주로 말고도 나카무라 시치사부로中村七三郎나 나카무라 덴쿠로 같은 연기자들이 관객들의 사랑을 받고 있었다.

단주로의 아버지는 이를테면 거리의 건달이었던 것으로 보인다. 1673년 열세 살이었던 단주로는 이치가와 에비조海老藏라는 이름으로 가부키 무대에 데뷔한다. 1680년 스무 살이 되었을 때 에비조는 어린 시절의 이름을 버리고 단주로團十郎라는 이름을 택한다. 앞으로 하나의 전통이 되는 이치가와 가문의 이름 바꾸기 의식은 여기에서 비롯된다. 좀 더 부연해서 설명하자면, 이치가와 가문의 연기자가 성장하면서 그 역량을 가문으로부터 인정받게 되면 이름 뒤에 세대를 나타내는 세世나 대代가 붙으면서 신노스케新之助에서 에비조를 거쳐 단주로로 바뀐다. 2013년 노스케는 7세, 에비조는 11세, 단주로는 12세까지 와 있다.

가부키에 고유한 강렬한 얼굴분장을 구마도리隈取り라 하는데, 1685년 무대에서 단주로는 자신의 트레이드 마크격인 붉고 검은 줄을 한 구마도리를 선보인다. 아라고토 스타일의 스타가 탄생한 것이다. 1693년 서른세 살의 나이에 단주로는 자신의 아라고토 스타일을 앞세워 교토 공략에 나선다. 그러나 사카타 도주로의 부드럽고 섬세한 와고토 스타일에 길들여진 교토 관객에게 단주로의 가부키 연기는 너무 거칠고 강렬했다.

한편, 교토에 머무는 동안 이치가와 단주로는 하이쿠에 눈을 뜬다. 단주로는 글재주가 있어 자신이 직접 가부키 대본을 쓴다. 단주로는 불교에서 대일여래大日如來의 사자로서 언제나 화생삼매火生三昧에 머물면서 번뇌의 마구니를 응징하는 부동명왕不動明王의 열렬한 추종자였다. 단주로는 부정한 것 앞에서 분노의 화염으로 불타는 부동명왕을 하나의 캐릭터로 창작해 가부키 무대에서 연기하기도 한다.

일본에서 가부키 연기자라는 직업은 가문의 이름으로 세습되는 직업 중의 하나이다. 대체로 가부키 연기자의 경우 광대로 분류되어 사회적으로 신분이 보장되지 않는 경우들이 많다. 하지만 성공적인 집안은 이치가와 단주로 집안의 경우처럼 사회적 존경도 얻는다. 이치가와 단주로 집안은 나리타야成田屋라는 별호를 갖고 있다. 이 별호는 나리타 산에 있는 부동명왕을 모시는 사원 成田山 不動尊에서 유래한 것이다. 단주로는 제자들도 많아서 나리타야는 하나의 커다란 세력이었던 것으로 보인다.

단주로는 어떤 특정한 극단에 소속되어 있지 않았으면서도 흥행에서 항상 최고의 성과를 올리는 가부키 연기자였다. 단주로는 1704년 어느 날 이치무라자市村座의 무대에서 공연 중 분장실에서 자객의 칼을 맞고 숨진다. 자객은 그다지 주목받지 못하던 가부키 연기자로 밝혀졌는데, 그 동기에 대해서는 확실하게 알려진 것이 없다.

일본 역사에서 1688에서 1704년까지의 시기를 겐로쿠元祿 시대라 하는데, 이 시대는 에도의 정치적 안정과 오사카의 상업적 번영에 기인한 상업문화가 본격적으로 뿌리를 내린 시기였다. 단주로의 죽음과 함께 겐로쿠 시대가 막을 내린다. 아들 이치가와 쿠조(1688-1758)가 아버지의 뒤를 이어 단주로 2세가 되어 가부키 형식을 완성한다. 단주로 7세(1791-1859)는 말년에 1세부터 4세까지 무대에 올린 작품 중 이치가와 집안의 가부키적 특징을 가장 잘 보여주는 작품 18개를 골라 가예家藝로 정한다. 이것이 가부키 십팔번歌舞伎十八番이다.

사실 양식적으로 정형화된 가부키 연기와 무대구성의 미학이라는 점에서 이치가와 가문 말고도 흥행사적으로 살아남은 여러 가부키 가문들이 저마다의 십팔번을 갖고 있다고 말할 수 있다. 예를 들어 가부키에는 이치가와 가문의 십팔번 말고도 오가미 기쿠고로 가문의 신코엔게키짓슈新古演劇十種, 나카무라 간지로 가문의 간지로쥬니쿄쿠, 가타오카片岡仁左衛門 가문의 가타오카주니슈(片岡十二集), 나카무라中村 吉右衛門 가문의 슈잔짓슈秀山十種, 이치가와 사루노스케市川猿之助 가문의 엔오짓슈猿翁十種 등 여러 가문들이 저마다의 전통을 내세운다.

카가와 테루유키

현대에 들어오면 젊은 세대 가부키 연기자들이 영화나 TV로 진출하기도 하고, 영화나 TV에서 활동하던 가문의 후예가 나이가 들어 가부키 연기자로 새롭게 태어나기도 한다. 아치가와 가문의 이치가와 에비조나 오가와小川 가문의 나카무라 시도中村獅童가 앞의 경우라면, 이치가와 가문의 카가와 테루유키香川照之가 뒤의 경우라 할 수 있다.

정장경, 극단 삼경반을 이끌다

중국 역사에서 함풍咸豊이라 하면 1851년에
서 1861년까지 함풍제咸豊帝가 중국 청나라
의 황제로 있던 시기를 말한다. 그리고 동치同
治는 1862년에서 1874년까지 목종穆宗이 황
제로 있던 시기이다. 이 함풍과 동치 연간이
한의학과 중국화와 함께 중국 사람들이 세 가
지 국수國粹라 높이 평가하는 경극京劇이 지

정장경

금의 모습으로 윤곽을 잡는 시기이다. 이 시기는 중국 역사에서 내우
외환으로 한순간도 바람 잘 날 없는 혼란스러운 시기였다. 1850년에
는 멸청흥한滅淸興漢과 이상 국가를 부르짖는 태평천국의 난이 시작
되고, 1840년에 일어난 제1차 아편전쟁에 이어 1856년에는 제2차 아
편전쟁이 발발한다. 또한 1870년경에 이르면 서양의 좋은 것은 받아
들여 국가를 개혁하자는 양무운동洋務運動이 목소리를 높인다.

이렇게 소란한 시기에 정장경程長庚(1811-1880)이 장이규張二奎
(1814-1864), 여삼승余三勝(1802-1866) 등과 뜻을 같이 해 경극의 기틀을

세운다. 이들을 경극의 삼인방이란 뜻으로 삼정갑三鼎甲이라 불렀으며, 또는 이 세 사람의 경극 연기자가 특히 출중한 노생老生 역의 대가들이였으므로 노생삼걸老生三傑이라고도 부른다.

1800년대 중엽 북경에서 경극이 태동하는 결정적인 계기는 1790년 건륭제乾隆帝의 80세 생일이었다. 당시 양자강 하류에 위치한 양주揚州에는 돈이 많은 소금장수들이 많았는데, 강학정江鶴亭이란 상인을 비롯해서 몇 명의 상인이 건륭제의 생일을 축하하기 위해 삼경반三慶班이라는 극단을 조직해 북경으로 들어온다. 그들이 가지고 온 공연이 지금의 안훼이성安徽省에서 유행하던 이황조二黃調라는 남곡南曲 계통의 연극이다. 이 공연의 스타는 여성 역할이 일품인 남성 연기자 고낭정高朗亭이었다. 1772년 건륭제가 북경에서 여성 연기자의 무대 출연을 금지하는 칙서勅書를 내린 이래 공식적으로는 1912년까지 북경의 무대에서 여성 연기자의 공연을 찾아볼 수 없었다. 고낭정은 1803년부터 삼경반의 극단장이 된다.

삼경반의 이황조 공연이 좋은 반응을 얻자 안훼이성, 특히 안경安慶 지역에 근거를 둔 일련의 극단들이 북경에 올라와 일반 관객들을 상대로 흥행을 시작한다. 삼경반 말고도 사희반四喜班, 화춘반和春班, 춘대반春臺班 같은 극단들의 활약이 돋보인다. 이러한 극단들을 보통 '4대 휘반徽班'이라 일컬으며, 그들의 음악을 휘조徽調, 그들의 연극을 휘극徽劇이라 부른다.

대표적인 북곡北曲인 원의 잡극과 함께 명과 청 시대의 대표적 연극은 북곡과 남곡을 적절하게 아우른 곤곡崑曲이었다. 곤곡은 명나라 중엽 쿤산崑山 출신 가객 위양보魏良輔가 만든 섬세하고 우아한 곤산강崑山腔이란 음악에서 유래한 연극으로, 시적인 대사와 부드러운 움직

임이 특징이다. 명 말기의 극작가 탕현조湯顯祖(1550-1616)의 〈환혼기
還魂記〉를 토대로 한 〈모란정牡丹亭〉은 그 몽환적이면서도 인본적인
서정성으로 곤곡의 전형적인 작품이라 할 수 있다.

청대 후기로 오면 곤곡은 지나치게 귀족적이면서 유미적인 색채가
두드러진다. 작품이 문학성을 추구하다보니 대사가 길고 난삽해져서,
경우에 따라서는 한 작품의 공연이 며칠씩 걸리기도 했다. 이렇게 곤
곡의 정형화된 문인화적 풍취로 말미암아 일반 관객들은 점점 곤곡으
로부터 멀어진다. 이것이 1800년대로 접어들어 안훼이성의 휘극이
북경에서 선풍적인 호응을 얻게 되는 배경을 이룬다.

휘극 이전에도 이미 1700년대 북경에는 장시성江西省 익양益陽에서
들어온 경강京腔이란 공연이 유행한 적이 있다. 곡조가 높아 '고강高腔'
이라고도 불린, 탄력 있고 경쾌한 음악과 함께 일상적 구어체의 연극
이었는데, 북경의 관객들이 좋아해서 북경의 언어와 음악을 흡수하면
서 빠르게 북경화하였다. 그래서 고강 대신 경강으로 불리게 된 것이
다. 경강은 몇몇 스타급 연기자를 앞세워 관객의 말초적 감각을 자극
하는 선정적인 공연들을 희원戲園이라 불린 무대에 올린다.

경강이 북경의 공연계에서 새로운 바람을 불러일으키자, 이번에는
황하 중류 산시성陝西省에 근거를 둔 연극 진강秦腔이 대단히 강력한
상업적 영향력을 자랑하는 그 지역 상인들의 지원을 받으면서 북경에
진출한다. 특히 쓰촨四川이 고향인 위장생魏長生(1744-1802)은 남성 연
기자이면서, 젊은 여성역인 화단花旦 연기의 달인이다. 무엇보다도 위
장생은 치렁치렁한 가발과 굽 높은 교蹻라는 신발을 착용하고 여성의
도발적인 교태를 그대로 여과 없이 무대에서 드러내어 세간의 관심을
한 몸에 받는다. 그 선정성이 북경의 문화계 인사들과 관리들을 자극

해 진강은 1785년 북경에서 공연이 금지된다. 북경의 귀족이나 교양 계층은 경강이나 진강 또는 그 밖의 변두리 연극들을 통속적이라는 의미로 곤곡과 구별해서 '화부花部', 또는 소란스럽다는 의미에서 '난탄亂彈'이라 불렀다. 다분히 천박하다는 뉘앙스가 내포되어 있는 표현으로, 이에 비해 곤곡은 바르고 고상하다는 의미로 '아부雅部'라 받들어 부른다.

1830년경 진강에 뿌리를 두고 있는 서피西皮라는 공연이 북경에 소개된다. 움직임이 활발하고, 전체적으로 극적 긴장감이 두드러진 공연이라 내용적으로 난해하고 형식적으로 가라앉은 곤곡에 싫증난 북경 관객들이 적극적으로 반응한다. 이에 주목한 휘반들이 이황에 서피의 영향을 받아들여 북경 관객들에게 피황희皮黃戲를 선보였으며, 이렇게 해서 경극의 틀이 짜여 졌다. 피황희가 탄생한 곳이 북경이라 점차로 경극이란 말이 피황희를 대신한다. 1834년 삼경반의 단장은 진금채陳金彩였다. 정장경이 언제 진금채로부터 삼경반의 지휘권을 물려받는지 확실하지는 않지만 대략 1850년경이라 생각된다. 이 시기가 많은 연구가들이 경극의 탄생으로 거론하는 시기이다. 정장경은 서피 말고도, 곤곡이나 푸저우 지방의 연극 방자蒲州梆子, 쓰촨, 구이저우貴州, 윈난雲南의 산악지대에 사는 이족彝族의 연극 라라羅羅 등 접근할 수 있는 모든 형태의 공연들에서 새로운 연극의 영감을 얻는다. 북경은 중국의 중심이라 언제든 각지에서 몰려든 다양한 형태의 공연들에 접근할 수 있다는 이점이 있었다.

경극은 극작가의 연극이라기보다는 연기자의 연극이다. 지금 대략 남아있는 1,000여 작품들은 거개가 작가 미상이다. 고대로부터 전해오는 이야기들이 각색되는 경우가 많으며, 당 시대부터 오랜 전통을 갖고 있는 이야기 형식인 전기傳奇로부터도 소재를 빌려오는 경우가 흔하다. 경극 연기자들은 기본적으로 노래唱, 대사念, 움직임做, 무예打의 4공四功과 손手, 눈眼, 몸身, 머리칼髮, 걸음步과 관련된 5법五法을 수련한다. 역할은 주역인 생生, 여성역인 단旦, 호걸이나 악한역인 정淨, 어릿광대역인 축丑, 단역인 말末 등으로 나뉘며, 역할에 따라 문무文武의 2계통이 있다. 보통 7년에서 10년에 이르는 수련 기간을 성공적으로 완수해야 비로소 하나의 독립된 연기자로 무대에 설 수 있다. 경극의 연기학교를 '과반科班'이라 하는데, 1904년 연기자 부연성富連成이 세운 과반이 유명하다. 후대의 명연기자 매란방梅蘭芳(1894-1961)이 부연성 과반 출신이다.

피황극이 경희, 또는 경극으로 자리 잡는 데 결정적인 작용을 한 정장경, 장이규 그리고 여삼승 등은 모두 뛰어난 연기자들로서 저마다 자신의 특색 있는 연기로 정평이 있었다. 사람들은 정장경의 연기를 휘파徽派라 했고, 장이규는 경강에서 비롯한 경파京派 그리고 후베이湖北 출신의 여삼승은 초나라의 음조楚調를 바탕으로 한 한극漢劇의 맥을 이어 한파漢派라 했다. 이들의 뒤를 이어, 다음 세대 연기자들인

담흠배譚鑫培(1847-1917)는 여러 지역의 특징들이 뒤죽박죽 섞여있던 경극의 성음聲音을 표준발성으로 정리했고, 왕요경王瑤卿(1881-1954)은 여성역의 새로운 차원을 개척한다. 이 여성역은 20세기 초반 사대명단四大明旦이라 칭송받는 매란방, 정연추程硯秋, 순혜생荀慧生, 상소운

매란방

동광 13절

尙小雲 등으로 이어진다. 그 밖에 경극의 형식적 완성에 기여한 연기자로 전제운田際雲 등의 이름이 전해온다.

청의 덕종德宗 재위 기간인 1875년에서 1908년까지를 광서光緖라 부른다. 정장경을 비롯해서 1862년부터 1908년까지 동치와 광서 연간에 활동한 학란전郝蘭田, 장승규張勝奎, 매교령梅巧玲, 유간삼劉赶三, 여자운余紫雲, 서소향徐小香, 시소복時小福, 양명옥楊鳴玉, 노승규盧勝奎, 주련분朱蓮芬, 담흠배, 양월루楊月樓 등 13명의 경극 연기자를 '동광 13절同光十三絶'이라 일컫는다. 위 그림의 좌로부터 여섯 번째가 노숙魯肅으로 분한 정장경이다. 나머지 연기자들은 좌로부터 위에서 거론한 순서대로 위치한다. 정장경의 제자로서 노생역의 명인이었던 담흠배는 담강譚腔이란 명칭을 받을 정도로 높고 맑은 소리에 일가견이 있어 '소규천小叫天'으로도 불린다. 규천은 높고 맑은 소리를 내는 새 이름이다. 손자 담부영譚富英, 증손자 담원수譚元壽로 이어지는 담흠배의 계보를 담파譚派라 한다. 서소향은 소생역으로 정평이 있다. 여자운과 왕요경은 여성역인 단역을 새로운 격조로 차원을 이동시킨다. 그 전통을 이은 매교령은 극단 사희반四喜班의 단장으로 현대 경극의 스타 매란방의 할아버지이다. 양명옥은 극작가로도 활동한다. 항상 올곧은 소리를 하던 광대역의 명인 유간삼은 무대에서 공연 중에 권력자 이

336

홍장李鴻章을 풍자하는 대사를 했다가 분노를 사서 죽임을 당했다.

경극에서 극성劇聖이라 불리는 연기자는 정장경이다. 원래 경극은 청극聽劇이라 불릴 정도로 소리가 중요한데, 단전丹田에서 나오는 정장경의 정공법正攻法적인 소리는 지붕의 기와도 움직인다는 전설이 있다. 특히 정장경의 관우關羽 역이 일품이었다. 그가 무대에서 소리를 내지르면 관객들은 그의 풍부한 성량과 힘찬 억양에 탄복할 수밖에 없었다. 인망도 두터웠던 정장경은 정충묘精忠廟라는 배우조합의 조합장을 지내며 자칫 화류계화할 수 있는 경극계의 풍토를 쇄신한다. 정장경의 죽음 이후 삼경반은 양월루로 이어지지만 결국 십 년을 버티지 못하고 1890년 극단의 문을 닫는다.

3
1870년

진채선, 경회루 낙성연 무대에 서다

1623년 조선의 당파 싸움이 한창일 무렵 서인 세력이 일으킨 난으로 광해군이 쫓겨난 사건을 인조반정仁祖反正이라 한다. 인조반정은 정치사뿐만 아니라 문화사적 측면에서도 중요한 의미를 지닌다.

이미 고려 예종睿宗(재위 1105-1122) 때부터 관 주도의 공식적인 행사로서 나례儺禮는 제의적 성격보다 유희적 성격을 더 강하게 드러낸다. 이러한 경향은 조선에 이르러 더욱 강화되어 나례는 나희儺戲나 잡희雜戲로 간주되게 된다. 산대잡희山臺雜戲, 산대나례山臺儺禮 등으로도 불린 관 주도 행사는 1608년부터 1623년까지 왕위에 있었던 광해군 시대에 절정을 맞는다. 그러나 광해군의 뒤를 이은 인조(재위 1623-49)가 이런 관행에 급격한 제동을 건다. 광해군 시대만 해도 궁정에 나례도감儺禮都監과 산대도감山臺都監이 설치되어 있었다. 그런데 1634년 인조는 사신 접대와 같은 특별한 경우를 제외한 내부 산대나례 행사를 궁정에서 공식적으로 폐지해버린다. 이렇게 관이 주도한 산대나례 행사들은 이념적이거나 경제적인 이유 등으로 점점 더 위축되다가, 1724년부터 1800년까지 영조英祖와 정조正祖의 재위 시대에 이르면 완전히 바닥을 친다.

조선 순조純祖(재위 1800-1834)와 헌종憲宗(재위 1834-1849) 시대의 문인 송만재宋晩載(1788-1851)가 쓴 〈관우희觀優戱〉는 조선 후기 시정에서 벌어진 공연의 모습을 짐작해볼 수 있는 글이다. 이 글은 일종의 공연 관람기로서 송만재가 아들의 급제 소식을 듣고도 연희를 베풀어주지 못해 미안한 마음을 시로 읊은 것이다. 집안에 과거에 급제하는 등의 경사가 있을 때 창우의 공연을 통해 축하를 하는 것이 그 당시의 풍습이었던 모양이다. 모두 50수에 달하는 이 글에는 단가, 판소리, 줄타기, 땅재주, 무악舞樂, 가면희假面戱, 감영監營놀이, 검무, 소학지희, 무가巫歌, 꼭두각시놀음傀儡戱 등이 포함되어 있다. 정약용(1762-1836) 같은 유학자는 조선 후기에 비교적 일반적인 모습이었을 이러한 세태를 개탄하는 글을 남긴다. 그의 입장은 사실 조선 시대를 관통하는 선비정신과 광대정신의 충돌이라고도 할 수 있다.

《세조실록世祖實錄》에 보면 세조 14년, 대장장이冶匠이었던 고룡高龍이라는 배우가 술 취한 맹인의 연기를 아주 잘했다는 기록이 남아 있긴 하지만, 이제 조선 시대의 후기에 이르면 광대들의 이름은 공식적인 기록에서 찾아보기 힘들다. 이후로 나례도감이나 산대도감에 속했던 광대들은 적어도 공식적으로는 오로지 시정의 흥행을 통해 살아남아야 했다. 이에 따라 많은 광대들이 관 주도의 행사인 정재呈才 등으로부터 차라리 무속巫俗 쪽으로 업종을 전환한다.

임진왜란(1592-1598)과 병자호란(1636-1637) 등의 난리를 겪으면서도 조선의 경제는 약소하나마 그런대로 서민상업자본의 축적을 보여, 조선 후기로 접어들면서 공인貢人이나 수공업자를 포함한 상인 계층이 그 윤곽을 드러낸다. 이에 따라 관의 울타리에서 벗어난 광대들은 세시歲時 등에 맞춰 농촌이나 어촌의 서민 계층을 찾거나, 경제적 여유가 있는 사대부나 상인 계층을 대상으로 산대를 세워 공연하는 직업적인 유랑 광대 집단을 형성한다. 판소리나, 탈을 쓰고 공연하는 가면극이 직업 광대의 중요한 레퍼토리였는데, 탈을 쓰지 않는 일인극이나 여러 명의 광대가 벌이는 소학지희도 레퍼토리에 포함되어 있었던 것으로 보인다.

이런 맥락에서 영조 시대 광대로 세간에 이름을 떨쳤던 달문達文(1707-?)이라는 광대의 삶은 흥미롭다. 연암 박지원(1737-1805)이 〈광문전廣文傳〉이란 글에서 그의 삶을 기록했고, 유생 홍신유洪愼猷(1722-?)가 그를 읊어 〈달문가達文歌〉라는 시를 짓는다. 역관譯官 조수삼趙秀三(1762-1849)이 쓴 〈추재기이秋齋紀異〉나 그 밖에 여러 문인들의 글과 야담집 등에도 그에 관한 일화들이 남아 있다.

달문은 입이 크다고 광문이라고도 불렸는데, 천하에 못난 외모에도 불구하고 걸립을 일삼는 광대이자 재인으로 그 재주가 남다른 바 있어 팔도에 소문이 자자했다고 한다. 이씨라는 성이 있긴 했던 것 같으나 그것도 확실치 않은 천인 출신으로, 달문은 일부 유생들에게는 풍속을 해치는 파락호破落戶라 비난받기도 했으나, 사대부를 포함해서 일반 서민들에게는 그 성품에 있어 대체로 신의가 있는 대인배大人輩로 받아들여졌던 것 같다.

광대로서 달문의 명성은 특히 타락한 중을 풍자하는 인형극인 만석희曼碩戲, 산대탈춤의 한 종류인 철괴무鐵拐舞 그리고 괴상망측한 몸짓들을 흉내 내는 팔풍무八風舞 등에서 그 진가를 발휘한다. 이러한 공연에서 보인 달문의 재능은 당시 탈놀음패나 남사당패의 광대들 사이에서 최고의 솜씨로 인정받았지만, 달문은 생계를 위해서 기방을 관리하는 조방꾼 노릇도 마다치 않았다. 그러던 차에 달문은 58세 되는 1764년 영조 40년에 역모사건에 관련되어 귀양을 간다. 직접 관련된 것이 아니고 역모를 꾸민 이들이 제멋대로 달문의 이름을 사칭했기 때문인데, 달문은 이를테면 혹독한 유명세를 치른 셈이다. 광대인 주제에 반백의 나이에도 여전히 머리를 땋아 내린 달문의 괴이한 풍모가 팔도에 유명하다는 것 자체가 이미 풍속을 어지럽힐 소지가 다분하다는 것이 판결의 요지였다. 다음 해 귀양에서 돌아온 달문은 그대로 역사의 뒤꼍으로 사라진다. 달문의 삶은 연희자로서 탁월한 재능을 갖추고 있었지만, 1700년대와 1800년대의 조선에 태어나 시대를 살아야만 했던 불행한 조선 광대의 전형적인 경우라 할 수 있다.

사실 광대들이 관의 주도에서 벗어났다고는 하나 이것은 단지 경제적인 측면에서이고, 통제라는 측면에서 광대 집단은 여전히 관의 간섭을 벗어나지 못한다. 악공樂工이나 기생, 광대나 재인才人, 또는 사당社堂이나 무녀巫女들처럼 떠돌아다니며 걸립乞粒을 하는 무리들이 유학을 나라의 근본으로 삼은 조선의 관 조직으로부터 멸시와 박해를 받았던 것은 당연한 일이었을 것이며, 외부 사신들을 위한 연회 같은 국가적 행사시에 신속하게 공연 팀을 동원할 필요가 관에게 있었던 것도 사실이었을 것이기 때문이다.

여기에 덧붙여 무포巫布와 같은 세금을 효과적으로 징수하기 위해서도 순조 재위 시대인 1824년 각 도에 마련된 예능조합격의 재인청才人廳들을 하나의 명령 계통으로 구성해야 할 필요가 있었다. 이런 명령 계통은 그대로 재인청의 책임자인 도대방都大房을 중심으로 한 광대 조직의 위계질서에 영향을 미치게 되며, 따라서 재인이나 광대의 무리들은 시정의 상인이나 수공업자, 또는 농·어촌의 서민 계층보다

양반이나 관료 계층에게 더 구속받을 수밖에 없는 상황에 놓이게 된다. 그 계층으로부터 하다못해 심정적인 지원조차도 받지 못하면서 말이다.

이런 맥락에서 양반과 광대 사이에 중요한 고리 역할을 하는 집단이 있었으니, 그 집단이 바로 이속吏屬, 아전衙前, 향리鄕吏 등으로 불리는 중앙이나 지방의 하급 관리 집단이다. 봉산탈춤의 중흥자中興者로 꼽히는 안초목(?-?)도 봉산에서 아전 노릇을 했으며, 판소리를 집대성한 신재효(1812-1884)도 고창에서 이방吏房이었다.

실제로 안초목이 누구인지는 확실하지 않다. 초목草木이란 이름도 봉산탈춤의 목중과장 중 첫목初目의 역할에서 비롯된 것으로 보인다. 안초목은 황해도 봉산에서 아전으로 있다가 전남 어느 섬으로 귀양을 간다. 귀양지에서 안초목은 종이로 탈을 만드는 기술을 익히고 봉산으로 돌아와 그때까지 사용하던 나무탈을 종이탈로 바꾸고 여러 가지 개혁을 이루었다고 한다. 지금도 봉산탈춤 공연은 안초목의 영靈을 위로하는 고사와 함께 시작한다.

조선의 가면극 중에 하회별신굿이나 강릉관노가면극 같은 서낭제 탈놀음은 농촌에서 자생적으로 발생한 가면극이다. 이러한 탈놀음들과는 구별되어 보통 산대도감 계통극이라 부르는 일련의 가면극들이 있다. 궁중의 산대도감이 해체된 후 탈놀음을 연희하던 광대들의 주도하에 팔도의 각 지역에서 저마다의 고유한 특색과 함께 판이 짜인 가면극들이다. 그 시기를 대략 1760년대 전후로 보는 시각이 있는데, 확실하지는 않다.

원래 사직골이나 녹번, 애오개 등지에 산대도감의 중심 광대들이 모인 본산대가 있었다고 한다. 이 본산대를 중심으로 사직골 딱딱이

패에서 영향 받은 양주나 송파 등지에 별산대가 있었고, 황해도 일대에는 해서탈춤이라 해서 봉산이나 해주, 강령, 은율 등지에서 주로 단오에 공연된 탈춤들이 있었다. 경상도 지방에는 통영이나 고성, 가산 등지에 오광대가 있고, 수영이나 동래에는 들놀음野遊이 있다. 북청에는 사자놀음이 유명하다.

이런 탈놀음들이 행해진 지역들의 일반적인 공통점은 커다란 장이 선다는 것이다. 생산물의 교역에 유리한 경제적 요충지에서 상인들의 지원을 받아 행해진 일종의 호객 행위로서의 판놀음이라 할 수 있겠다. 그 밖에도 탈놀음은 관아의 경사나 중국 사신의 영접과 같은 행사에서도 연희된 모양이다. 이런 행사들을 성공적으로 치르기 위해 관아에 소속된 아전들의 역할이 중요했음은 미루어 짐작할 수 있다. 조선의 가면극은 각지를 유랑하며 흥행하던 탈놀음 광대패와 지역 재인청 광대들과의 교류를 통해 근대적 의미의 연극으로 그 중요한 첫 걸음을 떼겠지만, 그 과정에서 광대들이 흘린 고통과 희열의 땀방울은 어쩌면 안초목이라는 상징적인 이름 속에 압축되어 있는지도 모른다.

안초목이 상징적인 이름이라면, 판소리 근대화의 주역 신재효는 구체적인 역사적 인물이다. 판소리의 기원에 대해서는 학자들 사이에서도 여러 가지 이견이 있는데, 어쨌든 한 가지 분명한 것은 판소리가 지금의 모습으로 발전하는 과정에서 신재효가 담당했던 핵심적인 역할이다.

조선 시대에 중요한 행사 때마다 나례도감이나 산대도감에 불려간 다양한 배경의 광대들이 서로서로 영향을 주고받았을 것은 분명하고, 점차 팔도로 흩어진 이들이 다시 팔도의 재인청을 통해 변화와 모색의 또 다른 차원을 경험했을 것도 분명하다. 이 과정에서 특히 전라도 지방의 시나위 무악巫樂에서 단골丹骨들이 부르는 서사무가敍事巫歌의 영향을 받은 광대들의 종합적 상상력이 작용하면서 소리하는 창唱, 대사하는 아니리白, 몸짓하는 발림科이라는 세 가지 요소가 특별하게 결합된, 창자와 고수 2인극의 성격을 띤 판소리라는 극형식이 전개되었을 것이다. 신재효는 이 과정에서 이리저리 섞여 들어왔을 온갖 다양한 요소들을 하나의 체계적인 구성으로 정리하면서 판소리라는 극형식을 완성시키는 데 결정적인 역할을 수행한다.

신재효의 부친 신광흡은 경기도 고양 출신으로 고창에 내려와 관약방官藥房을 해서 한 재산을 모은 사람이다. 그 재산을 기반으로 신재효는 나이 서른다섯에 고창 현감 밑에서 이방이 된다. 그가 어떻게 해서 판소리에 깊은 관심을 갖게 되었는지는 확실하지 않다. 어쨌든 상당한 재력가로서 신재효는 나이가 사십 줄에 접어들면서 광대들을 지원하고 새로운 인재들을 발굴하고 교육하며, 판소리를 연구 창작하는 데 게을리하지 않는다.

신재효가 판소리에 관심을 가질 무렵이면 이미 판소리 열두마당이 세간에서 연희되고 있었다. 앞에서도 언급한 송만재가 1843년 헌종 9년에 읊은 〈관우희〉에는 〈심청가〉, 〈춘향가〉, 〈홍보가〉, 〈별주부전〉, 〈적벽가〉, 〈가루지기타령〉, 〈배비장타령〉, 〈장끼타령〉, 〈옹고집〉, 〈왈자타령〉, 〈강릉매화전〉, 〈가짜신선타령〉 등이 거론된다.

숙종肅宗(재위 1674-1720) 이후 영·정조 시대에 우춘대, 하은담, 최선달과 같은 명창이 있었고, 순조 무렵에는 설렁제 또는 덜렁제의 권삼득, 동편제의 시조 송홍록, 동東강산제의 모홍갑, 경드름이 특별한 염계달, 성음이 섬세한 고수관, 우아하고 경쾌한 석화제의 김제철, 송홍록의 고수였던 주덕기, 서편제의 시조이자 강산제의 으뜸 박유전, 자웅성雌雄聲으로 유명한 황해천, 송홍록의 아우 송광록 등의 명창이 있었다. 저마다 고유한 스타일의 '더늠'을 자랑하는 이러한 명창들이 조선 전기의 명창 시대를 이룬다.

헌종의 뒤를 이은 철종哲宗(재위 1850-1863) 무렵 후기 명창 시대가 시작된다. 이 시대의 명창으로는 중고제의 시조 한송학, 송흥록의 제자 박만순, 줄타기의 달인이자 박유전의 제자 이날치, 송광록의 아들이며 송만갑의 아버지 송우룡, 동편제의 거장 김세종, 그의 제자이자 인물이 수려한 장자백, 대사습놀이에서 실패한 후 신재효의 충고로 득음한 정창업, 비가비, 즉 양반 출신 광대인 정춘풍, 김세종에게 사사한 동편제의 거목 김찬업 그리고 진양조를 창시한 김성옥의 아들이자 김창룡의 부친인 김정근 등이 있다. 이들의 뒤를 이어 고종高宗(1863-1907) 후기에서 1930년대까지 김창환, 송만갑, 이동백, 김창룡, 정정렬, 박기홍, 유성준, 김채만, 전도성 등의 명창들과, 1940년대 이후 김정문, 정응민, 공창식, 장판개, 조몽실, 임방울, 김연수, 박동실, 정광수, 성원목 등의 남자 명창, 이화중선, 박녹주, 김여란, 박초월, 김소희 등의 여자 명창들이 활약하게 된다.

조선의 전기 명창들과 후기 명창들을 아우르는 시기에 태어나 성장한 신재효가 소리 명창은 아니었을지는 몰라도 귀 명창이었던 것만큼은 틀림없다. 신재효는 이들 명창과 긴밀한 유대를 맺고, 후원하고, 또 필요하면 날카로운 비평 또한 마다치 않았다.

신재효는 다양한 버전의 판소리 열두마당을 〈춘향가〉, 〈심청가〉, 〈박타령〉, 〈토별가〉, 〈적벽가〉, 〈변강쇠가〉 등 여섯 마당으로 정리하고, 소리로만 전해져오던 사설辭說들을 주제와 표현이 잘 어울리게 이면裏面에 맞춰 개작해서 대본화한다. 예를 들어, 〈춘향가〉의 경우 주제에 어울리는 스타일을 찾아 남창男唱과 동창童唱으로 판을 나눈다.

이 과정에서 판소리가 기층보다는 왕가나 사대부의 취향에 맞춰 변화된 것은 아마도 틀림없으리라.

꼭 신재효 때문은 아니겠지만, 가령 강직한 관리이자 기품 있는 문장가이며, 화가로서 사대부의 전형이라 할 수 있는 신위申緯(1769-1845)는 판소리와 관련된 관극시觀劇詩를 남긴다. 그중 한 부분을 우리말로 옮기면 다음과 같다.

장안에선 우춘대를 흔히 일컫지만
오늘날 누가 그 소리를 훌륭히 이어갈까.
한 곡을 부르면 술동이 앞에 천 필의 비단이 쌓이네.
권삼득과 모흥갑이 소년 명창으로 이름이 났네.

신위나 송만재 같은 사대부 유학자들이 가면극이나 판소리에 관심을 보인 데에는 영·정조 때 바닥을 쳤던 광대 멸시 풍조가 순조 이후 헌종과 철종을 거치면서 점차로 회복되어가는 시대적 상황이 배경으로 작용한다. 중인中人이던 신재효가 늘 신분상승의 기회를 엿보고 있었던 것은 사실인 것 같은데, 이제 판소리의 권위자라는 명성이 신분상승에 도움이 되면 됐지 해가 되지는 않는 문화적 풍토가 조성된 것이다.

물론 신재효에게 판소리가 단순히 신분상승의 수단이었던 것만은 아님이 분명하다. 신재효 자신의 창작으로 널리 알려진 여러 편의 단가短歌와 잡가雜歌가 전해지며, 특히 동편제와 서편제 사이에서 조화의 묘를 추구한 신재효가 직접 지어 부른 〈광대가〉라는 단가에는 하나의 예술 표현형식으로서 판소리에 대한 신재효의 미학적 접근이 효

346

과적으로 요약되어 있다. 〈광대가〉에서 판소리의 4대 법례四大法禮라 칭해지는 핵심적인 부분은 다음과 같다.

"……광대행세 어렵고 또 어렵다. 광대라 하는 것이 제일은 인물치레, 둘째는 사설치레, 그 직차 득음이요, 그 직차 너름새라. 너름새라하는 것이 귀성기고 맵시 있고 경각의 천태만상 위선위귀 천변만화좌상의 풍유호걸 구경하는 노소남녀 울게 하고 웃게 하는 이 귀성 이맵시가 어찌 아니 어려우며, 득음이라 하는 것은 오음을 분별하고 육율을 변화하여 오장에서 나는 소리 농락하여 자아낼 제 그도 또한 어렵구나. 사설이라 하는 것은 정금미옥 좋은 말로 분명하고 완연하게색색이 금상첨화 칠보단장 미부인이 병풍 뒤에 나서는 듯 삼오야 밝은 달이 구름 밖에 나오난 듯 새눈 뜨고 웃게 하기 대단이 어렵구나.인물은 천생이라 변통할 수 없거니와 원원한 이속판이 소리하는 법례로다……."

〈광대가〉에서 신재효가 강조하고 있는 외모, 대사, 소리, 움직임 등과 관련된 일종의 전문교육기관이 고창의 신재효 집 주변에 위치하고 있었음은 남아 있는 몇몇 기록에서 확인된다. 향리인 주제에 너무 큰집을 갖고 있었다는 암행어사의 기록만 보아도 신재효에게 전문교육기관을 설립할 만한 재정적 능력이 있었으리라 충분히 짐작할 수 있다. 당대의 명창들이 이곳에 초빙되어 후학들을 지도했으리라는 것도마찬가지이다.

1847년 고창 출신으로서 기록에 남아 있는 조선 최초의 여자 명창으로 꼽히는 진채선陳彩仙(1842년-?)은 바로 이 교육기관 출신이다. 신

진채선

재효 본인은 물론이고, 당대의 명창 김세종이 진채선의 교육을 담당한다. 이미 판소리에 관한 한 조선 제일의 권위를 자랑하는 신재효였으므로, 그의 본거지인 고창은 자타가 공인하는 판소리의 중심지가 된다. 이에 따라 "어전광대御前廣大가 되려면 고창 신재효 문하를 거쳐야 한다"는 소문이 세간으로 퍼져간다.

〈춘향가〉와 〈심청가〉에 장기가 있던 진채선은 춤도 잘 추고, 소리도 우렁차서 신재효에게 진작 명창의 재목으로 낙점 받은 것 같다. 여성으로서 28세의 나이에 김세종의 호위를 받으며 경복궁 경회루 낙성연에 나가 고종과 대원군 앞에서 소리를 한다는 것은 한 마디로 장난이 아니니 말이다. 한편으로는 진채선이 남장을 했다는 설도 있다.

어쨌든 누구보다 예민한 감수성의 소유자로 보이는 흥선 대원군이 진채선의 소리에 흠뻑 빠져버린다. 이 자리에서 진채선은 〈성조가成造歌〉와 〈방아타령〉을 부른다. 물론 둘 다 신재효가 만든 곡이다. 경복궁 경회루 낙성연은 1870년 고종 7년의 일로서, 이 무대에서 좌중을 감동시킨 진채선은 대원군의 총애를 받으며 한동안 한양에 머물렀던 것으로 보인다.

대원군과 진채선의 이러한 인연 덕분인지, 신재효는 고종으로부터 오위장五衛將이란 직함을 제수除授 받는다. 이때 이미 신재효는 육십을 바라보는 나이였고 제자를 그리워한 그가 단가 〈도리화가桃李花歌〉를 지어 불렀다는 전설이 있다. 도리화는 복숭아꽃과 자두꽃을 말하는 것으로 진채선을 도리로 비유한 신재효의 마음이 절절하다. 〈도리화가〉의 가사는 다음과 같다.

스물네번 바람불어 만화방창 봄이 되니
구경가세 구경가세 도리화 구경가세
도화는 곱게 붉고 희도 흴사 외얏꽃이
향기 쫓는 세요충은 젓대 북이 따라가고
보기 좋은 범나비는 너푼너푼 날아든다.

붉은 꽃이 빛을 믿고 흰꽃을 조롱하여
풍전의 반만 웃고 향인하여 자랑허니
요요하고 작작하여 그아니 경일런가
꽃 가운데 꽃이 피니 그 꽃이 무슨 꽃인고
웃음 웃고 말을 하니 수렁궁의 해어환가

해어화 거동보소 아름답고 고을씨고
구름같은 머리털은 타마제 아닐런가
여덟팔자 나비눈썹 서귀인의 그림인가
환환한 두 살 작은 편천행운 부딪치고
이슬속의 붉은 앵화 번소가 아닐런가

신재효가 말년에 병이 들자 고창으로 내려온 진채선은 정성으로 스승의 병수발을 들다가 스승이 세상을 떠나자 암자로 들어갔다고 한다. 사실 진채선에 대해 남아 있는 기록은 위와 같은 몇 줄의 문장이 전부이지만, 이제 판소리의 역사에서 진채선, 허금파, 강소춘 등으로 이어지는 여자 명창 시대의 막이 오른다.

1870년 진채선이 경복궁 경회루 낙성연의 무대에 서던 해, 여자 광대 바우덕이金巖德(1848-1870)가 22세의 젊은 나이로 세상을 떠난다. 안성이 고향인 바우덕이는 가난한 소작농의 딸이었다. 가난 탓으로 5세 때 팔도를 유랑하던 남사당패에 맡겨진 바우덕이는 줄타기, 땅재주 등의 남사당놀이를 익힌다. 바우덕이가 15세 되던 해, 조선 광대의 역사에 희귀한 일이 벌어졌다. 남사당패의 우두머리를 꼭두쇠라 하는데, 연로한 꼭두쇠를 대신해서 이제 겨우 15세의 소녀 바우덕이가 꼭두쇠로 선출된 것이다. 그것도 만장일치로 말이다. 오로지 광대로서 바우덕이의 기량이 천재적인 데서 비롯된 일이다.

바우덕이가 이끌던 남사당패는 안성 청룡사를 거점으로 한 안성남사당패였다. 광대로서 바우덕이의 기량이 워낙 출중해 팔도에 '바우덕이'로 유명해진 안성남사당패는 1865년 대원군의 부름을 받는다. 대원군이 경복궁 중건에 지친 노역자들을 위로하기 위해 남사당패를 불러서 공연을 펼친 것이다. 이때 17세의 바우덕이의 공연이 얼마나 대단했던지 고종은 바우덕이에게 정3품에 해당하는 옥관자를 하사했다.

남사당을 세간에서 하나의 독립된 공연단체로 인정받기 위해 쉴 새 없이 팔도를 떠돌던 바우덕이는, 그 힘든 생활로 인한 폐병으로 22세의 젊은 나이로 세상을 떠난다. 2013년 현재 안성에서는 매년 바우덕이를 기리는 남사당 바우덕이 축제가 개최된다. 안성시 서운면 청룡리에는 그녀의 무덤이 있다.

13막

20세기의 세계:
유럽과 미국
그리고 아시아

피르맹 제미에르, 위뷔 왕을 연기하다

일부 역사가들은 1851년 영국에서 개최한 만국박람회를 근대에서 현대로 넘어오는 이정표적인 사건으로 자리매김하곤 한다.

14,000명에 이르는 출품자와 5달 동안 열린 전시회에 6백만 명 이상의 방문객을 기록한 이 만국박람회의 중심에는 건축가 조셉 팩스턴 Joseph Paxton(1801-1865)이 설계한 수정궁Crystal Palace이 있었다. 수정궁은 이를테면 커다란 온실 개념으로 설계한 조립식 건물이었다. 엄청난 수량의 철주로 틀을 짜고, 그에 못지않게 엄청난 수량의 유리판으로 외벽과 지붕을 덮은 이 건물은 런던의 하이드 파크hyde park에 위치하고 있었다. 가로 124미터, 세로 563미터 그리고 중앙 부분 철골지주의 높이가 33미터에 이르는 초대형 건물이었지만 규격화한 재료들을 사용했으므로 건설하는 데 든 시간은 고작 17주였다.

이 건물이 등장하기 이전에는 세상 어디에도 이와 비슷한 건물은 없었다. 이제 철과 유리 그리고 규격화와 속도의 새로운 시대가 그에 수반하는 온갖 부작용들과 더불어 새로운 상상력과 감수성의 기치를 내걸기 시작한다.

오렐리앵 뤼네 포

1896년은 현대 부조리극의 선구자 알프레드 자리Alfred Jarry(1873-1907)의 충격적인 작품 〈위뷔 왕Ubu Roi〉이 무대에서 초연된 해이다. 1893년에 프랑스의 연기자 오렐리앵 프랑수와 마리 뤼네 포Aurélien - François - Marie Lugné - Poë(1869 - 1940)가 세운 뢰브르 극장 Théâtre de l'Œuvre 무대에서의 일이다. 이 무대에서 선보인 〈위뷔 왕〉은 그 실험적인 무대와 풍자의 신랄함으로 인해 100년이 더 지난 지금도 '현대적'으로 느껴지는 공연이다. 그러니까 연기사적 맥락에서 현대의 출발점을 1896년으로 잡아도 크게 이상할 것이 없다.

스타니슬라프스키를 추종하던 프랑스의 연기자 피르맹 제미에르 Firmin Gémier(1869-1933)가 파격적인 형식과 그에 못지않게 풍자적 성격이 강한 우부 왕의 역할을 인상적으로 연기한다. 1896년 뢰브르 극장 〈위뷔 왕〉의 초연 무대에서 뤼네 포와 제미에르는 현대의 문을 두드린다.

뤼네 포는 미국의 작가 에드가 앨런 포Edgar Allan Poe의 작품세계에

피르맹 제미에르

너무 심취한 나머지 자신의 이름 뒤에 그의 성을 붙인다. 그의 초기 공연들은 신비주의적 성격을 띠었는데, 역할과 상관없이 그는 항상 검은 프록 코트를 입고 나와 연기했다. 그가 세운 뢰브르 극장Théâtre de l'Oeuvre은 상징주의 연극을 표방하지만, 실제 성과는 벨기에의 극작가 모리스 마테를링크Maurice Maeterlinck(1862-1949)의 〈펠레아스와 멜리상

드Pelléas et Mélisande〉 정도뿐일 것이다.

수잔느 데프레

자연주의 연극을 주창한 앙뚜안느와도 함께 작업한 뢰브르 극장은, 입센이나 스트린드베리의 작품들뿐만 아니라 중국어나 산스크리트어로 된 작품들도 번역해 무대에 올린다. 프랑스어로 된 작품 중에는 알프레드 자리의 〈위뷔왕〉이 가장 주목할 만한 공연이다. 뢰브르 극장은 1899년에 문을 닫았다가 1919년에 다시 문을 연다.

수잔느 데프레Suzanne Desprès(1875-1951)는 파리 콩세르바투와르 Conservatoire에서 연기를 공부한다. 그녀는 1897년에 희극에서 1등, 비극에서 2등을 할 정도로 연기 능력을 인정받는다. 뤼네 포를 만나 결혼한 그녀는, 19세기와 구별되는 새로운 무대를 꿈꾸던 뤼네 포의 작업에 동료로 참여해서 그녀 나름대로 의미 있는 역할을 한다. 그래도 그녀 연기의 본령은 고전주의적이라 할 수 있어서, 그녀는 1902년 코메디 프랑세즈에 페드라로 데뷔한다.

앙드레 앙뚜안느의 제자이기도 했던 연기자 피르맹 제미에르는 연극으로 사람들에게 다가가 세상의 문제들을 이야기하고 싶어 한다. 그는 극단 떼아뜨르 나쇼날 앙불랑Théâtre National Ambulant을 세워 전국을 순회하다 1920년 파리에 프랑스 국립 민중극장Théâtre National Populaire을 설립한다. 이 극장은 앞으로 격조 있는 연극의 대중화 작업에 초석이 되겠지만, 아직까지는 자체 극단도 없었고, 예산도 대단히 빈약했다. 제미에르는 르네상스 극장Théâtre de la Renaissance과 앙뚜안느 극장Théâtre Antoine을 거쳐 1921년부터 1930년까지 오데옹Odéon 극장의 극장장을 역임한다.

제미에르가 세상을 떠난 한참 후인 1966년, 프랑스 국립 민중극장에 실험적 작품들을 위한 소극장 살르 피르맹 제미에르Salle Firmin Gémier가 생긴다. 72년 민중극장이 지방으로 이전한 다음 해인 73년 새로 꾸민 세 개의 무대 중 하나가 피르맹 제미에르를 추모하는 420석 규모의 살르 제미에르Salle Gémier이다.

1890년대 〈틈입자L'Intruse〉, 〈7명의 공주들Les Sept Princesses 〉, 〈실내 Intérieur〉 등과 같은 작품들을 통해 상징주의를 표방한 모리스 마테를 링크의 연극들은 연기적 측면에서 〈우부 왕〉만큼이나 도전적인 작업이다. 철학자 쇼펜하우어Arthur Schopenhauer의 영향을 강하게 받은 마테를링크는 무대에서 삶과 죽음의 의미를 묻는 자신의 상징주의적 작업들이 가장 효과적으로 표현되기 위해서는 어쩌면 인형극이 가장 적절한 수단일지 모른다고 생각한다. 연기자가 인형이 되는 것이다.

마테를링크에 따르면, 연기자의 일차적 과제는 인간에게 당연하게 느껴지는 심리학적 정서의 표현이 아니라, 인간을 지배하는 그 당연함 너머에서 작용하는 어떤 힘의 실체를 표현하는 일이다. 따라서 연기자는 마치 자발적인 행동의 주체라도 되는 양 무대에서 뛰어다니기보다는 바람 속의 먼지처럼 외부에서 소용돌이치는 힘의 물결을 타는 감수성을 깨워내야 한다. 마테를링크는 이런 연극을 '정적 연극static drama'이라 부른다.

마테를링크와 프랑스 오페라 가수이자 연기자 조르제트 르블랑 Georgette Leblanc(1875-1941) 사이에 친밀한 관계가 시작되는 1895년 무렵, 마테를링크의 작업에 미묘한 변화가 감지된다. 가령 1896년 공연된 〈아글라벤느와 셸리세트Aglavaine et Sélysette〉 같은 작품에서처럼 조

금씩 자신의 삶을 적극적으로 부여잡는 여
성 캐릭터들이 등장하는 것이다. 이러한 변
화는 상당 부분 조르제트 르블랑의 영향이
다. 마테를링크는 르블랑이 연기할 만한 일
련의 역할들을 창조하기 시작한다. 수잔느
데프레와 같은 해에 태어난 르블랑은 비제
가 작곡한 오페라 〈카르멘〉의 타이틀 롤로
마스네Jules Massenet 같은 작곡자들과 관객

조르제트 르블랑

들을 매혹시킨다. 그녀는 뤼팽을 창조한 소설가 모리스 르블랑Maurice
Leblanc의 누이이기도 하다. 1910년 마테를링크는 세계적으로 널리 알
려진 아이들을 위한 희곡 〈파랑새〉 리허설에서 18세의 연기자 르네
다옹Renée Dahon을 만난다. 1911년 노벨 문학상을 받은 마테를링크는
1919년, 서른 살 정도 나이 차이가 나는 다옹과 결혼했다.

한편, 비슷한 시기에 급진적인 방식으로 연극을 문학으로부터 독립
시키려던 알프레드 자리의 시도는 시대를 너무 앞선 도전이었다. 얼
마간 시간이 흐른 뒤인 1926년 프랑스의 시인이자 극작가, 연출가 그
리고 연기자였던 앙토냉 아르토Antonin Artaud(1896-1948)가 동료 로제르
비트락Roger Vitrac(1899-1952)과 함께 알프레드 자리 극장Théâtre Alfred
Jarry의 문을 연다. 이 극장은 1928년 문을 닫을 때까지 비트락의 작품
들이나 프랑스의 극작가 폴 클로델Paul Claudel(1868-1955), 또는 스웨덴
의 극작가 아우구스트 스트린드베리August Strindberg(1849-1912)의 작품
들을 무대에 올린다. 아르토 자신의 작품 〈피의 분출Jet de sang〉이 공연
예고되기는 했지만, 그의 사후 20년가량이 지난 뒤에야 비로소 무대
에 오르게 된다.

앙토냉 아르토

아르토는 1931년 발리Bali에서 온 무용단의 공연에 영감을 받아 본격적으로 '잔혹연극Theatre de la Cruaute'에 관한 글을 쓰기 시작한다. 여기에서 아르토가 '잔혹'으로 말하고자 하는 것은 공연의 방식에서 잔혹함 또는 가학적이거나 피가학적 고통의 생생한 묘사라기보다는, 거의 물리적 충격에 가까운 힘의 창출로 피상적으로 우리를 둘러싸고 허구의 껍데기를 부수고 삶과 영혼의 실체에 도달하려는 제의적 시도에 가깝다. 그는 1938년 이 글들을 묶어《연극과 그 껍데기Le Théâtre et son double》란 책을 출간한다. 글쓰기를 통해 드러나는 아르토의 입장은 한 마디로 연극을 순수문학에서 분리시켜 다시금 마법적 영적 작용을 회복시키는 작업이라 할 수 있다. 1935년 그는 연극〈첸치 일족Les Cenci〉에서 자신의 입장을 무대화하려고 시도한다.

이미 어린 시절부터 정신적으로 불안정했던 아르토는 삶의 마지막 10년을 요양원에서 보냈다.

올가 레오나르도브나 끄니뻬르,
체홉과 결혼하다

올가 레오나르도브나 끄니뻬르Olga Leonar-
dovna Knipper(1868-1959)는 모스크바의 필하
모닉 학교 교수로 있던 러시아의 연출가
네미로비치 단첸코Vladimir Nemirovich-
Danchenko(1858-1943)의 제자이다.

올가 레오나르도브나 끄니뻬르

단첸코는 연기자가 표피적으로 외운 대
사만 갖고서는 살아 있는 하나의 존재로서
역할을 깨워내지 못한다고 생각한다. 대본
속의 역할들은 이미 그 자체로 살아 있는 하나의 존재들이다. 연기자
들은 단첸코가 내면적 기법inner-technique이라 부른 과정을 통해 역할
들에게 생명을 불어넣는다.

모스크바의 말리 극장이 그의 이러한 입장에 동조하지 않자, 그는
그와 뜻을 함께 한 콘스탄틴 스타니슬라프스키와 함께 1898년 모스
크바 예술극장을 세운다. 상투적인 연기를 혐오한 스타니슬라프스키
에게 무대는 연기자들과 역할들이 내면적으로 밀접하게 결합되어 새

로운 생명으로 다시 태어나는 장이다. 스타니슬라프스키는 연기자들이 자신의 자의식ego을 뒤로 물리고 극작가가 역할에 부여한 의도를 최대한 살려내기를 원했다.

올가 끄니뻬르는 모스크바 예술극장의 39명의 창단 멤버 중 하나로, 모스크바 예술극장은 극작가 안톤 체홉Anton Chekhov(1860-1904)의 작품들을 성공적으로 무대에 올린다. 올가 끄니뻬르는 1898년 〈갈매기〉에서 아르카디나를 연기했으며, 1899년 〈바냐 아저씨〉에서는 엘레나를, 1901년 〈세 자매〉에서는 마샤 그리고 1904년 〈벚꽃동산〉에서는 마담 라네프스카야를 연기한다.

그녀는 1901년 체홉과 결혼한다. 〈세자매〉를 쓸 때 체홉은 올가 끄니뻬르를 머릿속에 그리며 마샤를 창조하는데 올가 끄니뻬르가 연기한 마샤는 커다란 비평적 성공을 거둔다. 체홉의 〈갈매기〉, 〈바냐 아저씨〉, 〈세자매〉 그리고 〈벚꽃동산〉은 지금도 지구상 어딘가에서 거의 매일 공연된다. 적어도 뒤의 두 작품 속에는 의사였던 체홉이 다가오는 자신의 죽음을 예감하면서 보낸 신혼 4년의 특별한 경험의 순간들이 녹아들어 있을 거라 짐작된다.

러시아의 연기자 지나이다 라이히Zinaida Nikolayevna Reich(1894-1939)는 메이어홀드 극장Meyerhold Theatre의 중심 연기자이다. 브세볼로드 메이어홀드Vsevolod Meyerhold(1874-1940경)는 네미로비치 단첸코의 제자로서 모스크바 예술극장에서 스타니슬라프스키의 인정을 받지만, 곧 무대 연기에 대한 새로운 비전을 갖고 있는 실험적 연출가로 두각을 나타낸다. 사실주의적이고 심리주의적인 무대 연기에 반발한 메이어홀드에게 언어는 단지 육체적 움직임의 결을 짜는 계기에 불과하다. 그에게 연기자들은 연출의 지시에 따라 한 치의 오차도 없이 정확한 발성과 몸짓을 창출하는 패턴들이다.
따라서 스타니슬라프스키와 메이어홀드
가 지향하는 입장의 차이는 분명하다.

메이어홀드는 연기자 베라 코미사르제
프스카야Vera Komissarzhevskaya(1864 - 1910)
가 소유하고 있던 '코미사르제프스카야 극
장'으로 자리를 옮겨 1906년 입센의 〈헤다
가블러Hedda Gabler〉를 상징주의적 방식으
베라 코미사르제프스카야

로 무대에 올려 대중적 성공을 거둔다. 1888년에서 1898년까지 지속
된 스타니슬라프스키의 예술문학협회에 참여하면서 연기를 시작한 코
미사르제프스카야는 1896년 체홉의 〈갈매기〉 초연에서 니나Nina를 연
기한다. 짧은 시간 메이어홀드와의 작업을 통해 상업적으로나 비평적
으로나 주목할 만한 성과를 올린 것은 사실이지만, 그녀 또한 메이어홀
드와 입장의 차이를 보인다. 그녀의 입장에서 연기할 만한 역할은 애당
초 메이어홀드의 관심이 아니었기 때문이다.

페트로그라드에 새로운 거점을 확보한 메이어홀드는 일본의 가부
키나 이탈리아의 코메디아 델 라르테, 중국이나 스페인의 연극, 구성
주의constructivism, 가면, 회전무대, 마술, 신비주의 등으로부터 영감을
받아 자신의 무대 예술에 대한 비전을 발전시킨다. 그는 육체의 기본
적인 반응 능력을 갖고 있는 누구라도 연기자가 될 수 있다고 생각하
는데, 일종의 연기 훈련의 방법론으로 바이오메카닉스biomechanics란
용어를 창안한다. 바이오메카닉스라 하면 감정을 영혼과 분리시키면
서 육체에 무게중심을 놓고 몸과 마음의 연결 통로를 여는 방식이라
고 정리해볼 수 있다.

메이어홀드는 연기 훈련에 대한 자신의 방법론을 자기보다 20년 연하의 지나이다 라이히에게 적용한다. 메이어홀드가 이끄는 실험 연극 워크숍에 참여하면서 메이어홀드를 알게 된 그녀는 연기에 아무런 실제적 경험이 없었으나, 1922년 메이어홀드와 결혼한 이래 메이어홀드 극단의 중심 연기자가 된다. 그녀에게 악감정을 품고 있던 한 비평가는 다음과 같이 말한다.

"연기에 숙맥인 어떤 여자라도 위대한 연기자가 될 수 있다. 단지 남편이 메이어홀드이고, 관객이 바보라면 말이다."

라이히와 결혼한 메이어홀드는 항상 그녀의 역할을 염두에 두며 작품을 쓴다. 필요하면 역할을 그녀에게 맞추기까지 했다. 1923년부터 1939년까지 연기자 지나이다 라이히는 메이어홀드의 작품세계에 깊숙이 관여한다. 1939년 라이히는 소비에트의 비밀경찰NKVD에 의해 살해된 것으로 보인다. 그 얼마 후 메이어홀드 역시 1939년 소비에트의 전국 연출가 총회에서 스탈린의 사회주의 리얼리즘을 호되게 비난한 후 흔적 없이 사라졌다. 지나이다 라이히의 전남편은 시인 세르게이 예세닌Sergey Yesenin(1895-1925)이다. 메이어홀드는 라이히를 만나고 부인 올가와 25년간의 결혼 생활을 청산한다.

지나이다 라이히

러시아의 연기자이자 연출가 예브게니 박탄고프Yevgeny Vakhtangov(1883-1922)는 1922년 스탈린이 당서기장이 되던 해에 세상을 떠난다. 스탈린식 공포정치의 시작을 대략 1926년경으로 보면, 몇 년 사이로 라이히와 메이어홀드가 겪은 박해는 피할 수 있었지만 그의 삶은 고통스러운 병마와의 치열한 싸움의 현장이었다.

예브게니 박탄고프

스타니슬라프스키의 충실한 제자였던 박탄고프는 모스크바 예술 극장에서 무미 건조한 사실적 재현과 전위적 실험 예술의 곡예적 현란함 사이에서 균형을 찾는 작업에 몰두한다. 그가 연출한 스트린드베리의 〈에릭 14세〉와 이디시Yiddish 작가 숄렘 안스키Sholem Anski의 〈악령Dybbuk〉은 관객들을 동요시키는 강력한 작품들이다.

암으로 고통 받던 박탄고프가 생의 마지막 작품으로 카를로 고찌의 〈투란도트〉를 준비할 때, 그는 털옷으로 몸을 감싸고 머리에는 젖은 수건을 두른다. 그가 감수한 엄청난 신체적 고통과 러시아의 혼돈스런 정치적 상황 속에서도 무대에 올린 그의 작품은 생명력과 환희의 찬가이다. 〈투란도트〉를 무대에 올린 그는 세 달 후에 세상을 떠난다.

메이어홀드와는 달리 박탄고프는, 무대가 현실이나 사실보다는 진실을 찾는 공간이라면 그 중심작용은 당연히 연기자에게 있다고 생각한다. 모든 불필요한 연극적 장치가 제거된 무대에 여전히 남아 있는 것은 연기자의 살아 숨 쉬는 육체와 어디에도 고착되지 않은 영혼이다. 누구도 억지로 연기자에게 스타니슬라프스키의 심리적 일관성이나 메이어홀드의 물리적 극장성theatricality을 주입할 수 없다.

체홉의 조카이자 스타니슬라프스키의 뛰어난 제자였던 미하일 체홉Mikhail Aleksandrovich Chekhov(1891-1955)은 박탄고프의 후배이자 동료였다. 작가나 연출의 틀에 갇히지 않는 연기자의 적극적 작용에 방점을 찍는다는 점에서 미하일 체홉은 박탄고프와 뜻을 같이 한다. 1921년 박탄고프가 연출한 스웨덴의 극작가 스트린드베리August Strindberg(1849-1912)의 〈에릭 14세Erik XIV〉에서 미하일 체홉은 알코올 중독이나 이혼 같은 일상적 삶의 곡절들을 이겨내고 좀 더 영적인 차원의 문을 여는 인상적인 연기를 선보인다.

박탄고프의 죽음 이후 독일로 넘어간 미하일 체홉은 연기에 있어 무의식의 통로를 여는 한 가능성으로 "심리학적 몸짓Psychological Gesture"이란 아이디어에 착안했다. 이 아이디어로부터 일련의 신체적 몸짓과 관련된 기억들을 통해 무의식에 접근한다는 일종의 연기방법론이 전개된다. 그는 이 방법론을 들고 독일에서 다시 영국으로, 그리고 영국에서 미국으로 건너간다. 미국에서 새롭게 웅지를 튼 미하일 체홉은 존경받는 연기교사이자 연기자로 삶을 마감한다. 안소니 퀸Anthony Quinn, 잭 팔란스Jack Palance, 마릴린 먼로Marilyn Monroe, 율 브린너Yul Brynner, 클린트 이스트우드Clint Eastwood 또는 로버트 스탁Robert Stack 등의 연기자들이 그의 연기방법론 덕을 크게 보았다고 전해진다.

1921년 〈에릭 14세〉에서
미하일 체홉

연기 예술의 역사에서 연출가나 극작가 남편과 연기자 부인 사이의 생산적인 상호관계는 안톤 체홉과 올가 끄니페르나 메이어홀드와 지나이다 라이히의 경우에서 볼 수 있는 것처럼 그렇게 드문 일이 아니다. 노벨 문학상 수상작가인 이탈리아의 극작가 루이지 피란델로Luigi Pirandello(1867-1936)와 연기자 마르타 아바Marta Abba(1900-1988)와의 관계도 예외는 아니지만, 이 경우는 조금 특별하다.

마르타 아바는 이탈리아의 여성 연기자로, 그녀는 무엇보다도 30년 이상 나이 차이가 나는 피란델로와의 관계로 유명하다. 25세의 그녀가 58세의 피란델로를 만났을 때 피란델로의 아내는 정신병원에 입원 중인 상태였다. 아내에 대한 배려와 이혼을 허락하지 않는 가톨릭의 규범을 받아들인 피란델로는 마르타 아바와의 동반자적 관계를 작품을 통해 생산적으로 승화시킨다.

피란델로의 작품세계는 그의 가정사적 비극과 밀접한 관계가 있어 보이는 자아의 모호함에 대한 에피소드들로 가득 차 있다. 여기에 종교나 윤리 등의 사회적 규범들이 복잡하게 뒤엉켜 불확정성의 부조리함을 창출한다. 피란델로는 역할이라는 가면을 쓸 수밖에 없는 인간의 상황을 연민과 따스함의 시선으로 바라본다. 결국 가면을 벗을 때 딸려 나오는 신경의 가닥들도 쉽게 처리할 수 있을 성격의 것들이 아니기 때문이다.

마르타 아바가 피란델로에게 보낸 편지들은 삶에 지친 피란델로에게 새로운 창작에의 열정을 불러일으키며, 작가로서 자신의 작업에 대한 확신을 심어준다. 로마 예술극장Rome Arts Theater의 뛰어난 연기자였던 그녀는 선배 연기자 엘레오노라 두세Eleonora Duse(1858-1924)의 은퇴에 실망한 피란델로에게 이상적인 작업의 파트너였다. 그는 그녀를 위해 많은 역할들을 창조한다.

마르타 아바

1930년 그녀는 자신의 극단을 창단해 막스 라인하르트Max Reinhardt
나 귀도 살비니Guido Salvini 같은 유능한 연출가들과 함께 피란델로를 위
시한 유럽의 뛰어난 작가의 작품들을 무대에 올린다. 피란델로의 〈당신
의 뜻대로Come Tu Mi Vuoi〉는 오로지 마르타 아바를 위해 쓴 대표적인
작품 중의 하나이다.

1936년 피란델로의 죽음 이후 그녀는 미국으로 건너가 브로드웨이
무대와 1937년 영화 〈진정한 사랑Loyalty of Love〉에 출연한다.

3 1907년

아우구스트 팔크, 스톡홀름에 소극장 인티마 테아턴을 세우다

아우구스트 스트린드베리August Strindberg(1849-1912)는 19세기에서 20세기를 건너는 시기에 치열한 작가적 삶을 살다간 스웨덴의 극작가이자 소설가이다.

스트린드베리는 1888년에 발표한 〈줄리 아가씨Fröken Julie〉 서문에서 프랑스 작가 에밀 졸라의 자연주의에 경도된 자신의 입장을 분명하게 드러내지만, 20세기로 넘어오면서 점점 그의 작품은 불가해한 상징주의적 경향과 음양이 강렬하게 교차하는 표현주의적 성격을 띤다. 1901년 화가 칼 라손Carl Larsson에게 보낸 편지에서 스트린드베리는 다음과 같이 쓴다.

"내게 인생은 갈수록 꿈과 같아지고 설명이 불가능해집니다. 아마도 죽어야 정말로 태어날 겁니다."

스트린드베리는 어릴 때부터 하녀의 아들이라는 자의식이 강렬하여, 신분의 차이가 두드러졌던 첫 번째 결혼은 순탄치 못하게 마무리

시리 폰 에센

되었는데, 그 과정에서 스트린드베리는 여성에 대한 극단적인 증오와 집착의 양면을 보인다. 그로 인해 세 번의 결혼은 모두 파국으로 끝났으며, 세 부인 중 첫째와 셋째 부인이 연기자였다. 실제로 스트린드베리 자신이 연기자를 꿈꾸었다고도 한다.

스트린드베리의 첫 번째 부인 시리 폰 에센Siri von Essen(1850-1912)은 스웨덴계의 핀란드 여인으로, 이미 남작의 부인이었다가 이혼하고 1877년 스트린드베리와 결혼한다. 연기자가 되고 싶었던 시리는 스트린드베리를 통해 그 꿈을 이룬다. 스트린드베리는 여러 작품들을 통해 그녀의 역할을 창조한다. 무대의 일선에서 물러난 뒤 그녀는 유능한 연기교사가 된다. 그녀의 학생 중에 마르타 헤드만Martha Hedman(1883-1974)이 있었는데, 후에 헤드만은 미국으로 건너가 데이비드 벨라스코 등과 함께 브로드웨이에서 작업한다.

1907년 〈몽환극〉
초연무대에서 하리에트 보세

두 번의 결혼에 실패한 스트린드베리는 보통 '드라마텐Dramaten'이라 부르는 스톡홀름 왕립극장의 무대에서 이국적인 풍모의 노르웨이 출신 젊은 연기자 하리에트 보세Harriet Sofie Bosse(1878-1961)에게 매혹되었고, 1901년 51세의 나이에 22세의 하리에트 보세와 결혼한다. 이 시기에 스트린드베리는 왕성한 창작의욕을 발휘하여 〈다마스쿠스를 향하여Till Damaskus〉나 〈죽음의 춤Dödsdansen〉 또는 〈몽환극Ett Drömspel〉 같은 후기의 문제작들을 쏟아냈다.

그러나 이 결혼도 스트린드베리의 격렬한 질투로 2년 만에 파국을 맞는다. 독특한 개성과 작가적 권위의 소유자인 스트린드베리의 명성과는 상관없이, 하리에트 보세는 연기자로서 독립적인 자신의 길을 걸어간다.

1906년 순회극단을 이끌던 스웨덴의 젊은 연기자 아우구스트 팔크 August Falck(1882-1938)는 스트린드베리의 〈줄리 아가씨〉 스웨덴 초연 무대로 커다란 성공을 맛본다. 그 성공에 힘을 얻은 그는 스톡홀름에 자신의 극장을 마련할 계획을 세운다. 문제는 자금이었는데, 스트린드베리가 팔크의 계획에 관심을 갖고 자금 지원을 약속한다.

1907년에 스트린드베리는 1906년 막스 라인하르트가 베를린에 세운 소극장Kammerspiel Haus에 깊은 인상을 받아 네 편의 실내극kammerspiel, 〈돌풍Oväder〉, 〈불 타버린 곳Brända tomten〉, 〈유령소나타Spöksonaten〉 그리고 〈펠리칸Pelikanen〉을 쓴다. 스트린드베리가 스웨덴 작가 아돌프

1908년 〈줄리 아가씨〉에서 아우구스트 팔크

파울Adolf Paul(1863-1943)에게 보낸 편지에 따르면, 이 실내극들은 거침없는 상상력과 새로운 비전으로 충만한 소수의 인원으로 커다란 주제를 피하면서, 관객에게 가깝게 다가가는 듯한 형식을 취하고, 그러면서도 관찰과 경험 그리고 철저한 연구에 입각한 섬세함을 통해 단순하지만 결코 순진하지는 않은, 꼭 5막일 필요도, 스펙터클한 기계 장치도 필요 없는 그런 무대를 필요로 한다.

따라서 스트린드베리에게도 이러한 의도들을 현실화할 수 있는 소극장이 필요한 시점이었으며, 이렇게 해서 1907년 스톡홀름에 스트린드베리 전용극장으로 소극장 인티마 테아턴Intima teatern이 탄생한다.

스트린드베리는 팔크에게 편지를 보내 극장 운영에 관한 8가지 지침을 전달하는데. 이는 다음과 같다: 1) 술 금지 2) 일요일 휴관 3) 중간 휴식 없는 짧은 공연 4) 앙코르 금지 5) 좌석 수 160석으로 제한 6) 프롬프터, 오케스트라 금지. 음악이 필요하면 무대 위에서 연주할 것 7) 매표소와 로비에서 대본 판매 8) 여름 시즌 활성화.

이 지침들에서도 분명하게 나타나지만, 스트린드베리에게 극장은 무슨 사교공간이 아니라 진지한 연기자들과 진지한 관객들이 진지한 작품으로 만나는, 그 외에는 어떤 군더더기도 필요 없는 공간이었다.

1907년 가을 개관작품 〈펠리칸〉은 커다란 성공을 거두지만 극장은 1908년에 벌써 자금난에 부딪혔고, 팔크는 유력자들에게 재정적 도움의 손을 내밀어야 하는 지경에 이른다. 급기야 1910년에는 극장이 파산해 개점휴업 상태로 들어가고, 1912년 스트린드베리의 죽음과 함께 최종적으로 문을 닫는다.

극장이 문을 연 4년 동안 스트린드베리의 작품 25편이 인티마 테아턴의 무대에 올랐으며, 이 중 6편이 초연이었다. 극장에 소속된 연기

자는 10명에서 15명 정도였는데, 일부는 드라마텐 연기학교 졸업생이
고, 일부는 여러 순회극단들에서 스카우트한 젊은 연기자들이었다. 아
우구스트 팔크는 동료 연기자였던 부인 만다 뵐링Manda Björling(1876-
1960)과 함께 제2의 인티마 테아턴의 문을 열지만, 곧 손을 떼고 다시
순회공연의 삶으로 돌아간다. 정작 스트린드베리는 인티마 테아턴의
무대에 불만이 많았던 것 같다.

　스트린드베리의 후기 작품들 속에 내포된 미묘한 상징주의적 측면
은 앞으로도 오랫동안 무대화하기가 만만치 않은 연기적 도전이겠지
만, 또 다른 측면인 강렬한 표현주의적 경향의 무대는 스웨덴에서보
다는 독일에서 벌써 그 연기적 실천을 경험하고 있었다.

　스트린드베리의 영향을 강하게 받은 독일의 극작가이자 연기자 프
랑크 베데킨트Frank Wedekind(1864-1918)는 1890년대 중엽 스위스 취리
히에서 스트린드베리와 만난다. 그 만남에서 스트린드베리의 두 번째
부인이던 프리다 울Frida Uhl과 관계를 맺어, 그 사이에서 프리드리히
스트린드베리Friedrich Strindberg란 아들이 태어나지만, 스트린드베리와
의 인연은 그런 혈통적인 것 말고도 베데킨
트의 작업에서 작품으로 잉태된다.

　젊은 시절 베데킨트는 의사인 아버지와
연기자였던 어머니 사이에서 삶의 의미 없
음을 혹독하게 겪는다. 한동안 그는 헤어조
크Herzog란 순회 서커스단에서 때론 비서로,
때론 연기자로 일하기도 했는데, 이런 경험
들과 무관치 않게 그는 무대에서 특히 섹스
나 폭력 등과 관련된 삶의 극단적인 양상들

프랑크 베데킨트

을 그로테스크하게 드러냄으로써 중산층 관객들을 불편하게 하는 일
련의 표현 방식들을 통해 표현주의적 연기를 시도한다. 그는 1898년
풍자 주간지 〈짐플리치시무스Simplicissimus〉에서 독일 황제 빌헬름 2세
를 모욕한 벌로 6개월간 감옥에 갇히기도 한다.

베데킨트는 1895년에 발표한 〈땅의 정령Erdgeist〉과 1904년에 발표
한 그 후속작 〈판도라의 상자Die Büchse der Pandora〉에서 전형적인 팜프
파탈femme fatale인 룰루Lulu라는 캐릭터를 창조하는데, 이 캐릭터는 그
후 영화나 오페라 등에서 수시로 재창조된다. 또한 베데킨트는 영국
을 공포로 떨게 한 살인범 잭 더 리퍼Jack the Ripper를 직접 무대에서 연
기하기도 한다. 베데킨트 말년의 무대에는 범죄자들과 창녀들과 변태
성욕자들이 들끓는다. 베데킨트는 독일의 극작가이자 연출가 베르톨
트 브레히트Bertolt Brecht(1898-1956)의 서사극epic theatre에도 커다란 영
향을 미친다.

독일에서 프랑스의 자유극장Théâtre Libre에 해당하는 자연주의적 작
업은 1889년 베를린에서 설립된 자유무대Freie Bühne에서 비롯한다.
베를린의 자유무대는 베데킨트를 포함한 많은 젊은이들을 열광시킨

막스 라인하르트

다. 이렇게 대두한 자연주의적 경향에서
프랑스의 앙드레 앙뚜안느와 같은 역할을
담당한 이가 오토 브람Otto Brahm(1856-
1912)이다. 브람은 자유무대의 첫 번째 작
품으로 입센의 〈유령〉을 선택했다. 같은
해 무대에 올린 하우프트만의 〈해뜨기 전
Vor Sonnenaufgang〉은 그 사실주의적 묘사로
인해 지금까지 베를린 연극계가 경험하지

못한 소요를 야기한다.

도이치 극장Deutsches Theater의 책임을 맡게 된 브람은 오스트리아의 잘츠부르크에서 젊은 연기자 막스 라인하르트Max Reinhardt(1873-1943)를 베를린으로 불러왔다. 그러나 아이러니하게도 라인하르트는 브람이 자신의 삶을 걸어 쌓아올린 자연주의적 경향의 연극에 반기를 들고 표현주의적 연극의 기수가 된다. 스트린드베리도 그랬듯이, 자연주의로부터 표현주의 쪽으로 방향을 튼 베데킨트와 의기투합한 라인하르트는 점차로 무대에서 연극적 환상을 무너뜨리는 새로운 연출기법을 들고 나온다.

베데킨트와는 대조적으로 온건한 성품이었던 라인하르트는 현대적인 의미에서 연출이 중심이 된 총체적 연극 작업을 선구하는데, 이러한 작업은 그와 연기자들 간에 형성된 상호 존경에 바탕을 둔다. 라인하르트는 1933년 괴벨에게 보내는 강경한 편지와 함께 도이치 극장을 나찌의 손에 넘기고 1938년 미국으로 망명한다.

약한 목청을 극복하는 과정에서 다양한 연기에 능통하게 된 독일의 연기자 알베르트 바써만Albert Bassermann(1867-1952)은 라인하르트에게서 영감을 받아 메피스토펠레스나 리어왕, 또는 샤일록 등을 표현주의적으로 연기함으로써 관객들의 뇌리에 공포의 충격을 남긴다. 나치를 피해 미국으로 건너간 그는 영화 작업에도 참여했다.

1919년 영화 〈칼리가리 박사의 밀실Das Kabinett des Dr Caligari〉에서 강렬한 표현주의적 연기를 선보인 독일의 연기자 베르

알베르트 바써만

베르너 크라우스

너 크라우스Werner Krauss(1884-1959)는 라인하르트와도 함께 작업했다. 그러나 그는 2차 대전 시 반 유대인 영화 등에서 나치에 협력한 혐의로 종전 후 군사 재판에 회부된다.

지그프리트 크라카우어Siegfried Kracauer(1889-1966)란 독일의 학자는 인간과 세계의 어두운 측면들이 적나라하게 드러나는 표현주의적 경향이 유독 두드러진 성과를 보인 독일의 사회적 배경에서 머지않아 등장할 나치의 조짐을 본다. 크라카우어에게 표현주의는 현실의 반영이라기보다는 진실의 왜곡이다. 어떤 의미에서 표현주의는 1차 세계 대전의 지옥을 경험한 모든 나라들에 보편적인 현상일 수도 있다.

한편 독일 연기자 빌 카드플리크Will Quadflieg(1914-2003)는 1960년대 동료 연기자 마리아 벡커Maria Becker(1920-)와 함께 샤우슈필트루페Schauspieltruppe 유랑극단을 조직해 특히 스트린드베리의 알려지지 않은 작품들을 발굴해 무대에 올린다.

4 1908년

페이 형제,
프랭크 페이와 윌리엄 페이, 더블린을 떠나다

모드 곤Maud Gonne(1866-1953)은 아일랜드
의 독립투사이자, 여성주의자이며, 연기자
이다. 그녀는 무엇보다도 아일랜드의 작가
이자 1923년 노벨상 수상자인 윌리엄 예
이츠William Butler Yeats(1865-1939)가 몸살 나
게 사랑했던 여인으로 기억된다.

모드 곤

사실 그녀가 얼마나 예이츠의 작품에 영
감의 근원으로 작용했는지는 모르지만, 연
기자로서 그녀를 기억하는 사람은 거의 없다. 그녀의 주된 관심은 영
국으로부터 아일랜드의 독립이었으며, 그녀가 예이츠에게 기대했던
것도 그 점에서 작가의 역량이었다. 그러나 작가로서 예이츠 작업의
핵심은 정치적이라기보다는 오히려 초월적인 성격의 것이었다.

1889년에 처음 모드 곤을 만난 예이츠는 곧 사랑에 빠진다. 하지만
곤에게는 이미 루시앙 밀르부와이예Lucien Millevoye란 정치가 애인이
있었으며 그와의 사이에서 두 아이를 낳았는데, 훗날 예이츠는 그중

살아남은 이죄 곤Iseult Gonne에게 청혼했다가 거절당한다. 예이츠가 52세, 이죄 곤이 23세 때의 일로, 2대에 걸친 사랑의 집념을 보여준다. 이죄 곤은 시인 에즈라 파운드Ezra Pound와도 관계를 맺었다가, 26세 때 18세의 젊은 소설가 프랜시스 스튜어트Francis Stuart와 결혼한다.

모드 곤에게 문화는 곧 정치였다. 영국으로부터 정치적으로 독립한다는 것은 동시에 문화적인 독립을 의미한다. 따라서 모드 곤에게 아일랜드의 문화적 전통을 유지한다는 것은 정치적 독립의 의지이기도 했다. 이런 의미에서 모드 곤에게 문화는 곧 전쟁이었다. 남성들이 지배하던 아일랜드 독립 운동권에서 모드 곤을 포함한 일부 여성들은 경우에 따라서는 성가신 존재였다.

1902년 모드 곤은 그레고리 부인Isabella Augusta Gregory(1852-1932)과 함께 작업한 예이츠의 작품 〈캐서린 니 훌리한Cathleen Ní Houlihan〉에서 타이틀 롤을 연기한다. 이를테면 아일랜드의 잔 다르크 이야기로, 그레고리 부인과 예이츠는 이 작품의 마지막 장면에서 모드 곤의 입을 빌려 아일랜드의 젊은이들에게 조국의 독립을 위해 목숨을 바치자고 열변을 토한다. 그러나 모드 곤에게 예이츠의 독립에 대한 의지는 충분히 민족주의적인 것이 아니었으며, 결국 모드 곤은 예이츠를 떠난다.

2년 후 그레고리 부인과 예이츠는 아일랜드의 독립을 향한 문화운동의 중요한 기관으로 더블린에 애비 극장Abby Theatre을 세운다. 애비 극장의 설립에는 세 가지 중요한 주춧돌이 있었다. 우선 첫째는 그레고리 부인, 예이츠 그리고 에드워드 마틴Edward Martyn이 1899년부터 주도한 아일랜드 문예극 운동Irish Literary Theatre이고, 둘째는 1894년 조지 버나드 쇼의 〈무기와 인간Arms and the Man〉 런던 공연에도 참여한 영국 여인으로 예이츠의 비서역을 자임하고 나선 애니 호니맨Annie

Horniman(1860-1937)의 재정적 지원이다. 연기 예술사적 맥락에서는 다음 세 번째가 중요한데, 그것은 윌리엄 페이William Fay(1872-1947)의 아이리쉬 내셔널 드라마틱 컴퍼니W. G. Fay's Irish National Dramatic Company라는 극단이다.

이 극단은 아일랜드의 연기자인 윌리엄 페이가 19세기가 저물 무렵 같은 연기자인 형 프랭크Frank Fay(1870-1931)와 함께 특히 젊은 연기자들을 양성할 목적으로 세운 것이다. 주로 예이츠나 레이디 그레고리 또는 존 밀링턴 싱John Millington Synge(1871-1909)의 작품들을 공연한 페이의 극단은 1902년, 앞에서 언급한 〈캐서린 니 훌리한〉도 무대에 올린다. 모드 곤의 열연에 힘입어 〈캐서린 니 훌리한〉은 대성공을 거두고, 이러한 성공이 직접적인 동인이 되어 페이의 극단을 주축으로 하고, 호니맨의 자금을 기반으로 한 애비 극장이 탄생한다.

서구의 고전 비극 대신 애런 군도Aran Islands의 게일어Gaelic English에서 시적 진정성을 추구한 이들의 작업은 곧 국제적인 주목을 받는다. 그들이 개척한 아일랜드 고유의 연기 스타일을 '애비적 연기 스타일the Abbey style of acting'이라 칭하는 사람도 있다. 특히 1900년대 초반 존 밀링턴 싱이 발표한 작품들은 애비 극장이 지향하는 아일랜드 문화운동의 정체성 형성에 중요한 역할을 한다. 그런데 싱이 1907년에 발표한 〈서방西方의 플레이보이The Playboy of the Western World〉가 커다란 소동을 야기하면서, 애비 극장은 위기를 맞는다.

무엇보다도 아일랜드 독립 운동권의 관점에서 애비 극장의 공연들이 충분히 정치적이지 못한데다가, 싱의 작품 속에서 구사된 비속한 언어에서 모욕감을 느낀 관객들이 객석에서 거칠게 항의하면서 비롯된 소동이었다. 공연 후반부는 서둘러서 무언극으로 마무리되었고,

〈심야의 탈출〉에서
윌리엄 페이

싱의 예정된 다음 작품 〈땜장이의 결혼식The Tinker's Wedding〉 공연은 무산되었다. 1926년 숀 오케이시Seán O'Casey(1880-1964)의 작품 〈쟁기와 별The Plough and the Stars〉이 애비 극장에서 공연될 때에도 비슷한 일이 벌어지는데, 이 소동으로 인해 오케이시의 다음 작품 공연이 무산되자, 오케이시는 런던으로 이민 가버린다.

1908년, 어떤 식으로든 이 사건의 여파로 애니 호니맨이 애비 극장을 떠나고, 페이 형제 역시 더블린을 떠나 미국으로 이민을 가버린다. 그동안 연극에 문학적 관심으로 접근했던 예이츠를 위시한 애비 극장의 지도부와 연극을 연기자의 공연예술로 파악한 페이 형제 사이에 적지 않은 충돌이 있었을 것이고, 이 사건을 계기로 그 충돌의 골이 메워지지 않을 만큼 깊어졌던 결과라 짐작된다. 결국 아일랜드가 처한 민감한 정치적 상황에서, 정치적이라기보다는 문화적 민족주의의 성격이 강한 페이 형제가 단호하게 손을 들고 나와버린 것이다.

윌리엄 페이는 1914년 영국으로 돌아와 무대와 영화에서 연기 작업을 계속한다. 1947년 아일랜드의 벨파스트Belfast를 배경으로 벌어지는 이야기인 캐롤 리드Carol Reed 감독의 〈심야의 탈출Odd Man Out〉에서 신부 탐Tom 역을 맡은 윌리엄 페이는 오랜만에 애비 극장의 옛 동료들과 함께 호흡을 맞춘다.

사라 베르나르,
영화에서 햄릿을 연기하다

1908년 더블린을 떠난 페이 형제가 미국에서 주목한 것은 영화였다. 특히 윌리엄 페이의 주된 관심이었던 연기의 대중적 가능성에 있어서 영화는 매력적인 매체였다.

1894년 미국의 에디슨, 그리고 1895년 프랑스의 뤼미에르 형제에 의해 개발된 영화는, 1910년경에 이르면 초기 활동사진의 수준에서 벗어나 서서히 예술적 잠재력을 드러내기 시작한다. 물론 이 시기 영화의 예술적 잠재력은 아직 상당 부분 연극의 영상화라는 고정관념의 틀에 머물러 있었다. 이런 맥락에서 프랑스 연기자 샤를르 르 바르지 Charles Le Bargy(1858-1936)와 사업가 폴 라피트Paul Lafitte는 1907년 필름 다르Film d'Art란 영화사를 세웠고, 1908년 〈기즈공公의 암살La MORT DU DUC DE GUISE〉이 커다란 성공을 거두면서 연극의 영화화에 대한 일련의 시도들이 전개된다.

프랑스의 여성 연기자 사라 베르나르Sarah Bernhardt(1844-1923)는 1910년 〈햄릿의 결투〉라는 2분짜리 영화에 출연한다. 대사의 녹음과 몸짓의 촬영이 동시에 이루어진 초기 실험작 중의 하나였다. 베르나

사라 베르나르

르는 연극의 영화화를 시도한 개척자적 연기자 중의 한 명이다. 그녀는 모두 열 편의 영화를 남기는데, 그중 두 편은 일상에서 자신의 모습을 담은 것이었다.

1910년이면 베르나르의 나이가 60이 넘었을 때이지만, 어쨌든 남아 있는 영화들을 통해 연기자로서 전성기 때의 사라 베르나르의 모습을 짐작할 수 있다. 하긴 사라 베르나르의 경우라면 삶 전체가 그녀의 전성기라고 이야기할 수도 있다. 1899년 나시옹 극장 Théâtre des Nations을 인수해서 사라 베르나르 극장Théâtre Sarah - Bernhardt 으로 탈바꿈시킨 그녀는 세상을 떠날 때까지 언제나 무대의 중심에서 스포트라이트를 받는다.

그녀의 출생 배경과 성장 과정은 확실치 않다. 그러나 어쨌든 그녀는 콩세르바투와르를 거쳐 코메디 프랑세즈에 입단했다가 일 년 만에 걷어치우고 나와버리는데, 이러한 격렬함은 그녀의 삶 전체를 일관한다. "까짓 것Quand Même"은 그녀의 삶에 있어 좌우명과도 같다. 그녀는 20년 정도 나이 차이가 나는 영국의 연기자 패트릭 캠프벨의 가까운 친구이기도 했다.

코메디 프랑세즈를 나온 사라 베르나르는 오데옹 극장Théâtre de l'Odéon으로 옮겨 낭만주의적 경향의 부활에 일조한다. 그 절정은 1872년 위고의 〈뤼 블라스Ruy Blas〉에서 베르나르의 눈부신 열연이었는데, 스페인 왕비의 역할에 잘 녹아 들어간 그녀의 시적 감성과 음성이 관객들을 매료시킨다. 다시 코메디 프랑세즈로 돌아간 그녀는 1874년 〈페드르Phèdre〉에서 선배 연기자 라셸의 전설적인 연기에 사실적 심리주의의 방식으로 도전한다. 그림과 조각, 기구 여행 등의 모험과 함께 그녀는 유럽, 미국, 러시아, 오스트레일리아, 심지어 쿠바까지 순회공연을 떠난다. 특히 영국과 미국에서의 성공은 거의 열광에 가까운 것으로, "신성한 사라The Divine Sarah"라는 별칭을 얻는다.

그녀는 특히 뒤마 피스의 〈춘희〉에서 마르게리트Marguérite역할에 일가견이 있는데, 이것은 대중적인 극작가 사르두Victorien Sardou (1831 -1908)의 작품 〈토스카La Tosca〉에서 보여준 것처럼, 멜로드라마와 고전적 품격을 기묘하게 조화시키는 그녀의 연기적 특질에 기인한다. 뮈세의 〈로렌자치오〉나 〈햄릿〉에서 엿볼 수 있는 남자 역할의 사라 베르나르도 나름대로 특색이 있다.

사라 베르나르는 1905년 브라질의 리오 데 자네이루에서 〈토스카〉 공연 중 얻은 부상이 도져 1914년 오른쪽 다리를 절단하는 수술을 받았다. 그럼에도 그녀는 한쪽 다리만을 끌고 일흔아홉의 나이로 삶의 마지막 순간까지 연기에 몰두한다. 사라 베르나르 극장은 1928년 그녀의 죽음 이후에도 아들에 의해 관리되다가, 2차 대전시 독일군의 파리 침략 때 테아트르 드 라 시테Théâtre de la Cité로 명칭이 바뀐다. 베르나르의 혈통에 흐르는 유태인의 피 때문이었다.

인생의 마지막 순간까지 연기에 몰두하는 연기자의 모습은 아름답다. 네덜란드를 대표하는 연기자 루이스 부메스테르Louis Bouwmeester(1842-1925)는 역시 연기자였던 아버지의 인도 아래 아주 어린 나이에 연기를 시작한다. 1879년 네덜란드 국립극단에 합류한 그는 다음 해인 1880년 〈베니스

루이스 부메스테르

의 상인〉의 샤일록 역으로 세상을 놀라게 하는데, 이후 40여 년간 그는 샤일록을 2000번 넘게 공연한다. 1903년 자신의 할렘 극장Haarlem Theatre을 세운 그는 80살이 넘도록 유럽 전역을 무대로 활동한다.

루이스 부메스테르는 1909년부터 죽기 전 해인 1924년까지 네덜란드 영화의 발전에 한 역할을 담당한다. 드물지 않게 그는 영화 상연 전에 무대에 나와 관객들에게 직접 연기를 선보이곤 한다. 네덜란드에서는 매년 뛰어난 남성 연기자에게 그의 이름을 따라 루이스 상을 수여하고 있다.

연기자로서 사라 베르나르의 라이벌이라면 누구보다도 레잔느 Réjane(1856-1920)를 꼽을 수 있을 것이다. 사라 베르나르가 교양 층의 지지를 받았다면, 1875년 보드빌 극장Théâtre du Vaudeville에서 데뷔한 레잔느는 보드빌의 여왕으로 기층의 지지를 받았다. 파리 여인 특유의 생동감과 아름다움으로 그녀는 런던과 뉴욕의 관객들까지 사로잡는다.

보드빌이나 멜로드라마가 주 영역인 그녀의 대표작은 1907년 사르두와 모로Moreau의 〈마담 상-젠느Madame Sans-Gêne〉이지만, 중년의 그녀는 입센의 〈인형의 집〉에서 노라와 같이 좀 더 진지한 역할들에

레잔느

도전한다. 사라 베르나르와 마찬가지로 그녀도 영화에 커다란 관심을 보였다. 그리고 사라 베르나르처럼 그녀도 영화를 촬영하던 중에 삶을 마감한다. 세상을 떠나기 세 달 전 그녀는 레종 도뇌르la Legion d'Honneur 훈장을 수여받는다. 생전에 포르투갈 국왕의 선물인 노새 두필이 끄는 마차를 끌고 다니던 그녀를 가리켜, 그녀의 아들

은 다음과 같이 말한다.

"그녀와 비교하면 세상의 모든 여성은 어딘가 병들은 것처럼 보인다."

레잔느와 비슷한 시기에 이탈리아에서는 아델라이데 리스토리의 뒤를 이을 뛰어난 여성 연기자가 태어난다. 기차간에서 태어났다고도 하고, 호텔에서 태어났다고도 하지만, 어쨌든 엘레오노라 두세Eleonora Duse(1858-1924)는 순회극단 집안에서 태어났으며, 그녀의 가족 대부분이 연기자였다. 그녀는 네 살 때부터 빅토르 위고의 〈레 미제라블Les Misérables〉에서 어린 코제트의 역을 맡아 무대에 선다.

어릴 때부터 회초리를 맞아가며 무대에 섰던 그녀는 열넷의 나이에 베로나에서 줄레엣을 연기하던 중 갑자기 연기의 신비를 경험한다. 이를테면 입만 열면 모든 대사가 혈관의 피에 따뜻하게 데워져서 흘러나오는 느낌 같다고나 할까. 이것은 지금까지 멜로드라마 등에서 관객들이 접한 연기와는 근본적으로 다른 것이다.

나이 스물에 그녀는 엘렉트라든 오필리아든 어느새 웬만한 역이면 별 어려움 없이 소화해낼 수 있는 직업적 연기자가 되어 있었다. 특히 에밀 졸라의 〈테레즈 라캥Thérése Raquin〉에서 타이틀 롤을 맡은 그녀의 연기는 관객들의 열광적인 환호를 받는다. 지금까지 관객들은 한 여자의 고뇌를 그토록 실감나게 연기한 연기자를 무대에서 본 적이 없었다. 그러나 두세는 순회극단의 멜로드라마적 연기에 싫

엘레오노라 두세

증이 날 대로 난 상태여서 연기를 그만 접을 생각을 한다. 그 당시는 가족들의 죽음으로 이미 극단은 해체되고, 그녀는 부평초처럼 이 극단 저 극단을 헤매던 상황이었다.

그러다가 1882년 사라 베르나르의 연기를 접한 그녀는 베르나르에게서 연기적 영감을 받는다. 심기일전한 그녀는 소小 뒤마의 작품들을 포함한 일련의 공연에서 보인 탁월한 연기로 프랑스의 관객들을 매료시킨다. 그러나 그녀의 개인사적 삶은 순탄치가 않아, 그녀는 사랑, 임신, 이별, 유산, 죽음, 동료 연기자와의 결혼, 이혼, 또 다른 동료 연기자와의 사랑 등 삶의 온갖 우여곡절들을 거친다. 1885년 남미 순회공연에서 돌아온 그녀는 1886년 자신의 극단 드라마티카 콤파냐 델라 치타 디 로마Dramatica Campagnia della Citta di Roma를 세웠다.

1887년 시인 아리고 보이토Arrigo Boito를 만난 그녀는, 그에 의해서 또 다른 차원의 예술적 감수성의 영역으로 진화한다. 작은 몸집이지만, 강렬한 표현력이 돋보이는 그녀의 연기는 진정성과 단순성으로 빛난다. 그녀는 본능적으로 연기에서 자신의 에고ego를 죽이고 자기의 역할을 내면에서 체화한다. 그녀는 자신의 극단을 이끌고 이탈리아와 프랑스는 물론이고 오스트리아, 독일, 영국, 이집트, 벨기에, 포르투갈, 미국 등을 순회했다. 1890년 러시아 공연에서 체홉은 그녀의 표현력에 탄복한다.

1894년 그녀는 젊은 작가 가브리엘 단눈치오Gabriel D'Annunzio(1863-1938)를 만나 사랑에 빠진다. 그녀와 단눈치오는 이탈리아 연극에서 다시금 시를 회복시키려는 데 의기투합하며, 단눈치오의 작품은 그녀의 연기에 새로운 생기를 부여한다. 그러나 점차 단눈치오는 그녀의 신뢰를 배반한다. 결국 단눈치오는 여러 해 전 그녀에게 연기적 영감을 불어넣었던, 그녀의 우상이자 경쟁자 사라 베르나르에게 작품을 준다. 단눈치오는 1900년 소설 〈삶의 불꽃Il fuoco〉에서 자신의 입장에서 바라본 두세와의 관계를 묘사했다.

거듭되는 단눈치오의 배신에 상처를 받은 두세는 시선을 입센으로 돌려 〈인형의 집〉에서 노라, 〈로스메르스홀름〉에서 레베카 베스트, 〈바다에서 온 여인Fruen fra Havet〉에서 엘리다를 눈부시게 무대에 올린다. 특히 〈헤다 가블러Hedda Gabler〉에서 타이틀 롤을 맡은 그녀의 신들린 연기에 그 작품을 썼던 극작가 입센이 오히려 당황할 정도였다고 한다. 사실 그녀는 말년의 입센 자신이 추구하던, 일상성 너머에서 좀 더 아름답게 불타는 무엇인가를 입센보다 더 치열하게 갈구하고 있었는지도 모른다.

연기자로서 외모보다 내면의 가치를 더 중요하게 생각한 그녀는 끊임없이 이상과 진실을 추구한다. 연기자가 연기의 완성을 추구하기에는 너무 인위적이고 세속적인 틀에 갇혀 있는 현대의 극장은 그녀에게는 성이 차지 않는다. 좀 더 자연에 가까우면서도 인간을 초월적으로 고양시키는 연기를 꿈꾼 그녀는, 1909년 건강상의 이유로 갑자기 은퇴를 선언한다.

사라 베르나르나 레잔느와는 달리 두세는 영화의 가능성에는 별로 반응하지 않았다. 1차 대전의 여파로 경제적 어려움에 부딪친 그녀는 1916년 한 편의 영화에 출연한 후, 1921년 무대로 돌아온다. 언제나 엠마 그라마티카 같은 젊은 연기자들에게 기회를 주고 싶어 한 그녀는 1924년 미국 순회공연 중 눈을 감는다. 그녀의 유해와 함께 이탈리아로 돌아온 연기자는 이탈리아 젊은 세대 연기자를 대표하는 메모 베나시Memo Benassi(1891-1957)이다.

1907년 〈연극에 대한 단상들Dramatic Opinions and Essays〉에서 두세의 연기에 대해 언급한 영국의 극작가 조지 버나드 쇼에 따르면, 두세는 끊임없이 변화하며 다양하면서도 우아한 움직임 속에서 결코 한 점의 어색한 순간도 남기지 않는 환상적인 연기자였다. 배역에 따라 변하는 걸음걸이나 분장 없이도 순간적으로 뺨에 드러나는 홍조 같은 기술적인 능통함 때문만이 아니라, 역할이 내뱉은 대사 너머에서 그 역할의 영혼에 대해 어쩌면 작가보다도 훨씬 더 많은 것을 알고 있는 통찰력 때문에 그렇다. 한 마디로 두세의 연기는 "more than 'naturalistic' acting", 즉 자연스러움을 초월한다. 그래서 누군가는 사라 베르나르가 "어떤 배역을 맡든지 언제나 무대에서 자신의 개성을 드러내기 위해 애쓴 기교파" 연기자였던 반면에, 엘레오노라 두세는 "각각의 배역을 나름대로의 개성을 살려 연기한" 연기자였다고 비교하기도 한다.

하지만 연기자로서 그들의 개성이야 어떠했든, 그들이 모두 풍부한 재능과 감출 수 없는 정열로 마지막 순간까지 무대와 스크린에서 자신을 불태운 연기자들이었다는 점에서는 많은 사람들이 대체로 뜻을 같이 한다.

6
1913년

자크 코포,
비외 콜롱비에르 극장을 세우다

자크 코포

프랑스의 연기자이자 연출가인 자크 코포Jacques Copeau(1879-1949)는 1913년 젊은 연기자들을 키워내는 비외 콜롱비에르 극장Théâtre du Vieux - Colombier을 세워 뤼네 포나 제미에르보다 좀 더 절실하게 전통적인 재현적 연극에 정면으로 충돌하는 새로운 연극을 꿈꾼다. 여기에는 연기와 연출에 탁월한 능력을 갖춘 샤를르 뒬랭Charles Dullin(1885-1949)이나 루이 주베Louis Jouvet(1887-1951) 등이 함께 참여했다. 코포에게 이 충돌은 새로움을 위한 새로움이 아니라 허울만 번지르르한 껍데기뿐인 연극의 케케묵은 관습과 결별하기 위해 어쩔 수 없이 치러야 하는 필수불가결한 과정이었다.

현대 연출의 아버지라 불리기도 하는 코포가 추구하는 연기는, 고든 크레이그나 아돌프 아피아Adolphe Appia(1862-1928)의 영향하에 단순한 무대에서 분위기를 창출하는 조명과 함께 전개되는 꾸밈을 배제한 몸짓이다. 코포는 진실한 신념의 연기자가 상업적 의도를 배제한 채 무대에서 연기하는 절대 순수의 몸짓은 모든 인류에게 절실한 호소력을 발휘할 거라 믿었다.

비외 콜롱비에르 극장의 무대에서 셰익스피어나 몰리에르 같은 고전극을 위시해서 폴 클로델Paul Claudel(1868-1955)의 현대극에 이르기까지 다양한 공연을 통해 무대와 객석의 일체감을 지향한 그는, 그러한 일체감을 성취하려면 무엇보다도 연기자의 역할이 중요하다고 생각하여 연기자 양성에 주력한다. 1924년 그는 젊은 연기자들과 함께 부르고뉴Bourgogne 지방으로 이동한다. 코피오Les Copiaux라 불린 그의 단원들은 부르고뉴의 농부들과 함께 밭에서 생활한다. 코포의 극단은 훗날 미셸 생 드니Michel Saint-Denis(1897-1971)가 이어받는다.

프랑스의 소설가 알베르 까뮈Albert Camus(1913-1960)는 다음과 같이 말한다.

"프랑스 연극의 역사는 코포 이전과 코포 이후의 두 시기로 나뉜다."

조르쥬와 루드밀라 피토에프

코포만큼이나 근본적으로 연극을 개혁하려는 야심에 찬 조르쥬 피토에프Georges Pitoëff(1884-1939)는 러시아 출신 연기자이자 연출가로 1922년 이래로 역시 연기자인 부인 루드밀라Ludmilla(1895-1951)와 함께 프랑스에서 활동한다. 그는 무대에 향을 피운다든지, 관객에게 꽃을 뿌린다든지 하는 색다른 시도들을 통해 연극에 대한 관객들의 관넘을 변화시키려고 노력한다. 버나드 쇼나 루이지 피란델로Luigi Pirandello (1867-1936) 같은 외국 작가들의 작품을 프랑스에 소개한 피토에프는, 러시아식 프랑스어 억양이 너무 강하기는 했어도 누구도 부정할 수 없는 눈부신 햄릿 연기자였다. 그는 장 콕토Jean Cocteau(1889-1963)나 장 아누이Jean Anouilh(1910-) 같은 프랑스 연극의 개혁자들에게도 적지 않은 영향을 미친다.

코포의 동료 샤를르 뒬랭의 대표작은 2차 대전 중 초연으로 무대에 올린 사르트르Jean-Paul Sartre(1905-1980)의 〈파리떼Les Mouches〉일 것이다. 이 공연에서 그는 연기자들에게 가면을 씌운다. 뒬랭은 뮤직홀, 코메디아 델 라르테, 마임, 춤, 일본의 가부키 등 위아래, 동서양의 구별 없이 가능한 한 모든 것으로부터 영감을 얻어 완벽한 스펙타클로서 무대를 꿈꾼다.

뒬랭의 연기 제자로는 무대와 영화의 세트 디자이너였던 알랭 퀴니 Alain Cuny(1908-1994)가 있다. 1938년 비교적 늦은 나이에 뒬랭의 지도로 연기를 시작한 그는, 사르트르, 유진 오닐Eugene O'Neill(1888-1953), 피란델로 등의 작품에 출연하며 페데리코 펠리니Federico Fellini(1920-1993), 루이스 부뉘엘Luis Buñuel(1900-1983), 미켈란젤로 안토니오니Michelangelo Antonioni(1912-2007) 등의 영화에도 출연한다.

샤를르 뒬랭과 동갑내기 연출가 가스똥 바티Gaston Baty(1885-1952) 또한 언어가 지배적인 전통 연극에 대해 미술, 조각, 춤, 산문, 운문, 노래 등이 어우러진 총체연극total theatre을 꿈꾸는데, 그는 점점 공연에서 연기자의 역할을 위축시키다가 종래는 인형극에 몰두한다.

현대 마임의 아버지로 불리는 에티엔느 드크루Étienne Decroux(1898 -1991)는 소위 낭만주의적 마임의 전통을 거부하고 손의 움직임과 얼

작품 〈Le Sport〉에서 연기하는
에티엔느 드쿠르

굴의 표정을 최대한 억제한다. 그가 마음으로 추구하는 것은 육체 그 자체가 창출하는 품위 있는 소통의 가능성으로, 그는 그 가능성에 실험적으로 도전한다. 드크루는 특히 마임 연기에서 서둘지 않는 호흡을 중시한다. 프랑스 연극 개혁의 중심이자 전위 연극의 산실이던 코포의 비외 콜롱비에르에서 연기자로서의 수련 기간을 거친 그는, 1931년 대본, 무대장치, 의상, 음악 등 어떤 연극적 효과도 없는 작품 〈원초적 삶La Vie primitive〉을 발표한다. 그는 동료 샤를르 딀랭과 함께 아틀리에 극장Théâtre de l'Atelier을 경영하며 젊은 연기자들을 키운다.

대선배 드뷔로 마임의 영혼을 잇는 마임이스트로서 드크루는 장 루이 바로Jean-Louis Barrault(1910-1994)나 마르셀 마르소Marcel Marceau (1923-2007) 같은 젊은 마임이스트들에게 아버지와 같은 존경을 받는다. 실제로 마르셀 카르네Marcel Carné(1906-1996) 감독의 1945년 영화 〈천국의 아이들Les Enfants du Paradis〉에서 드크루는 장 루이 바로가 연기한 드뷔로의 아버지 역할을 연기한다.

딀랭과 드크루의 아틀리에 극장에서 연기와 연출을 공부한 바로는 언제나 새로운 것에 도전한다. 1935년 무렵 드크루와 좀 더 대담하고 실험적인 마임을 선보이던 바로는 1940년 또 다른 도전으로 코메디 프랑세즈에 들어갔다. 그는 같은 해에 코메디 프랑세즈의 중심 연기자였던 열 살 연상의 마들렌느 르노Madeleine Renaud(1900-1994)와 결혼한다. 르노는 몰리에르, 마리보, 뮈세 등의 작품에 정통했던 코메디 프랑세즈의 스타였다. 연기의 동료로서 생을 함께 보낸 둘은 같은 해에 세상을 떠난다.

연출가이자 연기자로서 코메디 프랑세즈에서 주목받는 작품들을 무대에 올리던 바로는 부인과 함께 코메디 프랑세즈를 나와 일련의 독립적인 극단들을 만들어 라신느에서 클로델을 거쳐 장 쥬네Jean Genet (1910-1986), 사무엘 베케트Samuel Beckett(1906-1989) 그리고 외젠느 이오네스코Eugène Ionesco(1909-1994)에 이르는 폭넓은 레퍼토리를 개척하기 시작한다. 르노 바로 극단Renaud-Barrault Paris stage company도 1947년 부인과 함께 만든 극단 중 하나이다.

바로는 1959년 당시 문화상이었던 앙드레 말로André Malraux(1901-1976)로부터 오데옹 극장Odéon Theatre의 책임을 부탁받는다. 바로는 코메디 프랑세즈의 제2극장이었던 오데옹 극장을 독립시켜 이를 테아트르 드 프랑스Theatre de France라 개칭한다. 그러나 1968년, 바로는 68년 5월 학생 혁명의 여파로 극장장에서 해임된다.

연기에 관한 한 바로는 철저한 원전주의자였다. 그의 말을 옮긴다.

"실제로 가장 단순한 일이 가장 행하기 어려운 일이기도 하다. 예를 들어 텍스트 독해가 그렇다. 정확하게 쓴 대로 읽는 것, 정확하게 쓰인 맥락에 따라 의미를 파악하는 것, 텍스트의 무엇도 빼버리지 않고, 자신의 무엇도 덧붙이지 않으면서 읽는 일, 그것이 중요하다."

루이 주베Louis Jouvet(1887-1951)는 일찍이 연기자를 지망했지만, 언어장애에다 무대공포증까지 겹쳐 여러 차례 좌절을 맛본다. 그 후 그는 자크 코포를 만나 비외 콜롱비에르 극장 설립에 참여하게 되고, 코포의 특별한 연기 지도 아래 얼마 지나지 않아 코포의 오른팔이 된다. 분

루이 주베

장이나 무대장치 등에도 뛰어난 재능을 보인 주베는, 훗날 그의 이름을 따서 '주베'라 부르게 되는 일종의 악센트accent 조명기법도 개발한다.

그러나 절대순수를 지향하는 코포와 대중성에서 견해의 차이를 보인 주베는, 1922년 당시 화려함의 극을 달리던 샹젤리제 극장Théâtre des Champs - Élysées에 부속된 코메디 데 샹젤리제Comédie des Champs - Élysées 극장으로 자리를 옮겨 무대와 스크린을 휘젓고 다니며, 연기자와 연출가 그리고 연기교사로서 범 국민적 캐리어를 쌓기 시작한다. 특히 1923년 그가 타이틀 롤을 맡은 풍자적인 쥘르 로맹Jules Romains의 희곡 〈크녹 박사Dr. Knock〉가 엄청난 흥행 성공을 거두면서, 그는 세상을 떠날 때까지 거의 매년 이 역할을 무대와 스크린에서 연기하게 된다. 이제 위선과 허위로 충만한 그로테스크한 역할과 주베는 떼려야 뗄 수 없는 관계를 맺게 된다. 당연히 몰리에르의 〈타르튀프〉는 주베 특유의 명품연기에 더할 나위 없이 적절한 전설이 되었다.

주베는 샹젤리제 극장 시기부터 의기가 투합한 극작가 장 지로두Jean Giraudoux(1882-1944)와 지성과 서정이 조화를 이룬 일련의 생산적인 작업을 함께 한다. 1934년 아테네 극장Théâtre de l'Athénée에 새로운 거점을 확보한 주베는 1951년, 이 극장의 분장실에서 오로지 연기와 함께한 그의 삶을 마무리한다. 아테네 극장은 지금 그를 기리는 의미에서 주베 극장이라 불린다. 그는 프랑스 국립 연극학교The Conservatoire National Superieur d'Art Dramatique의 교수이기도 했다.

7

1919년

매리 픽포드, 영화사를 세우다

영화사 초기에 유럽과 미국의 흥행사들은 곧 영화의 상업적 가치에 주목한다. 파리, 로마, 베를린, 런던, 코펜하겐, 스톡홀름, 뉴욕 등지에 줄지어 스튜디오들이 세워지고 일련의 흥미 있는 영화들이 제작된다.

특히 미국에서는 가난하지만 젊은 재주꾼들이, 영화 제작과 상영의 특허 사용료라는 간섭에서 벗어나기 위해 가능한 한 거대 영화사들이 자리 잡고 있는 동부에서 멀리 떨어진 서부 해안가에 다다르게 되는 데, 막상 다다르고 보니 일 년 내내 햇빛이 풍부해서 영화 촬영에는 가장 안성맞춤인 장소였다. 이렇게 해서 앞으로 세계 영화를 주도해갈 미국의 할리우드이 탄생한다.

미국 영화사 초기에 미국의 국민 연기자는 캐나다 출신의 여성 연기자 매리 픽포드Mary Pickford(1892-1979)이다. 국민 연기자라기보다는 오히려 국민 여동생이라고나 할까. 어린 나이에 아버지를 잃고 유랑 극단의 무대를 전전하던 픽포드는 1890년대 사실주의 무대를 추구한 데이비드 벨라스코에 의해 1907년 브로드웨이 무대에 캐스팅된다.

그러나 브로드웨이에서는 별 다른 성과를 거두지 못하고 있다가

매리 픽포드

1909년 바이오그래프 영화사Biograph Company의 감독 그리피스D.W. Griffith(1875 - 1948)에 의해 발탁된 그녀는 무대 연기보다 단순하고 자유로운 영화 연기에 쉽게 적응한다. 확실히 스크린에 투사된 그녀의 연기에는 프랑스의 노익장 사라 베르나르에서는 볼 수 없는 넘치는 활력과 거침없는 자연스러움이 있다. 1909년 한 해에 그녀가 출연한 영화는 모두 51편에 달한다.

영화에서 커다란 성공을 거둔 매리 픽포드는 연기자로서 어린 시절부터 동경하던 브로드웨이 무대에서 모두가 탄복할 만한 성공도 꿈꾼다. 1912년 그녀는 벨라스코가 제작한 연극 〈작은 악마A Good Little Devil〉에 출연하지만, 그러나 곧 자신이 얼마나 영화 연기를 사랑하는지를 깨닫는다. 이후 그녀는 영화에만 전념했고, 그녀의 인기는 그녀의 이름을 영화 제목 위에 올려놓게 만들었다.

그 당시 많은 영화 제작자들은 영화산업의 미래를 연극의 영화화에 두고 있었다. 1912년 제작자 아돌프 주커Adolph Zukor(1873-1976)는 훗날 파라마운트 영화사Paramount Pictures의 모태가 된 '명작 명배우Famous Players in Famous Plays'란 영화사를 세우고, 1913년 그 첫 작품으로 무대에서 연기하는 픽포드의 〈작은 악마〉를 찍었다. 그러나 정작 영화를 찍고 보니 연기자들의 연극식 연기가 영화 스크린에서는 그렇게 경직되어 보일 수 없어, 주커는 망설이다 개봉을 일 년이나 뒤로 미룬다. 픽포드 자신도 영화 〈작은 악마〉에서의 연기가 자신의 연기 인생 중 최악의 연기 중 하나라고 인정한다. 이렇게 영화연기의 가능성을 몸소 구현한 픽포드에 의해 미국의 영화산업은 연극의 영화화에서 영화를 위한 영화로 미래로 향하는 진로를 대폭 수정하게 된다.

매리 픽포드는 1919년 D.W. 그리피스, 찰리 채플린Charlie Chaplin(1889-1977), 더글러스 페어뱅크스Douglas Fairbanks(1883-1939)와 함께 유나이티드 아티스트 영화사United Artists Corporation를 건립한다. 영화사의 핵심이었던 그녀는 연기와 사업과 가정이라는 만만치 않은 부담을 어깨에 짊어져야 했다. 그녀는 아카데미상을 수여하는 집행부Academy of Motion Picture Arts and Sciences의 오리지널 멤버 36인 중의 한 명이기도 했다.

매리 픽포드와 함께 유나이티드 아티스트를 세운 동료 연기자인 더글러스 페어뱅크스는 모험물의 주역이자 픽포드의 남편이다. 페어뱅크스의 전 부인의 아들인 페어뱅크스 2세Douglas Fairbanks, Jr(1909-2000) 역시도 잘 알려진 연기자이다.

유나이티드 아티스트 영화사는 원래 웨스턴물의 주축 윌리엄 서레이 하트William Surrey Hart(1864-1946), 여성 취향의 국민 여동생 매리 픽포드, 액션 모험물의 절대 강자 페어뱅크스, 그리고 희극의 귀재 채플린이 상업적인 스튜디오들의 전횡에 맞서 독립적인 제작, 유통 체계를 갖추자고 의견의 일치를 본 데서 출발한 영화사였다. 이것은 지혜로운 판단이었고 스마트한 구성이었다. 마지막 순간에 윌리엄 하트가 빠지고 당시 대하 서사물로는 타의 추종을 불허하던 그리피스 감독이 참여하면서 유나이티드 아티스트 1백 년의 역사가 시작된다.

더글라스 페어뱅크스

최근에는 2011년까지 연기자 탐 크루즈Tom Cruise가 이 영화사에 자신의 지분을 갖고 있었으며, 지금은 투자회사 MGM홀딩스 소유가 되었다.

영화사 설립에서 한 발 뒤로 빠지기는 했지만 예술적 독립이라는 데에는 뜻을 함께 한 미국 무성영화 시대의 대표적인 연기자이자 시나리오 작가, 감독 그리고 제작자인 윌리엄 S. 하트는 순회 극단의 연기자로 연기를 시작했다. 점차로 브로드웨이 무대에서 셰익스피어 연기자로 발돋움하는 데 성공한 그는, 1899년 〈벤허〉의 초연 무대에도 출연한다. 하트는 나이 오십이 될 때까지 연극무대에서 연기에 전념했다. 유명한 총잡이 빌리 더 키드Billy the Kid의 육연발 권총six shooters을 구할 정도로 개척시대의 서부에 매료된 하트는, 전설적인 보안관 와이어트 어프Wyatt Earp나 쾌남아 배트 매스터슨Bat Masterson의 친구이기도 하다. 오랜 세월 셰익스피어로 다져진 연기를 기반으로 1914년 영화계로 뛰어든 그는 리얼한 서부를 재현한 연기자로 정평이 있다.

1920년대 톰 믹스Tom Mix로 대표되는 좀 더 말끔해진 서부극에 밀려 하트의 거칠고 흙먼지 자욱한 서부극 연기는 관객들의 선호에서

윌리엄 S. 하트

뒤로 쳐졌지만, 그가 1925년 직접 쓰고, 제작한 〈덤불Tumbleweeds〉에서 관객은 서부극이라는 미국 고유의 장르를 열어나간 한 개척자의 존재감을 느낄 수 있다. 1939년 이 영화가 재개봉될 때 하트는 자신의 목소리가 실린 프롤로그를 덧붙인다. 이 프롤로그는 관객에게 보내는 하트의 멋진 고별사인 셈이다.

유나이티드 아티스트 영화사에 찰리 채플린Charlie Chaplin(1889-1977)이 중심인물로 부각된 역사는 그야말로 눈부신 성공담이다. 1889년 런던에서 연기자 부부의 아들로 태어난 채플린은 힘든 어린 시절을 보낸 후 1910년 프레드 카노Fred Karno 뮤직홀 극단의 일원으로 미국으로 건너간다. 훗날 할리우드의 전설적인 코미디 팀 '로렐과 하디 Laurel & Hardy'의 스탠 로렐Stan Laurel도 이 극단에서 채플린과 고락을 함께 한다. 채플린은 1903년 윌리엄 질레트William Gillette(1855-1937)의 대본 〈셜록 홈즈〉에서 급사 역 빌리를 맡는다. 1905년 질레트가 영국에서 건너와 〈셜록 홈즈〉를 무대에 올릴 때 채플린은 그에게서 절제된 연기를 배운다.

물론 채플린 연기의 일차적인 스승들은 댄 레노Dan Leno(1860-1904)를 비롯해서 영국 뮤직홀의 기라성 같은 연기자들이다. 댄 레노는 '뮤직홀의 개릭'으로 불린 영국의 희극 연기자이다. 뮤직홀은 1800년대 중엽 영국에서 시작한 일종의 버라이어티 쇼 공연으로, 1852년 캔터베리Canterbury 극장을 출발점으로 영화가 그 자리를 차지하기 전까지 영국 노동 계층의 전폭적인 지지를 받았다. 뮤직홀은 미국으로 치면 가족들이 함께 즐기는 보드빌Vaudeville 공연과 비슷하다. 영국에서 보드빌 하면 미국에서 성인 남성들을 위한 벌레스크Burlesque 공연에 가깝다.

댄 레노는 1883년부터 1903년까지 영국 고유의 판토마임 공연의 중심 연기자이기도 하다. 리틀 티치Little Tich(1868-1928)나 메리 로이드Marie Lloyd(1870-1922) 같이 대중들의 사

댄 레노

찰리 채플린

랑을 받은 뮤직홀 연기자들의 전통은 찰리 채플린의 영화들을 통해 전 세계 사람들의 사랑을 받는다.

어떤 의미에서 채플린 특유의 몸짓과 개그는 영국 뮤직홀의 전통에서 자연스럽게 전개된 스타일이다. 미국으로 건너간 채플린이 1914년 맥 세네트Mack Sennett(1880-1960)의 키스톤 스튜디오Keystone Studios에서 선보인 허름한 복장에 구멍 난 구두를 신고 단장을 든 떠돌이Tramp에는 영국 뮤직홀의 전통이 숨 쉰다. 채플린 자신 프랑스의 희극 연기자 막스 린데르Max Linder(1883-1925)에게서 받은 영향을 인정하고는 있지만, 채플린의 떠돌이 찰리에게는 누구도 부정할 수 없는 채플린만의 특별한, 음악적이면서 시적인 감성이 작용하는 것은 두말할 나위가 없다.

채플린은 1927년 무성 영화가 유성으로 바뀌고 난 한참 뒤까지도 할리우드에서 홀로 무성 영화를 고집한다. 1940년 〈독재자The Great Dictator〉가 그의 첫 번째 유성 영화로, 유나이티드 아티스트 영화사 출신의 놀라운 고집이다.

그리피스 감독과 매리 픽포드, 페어뱅크스 그리고 채플린 같은 흥행의 귀재들이 포진한 유나이티드 아티스트 영화사였지만, 곧 그들이 팀에 합류시키려고 군침을 삼킨 연기자가 등장한다. 그의 이름은 이탈리아 출신의 루돌프 발렌티노Rudolph Valentino(1895-1926)이다. W. S. 하트의 웨스턴, 픽포드의 멜로물, 페어뱅크스의 활극물, 채플린의 희극물, 그리피스의 서사물에 이어, 이제 유나이티드 아티스트는 발렌티노에 의해 남성 섹스 심벌이라는 부족했
던 또 한 부분을 채운다.

　1921년 빈센테 블라스코 이바녜스Vicente
Blasco Ibáñez의 소설을 영화화 한 〈묵시록의
4기사The Four Horsemen of the Apocalypse〉에
출연한 발렌티노는 한 마디로 하룻밤 사이
에 소위 '라틴 러버Latin Lover'의 대명사가 되
었다. '라틴 러버'라면 1920년대 남성의 섹

루돌프 발렌티노

스 심벌이었다고나 할까. 어쨌든 페어뱅크스와 채플린은 발렌티노를
만나 엄청난 계약금액을 제시한다.

　발렌티노는 유나이티드 아티스트에서 제작한 두 편의 영화에 출연
한 후 갑자기 죽음을 맞았는데, 그를 추종하던 여성 팬들 사이에 일어
난 일종의 집단 히스테리는 하나의 커다란 사건이었다. 매년 발렌티
노가 세상을 떠난 날, 검은 상복의 한 여인이 그의 무덤에 빨간 장미를
놓아두고 간다는 전설은 그 진위야 어떻든 지금도 여전히 미국 문화
사의 한 부분을 이룬다.

매 웨스트,
구류 10일에 500달러의 벌금형을 선고받다

매 웨스트

1920년대의 발렌티노 열풍에서도 분명하지만, 관객은 연기자가 뿜어내는 성적 매력에 적극적으로 반응하게 마련이다. 조금 과장해서 말하자면, 이 작용이 결여된 연기의 시대는 존재하지 않는다. 동·서양의 중세까지 포함해서 말이다.

일곱 살의 어린 나이에 무대에 데뷔한 미국의 극작가이자 연기자인 매 웨스트Mae West(1893-1980)는 얼마 지나지 않아 자신에게 고유한 섹스어필의 존재감을 깨닫는다. 그녀는 통상 섹스 심벌이라 칭하는 이러한 존재감과 평생 함께 하는 법을 효과적으로 터득한다. 무대와 스크린에서 일정 거리를 두고 섹스를 희롱하는 그녀의 독특한 희극적 재능은 다른 누구도 흉내 내기 어려운 그녀만의 연기 세계를 이룬다.

1926년 그녀가 직접 창작, 제작, 연출 그리고 주연까지 맡아 무대에 올린 작품은 그저 〈섹스〉라는 제목을 갖고 있다. 이 작품으로 그녀는

400

구류 10일에 500달러의 벌금형을 선고받
는다.

1926년이면 소위 성적으로 위험한 여성
성의 상징으로 '흡혈귀The Vamp'라 일컬어
지던 폴란드계 미국 연기자 테다 바라Theda
Bara(1885-1955)가 연기 일선에서 물러나는
해이기도 하다.

같은 폴란드 출신 연기자인 폴라 네그리

테다 바라

Pola Negri(1897-1987)는 독일에서 에른스트 루비치Ernst Lubitsch(1892-
1947) 감독과 팀을 이뤄 섹스심벌로 국제적인 명성을 얻는다. 이 명성
으로 인해 그녀는 20년대 미국에 진출하는 첫 번째 유럽 여성 연기자
가 된다. 1933년 체코슬로바키아에서 구스타브 마하티Gustav Machaty
감독이 만든 〈절정Extase〉에 출연한 헤디 라마르Hedy Lamarr(1914-2000)
또한 비슷한 명성으로 할리우드에 진출한다. 그녀는 훗날 중요한 통신
기술을 개발하는 과학자이기도 하다. 1930년대 헤디 라마르와 비슷한
시기에 활동한 집시 로즈 리Gypsy Rose Lee(1911-1970)는 놀라울 정도로
따뜻한 인간미를 풍기는 스트립 쇼로 명성을 얻는다.

그러나 섹스심벌로 국제적인 명성을 얻는 첫 번째 여성 연기자는
아마도 덴마크의 아스타 닐센Asta Nielsen(1881-1972)일 것이다. 그녀는
독일에서 70여 편의 영화에 출연하여, 그냥 '디 아스타Die Asta'라 불릴
정도로 유명했다. 은퇴 후에 그녀는 작가이자 콜라주collage 아티스트
로 활동한다.

위에 언급한 연기자들 외에도 무수히 많은 여성 연기자들이 무대,
스크린 그리고 TV 화면에서 자신들의 성적 매력을 과시한다. 그 가장

대표적인 경우들로는 M.M으로 칭해지는 미국의 마릴린 먼로Marilyn Monroe(1926-1962), B.B로 칭해지는 프랑스의 브리지트 바르도Brigitte Bardot(1934-) 그리고 C.C로 칭해지는 이탈리아의 클라우디아 카르디날레Claudia Cardinale(1938-) 등이 있다.

동, 서 문화사를 통틀어, 연기자의 성적 매력과 사회의 미풍양속은 언제나 첨예한 갈등 관계에 있어 왔다. 그래서 매 웨스트가 벌을 받은 것이다. 이런 맥락에서 20년대 후반에 활동했던 연기자 클라라 보우Clara Gordon Bow(1905-1965)의 경우는 성적 매력과 연기 스타일에 관련된 흥미 있는 점을 시사한다.

연기자로서 보우는 보통 풍기가 느슨해진 20년대를 대표하는 섹스심벌로 평가받지만, 그녀의 연기에는 노골적이고 정형화된 섹스어필보다는 좀 더 개성적이고 간접적인 '무엇'이 있다. 이 '무엇'을 영국의 소설가 엘리노어 글린Elinor Glyn(1864-1943)은 'It'이라 부른다. 1927년 글린의 소설 〈It〉이 영화가 될 때 클라라 보우가 그 영화의 주연으로 등장했는데, 그 영화 이후 사람들은 그녀를 'It girl'이란 애칭으로 불렀다.

사실 'It'은 그 쓰임새가 꽤 폭넓고 모호한 용어여서, 우리말로 치자

면 '거시기' 정도에 해당할지 모르겠다. 물론 이 경우에는 거기에다 노골적이라기보다는 성적으로 섬세한 뉘앙스가 필요하기도 하지만 말이다. 어쨌든 이 'It'을 명확하게 정의하기는 어렵다. 엘리노오 글린에 따르면 이것을 갖고 있는 남자들도 있는데, 이탈리아의 독재자 무솔리니Benito Mussolini라든지 그녀가 머무는 호텔의 이름

클라라 보우

없는 도어맨 등이 그렇다.

스타니슬라프스키의 모스크바 예술 극장과 러시아 상트페테르부르크 극장에서 중심 연기자로 활약한 알라 나지모바Alla Nazimova(1879-1945)는 1905년 동료 연기자이자 연인인 파벨 오를레네프Pavel Orlenev와 함께 미국에 러시아어 전용극장을 세운다. 이 시도는 실패하고 파벨은 러시아로 돌아가지만 나지모바는 미국에 남아 연극과 영화에 출연한다. 그녀는 입센, 체홉, 투르게네프, 유진 오닐Eugene O'Neill(1888-1953) 등의 작품에서 연기하는 한편, 영화 출연의 경험을 토대로 1918년 이래 영화 제작과 감독에도 손을 댄다. 1922년 그녀가 제작, 각색, 주연한 입센의 〈인형의 집〉과 1923년 제작, 주연한 오스카 와일드의 〈살로메Salome〉는 영화 제작에 대한 그녀의 야심을 잘 말해준다. 그러나 이 영화들은 비평과 흥행에서 모두 실패하고 결국 그녀는 영화 제작에서 손을 뗀다.

외국 출신의 여성 연기자가 미국에서 활동할 때에는 의례적으로 충족시켜줘야 할 섹스어필의 기대치 같은 것이 있다. 알라 나지모바도 예외는 아니었으나 영화 제작에 대한 과감한 도전에서도 잘 드러나는 것처럼, 그녀는 언제나 연기 그 자체를 위한 연기자로서 본연의 자세에 충실함으로써 새로운 여성 연기자의 상을 제시한다. 젊은 여성 연기자들에 대한 그녀의 동성애적 관심은 잘 알려져 있으나, 그것은 단지 사적 삶의 영역일 뿐이다.

알라 나지모바

연기자 헬렌 헤이즈Helen Hayes Brown(1900-1993)의 친구이자 일생에 걸쳐 오로지 연극 무대에서만 연기한 캐서린 코넬Katharine Cornell(1898-1974)은 헬렌 헤이즈와 '미국 연극의 퍼스트 레이디'란 칭호를 나눠 갖는 연기자이다. 물론 이 두 노익장은 상대방이 그 칭호에 더 어울린다고 생각하지만 말이다. 한 평론가는 다음과 같이 말한다.

> "캐서린 코넬은 그녀가 연기하는 모든 여왕이 마치 여자인 것처럼 연기한다. 반면에 헬렌 헤이즈는 그녀가 연기하는 모든 여성이 마치 여왕인 것처럼 연기한다."

어쨌든 그녀와 그녀의 남편은 저마다 동성애자이다. 이러한 결혼을 보통 '라벤더 결혼lavender marriage'이라 하는 모양인데, 어쨌든 그녀는 남편 거스리 맥클린틱Guthrie McClintic(1893-1961)과 함께 공연 제작회사 엠씨앤 씨 컴퍼니M.C. & C Company를 세워 브로드웨이 연극의 중심 역할을 담당한다.

영화에 눈을 돌리지 않고 오로지 연극 연기에만 집중한 코넬은 역할의 내면을 드러내는 섬세한 연기와 불분명한 대본을 구체화하는 뛰

캐서린 코넬

어난 집중력으로 많은 연극인들의 존경을 받는다. 게다가 그녀는 무대에서 불꽃같은 존재감으로 이름이 높다. 실제 삶에서 그녀의 에로티시즘이야 어떻든, 그녀가 무대에서 자신의 섹스어필을 무슨 수단으로 간주하지 않을 것임은 분명하다. 뿐만 아니라 그녀는 평생에 걸쳐 자신의 재능이 필요한 곳에는 재능을, 경제적 지원이 필요

한 곳에는 재정적 기부를 실천한 박
애주의자로 많은 이들의 존경을 받
았다.

탈룰라 뱅크헤드

사적 삶의 영역에서 미국의 연기
자 탈룰라 뱅크헤드Tallulah Bankhead
(1903-1968)는 성적으로 상당히 개방
적인 삶을 살았다. 그녀는 양성애자
이며, 실제로 영국에서는 어린 남자
아이들을 유혹했다는 혐의로 재판을 받기도 한다. 1933년 성병에서
비롯한 자궁절제수술을 받고난 뒤 32kg 정도의 몸무게로 병원을 나
서면서 그녀는 의사에게 다음과 같이 말했다고 한다.

> "내가 이 정도로 삶의 교훈을 충분히 받았다고 생각하신다면, 천만
> 의 말씀입니다."

어딘가 도발적인 시선과 몸짓 그리고 탁하게 쉰 듯한 낮은 목소리
의 뱅크헤드가 외적으로 대단히 자유분방한 삶을 사는 것처럼 보이지
만, 내적으로 그녀는 치열한 연기자의 영혼을 소유했다.

영국 런던의 왕립 연극학교Royal Academy of Dramatic Art에서 공부한 에
바 르 갈린Eva Le Gallienne(1899-1991)은 뉴욕에 건너와 스물일곱의 나이
에 그리니치 빌리지에 오프브로드웨이를 선구하는 시빅 레퍼토리 극
단Civic Repertory Theatre을 세운다. 이 극단은 1926년부터 대공황의 한
복판인 1933년까지 입센, 하우프트만, 체홉 등의 작품들을 무대에 올
린다. 항상 성공적인 것은 아니었지만 르 갈린의 관객교육에 대한 입

에바 르 갈린

장은 연기자이자 연출가 그리고 작가로서 그녀의 작업에 일관되어 있다.

대공황 중에 그녀는 당시 대통령이던 루즈벨트로부터 WPAWorks Progress Administration의 연극 부분을 맡아달라는 부탁을 받는다. 그러나 그녀는 별 볼 일 없이 연기를 하려는 젊은이들에게 일자리를 주는 일보다 진정한 재능true talent과 함께 작업하고 싶다는 이유를 들어 그 제안을 거절한다. 그녀는 1936년 영국의 왕립 연극학교에서 잠깐 연기를 공부한 우타 하겐Uta Hagen(1919 - 2004)을 발굴하여 1937년 자신이 연기하는 햄릿의 상대역인 오필리어 역을 맡긴다. 그녀는 동성애자였으며, 젊은 시절 나지모바의 연인이기도 했던 것 같다.

그녀가 기회를 준 '재능' 있는 또 다른 연기자라면 캐나다의 젊은 연기자 크리스토퍼 플럼머Christopher Plummer(1929-)가 있다. 그는 1950년에서 1952년 사이에 캐나다 레퍼토리 극단Canadian Repertory Theatre에서 무려 100여 가지 서로 다른 역할을 연기하고 미국으로 건너온다.

재능에 대한 르 갈린의 판단과 관련해서 자주 거론되는 사건은 그녀가 오디션에서 베티 데이비스Bette Davis(1908-1989)를 탈락시킨 일이다. 적어도 연기에 관한 한 베티 데이비스가 자타가 공인하는 영어권 최고의 연기자 중 한 명인 것은 분명하니까 말이다.

베티 데이비스는 1926년 학창시절에 헨릭 입센의 〈들오리〉 무대에서 블랜치 유르카Blanche Yurka와 펙 인트위슬Peg Entwistle의 연기하는 모습을 보고 커다란 감명을 받아 연기자로서 인생을 걸기로 결심한다. 그녀는 맨해튼에 있는 르 갈린의 시빅 레퍼토리 극단에서 오디션

을 받았는데, 르 갈린은 그녀의 태도가 성
실치 못하고insincere 제멋대로frivolous였다
고 혹평한다. 결국 그녀는 존 머레이 앤더
슨 연기학교John Murray Anderson School of
Theatre에 입학해서 연기를 공부하고, 마샤
그래엄Martha Graham에게서는 춤을 배운다.

베티 데이비스

연기자로서 베티 데이비스가 누구인가?
그녀는 1942년부터 1945년까지 제2차 세
계대전 참전 군인들을 위한 무료식당이자 공연장인 '할리우드 캔틴
the Hollywood Canteen'의 공동 설립자이고, 미국 영화학술원the Academy of
Motion Picture Arts and Sciences의 첫 번째 여성 원장이며, 두 번에 걸쳐 아
카데미 여우주연상을 수상하고, 아카데미 연기상 후보에 열 번째로
오른 최초의 연기자이며, 미국영화협회the American Film Institute가 수여
하는 평생공로상a Lifetime Achievement Award 첫 번째 여성 수상자이다.
이 상의 두 번째 수상자는 릴리안 기시이다. 나쁜 건강 상태에도 불구
하고 삶의 마지막 순간까지 연기에 몰두했던 그녀는 1999년 영화협
회가 선정한 영화의 역사에서 가장 위대한 여성 연기자 리스트에 캐
서린 헵번Katharine Hepburn(1907-2003)에 이어 2위에 오르기도 한다.

솔직히 베티 데이비스가 미모로 한몫 보는 여성 연기자라 말하기는
어려우며, 그렇다고 섹스어필이 유별난 경지에 이른 연기자도 결코
아니다. 미묘한 'It' 표현의 달인이라고 말할 수도 없다. 어쩌면 이 점에
서 르 갈린의 마음에 들지 않았는지도 모른다. 어쨌든 베티 데이비스
이미 출발부터 심술궂은unsympathetic 역할을 경쟁력 있는 자신의 역할
로 자청하고 나선 만큼 오디션에서 그녀에 대한 르 갈린의 판단은 놀

랍게도 예지적이었다.

영화 협회가 선정한 영화의 역사에서 가장 위대한 여성 연기자 리스트에 일순위로 오른 캐서린 헵번Katharine Hepburn(1907-2003) 역시 미모나 섹스어필에서 베티 데이비스보다 못하면 못했지 결코 더 낫다고 말하기는 어려운 형편이다. 게다가 브로드웨이의 무대에서 연기를 시작한 캐서린 헵번은 할리우드에서 흥행이 안 되는 연기자로 모든 제작자들의 공포의 대상이기도 했다. 이것도 부족해서 그녀는 유부남인 연기자 스펜서 트레이시Spencer Tracy(1900-1967)의 오래된 연인이기도 했다. 스펜서 트레이시에게 이혼이 어려운 사정이 있었다고는 해도 말이다. 그녀와 스펜서 트레이시는 가십과 스캔들이 소용돌이치는 할리우드의 한복판에서 동료이자 연인으로서 동반자의 길을 걷는다.

그렇지만 적어도 연기에 있어서만큼은 캐서린 헵번도 베티 데이비스에 결코 뒤지지 않을 만큼 자타가 인정하는 화려한 경력을 자랑한다. 그녀는 아카데미 여우주연상을 4번에 걸쳐 수상하고, 모두 12번 후보에 올랐다. 1994년 87세에 이를 때까지 그녀는 무대, 스크린 그리고 TV에서 핵심적인 역할들을 연기한다. 그녀가 내세울 만한 온갖

캐서린 헵번

수상경력들보다 중요한 것은 무엇보다도 그녀가 누구보다도 독립적인 연기자였다는 점이다. 그녀는 여성 연기자에게 부과된 모든 선입견과 비아냥거림에 굽힘없이 맞선다. 한 마디로 그녀는 여성 연기자에 대한 새로운 비전뿐만 아니라 여성 그 자체에 대한 새로운 비전을 제시했다. 언젠가 그녀는 자신을 '황금의 심장을 지닌 전

투용 도끼a battle - axe with a heart of gold'라고 표현한 적이 있다. 그녀는 50년대 셰익스피어로 돌아와 새로운 커리어의 장을 연다.

따라서 결론은 하나뿐이다. 베티 데이비스와 캐서린 헵번은 여성 연기자가 오로지 연기로만 승부를 걸어볼 수 있다는 것을 보여주면서 밤하늘에 높이 떠 있는 북극성들이다. 바로 이 점에서 미국영화협회가 이 두 연기자를 영화의 역사에서 가장 위대한 여성 연기자 1, 2위로 선정했으리라 짐작된다. 그러나 이러한 선정 배경에는 여성 연기자가 미모와 섹스어필이 부족한 상태에서 연기자로 승부를 걸어본다는 것이 얼마나 어려운 일인가 하는 냉혹한 현실이 작용하고 있음을 누구도 부정하기는 어려울 것이다.

9

1927년

알 졸슨, 스크린에서 노래를 부르다

1878년 발명가 토마스 에디슨은 소리를 녹음하고 재생할 수 있는 장치로서 포노그래프phonograph를 시장에 내놓았다. 그러나 원통에 소리를 담는 이 장치는 아직 결함이 많아 에디슨뿐만 아니라 알렉산더 그레이엄 벨 같은 발명가들도 경쟁적으로 기술의 개량에 참여한다. 20세기 들어와 둥근 판의 형태를 띤 그라마폰gramaphone 등이 등장하면서 소리를 녹음하고 재생하는 기술은 점차로 개량된다.

소리를 녹음하고 재생하려는 에디슨의 첫 아이디어는 테이프의 형태를 하고 있었는데, 이 아이디어는 자연스럽게 필름으로 전개되어 이제 영화와도 접목되기에 이른다. 실제로 아직 영화가 제대로 등장하기도 전인 1889년 에디슨의 조수인 딕슨W.K.L. Dickson이 키네토-포노그래프Kineto-phonograph라는 유성 영화의 첫 발걸음을 떼지만, 그 성과의 결실은 1927년에야 비로소 맺어진다. 바로 그해에 알란 크로슬랜드Alan Crosland(1894-1936)가 감독한 〈재즈 싱어The Jazz Singer〉란 영화가 등장함으로써 이제 영화의 역사에서 무성 영화의 시대는 물러나고 유성 영화의 시대가 도래한 것이다.

410

1918년 네 명의 형제가 뭉쳐 설
립한 소규모 제작사 워너 브라더스
Warner Brothers가 할리우드의 대규모
제작사들과 경쟁해서 살아남기 위
해 선택한 전략이 유성 영화의 개발
이었다. 1925년부터 착수한 실험의
첫 번째 성과는 1926년 배경에 음

〈재즈 싱어〉의 알 졸슨

악이 흐르는 〈돈 주앙Don Juan〉이다. 알란 크로슬랜드가 감독하고 존
배리모어가 타이틀 롤을 맡았다.

1927년 보드빌 무대의 스타 알 졸슨Al Jolson(1886-1950)이 출연한 〈재
즈 싱어〉에서는 네 장면에 걸쳐 짧은 대사와 노래가 등장한다. 특히
영화의 마지막 장면에서 극 중 캐릭터와 삶의 노정이 비슷했던 알
졸슨이 흑인 분장을 하고 무대에 서는 민스트럴 쇼의 공연자로 나와
〈오, 어머니!Mammy〉라는 노래를 부르는데, 객석에서는 어머니가 눈에
눈물이 그렁한 채 그 노래를 듣는다. 토키Talkie의 힘이 관객을 사로잡
는 순간이다.

기념비적인 순간이었던 〈재즈 싱어〉 이후로 유성 영화 시대의 한복
판에서도 한참 동안이나 무성 영화를 고집한 채플린 같이 특별한 경우
를 제외하고는, 이제는 누구라도 스크린에서 목소리 연기의 한계와 가
능성으로부터 자유로울 수 없다. 당연한 일이지만 유성 영화와 함께 뮤
지컬 영화의 시대가 열린다. 브로드웨이의 뮤지컬 스타 프레드 아스테
어Fred Astaire(1899-1987)와 후배이자 동료인 진 켈리Gene Kelly(1912-
1996)는 물 만난 물고기처럼 노래와 춤으로 유성 영화 시대의 스크린
을 누빈다. 할리우드 뮤지컬 영화의 고전중 하나인 〈싱잉 인 더 레인

버스터 키튼

Singin' in the Rain〉은 1952년 이 영화에 직접 출연한 진 켈리와 안무에 일가견이 있는 스탠리 도넌Stanley Donen(1924-)이 공동으로 감독한 작품이다. 이 영화는 무성에서 유성으로 넘어가는 이 시대를 배경으로, 얼굴만 예쁘지 목소리는 별 볼 일 없는 연기자의 말로가 어떤지를—뮤지컬 영화라 당연하겠지만—유성 영화의 관점에서 사정

없이 풍자하고 있다. 무성 영화 시대의 버스터 키튼Buster Keaton(1895- 1966) 같은 몸 개그의 달인들에게 이러한 변화는 극복하기 어려운 것이다. 채플린을 위시해서 영국 희극 연기자들에게 뮤직홀이 온상과 같은 역할을 했다면, 키튼을 위시한 미국 희극 연기자들에게는 보드빌이 비슷한 역할을 했다. 보드빌 가족의 아이로 태어나 어릴 때부터 보드빌 무대에 섰던 버스터 키튼은 표정 없는 연기와 거의 무모할 정도로 대담한 스턴트로 유명했는데, 그의 대표작들은 안타깝게도 무성 영화 시대에 머물러 있다.

반면에 같은 보드빌 출신으로서 치코Leonard "Chico" Marx(1887-1961)를 위시해서 하포Adolph "Harpo" Marx(1888-1964), 그루초Julius Henry "Groucho" Marx(1890-1977), 굼모Milton "Gummo" Marx(1892-1977), 젭포Herbert Manfred "Zeppo" Marx(1901-1979) 등 다섯 형제로 구성된 맑스 브라더스The Marx Brothers에게 유성 영화는 음악과 함께 온갖 부조리한 대화들로 가득 찬 새로운 도전의 장으로서 부각된다. 영화 스크린에 맑스 브라더스가 등장하기 이전에 이런 스타일의 희극은 존재한 적이 없었다.

치코, 하포 그리고 그루초를 중심으로 한 맑스 브라더스의 연기에

412

보드빌 관객들이 시들하게 반응하
자, 이들 3인방은 관객이 아니라 오
로지 자신들만을 위한 극단적인 크
레이지 연기를 시작한다. 무대와 스
크린을 휘젓고 다니는 맑스 브라더
스의 전설은 이렇게 시작된다.

맑스 브라더스

　연기 중 말을 한 마디도 하지 않
는 하포는 온갖 악기, 그중 특히 하프로 자신의 감정을 표현하는데, 예
를 들어 그의 역할이 무성 영화를 대표한다면, 치코의 거칠고 투박한
사투리 유머와 그루초의 거침없는 부조리 언어의 현란함은 유성 영화
의 본령을 유감없이 드러낸다. 삼인방 중 가장 막내이면서도 극 중에
서는 늘 맏형으로 보이곤 하는 그루초가 좌충우돌 무정부주의적으로
쏟아내는 언어의 연금술은 카멜레온처럼 그 실체를 포착하기가 힘들
다. 맑스라는 성이 어딘가 마르크스의 사상과 관련될지도 모른다는
추정을 할 만도 하지만, 어쨌든 1929년부터 시작된 맑스 브라더스의
작업은 주어진 할리우드의 한계 내에서 생각할 법한 온갖 위, 아래 뒤
집기를 보드빌적 전통에 뿌리를 둔 방식으로 스크린에서 실험한 의미
있는 성과로 기록되어 마땅하다.

　보드빌의 전통은 라디오에서도 작용한다. 1894년 이탈리아의 물리
학자 마르코니가 개발한 무선 전신에서 영감을 얻어 1906년 미국의 레
지널드 페센든Reginald A. Fessenden(1866-1932)은 음성과 음악을 세계 최
초로 무선을 통해 내보낸다. 여기에 미국인 리 드 포레스트Lee De Forest
(1873-1961)가 1907년 특허를 취득한 3극진공관audion a vacuum tube이
결합되면서 지금 우리가 라디오라 부르는 장치가 등장했다.

월 로저스

1920년대에 들어서면서 본격적으로 라디오 방송이 시작되는데, 라디오라는 매체를 통해 미국 내의 모든 민감한 문제들에 대해 거침없으면서도 아무도 불쾌하게 하지 않는 자기 특유의 철학을 전개한 월 로저스Will Rogers(1879-1935)는 곧 미국의 국민 재담가로 부각된다. 원래 그는 미국 보드빌 쇼의 제왕 플로렌즈 지그펠드Florenz Ziegfeld(1869-1932)가 경영하던 지그펠드 폴리스Ziegfeld Follies 극장에서 카우보이의 밧줄 돌리기로 커리어를 시작했다. 보드빌에서 명성을 얻은 뒤 영화에도 출연하지만, 기층의 언어와 세속적 지혜에 바탕을 둔 월 로저스식 철학은 라디오에서 제값을 한다. 바로 그러한 이유로 풍자화가 제임스 터버James Thurber 같은 이에게서 비판받기도 했지만 말이다. 또한 월 로저스는 소형 항공기의 개척자이기도 했는데, 그는 1935년 조종사와 함께 알라스카 상공에서 추락했다. 그의 재담 중에 이런 것이 있다.

"내가 죽으면 내 묘비명에는 이런 글이 새겨질 것이다. '나는 내 시대의 거의 모든 특별한 사람들에 대해 재담을 해왔다. 그 재담이야 어떻든 내가 만난 사람들 중에 내가 좋아하지 않는 사람은 한 사람도 없었다.' 나는 내 묘비명이 너무 자랑스러워, 이 묘비명이 내 묘비에 새겨지게 될 날을 기다리기가 거의 힘들 지경이다."

뮤직홀에서 자신의 커리어를 시작한 프랑스의 희극 연기자 자크 타티Jacques Tati(1907-1982)는 뮤직홀적 마임의 전통과 유성 영화 사이에서 효과적인 균형 감각을 유지한다. 46년경부터 영화에 집중한 그는 무엇보다도 젠틀하면서 말이 없는 무슈 월로M. Hulot라는 캐릭터로 국제적인 명성을 얻는다.

자크 타티

폴 무니, 일곱 개의 얼굴을 연기하다

험프리 보가트

1999년 미국영화협회The American Film Institute가 미국 영화 100주년을 맞아 '50인의 위대한 미국 영화의 전설들the 50 greatest American screen legends'란 타이틀을 내걸고 미국 영화 산업에 기여한 공로 순으로 남녀 연기자 25명씩을 선정해서 발표했다. 남자 연기자 1위는 험프리 보가트Humphrey Bogart(1899-1957)이고, 여자 연기자 1위는 캐서린 헵번Katharine Hepburn(1907-2003)이다.

이 두 연기자가 1위로 선정된 배경에는 여러 가지 고려사항이 있었겠지만, 연기적 측면에서 볼 때 이 두 연기자는 카리스마 연기의 전형적인 경우들이다. 미국영화협회는 미국을 빛낸 영화 남녀 연기자 1위 자리에 무언가 '빡센' 느낌으로 연기하는 연기자들을 놓고 싶었을 것이다.

폴란드 유대계로 오스트리아에서 태어나 1902년 가족들과 함께 미

국으로 이민 온 연기자 폴 무니Paul Muni
(1895-1967)에 대해 극작가 아서 밀러Arthur
Miller(1915-2005)는 다음과 같이 말한다. "그
에게 연기는 커리어가 아니라 집념이다."

폴 무니

폴 무니의 부모들도 연기자였는데, 무니
는 이미 12세에 무대에 서서 80세의 노인
의 역할을 연기로 소화한다. 폴 무니가
1949년 영국 런던의 피닉스 극장the Phoenix
Theatre에서 아서 밀러의 〈세일즈맨의 죽음Death of a Salesman〉에 출연할
때의 일이다. 얼마나 역에 몰두했는지 공연 오프닝 파티에 나타난 폴
무니는 한 마디로 삶에 지치고 풀이 죽은 세일즈맨 윌리 로만Willy Loman
그 자체였다 한다. 연기자 리 J. 콥Lee J. Cobb(1911-1976)이 브로드웨이
초연에서 이 역할을 연기했었다.

1929년 〈일곱 개의 얼굴Seven Faces〉이란 영화에서 폴 무니는 일곱
가지의 역할을 연기한다. 그가 분장의 달인이었던 것은 사실이고, 그
가 연기에 뛰어난 재능이 있었던 것도 사실이지만, 무엇보다도 그의
연기에는 세밀한 데까지 구석구석 연기를 잘하겠다는 집념이 어려 있
다. 그가 출연한 영화들, 예를 들면 〈스카페이스Scarface〉, 〈루이 파스퇴
르 이야기The Story of Louis Pasteur〉, 〈대지The Good Earth〉, 〈에밀 졸라의
생애The Life of Emile Zola〉, 〈대통령 후아레스Juarez〉 등에서 보인 그의 연
기는 한 마디로 '극적인 연기'의 성격이 강하다.

1936년 폴 무니는 프랑스의 과학자 파스퇴르 역할로 아카데미 남
우주연상을 수상하며, 1955년에는 왼쪽 눈에 생긴 종양의 아픔과 싸
우며 공연한 연극 〈바람의 유산Inherit the Wind〉으로 토니상을 수상한

다. 누군가는 그를 '성격파 연기자a character actor'라고도 부른다.

1970년 〈패튼 대전차군단Patton〉으로 아카데미 남우주연상을 수상하지만 할리우드 윤리에 대한 항의로 수상을 거부한 미국의 연기자 조지 C. 스코트George C. Scott(1927-1999)는 베티 데이비스나 제임스 캐그니James Cagney(1899-1986)와 함께 폴 무니에게서 연기에 대해 많은 것을 배웠음을 인정한다.

적지 않은 미국의 연기자들도 그렇지만, 한마디로 '빡센' 연기라면 20세기 영국연기의 주류를 이룬다. 지금도 '한 연기 한다'는 연기자들은 영국 무대연기의 전통을 강조하곤 한다. 인도와도 바꿀 수 없다던 셰익스피어의 본향이라는 자부심이 무대를 휘어잡는 연기라는 측면으로 작용한다고 볼 수도 있다.

1930년대의 강렬한 개성파 연기자 로렌스 올리비에Laurence Olivier(1907-1989)는 누구보다도 과시형 연기자였다. 비극에서 희극, 연애물의 낭만적인 연인에서 스릴러의 지독한 악당에 이르기까지, 그의 연기의 폭은 누가 봐도 인상적이면서 동시에 예술성과 대중성이라는 두 마리 토끼를 한꺼번에 노린다.

로렌스 올리비에

로렌스 올리비에는 1947년 연기자로는 가장 어린 나이에 작위를 수여받았으며, 1970년에는 연기자로서는 최초로 기사knight가 아니라 귀족lord의 칭호를 받는다. 한편 그는 1963년부터 1973년까지 국립극장National Theatre을 책임지기도 했다.

영국이 배출한 뛰어난 여성 연기자

중 한 명인 비비안 리Vivien Leigh (1913-1967) 는 로렌스 올리비에의 두 번째 부인이었다. 그는 세 번째 부인 조안 플로라이트Joan Ann Plowright(1929-)와 함께 연극사에서 가장 생산적인 부부 연기자의 길을 걷는다.

랄프 리차드슨

과시형 작심作心 연기라면 랄프 리처드슨Ralph Richardson(1902-1983)도 로렌스 올리비에에 못지않다. 그는 1930년대 올드빅 Old Vic에서 셰익스피어의 작품들을 연기하는 한편 웨스트 엔드West End에서 서머셋 모옴William Somerset Maugham(1874-1965)이나 J. B. 프리스틀리John Boynton Priestley(1894-1984)의 작품 등으로 각광받는다. 그는 또한 1940년대 동료 로렌스 올리비에와 함께 올드빅을 경영하고, 말년에는 존 길거드John Gielgud(1904-2000)와 뜻을 같이해 영국 연극의 수준을 유지하는 데 일조한다. 그 역시도 기사 작위를 수여 받는다.

엘렌 테리의 조카 손자 존 길거드도 역시 기사 작위를 수여받은 연기자이다. 그는 1937년 햄릿으로 미국 브로드웨이에서 흥행기록을 세웠다. 그가 처음 올드빅에서 연기할 때는 워낙 대사가 서툴러 대사 없는 역할을 연기해야 했지만 곧 연기자로서 자신의 천분을 드러낸다. 그와 리처드슨은 70줄에 들어서서 실험적인 작가 해롤드 핀터Harold Pinter (1930-2008)의 작품 〈황무지No Man's Land〉에 도전해 커다란 성공을 거둔다.

'한 연기 하는' 영국 연기자들의 전통은

존 길거드

1948년부터 1956년까지 스트래트퍼드 어폰 에이번Stratford - Upon - Avon의 셰익스피어 메모리얼 극장Shakespeare Memorial Theatre의 극장장 이었으며 〈오셀로〉에서 이아고로 명성이 자자했던 안소니 퀘일 Anthony Quayle(1913 - 1989), 섬세하고 미묘한 연기에 탁월했던 알렉 기네 스Alec Guinness(1914 - 2000), 1960년 로버트 볼트Robert Bolt(1924 - 1995)의 희곡 〈사계절의 남자A Man for All Seasons〉에서 토마스 모어 경의 역할로 국제적인 명성을 획득한 폴 스코필드Paul Scofield(1922 - 2008), 그리고 다 양한 연기의 달인이었던 피터 유스티노프Peter Ustinov(1921 - 2004) 등으 로 계속 이어진다.

스페인 출신의 프랑스 연기자인 마리아 카사레스Maria Casarès(1922 - 1996)는 카뮈와 사르트르의 실존주의적 작품들에서 연기자로서 치열 한 수련기간을 거친다. 그녀는 곧 코메디 프랑세즈와 민중극단, 그리 고 장 루이 바로의 테아트르 드 프랑스Théâtre de France의 핵심적인 연 기자가 된다. 때로는 '본때를 보여주려는' 그녀 연기의 과장된 경향이 '경련 취향taste for paroxysm'으로 평가받기도 한다.

연기를 '경련'이라 부를 정도면 작심한 연기가 그 도를 지나쳤다는

마리아 카사레스

뜻인데, 대체로 그녀가 주변 역할을 연기 할 때 이런 현상이 나타나곤 한다. 그때 그 녀는 연기로 주목받고 싶은 것이다.

작심 연기와 명품 연기 사이에서 균형을 맞추는 연기자들 중에는 그리스 연기자 카 티나 팍시누Katina Paxinou(1900 - 1973)가 있 다. 그녀는 남편 알렉시스 미노티스Alexis Minotis(1898 - 1990)와 함께 그리스 국립극장

의 중심이었다. 오페라 가수로서 훈
련을 받은 그녀는 그리스 전통 비극
들뿐만 아니라 입센이나 오닐 같은
현대극에도 정통하다.

카티나 팍시누

1943년 영화 〈누구를 위하여 종
은 울리나〉에서 스페인 여인을 연
기한 그녀는 그 역으로 아카데미 조
연여우상을 획득한다. 그녀는 1950년 다시 그리스로 돌아가 남편과
함께 아테네에 로얄 씨어터the Royal Theatre of Athens를 세운다. 스페인
적 외관을 가진 그녀는 스페인의 극작가 로르카Federico Garcia Lorca
(1898-1936)의 작품들을 영어권에 소개하는 데에도 중요한 역할을 했
다. 1951년 뉴욕에서 〈베르나르다 알바의 집La casa de Bernarda Alba〉 영
어 초연에서 주역을 맡았으며 1959년 BBC에서 방영한 〈피의 결혼
Bodas de sangre〉에도 참여한다.

가르시아 로르카의 작품이라면 스페인 바르셀로나 출신의 여성 연
기자 누리아 에스페르트Nuria Espert(1935-)의 명품 연기를 빼놓을 수 없
다. 19세에 같은 연기자인 아르만도 모레노Armando Moreno와 결혼해
함께 마드리드 테아트로 레콜레토스 극장Teatro Recoletos에 거점을 둔
극단을 창단한 그녀는, 고전에서부
터 로르카의 〈예르마Yerma〉 같은 작
품에 이르기까지 다양한 역할을 소
화한다. 그녀는 여러 편의 영화에도
출연했다.

누리아 에스페르트

스페인 중부 지역의 도시 푸엔라

브라다Fuenlabrada는 그녀의 업적을 기리며 시립극장을 누리아 에스페르트 극장Sala Municipal de Teatro Núria Espert이라 부른다. 2009년 그녀는 〈베르나르다 알바의 집〉을 무대에 올린다.

팍시누를 잇는 다음 세대 그리스 여성 연기자 중에 멜리나 메르쿠리Melina Mercouri(1920-1994)는 그리스뿐만 아니라 세계에서도 '빡센' 연기로 으뜸가는 연기자 중의 한 명이다. 1967년에서 74년까지 그리스 군부독재와 맞선 그녀는 1981년 그리스 최초의 여성 문화부 장관이 된다. 그녀의 남편은 매카시 선풍을 피해 유럽으로 빠져 나온 러시아 유대계의 미국 감독 쥴스 다신Julius "Jules" Dassin(1911-2008)이다.

30년대 두각을 나타낸 남녀 연기자를 통틀어 빡센 연기라면 뭐니 뭐니 해도 이탈리아의 연기자 안나 마냐니Anna Magnani(1908-1973)이다. 불우한 어린 시절을 보내고 밤무대에서 노래로 학비를 벌어 로마 연극원에서 연기를 배우다가 30년대부터 영화에 출연하기 시작한 그녀는 소위 '화산 같은volcanic' 연기로 유명하다. 누구는 '늑대 같은La Lupa'이라고도 하고, 누구는 '격렬한fiery'이라고도 하지만, 결국 그녀의 연기가 빡세다는 것을 말하는 셈이다.

멜리나 메르쿠리

안나 마냐니

제2차 세계대전이 마무리될 무렵 마냐니는 이탈리아에서 시작된 새로운 영화 스타일인 네오 리얼리즘의 신호탄인, 1945년 로베르토 로셀리니Roberto Rossellini(1906-1977) 감독의 〈로마, 열린 도시Rome, Open City〉에 출연한다. 이 영화에서 누구도 잊지 못할 클라이맥스의 명장면을 연기한 마냐니는 1955년 미국의 다니엘 만Daniel Mann(1912-1991) 감독의 영화 〈장미 문신The Rose Tattoo〉을 통해 아카데미 여우주연상을 수상한다.

이 영화는 미국의 극작가 테네시 윌리엄스가 직접 자신의 오리지널 희곡의 각색을 담당했는데, 마냐니의 연기에 매혹된 윌리엄스가 특별히 그녀를 염두에 두고 작업한 작품이다. 로셀리니 감독은 마냐니가 엘레오노라 두세Eleonora Duse 이후의 으뜸가는 연기 천재라고 극찬했다.

일인극은 성격상 대체로 빡센 연기를 요구한다. 관객들로 하여금 연기자의 거의 곡예적인 연기 솜씨에 감동하게 하는 것이다. 30년대 명품 연기의 한 특별한 성취가 일인극 연기자 루스 드레이퍼Ruth Draper (1884-1956)에 의해 이루어진다. 드레이퍼는 일인극을 전문으로 하는 미국의 여성 연기자이다. 그녀의 광범위한 인맥은 특히 이탈리아가 중심이다. 그녀는 누구보다도 이탈리아의 시인 라우로 데 보시스Lauro De Bosis(1901-1931)와 각별한 교분을 나누었는데, 그는 1931년 로마 상공에서 비행기를 조종하며 무솔리니의 파시스트 권력을 거부하는 전단지를 뿌리다가 연료 부족으로 추락해 사망한다.

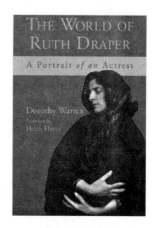

루스 드레이퍼

루스 드레이퍼는 60여 개의 일인극 스케치를 통해 300여 개가 넘는 역할을 창조한다. 의자나 탁자 같은 간단한 소도구와 함께 그녀는 어린아이의 눈을 통해 바라보는 세상의 모습을 창조했는데, 역할을 창조하는 그녀의 영감은 인간과 세상에 대한 깊은 연민의 시선에서 비롯한다. 그녀의 공연을 사랑하는 일반 관객들은 물론이고, 많은 극작가와 연출가, 비평가, 교육자 그리고 연기자들에게 그녀의 공연은 예술로서 작심 연기의 한 정점이다.

11

헬레네 바이겔, 브레히트와 결혼하다

1918년 제1차 세계대전이 끝나고 서구는 호된 진통을 겪는다. 제1차 세계대전보다 제2차 세계대전이 전쟁의 규모와 피해에서 훨씬 더 큰 전쟁이었지만, 사람들은 아직도 제1차 세계대전을 '커다란 전쟁the Great War'이라고 부른다. 세상에 어느 전쟁이나 다 비참하고 고통스러운 경험이겠지만, 제1차 세계대전은 사람들의 가치관과 세계관에서 그 전후를 분명하게 나누는 혼돈스러운 경험이었다.

이런 시기에 1917년 러시아 혁명 이후 범세계적으로 대두한 공산주의는 사상가 마르크스의 영향을 받아 서구의 전통적 가치관이나 세계관과는 차별되는 하나의 대안을 제시하면서 세계를 동서로 양분한다. 이제 가치관과 세계관의 헤게모니를 놓고 보통 이데올로기의 싸움이라고 부르는 새로운 전쟁이 시작된다. 가치관과 세계관의 전쟁에서 예술도 열외일 수는 없었다.

1917년터 1991년까지 러시아를 중심으로 모두 15개의 공화국으로 구성된 소비에트 사회주의 공화국 연방은—보통 줄여서 소련이라 부르는데—블라디미르 레닌Vladimir Lenin(1870-1924)과 조셉 스탈린

Joseph Stalin(1878-1953)을 거치면서 강력한 1당 독재정치의 체제를 확립한다. 공산주의 혁명기 소련의 예술은 유물론적 사회적 변화와 발맞추어 급진적으로 실험적 성격을 띠는데, 보통 러시아 구성주의라 불리는 소련 예술의 새로운 경향은 혁명기의 예술은 당연히 내용을 담는 그릇부터 변해야 한다는 진보적 형식주의의 태도를 취한다.

이러한 입장은 1930년대에 이르면 상투적인 사회주의 리얼리즘 Socialist Realism의 골수 보수주의로 급격하게 전환되지만, 20년대 소련의 영화는 레프 쿨레쇼프Lev Kuleshov(1899-1970), 브세볼로드 푸도프킨 Vsevolod Pudovkin(1893-1953) 그리고 세르게이 에이젠슈테인Sergei Eisenstein(1898-1948) 감독 등의 소위 몽타주montage 기법에 바탕을 둔 일련의 독창적인 작업들로 세계적인 주목을 받는다.

몽타주 기법이란 영화의 장면들을 리듬이나 톤의 변화 또는 다중적 의미층 등을 고려하여 병치나 충돌과 같이 변증법적 방식으로 편집함으로써 전달하고자 하는 주제적 효과들을 극대화하려는 기법이다. 몽타주 기법의 고전적인 예로서 에이젠슈테인 감독의 1925년 영화 〈전함 포템킨〉에서 오데사 계단 장면을 생각해볼 수 있다. 또한 그는 1938년 영화 〈알렉산드르 네프스키Alexander Nevsky〉에서 영상과 음향의 충돌에서 비롯하는 고유한 효과를 추구하기도 한다.

사실 영화사 초기 1900년 영국의 스미스G.A. Smith(1864-1959)가 만든 단편 〈할머니의 돋보기Grandma's Reading Glasses〉에서 이미 클로즈업과 편집의 표현적 기법이 동원되는데, 그래도 역시 20년대 영화의 무게 중심은 이러한 기법들을 이용하여 카메라가 포착한 실제적이거나 환상적인 이미지를 비교적 자연스럽게 현실임 직한 호흡에 실어 전달하는 스토리텔링에 놓여 있었다. 가령 20년대 프랑스 영화감독 르네 클레르René Clair(1898-1981)의 작품들을 생각해봐도 이 점은 첫눈에도 명백하다.

1920년대 소련의 감독들이 자신들의 작품에서 의도적으로 구사한 몽타주 기법은 이런 맥락에서 그때까지 영화적 스토리텔링의 전통과는 첨예하게 구별된다. 뿐만 아니라 연기적인 측면에서도 몽타주 기법은 전통적인 방식의 연기를 해체하는 급진적인 의미를 내포한다. 1910년대 말엽에서 20년대 초에 걸쳐 쿨레쇼프 감독이 실험한 소위 '쿨레쇼프 효과'는 한 연기자의 같은 표정이 어떻게 영화 속 각기 다른 시퀀스에서 각기 다른 의미를 띨 수 있는가를 도전적으로 제시한다.

쿨레쇼프는 차르Tsar 시대의 러시아 연기자인 이반 모주킨Ivan Mozzhukhin(1889-1939)이 1917년 혁명의 소용돌이 속에서 좀 더 안전한 곳을 찾아 러시아를 떠나면서 남겨놓은 영화들의 필름 조각들을 가지고 쿨레쇼프 효과를 실험한다. 모주킨은 동시대의 연기자 오스트리아 태생의 에리히 폰 스트로하임Erich von Stroheim(1885-1957)을 연상시킬 정도로 연기적 기본이 잘 갖춰지고 개성도 강렬한 좋은 연기자이지만, 쿨레쇼프의 실험에서는 일종의 인형이 되어버린 셈이다.

인형극에서의 인형은 하나의 물리적 존재이면서 인형술사의 조종에 의해 온갖 미묘한 표정들을 발산한다. 그러한 작용에 의해서 인형극이라는 매력적인 공연 양식이 존재하는 것이지만, 그래도 그것은 인형극에 국한된 작용이다. 살아 있는 연기자가 인형일 수는 없기 때문에 쿨레쇼프나 또는 그와 비슷한 실험에서 연기자는 관객

이반 모주킨

에게 어딘가 경직된 느낌을 줄 수밖에 없다.

모주킨은 1919년 우여곡절 끝에 파리에 도착해 점차 유럽 영화의 스타가 된다. 1926년 그는 루돌프 발렌티노의 빈자리를 메울 공산으로 할리우드에 진출하지만 불운하게도 곧 도래하는 토키 시대에 적응하지 못하고 유럽으로 돌아와 1939년 폐결핵으로 삶을 마감한다.

몽타주 기법은 영화를 연기자의 예술이라기보다는 감독의 예술로 자리매김하게 하는 데 중요한 역할을 한다. 결과적으로 2-30년대 소련의 감독들만큼 연기자들의 이름보다 많이 거론되는 경우는 드물다. 그나마 에이젠슈테인의 〈알렉산드르 네프스키〉나 〈이반 뇌제雷帝Ivan Groznij〉에 출연한 니콜라이 체르카소프Nikolay Cherkasov(1903-1966) 정도가 몽타주 기법 때문이 아니라 표현적 연기 때문에 세상의 주목을 받는다. 결국 몽타주 기법은 소련 내에서도 마르크스주의 미학이라기보다는 형식주의 미학으로 취급되어 비판대에 오른다.

1930년대 연기적 관점에서 마르크스주의 미학은 봉건적 생산 양식에 대한 계몽적 혁신이라는 점에서 몽타주 기법의 성과를 받아들이면서도 형식주의적 경향으로 인한 연기자의 소외라는 문제를 해결할 필요에 직면한다. 이럴 즈음 독일에서 극작가이자 연출가인 베르톨트 브레히트Bertolt Brecht(1898-1956)가 등장한다. 그는 별 이견 없이 마르크스주의 미학의 대표적인 예술가 중의 한 명으로 평가받는다. 의대생이었던 브레히트는 1920년대 당시 독일에서 유행하던 표현주의적 경향의 작품들로 주목을 받다가 1928년 풍자적 음악 리메이크극 〈서푼짜리 오페라〉로 대박을 터트린다.

1930년대로 접어들어 군부 독재의 야욕을 드러내기 시작한 히틀러의 나치 독일에서 더 이상 버틸 수 없어 제2차 세계대전이 끝날 때까

지 망명시대를 보낸 후, 1948년 동
독에 자리 잡은 브레히트는 49년
베를린에서 전설적인 '베를리너 앙
상블Berliner Ensemble'을 세운다. 52년
에는 브레히트의 모든 작품에 국민
상이 수여되고, 54년에는 레닌 평화
상을 받는다.

헬레네 바이겔

　오스트리아의 여성 연기자 헬레네 바이겔Helene Weigel(1900-1971)은
브레히트를 이야기할 때 빼놓을 수 없는 연기자이다. 1923년 바이겔
이 브레히트와 본격적으로 관계를 맺기 시작할 때 브레히트는 이미
결혼한 몸이었다. 브레히트의 이혼이 공식적으로 처리된 후인 1930
년에 비로소 둘은 결혼한다. 바이겔은 유태인이었다. 1933년 그녀는
어쩔 수 없이 없이 독일을 떠나 남편을 따라 정처 없는 망명의 길을 떠
난다. 망명 이후의 유랑 생활 속에서도 바이겔과 브레히트의 동지적
유대는 더할 나위 없이 끈끈했던 것 같으나, 여성 문제에 관한 한 브레
히트의 삶에는 바이겔 외에도 여러 여성이 있어 왔으며, 바이겔 자신
도 그 사실을 잘 알고 있었던 것 같다. 어쨌든 브레히트는 그녀가 자신
의 작업에 중요한 영감의 근원이었음을 되풀이해 밝힌다.

　연기와 관련해서 브레히트 작업의 주요한 특징은 둘로 정리할 수
있다. 첫째는 오락이 아닌 교육으로서 연기이며, 둘째는 소격효과
Verfremdungseffekt를 야기하는 연기이다. 여기서 소격효과라 함은 관객
이 자신을 연기자의 역할과 동일시해서 연기가 그려내는 세계에 함몰
되어버리지 않게끔 적절하게 관객의 감정이입을 차단해주는 효과를
말한다. 특히 이 효과를 거둬내기 위해 브레히트는 연기자에게 춤과

노래는 물론이고, 그 밖에도 다양한 서커스적 몸 연기를 요구한다. 이미 오래전 그리스의 철학자 아리스토텔레스가 강조한 기승전결을 제대로 갖춘 전통적인 공연을 '드라마Drama'라 부른 브레히트는 그러한 드라마와 구별하기 위해 교육과 소격효과를 중심으로 한 자신의 공연을 '서사극Epik Theater'이라 부른다.

바이겔은 브레히트가 연기자에게서 무엇을 요구하는지 잘 이해하고 있었다. 소격연기를 통한 교육이 효과를 거두려면 소격이 따분해서는 안 되며, 이를테면 권투경기에서와 같은 생생함이 결부되어야 하는데, 그렇다고 희극이나 비극의 감정적 파동에 관객이 일방적으로 휩쓸려 들어가서도 안 되기 때문에 연기의 전체적 작용은 항상 이성의 통제하에 있어야 한다. 바이겔은 브레히트의 이러한 요구에 응해 동지적 관계의 연기자로서 최선을 다해 무대에 섰다. 특히 그녀의 1949년 〈억척어멈과 그 자식들Mutter Courage und ihre Kinder〉 무대는 전설적이다. 〈억척어멈과 그 자식들〉은 1939년 브레히트가 독일의 폴란드 침공 소식을 듣고 분노에 차서 집필을 시작해 연기자이자 작가인 마르가레테 슈테핀Margarete Steffin(1908-1941)의 도움을 받아 한 달 남짓 만에 탈고한 작품이다. 바이겔은 49년 동베를린에서 억척어멈으로 무대에 섰는데, 이 공연의 성공은 브레히트 작업의 보루 베를리너 앙상블 설립에 초석이 된다. 그녀는 삶의 마지막 순간까지 독일 연극의 상징적 존재였던 베를리너 앙상블의 대표로 활동했다.

브레히트가 1950년대 이후 동구권의 정치적 변화에 어떤 입장이었는지 확실치 않다. 특히 그가 세상을 떠난 56년에는 헝가리에서 일어난 자유봉기가 소련군의 무력진압으로 무산되는 사건이 벌어진다. 헝가리에는 바조르 기지Bajor Gizi(1894-1951)라는 뛰어난 여성 연기자가 있었다. 그녀는 고전적인 셰익스피어 연기 와 현대적인 입센 연기에 모두 능통한 연기자이며, 현대 헝가리 연극의 발전에 지대한 공헌을 한 연기자이다. 1950년 헝가리 인민 최고 예술가의 칭호를 받은 그녀는 51년에 세상을 떠난다.

테레제 기제

〈억척어멈과 그 자식들〉 초연은 1941년 스위스 취리히에서 이루어졌는데, 그때 억척어멈으로 무대에 선 연기자가 현대 독일의 뛰어난 여성 연기자 중 하나인 테레제 기제Therese Giehse(1898-1975)이다. 그녀는 이미 네 살의 어린 나이에 무대에 섰었다. 그녀는 억척어멈으로 연기자로서의 국제적인 명성을 확보한다. 그녀는 막심 고리키Maxim Gorky(1868-1936)나 프리드리히 뒤렌마트Friedrich Dürrenmatt(1921-1990)의 작품들로도 유명하다.

1975년 프랑스의 감독 루이 말Louis Malle(1932-1995)이 영화 〈블랙 문 Black Moon〉을 만들 때, 영화의 중심인물인 노파 역으로 기제를 생각하며 시나리오를 썼을 정도로 연기자로서 그녀의 영향력은 강력했다. 쇠약해진 그녀의 건강을 고려해 루이 말은 영화 세트를 독일 뮌헨의 교외로 옮긴다.

독일의 연출가인 에르빈 피스카토어Erwin Piscator(1893-1966)는 브레히트의 서사극에 지대한 영향을 끼친다. 1927년 그가 베를린에 피스카토어 극단Piscator-Bühne을 세우고 뜻을 함께 한 동료들과 일련의 실험적인 공동 작업에 착수할 때 브레히트도 참여했다. 오스트리아의 천재적인 희극 연기자 막스 팔렌베르크Max Pallenberg(1877-1934)는 1914년 도이치 극장의 라인하르트에 의해 베를린으로 와서야 비로소

막스 팔렌베르크

세상에 알려진다. 그는 특히 체코의 작가 야로슬라브 하첵Jaroslav Hašek(1883-1923)의 소설 〈용감한 병사 슈바이크The Good Soldier Švejk〉를 브레히트가 희곡으로 개작하고 피스카토어가 연출한 전설적인 공연에서 잔인한 현실 묘사와 즉흥적 놀이판 사이를 자유롭게 넘나드는 눈부신 연기를 선보인다. 충실한 대본 해석에 근거한 그의 즉흥 연기는 작가의 원래 의도를 훼손하지 않을 뿐 아니라 동료들의 연기를 방해하지도 않는 놀라운 유연성을 보여준다.

그가 브레히트와 동료의 인연으로 엮어지지 못한 것을 안타깝게 생각하는 사람들이 많았으며, 무대에서 그의 연기로 보는 브레히트의 걸작들이 또 다른 놀라운 체험이 될 것임에는 이론의 여지가 없다. 대중의 사랑을 받던 동료 연기자와 결혼한 그는 비행기 사고로 세상을 뜬다. 한편 덴마크에는 폴 레우메르트Poul Reumert(1883-1968)라는 뛰어난 연기자가 있었는데, 브레히트가 그의 연기에 감동해 자신의 작품을 제공했지만, 브레히트와는 연기에 대해 다른 관점을 갖고 있던 그는 브레히트의 역할들을 연기하지는 않는다. 예순이 안 되어 세상을 떠난 팔렌베르크와는 달리 그는 여든이 넘는 나이에도 무대에 섰다. 그는 입센, 스트린드베리, 몰리에르의 작품들을 포함해 평생 400개가 넘는 역할을 연기한다.

틸라 뒤리외Tilla Durieux(1880-1971)는 오스트리아의 여성 연기자이다. 1903년, 막스 라인하르트에 의해 발탁되어 베를린에 온 그녀는 라인하르트나 피스카토어 같은 연출가들과 작업한다. 그녀에 따르면 피

432

스카토어는 연극에서 허황함의 껍질을 벗
겨내고 본질을 드러낸 연출가였다. 그녀는
피스카토어를 위해 기금을 모아 1927년
피스카토어 극단 창립에 견인차 역할을 한
다. 베를린에서 극작가 휘고 폰 호프만슈
탈Hugo von Hofmannstahl(1874-1929)의 〈오이
디푸스 렉스Oedipus Rex〉에서 오이디푸스
역의 알렉산더 모이시Alexander Moissi

틸라 뒤리외

(1880-1935)와 함께 이오카스테 역으로 각광을 받은 그녀는 살로메나
키르케와 같은 팜므 파탈Femme Fatale 역할에 정평이 있다.

한편 뒤리외는 삶을 일관해 정치적 행동주의자의 모습을 보인다.
무대에서는 프랑크 베데킨트의 안티부르주와 경향의 작품들에 출연
하고, 무대 밖에서 정치 투사로 활약했다. 제1차 세계대전 시에는 평
화 밀사의 임무를 띠고 스위스에 잠입하며, 1933년 나치를 피해 유고
슬라비아의 자그레브에 정착한 그녀는 제2차 세계대전 시에는 60이
넘은 나이에 나치를 상대로 빨치산 투쟁을 감행한다.

독일을 떠나 유럽의 여러 나라를 전전하던 브레히트는 1941년 미국
으로 망명한다. 미국에는 1938년부터 독일 나치 동조자들을 색출하
는 의회반미활동특별위원회House Un-American Activities Committee가 있었
는데, 제2차 세계대전 이후 이 위원회의 활동은 소련 동조자를 색출하
는 쪽으로 선회한다. 특히 1947년 연극, 영화계가 조사의 대상이 되자
브레히트는 다시 미국을 빠져나와 유럽으로 돌아간다.

좌익이나 우익 같은 이데올로기의 문제에 있어서 연기자는 얼마든지
나름대로 분명한 자신의 입장을 가질 수 있다. 물론 때로는 그 주장에

책임을 질 필요가 있음도 분명하다. 당시 연기자 노조Screen Actors Guild 위원장이었던 로널드 레이건Ronald Reagan(1911-2004), 존 웨인John Wayne (1907-1979), 로버트 테일러Robert Taylor(1911-1969) 또는 그의 부인이었던 바바라 스탠위크Barbara Stanwyck(1907-1990) 등이 우익이었고, 찰리 채플린, 오슨 웰즈Orson Welles(1915-1985) 또는 흑인 연기자로서 미국 무대를 개척한 폴 롭슨Paul Robeson(1898-1976) 등이 좌익이었다.

문제는 반미특위HUAC의 작용이 일종의 마녀사냥이라는 점이었다. 여기에 1950년 조셉 매카시Joseph McCarthy 상원의원이 몰고 온 소위 매카시 선풍의 히스테리까지 곁들여져, 연기자들은 빠져나가기 어려운 부조리한 상황 속에 던져진다. 그것은 자기가 살기 위해서 동료를 고발해야 하는 억압적인 상황이었는데, 이 상황에 응하지 않거나 또는 이 상황에서 고발당하면 누구라도 블랙리스트에 올라 연기 활동을 접어야 했다. 채플린은 미국을 떠나 유럽행을 택한다. 엘리아 카잔Elia Kazan (1909-2003) 같은 감독이나 아돌프 멘쥬Adolphe Jean Menjou(1890-1963) 같은 연기자가 이런 마녀사냥에 자의든 타의든 동참한다. 캐서린 헵번과 스펜서 트레이시는 이런 방식에 강력하게 반발하여 멘쥬를 연기자 동료로 간주하지 않았다.

캐나다 리

미국의 흑인 연기자 캐나다 리Canada Lee (1907-1952)는 3-40년대 시민운동권 출신이다. FBI가 선배 연기자 폴 롭슨이 공산주의자라 증언하면 리를 블랙리스트에서 빼주겠다고 회유했지만, 그는 이것을 거부한다. 리는 반미특위 청문회에서 증언하기로 되어 있던 며칠 전 세상을 떠난다. 연기자로서 리의 마지막 작업은 1950년 동료 흑인 연기자 시드니 포이티에Sidney Poitier(1927-)와 함께 출연한 영국 영화〈울어라, 사랑하는 조국이여Cry, the Beloved Country〉이었다. 이것은 범인류애적 주제를 담은 영화로 남아공의 작가 앨런 페이턴Alan Paton의 소설을 영화화한 것인데, 리가 세상에 남긴 마지막 작품으로서 그 의미가 크다.

이다 카민스카

　제2차 세계대전의 경험 중 지금도 우리에게 경각심을 주는 것 중의 하나가 인종에 대한 편견이다. 헬레네 바이겔을 포함해서 이루 헤아릴 수 없을 만큼 많은 유태인이 인류사의 긴 세월 동안 박해를 받아왔다.

　러시아에서 태어난 연기자 이다 카민스카Ida Kaminska(1899-1980)는 러시아와 폴란드를 오가며 특히 슬라브계의 유태어인 이디쉬어Yiddish 연극의 뿌리를 내린다. 그녀의 부모도 잘 알려진 이디쉬 극단의 연기자들이었다. 부모의 영향으로 카민스카는 다섯 살의 나이에 무대에 오른다. 기질적으로 떠돌이이자 거침이 없는 그녀는 유럽과 미국을 순회하며 입센, 브레히트, 로페 데 베가 등의 작품들을 이디쉬어로 무대에 올린다. 그녀는 영화와 TV에서도 활약했다.

　1968년 폴란드 바르샤바에 위치한 국립 유태인 극장the State Jewish Theater의 예술 감독이었던 카민스카는 바르샤바 조약의 군대가 체코슬로바키아의 프라하를 침공하던 날, 가족들 및 상당수 단원들과 함께 이스라엘로 이민을 떠난다. 이미 폴란드에서도 반유태인 정서가 심상치 않게 전개되던 시점이었다. 잠시 이스라엘에 머물렀던 카민스카는 미국에서 눈을 감는다.

20세기 들어 가장 두드러진 인종편견 중 하나는 남아공의 흑인차별일 것이다. 이제는 지나간 일이지만, 역사는 그것을 아파르트헤이트 Apartheid라 부른다. 백인이면서 남아공 출신의 연기자이자 극작가, 연출가인 아톨 푸가드Athol Fugard(1932-)는 아파르트헤이트가 절정인 시기 한복판을 헤치고 나오면서 위협에 굴하지 않고 남아공 흑인차별에 비판적인 작품들을 발표한다. 존 카니John Kani(1943-)와 윈스턴 쇼나Winston Ntshona(1941-) 같은 포트 엘리자베스Port Elizabeth 출신의 흑인 연기자들과 함께 작업하면서 연기자들에게 대본보다 좀 더 즉발적 연기의 가능성을 열어놓은 1972년의 작품들 〈시즈위 밴지는 죽었다 Sizwe Bansi is Dead〉와 〈아일랜드The Island〉는 국제적으로 커다란 성공을 거둔다.

　　남아공 출신의 백인 여성 연기자 쟈넷 수즈만Janet Suzman(1939-)의 숙모 헬렌 수즈만Helen Suzman(1917-2009)은 유태인이자 두려움을 모르는 반아파르트헤이트의 투사였다.

　　1954년, 23세의 프랑스 연기자 로제르 플랑숑Roger Planchon(1931-2009)은 2년 후면 세상을 떠나게 될 말년의 브레히트를 만난다. 젊은 플랑숑에게 그것이 얼마나 커다란 사건이었을지 충분히 짐작할 수 있다. 플랑숑은 이미 나이가 스물이 되기 전 자신의 극단을 갖고 있었다.

로제르 플랑숑

연기자이자 극작가, 연출가 그리고 극장장으로서 그는 삶의 마지막 순간까지 마르크스주의와 브레히트 연극의 대중적 가능성을 추구하게 된다. 1957년 플랑숑은 자신의 극단을 이끌고 리옹Lyons 대도시권 동부 빌뢰르반Villeurbanne에 위치한 시테 극장Théâtre de la Cité에 거점을 마련한다. 빌뢰르반은 프랑스 중동부 지역의 산업도시로서 젊은 극장장 플랑숑은 극장 경영의 능력을 발휘해 이 도시의 지배적인 구성층인 노동 계층을 관객층으로 확보하는 데 성공한다. 1961년 파리 공연에 성공한 플랑숑은 파리를 제외한 지방 극단으로서는 최초로 중앙정부 지원금을 받아낸다.

1972년 프랑스 정부는 문화의 지방 분산화 정책에 따라, 1920년 피르맹 제미에르가 파리에 설립한 프랑스 국립 민중극단을 플랑숑의 극단이 있는 빌뢰르반 시테 극장으로 옮기기로 결정한다. 민중극단의 거점이었던 민중극장은 1951년 프랑스의 연기자 장 빌라르Jean Vilar (1912-1971)가 새로 극장장이 되면서 눈부신 수완으로 충분한 예산을 확보하고 자체 극단까지 조직해, 질적으로나 양적으로 명실상부하게 국립 민중극장으로 거듭 태어나는 데 성공한 극장이다. 단원 중에는 당대 프랑스 최고의 인기 연기자 제라르 필립Gérard Philipe(1922-1959)도 포함되어 있었다. 1959년에 민중극장은 국립극장으로서 코메디 프랑세즈와 동등한 지위를 누리게 된다. 장 빌라르는 1971년에 세상을 떠나고 영화의 시대에 연극의 대중화라는 과제는 플랑숑의 어깨 위로 떨어진다.

프랑스의 연기자이자 극장장인 장 빌라는 중산층이 독점하던 연극을 좀 더 대중적으로 만드는 데 인생을 바친다. 소르본느의 대학생이던 그는 샤를르 뒬랭의 지도로 연기력을 닦은 후 스트린드베리와 T.S. 엘리어트T.S. Eliot(1888-1965)의 작품들에서 발군의 기량을 과시했다. 1947년 그는 아비뇽Avignon 페스티벌을 기획한다. 여기에서 공연한 뷔흐너의 〈당통의 죽음Dantons Tod〉에서 그가 연기한 로베스피에르는 기억할 만한 성과이다.

장 빌라르

1951년 파리에서 국립 민중극단의 책임을 맡은 빌라르는 극장장으로 있는 12년 동안 단순한 장치와 영웅적 스타일, 인상적인 공간 활용과 의상이나 조명 등의 연출로 코르네이유의 〈르 시드〉에서 브레히트의 〈억척어멈과 그 자식들〉이나 알프레드 자리의 〈위뷔 왕王〉에 이르기까지 엄선한 작품들을 저렴한 입장료로 무대에 올렸다. 그는 삶의 마지막 순간까지 아비뇽 페스티벌을 키운다.

12

라이오넬 배리모어,
아카데미 주연남우상을 수상하다

앞에서(11막 11장 참조) 19세기를 다룰 때 영국의 연기자 조지 알렉산더
George Alexander(1858-1918)를 두고 영국의 극작가 오스카 와일드가 한
말을 인용했다. "알렉산더는 연기 같은 건 하지 않았으며, 그냥 무대에
서 있었을 뿐이었다Alexander did not act, he behaved." 실제로 알렉산더가
연기하지 않았을 리는 없지만, 그의 연기 스타일이 무언가 느슨하고,
이완되어 있었음에는 틀림없다. 비슷한 시기에 활동한 미국의 연기자
존 드류John Drew(1853-1927) 역시도 무대에서 그냥 제 모습대로 편안히
있는 것으로 유명했다. 어쩌면 이런 스타일의 연기에는 연기에 대해
연기자가 갖고 있는 어떤 입장 같은 것이 반영되어 있는지도 모른다.

라이오넬 배리모어Lionel Barrymore(1878-1954)와 에델 배리모어Ethel
Barrymore(1879-1959) 그리고 존 배리모어John Barrymore(1882-1942), 이렇
게 미국의 연극계와 영화계에서 잘 알려진 배리모어 형제들은 역시
연기자였던 부모에게서 태어난다. 배리모어 집안의 연기 전통은 드류
배리모어Drew Barrymore(1975-)에게로 이어진다. 그녀는 존 배리모어의
손녀이다.

존, 에델, 라이오넬 배리모어

천직으로서 연기에 대해 높은 뜻을 품은 여동생 에델과는 대조적으로 라이오넬 배리모어는 5달러가 필요한 누구라도 연기자가 될 수 있다고 생각했다. 어쨌든 그는 1931년 영화 〈자유로운 영혼A Free Soul〉으로 아카데미 주연남우상을 수상한다. 아닌 게 아니라 라이오넬 배리모어의 연기에는 힘들여 잘하는 연기의 탁월한 느낌보다는 그냥 연기를 의식하지 않는 듯한 자유로운 느낌이 있다. 반면에 존 배리모어는 다르다. 가령 1920년 〈리처드 3세〉나 1922년 〈햄릿〉에서 그의 탁월한 연기적 재능은 눈부신 광채를 발휘한다. 누구라도 이런 작품에서 존 배리모어의 연기를 보면 그가 연기를 잘한다는 느낌을 받게 된다. 이럴 때 사람들은 일반적으로 '연기자의 카리스마'라는 말을 한다. 그러나 안타깝게도 할리우드의 변변치 못한 영화들과 스캔들과 알코올은 그의 재능을 갉아먹어버린다.

전통적으로 연기를 잘하는 배우는 이런 카리스마가 있는 배우였다. 물론 클라크 게이블Clark Gable(1901-1960) 같이 생김새나, 존 웨인John Wayne(1907-1979) 같이 체격에서 카리스마 점수를 따고 가는 경우도 있겠으나, 이런 경우 '카리스마 연기'라는 표현은 적절하지 않다.

1930년 배리모어 형제들의 이야기를 다룬 〈브로드웨이의 왕실집안The Royal Family of Broadway〉에서 미국의 연기자 프레드릭 마치Fredric March(1897-1975)는 존 배리모어의 역할을 연기한다. 연극과 영화에서 두루 뛰어난 연기력을 과시한 폴 무니만큼 그 또한 연극과 영화에서 발군의 기량을 선보인다. 그는 아카데미와 토니 연기상을 두 차례씩 수상한 유일한 연기자이다. 그럼에도 불구하고 그의 연기는 대체로 그냥 자신의 모습으로 일상복을 입은 것처럼 평범해 보인다. 실제 역할에서 어떤 복장이나 분장을 하고 있던 간에 말이다. 하기야 본인이 하려고만 하면 31년 〈지킬 박사와 하이드 씨Dr. Jekyll and Mr. Hyde〉에서처럼 한번 제대로 연기하는 것처럼 연기해보일 수 있음은 물론이다.

관객에게 연기로 들이댄다기보다는 어딘가 뒤로 물러서는 듯한 스타일 때문인지 그가 동료 연기자 폴 무니가 했던 역할을 연기할 때는 어딘가 좀 힘이 빠져 보인다. 1951년 영화화된 〈세일즈맨의 죽음〉에서 윌리 로만을 연기할 때에도 그렇고, 1960년 폴 무니 득의의 공연 〈바람의 유산〉에 출연할 때에도 그렇다.

프레드릭 마치가 연기로 비평적 성공을 거둘 때는 그가 '들이대는' 연기와 '뒤로 빠지는', 또는 '힘준' 연기와 '힘 뺀' 연기에서 사이에서 적절하게 균형을 맞출 때이다. 다른 연기자들의 〈지킬 박사와 하이드 씨〉 연기를 그의 것과 비교해보아도 이것은 분명하다. 가령 스펜서 트레이시Spencer Tracy(1900-1967)의 것과 비교해보면 프레드릭 마치의 치열한 연기에는 확실히 어딘가 좀 일상복 같은 데가 있다. 이런 연기적 특질을 잘 살려서 그는 1947년 영화 〈우리 생애 최고의 해The Best Years of Our Lives〉에서 〈지킬 박사와 하이드 씨〉를 이어 두 번째 아카데미 주연남 우상을 수상한다. 1943년 손튼 와일더 Thornton Wilder(1897-1975)의 〈위기일발The Skin of Our Teeth〉에서 그가 연기한 앤트로버스Mr. Antrobus도 성공적이었다. 그는

프레드릭 마치

스펜서 트레이시

1956년 유진 오닐Eugene O'Neill(1888-1953) 의 〈밤으로의 긴 여로Long Day's Journey into Night〉 세계 초연 공연에서 아버지 제임스 타이론James Tyrone 역할로 57년 토니상을 수상한다.

1941년 영화 〈지킬 박사와 하이드 씨〉 에 출연했을 때, 스펜서 트레이시는 10년 전 프레드릭 마치의 연기를 의식했음에 틀림없다. 이러한 부담이 그로 하여금 어깨에 지나치게 힘이 들어간 연기를 무리하게 강행하게 만들었을 것이다. 그렇지만 않다면 스펜서 트레이시의 연기에도 어깨에 힘을 뺀 듯한 편안함이 있다. 그 편안함은 혼자 '연기를 한다'기보다는 상대 연기자의 '연기를 받아준다'는 그런 느낌에 가깝다.

어느 날, 미국의 다재다능한 엔터테이너이자 제작자 조지 코한 George M. Cohan(1878-1942)이 아직 초보 연기자이던 트레이시에게 해준 충고는 그의 연기 인생에 중요한 지침이 된다.

"주머니에서 손을 빼게. 그리고 다른 연기자들의 대사에 귀를 기울이란 말이야."

1930년대 프랑스 연기의 중심에는 피에르 프레네Pierre Fresnay (1897-1975)가 있다. 20대의 나이에 코메디 프랑세즈의 주역 연기자로 두각을 나타낸 프레네는 라신느의 고전주의적인 작품이나 뮈세의 낭만주의적 작품에서 발군의 기량을 과시한다. 그러나 독립적인 연기자

의 길을 가기 위해 코메디 프랑세즈와의
계약을 일방적으로 파기하고 20만 프랑의
벌금을 낸다. 개성적인 연출가들인 마르셀
파뇰Marcel Pagnol(1895-1974)이나 장 아누이
Jean Anouilh(1910-1987)의 작품에서 그가 보
여준 지적이며 섬세한 연기는 철저하게 자
신에게 충실한 연기자로서 프레네의 존재
감을 드러낸다. 프레네는 파뇰의 1929년

피에르 프레네

연극 〈마리우스Marius〉에서 코메디 프랑세즈 출신의 몰리에르 전문 연
기자 라이무Raimu(1883-1946)와 호흡을 맞춰 500회가 넘는 공연 기록
을 세운다. 이 작품은 1931년 마르셀 파뇰에 의해 같은 제목으로 영화
화된다.

연극과 영화에서 그와 함께 공연한 연기자들은 모두 그의 탁월한 연
기자로서의 역량을 인정한다. 한 동료 연기자는 왠지 그와 연기하면 자
신이 무언가 잘못된 연기를 하고 있다는 느낌을 받는다는 고백을 한다.
동료 연기자들의 이러한 반응은 그가 뛰어나게 연기를 '잘'하기 때문 일
수도 있지만, 그보다는 그에게 연기를 잘
해야겠다는 자의식이 별로 두드러지게 작
용하지 않기 때문일 수도 있다. 제1차 세계
대전에서 그는 영웅이었지만, 안타깝게도
제2차 세계대전이 끝나고 그는 독일 협력
의 혐의를 받아 감옥에 수감된다.

프랑스의 희극 연기자 라이무는 프레네
와 공연할 때 자신의 연기를 반성할 필요

라이무

미셸 시몽

가 없는 연기자 중의 한 명이다. 그는 삶의 마지막 순간까지 자신에게 적절한 역할로 무대에 선다. 그는 죽기 2년 전인 1944년 몰리에르의 〈서민 귀족〉에서 주르댕 역할로 많은 비평가들과 관객들에 의해 최고의 연기자로 평가 받는다.

빡세게 연기하는 느낌보다는 그저 제 생긴 대로 연기하는 느낌에서 라이무에게 바쳐진 관객의 사랑과 평가는 스위스 출신의 연기자 미셸 시몽Michel Simon(1895-1975)에게도 그대로 적용된다. 그는 프랑스 관객들이 가장 자랑스러워하는 연기자 중의 한 명이다.

1937년 줄리앙 뒤비비에Julien Duvivier(1896-1967) 감독의 〈망향Pépé le moko〉과 장 르노아르Jean Renoir(1894-1979) 감독의 〈거대한 환상La Grande Illusion〉 그리고 38년 마르셀 카르네Marcel Carné(1906-1996) 감독의 〈안개 낀 부두Le Quai des brumes〉 같은 영화를 통해 30년대 프랑스 연기자를 대표하는 장 가뱅Jean Gabin(1904-1976)은 그냥 장 가뱅처럼 움직이고 말하는 방식으로 연기한다. 뮤직홀 연기자인 부모의 영향으로 일찍 무대에 서서 노래하고 연기하는 삶을 시작한 장 가뱅은 특유의 중량감과 가라앉은 연기로 변화하는 시대의 흐름 속에서 기묘하게 균형을 유지한다. 그렇게 그는 프랑스 영화의 '파샤pacha'로 삶을 마감한다. '파샤'란 터키어에서 비롯된 표현으로 주위 사람들에게 강력한 영향력을 행사하는 인물을 의미한다. 실제 그는 1968년 조르쥬 로네Georges Lautner 감독의 영화 〈파샤Le Pacha〉에 출연했다. 1981년에는 희극 연기자 루이 드 퓌네Louis de Funès(1914-1983)의 주도로 장 가뱅 상Prix

Jean Gabin이 제정된다. 루이 드 퓌네 는 몸짓이 큰 희극 연기가 전문이었 는데, 비슷한 시기에 그와 콤비를 이 뤄 활동한 부르빌Bourvil(1917-1970) 은 이와 대조적으로 적은 몸짓의 희 극 연기에 일가견이 있었다.

장 가뱅

장 가뱅이 뮤직홀 무대에 서던 젊 은 날, 그가 하던 장기 중의 하나가 프랑스의 가수이자 연기자 모리스 슈발리에Maurice Chevalier(1888-1972)를 흉내 내는 것이었다. 슈발리에는 독특한 자신만의 풍취가 있는 연기로 그렇게 위험하지 않은 매혹의 적 절한 경계에서 널리 대중성을 확보한다. 특히 1930년대 미국의 연기 자이자 능숙한 소프라노 자네트 맥도날드Jeanette MacDonald(1903-1965) 와 팀을 이뤄 찍은 일련의 달콤한 뮤지컬 영화들로 국제적인 연기자 로 발돋움한다. 연기자로서 모리스 슈발리에의 영향력은 그가 일반적 인 의미에서 연기를 '잘'하기 때문이 아니라, 프랑스 뮤직홀의 전통에 기반을 둔 그의 연기에는 연기를 '잘하는 척하는' 꾸밈이 없기 때문이 다. 슈발리에에 대해 항상 프랑스 문화계 의 중심에 있던 시인이자 극작가인 장 콕 토Jean Cocteau(1889-1963)는 다음과 같이 말 한다.

"파리에는 두 개의 기념물이 있는데, 하 나는 에펠탑이고, 다른 하나는 모리스 슈 발리에이다."

모리스 슈발리에

샤를르 부와이에

파리 소르본느 대학에서 철학을 전공한 프랑스 연기자 샤를르 부와이에Charles Boyer (1899-1978)의 연기 스타일도 코메디 프랑세즈 계열은 아니다. 프랑스 억양이 살아 있는 영어로 그가 슈발리에와 비슷한 시기에 할리우드에서 연기자로 성공한 데에는 연기를 '잘' 하기 때문만이 아니라 낭만적인 부드러움도 한몫했을 것이다. 30년대 무성 영화 시대로부터 유성 영화 시대로 접어든 할리우드에서 부와이에는 〈사생활Private Worlds〉, 〈알제리Algiers〉(1938) 같은 영화들로 국제적인 스타가 된다.

이런 맥락에서 30년대 프랑스 연기를 이해하는 데 프랑스 뮤직홀의 전통은 중요하다. 프랑스 뮤직홀의 여왕은 물랭 루즈Moulin Rouge와 폴리 베르제르Folies-Bergère에서 활약한 미스팅게트Mistinguett(1873-1956)이다. 본인 자신이 뛰어난 희극 연기자이기도 했던 미스팅게트는 프랑스 연기의 젊은 세대들에게 커다란 영향력을 행사한다.

장 콕토가 각색한 테네시 윌리엄스Tennessee Williams(1911-1983)의 희곡 〈욕망이라는 이름의 전차〉에서 블랑쉬 역할로 유명한 프랑스의 연기자 아를레티Arletty(1898-1992)도 뮤직홀 출신의 연기자이다. 젊은 시절 어느 날 그녀는 한 극장 앞을 지나다 문득 충동적으로 들어가 오디션을 보았는데, 그렇게 해서 아를레티의 뮤직홀 커리어가 시작된다. 아를레티는 만일 그때 그녀가 오데옹 극장Théâtre Odéon 앞을 지났더라면 어쩌면 그녀는 고전 비극의 연기자가 되어 있을지도 모른다는 말을 한다. 그녀는 마르셀 카르네Marcel Carné(1906-1996)의 1945년 영화

아를레티   마리 벨

〈천국의 아이들Les Enfants du Paradis〉로 세계적인 명성을 얻었다.

오데옹 극장 앞을 지난 건 마리 벨Marie Bell(1900-1985)이었다. 마리 벨은 특히 프랑스 신고전주의 작품들에 정통한 코메디 프랑세즈의 중심 연기자였으며, 동시에 그녀는 장 쥬네의 〈발코니Le Balcon〉에서 마담 역을 맡을 정도로 연기 전반에 걸쳐 능수능란했다. 이런 연기자들이 연기를 '잘'하는 연기자들이다. 이를테면 '명품' 연기자들이라고나 할까. 반면에 아를레티는 거의 연기를 하지 않는다. 그녀는 그냥 아를레티로 역할을 산다.

이탈리아에서 연기자 안나 마냐니가 치열한 연기로 로베르토 로셀리니 감독에게 인정을 받았다면, 로셀리니와 함께 이탈리아 네오 리얼리즘의 기수였던 페데리코 펠리니 감독에게는 줄리에타 마시나 Giulietta Masina(1921-1994)의 느슨한 연기가 있다. 마시나는 펠리니의 부인이다. 사실 마냐니가 프로페셔널 연기자라면 마시나는 아마추어 연기자에 가깝다. 그녀는 1956년 영화 〈길La Strada〉과 57년 〈카비리아의 밤Nights of Cabiria〉에서 특유의 힘 뺀 연기로 관객의 사랑을 받는다. 그래서 누군가는 그녀를 '여자 채플린female Chaplin'이라 부른다. 워낙 그녀가 맡은 역할들이 순진한 역할들이라 연기에 별 꾸밈을 넣지 않는 것이 오히려 더 효과적이었던 측면도 있다.

사실 아마추어 연기는 루키노 비스콘티Luchino Visconti 감독의 1948년 영화 〈흔들리는 대지La Terra Trema〉에서처럼 이탈리아 네오 리얼리즘의 중요한 특징 중 하나이다. 비토리오 데 시카Vittorio De Sica(1901-1974) 감독의 1948년 영화 〈자전거 도둑Bicycle Thieves〉에 출연한 베르토 마지오라니Lamberto Maggiorani(1909-1983)나 1952년 영화 〈움베르토 D〉에 출연한 카를로 바티스티Carlo Battisti는 일상복을 입은 연기로서 아마추어 연기의 중요한 성과들이라 할 수 있다.

힘 뺀 연기를 '무심無心'연기라 부를 수 있다면, 30년대 이탈리아에는 작심作心과 무심無心이 기묘하게 어우러진 독특한 스타일의 희극 연기로 일세를 풍미한 연기자들이 있다. 나폴리 출신의 토토Totò(1898-1967)는 버라이어티 쇼에서 풍자적 재능을 과시한 뛰어난 희극 연기자이다. 그는 제2차 세계대전 중에 동료 연기자 안나 마냐니의 도움을 받아가며 반파시스트적이며 반독일적 내용을 과감하게 자신의 쇼에 포함시킨다. 토토와 같이 나폴리 출신인 에두아르도 데 필립포Eduardo

줄리에타 마시나

토토

de Filippo(1900-1984)는 극작가이자 무심한 듯한 연기가 주를 이루는 희극적 재능이 풍부한 연기자이다. 그의 나폴리 사투리는 특별한 풍취가 있어 번역하면 태반이 사라지지만 그래도 그의 명성은 국제적이다. 그의 작품 〈토요일, 일요일, 월요일〉이나 〈이탈리아식 결혼Marriage Italian Style〉 등은 영어로 공연되거나 영화로 제작되어 국제적인 성공을 거둔다.

에두아르도 데 필립포

현대의 신랄한 스탠드업 코미디를 선구하는 이탈리아의 연기자 에토레 페트롤리니Ettore Petrolini(1886-1936)는 쿨하게 세상의 외관을 부수고, 뒤집어엎는 독특한 풍자와 스케치로 관객들의 사랑과 미움을 동시에 받는다. 페트롤리니는 무솔리니의 지지자였지만, 동시에 누구보다도 예리하게 그를 풍자하는 독설가였다. 그의 유머는 시대를 앞질러가 현대의 실험적 경향을 띤 작업들에도 무시할 수 없는 영감의 한 근원으로 작용한다. 희극 연기자로서 그는 1934년 몰리에르의 〈벼락의사Le médicin malgré lui〉를 그만의 방식으로 해석하여 코메디 프랑세즈의 무대에 올려 커다란 갈채를 받는다.

미국에서 유성 영화의 시대가 본격적으로 열리는 30년대에서 40년대에 걸쳐 특히 영화 스크린에서 두드러지게 나타난 무심 연기의 전형적인 경우는 연기자 헨리 폰다Henry Fonda(1905-1982)와 제임스 스튜

에토레 페트롤리니

어트James Stewart(1908-1997)라 할 수 있다. 폰다나 스튜어트와 비슷한 시기에 활동한 개리 쿠퍼Gary Cooper(1901-1961) 같이 과묵한 외모에 비교적 절제된 연기가 어우러지면 연기자로서 관객들의 호감을 사기가 그렇게 어렵지는 않다. 이를테면 일단 외모가 마음에 드는 상황에서 연기까지 곁들여지지니 그 연기가 더욱 돋보이는 식이다. 영국 연기자의 경우라면 제임스 메이슨James Mason(1909-1984)이 그럴 터인데, 이들의 경우는 어쨌든 연기가 마음에 드는 것이다.

그런데 헨리 폰다나 제임스 스튜어트의 경우는 이와는 좀 다르다. 그들의 외모가 관객의 취향에 호소력이 있든 아니든, 그들은 이렇다 하게 연기라 할 만한 것을 연기하지 않는다. 역할에 따라 아주 열심히 연기해야 하는 장면에서도 그들의 연기에는 묘하게 무심한 듯한 느낌이 배경에 깔린다. 30년대에 들어서면 연기를 엄청 '잘'하는 연기자들 사이에서 이런 느낌의 연기자들이 조금씩 관객들의 지지를 받기 시작한다.

작가를 꿈꾸던 헨리 폰다는 젊은 시절 그의 어머니의 친구였던 도디 브란도Dodie Brando의 권유에 의해 무대에 선다. 그녀는 연기자 말론 브란도Marlon Brando(1924-2004)의 어머니이기도 하다.

헨리 폰다

폰다의 연기에 대한 일반적인 평가는 말론 브란도의 것과는 대조적이다. 말론 브란도가 작심 연기의 대표선수라면, 헨리폰다는 무심 연기의 대표선수이다. 좀 더 일반적인 표현으로 하자면, 폰다는 "절제된 연기 속에 적절한 역할 해석을 담아내는"

것으로 정평이 있다. 연극이 연기의 첫사랑이었던 폰다는 모든 영화 스케줄을 제치고 연극 〈미스터 로버츠Mister Roberts〉에서 로버츠 역을 1700여 회 연기한다.

폰다와 스튜어트는 모두 '유니버시티 플레이어즈the University Players'라는 대학생 연극 연합 동아리 극단 출신이다. 이 동아리는 매사추세츠 주 케이프 코드Cape Cod에 거점을 두고 1928년부터 32년까지 매년 여름에 모여 작품을 준비하고 공연을 계획했던 극단인데, 연출 파트에는 조슈어 로건Joshua Logan(1908-1988), 브르텐느 윈더스트Bretaigne Windust(1906-1960), 찰스 레더비Charles Leatherbee 등이 포진하고 있었다. 헨리 폰다는 이 극단에서 만난 동료 연기자 마가렛 설라반Margaret Sullavan(1909-1960)과 결혼한다. 그리고 이 극단의 후배였던 제임스 스튜어트와는 삶의 동반자로서 긴 인연의 고리를 맺게 되는데, 마가렛 설라반은 폰다와 이혼한 후 제임스 스튜어트를 물심양면으로 도와준다.

헨리 폰다가 두 번째 결혼에서 낳은 딸 제인 폰다Jane Fonda(1937-)와 피터 폰다Peter Fonda(1940-)도 모두 연기자이다. 1950년대에 제인 폰다가 연기를 시작하면서 그녀는 헨리 폰다와 연기에 대한 이야기를 하고 싶어 했고, 또 듣고 싶어 했다. 그러나 놀랍게도 그녀가 알게 된 것은 헨리 폰다가 연기에 대해 할 말이 아무것도 없다는 사실이었다. 헨리 폰다에게 연기는 그냥 하는 것이고, 그 이상도 그 이하도 아니었다.

연기에 대해 헨리 폰다가 취한 입장은 어느 정도 제임스 스튜어트의 입장이기도 하다. 이 두 연기자는 젊은 시절 같은 아파

제임스 스튜어트

트에 묵으면서 함께 있는 시간이 많았으므로 자연스럽게 서로에게 영향을 주고받았으리라는 것은 충분히 짐작할 수 있다. 30년대 스튜어트가 본격적으로 연기자의 삶을 시작하려 할 때 그는 당연히 본인이 연기를 잘할 수 있을지 자신이 없었고, 이때 마가렛 설라반의 격려와 도움이 연기자로서 스튜어트의 삶에는 결정적으로 작용했다.

스튜어트의 연기에는 헨리 폰다의 무심함과는 또 다른 겸손함이 있는데, 어쩌면 이 겸손함은 진심에서 비롯된 것일지도 모른다. 스튜어트의 브로드웨이 데뷔는 1932년 〈다시 안녕Goodbye Again〉이란 희극에서 운전사로 연기한 두 줄의 대사였다. 한 잡지의 기자는 다음과 같이 쓴다.

"제임스 스튜어트가 연기한 운전사는 3분가량 무대에 있다가 즉발적으로 터진 우레와 같은 박수 속에 퇴장한다."

실제 삶에서 제임스 스튜어트는 여러 차례 무공훈장에 빛나는 전쟁 영웅이었다.

그레고리 펙

대학 시절 마사 그레이엄Martha Graham (1894-1991)의 춤 수업에서 다친 허리 부상으로 군 복무에서 면제된 40년대의 연기자 그레고리 펙Gregory Peck(1916-2003)에 이르면 힘을 뺀 연기 속에 자연스러운 자신감의 분위기가 감지된다. 그것은 상업적인 것과 예술적인 것이 함께 어우러진 일종의 프로페셔널리즘 같은 것인데, 이와 비교하면 헨리 폰다와 제임스 스튜어트의 연기에는 어딘가 아마추어적인 것이 있다. 1949년 그레고리 펙은 40년대에 본격적으로 연기를 시작한 동료 연기자들인 멜 파라Mel Ferrer(1917-2008), 도로시 맥과이어Dorothy McGuire(1916-2001) 등과 함께 고향에 '라 졸라 플레이하우스The La Jolla Playhouse'를 세웠다. 이 극장은 지금도 번창 중이다.

　30년대에 조심스럽게 등장하는, 잘하기는 하는데 '잘'한다고는 말하기 어려운 힘 뺀 연기의 전통은 알란 아킨Alan Arkin(1934-), 알란 알다Alan Alda(1936-), 우디 앨런Woody Allen(1935-), 빌 머레이Bill Murray(1950-) 등으로 이어진다. 알란 아킨은 1966년 데뷔 작품에서 아카데미 연기상 후보에 오른 단지 여섯 명의 연기자 중 한 명이다.

13 1941년

그레타 가르보, 은퇴하다

그레타 가르보

1941년, 스웨덴 출신 할리우드의 탑 스타 그레타 가르보Greta Garbo(1905-1990)가 36세의 나이로 은퇴한다. 36세의 나이면 여성 연기자 절정의 나이라고 하기엔 좀 그렇지만 그래도 아직 한창 활동할 수 있는 나이에 활동을 접은 것이다. 가르보 은퇴 배경을 놓고 여러 가지 추측들이 가능하지만, 적어도 누군가에게는 할리우드에서 여자 연기자로 산다는 것이 얼마나 만만치 않은 일인가를 짐작할 수 있게 한다.

그레타 가르보의 본명은 그레타 로비사 구스타프손Greta Lovisa Gustafsson으로, 그녀는 별로 형편이 넉넉하지 않은 가정에 태어나 이런 저런 일을 하다 1920년경 모델일과 더불어 영화에 작은 역으로 출연하기 시작했다. 22년 무렵부터 스웨덴 왕립극장 부설 연기학교Dramatens scenskola에서 연기를 공부하던 그녀는 스웨덴의 재능 있는 영화감독

454

모리츠 스틸러Mauritz Stiller(1883-1928)의 눈에 띄게 되어 24년 〈여스타 벨링 이야기Gösta Berlings saga〉에 출연하게 된다. 그 영화의 대본 작가 아르튀르 노르덴Arthur Nordén이 그녀에게 그레타 가르보란 예명을 지어준다. 〈여스타 벨링 이야기〉가 독일에서 커다란 반향을 불러일으킴에 따라 1925년 스틸러와 가르보는 영화사 메트로-골드윈-메이어Metro-Goldwyn-Mayer의 초청으로 미국 진출에 성공한다. 이제 가르보 신화가 본격적으로 막을 올린다.

스웨덴 시절 그레타 가르보는 교육도 많이 받지 못했고, 외모는 아름답기는 했으나 그래도 그렇게까지 특별한 개성은 아니었다. 그레타 가르보의 연기 또한 큰 결함은 없었으나 뭐 그리 대단한 연기적 능력이라 하기보다는 오히려 평범함에 더 가깝다고 말하는 게 옳을 것이다. 그런데 미국에서의 그 짧은 시간 동안 어떤 일이 벌어진 것이다. 그녀의 이미지는 신비화되고, 일상에서 그녀의 '날 좀 내버려둬I want to be let alone'적 태도는 그녀의 스크린 연기에 일종의 후광을 덧씌워, 그렇지 않아도 큰 키와 큰 발을 가진 그녀를 거의 신화적 인물로 변화시킨다. 그녀가 스크린에서 말만 해도 사건이고, 스크린에서 웃기만 해도 사건이 되었다. MGM 영화사와의 계약관계 갈등으로 한동안 쉬었다 34년 다시 연기에 복귀한 그녀는, 자신이 출연하는 작품에 관한 한 어떤 의미에서는 거의 무소불위의 권력을 행사하게 된다. 그러다 갑자기 은퇴를 선언한 것이다.

그녀의 빈자리는 머지않아 스웨덴 출신의 다른 여성 연기자 잉그리드 버그만Ingrid Bergman(1915-1982)에 의해 채워질 것이다. 그녀도 큰 키와 큰 발을 가졌고, 그래서 영화 〈카사블랑카〉에서 상대역이었던 험프리 보가트가 상자 위에 올라서서 감동의 엔딩 장면을 연기해야 했

잉그리드 버그만

지만, 가르보적 신비주의의 작용은 적어도 할리우드에서 다시 되풀이되기는 어려울 특별한 경우이다. 한편 버그만은 연기 부문에서 에미상과 토니상 수상을 포함해서 아카데미 연기상을 세 차례에 걸쳐 수상했다.

가르보와 비슷한 시기에 할리우드에서 활동을 개시한 마를레네 디트리히Marlene Dietrich(1901-1992)는 MGM의 경쟁 영화사 파라마운트Paramount가 가르보 신비주의에 대한 대응으로 긴급 처방한 독일 출신의 여성 연기자이다. 디트리히는 20년대 독일에서 프랑트 베데킨트나 막스 라인하르트의 지도를 받으며 연기를 시작한다. 1930년 요셉 폰 슈테른베르크Josef von Sternberg(1894-1969) 감독의 영화 〈푸른 천사Der blaue Engel〉가 세계적인 성공을 거두면서 슈테른베르크와 디트리히는 할리우드으로 진출한다. 이렇게 스턴버그와 마를린 콤비 플레이의 전설이 시작된다.

사실 독일 시절의 디트리히는 평범한 외모에 평범한 연기력을 갖춘

마를레네 디트리히

연기자였다. 그러나 할리우드에 도착한 스턴버그는 가능한 모든 영화적 장치들을 동원해서 디트리히의 연기에 놀라운 마법적 손길을 가한다. 그 대표적인 것이 소위 나비 조명butterfly lighting을 이용한 촬영이다. 특히 흑백 화면에서 이 조명을 쓰면 얼굴이 평면적으로 부각되어 빛이 나면서 동시에 코 아래쪽으로 나비 모양의 그림자가

드리워져 전체적으로 묘한 긴장감이 창출된다.

1930년 〈모로코〉부터 35년 〈악마는 여자다The Devil is a Woman〉까지 스턴버그와 디트리히는 6편의 작품을 파라마운트에서 함께 한다. 하지만 스턴버그가 파라마운트와 디트리히를 떠난 후 마법은 사라진다. 이 6편의 작품에서 작용한 디트리히 효과가 전적으로 스턴버그의 것은 아니었겠으나, 이후 디트리히의 커리어를 보면 확실히 그녀는 연기자라기보다는 카바레 무대의 엔터테이너였다. 스턴버그와 결별 후 디트리히가 출연한 일련의 영화들이 그 엄청난 제작비에도 불구하고 흥행에서 초라한 결실만을 거두게 되자 그녀는 할리우드 제작자들의 공포의 대상이 되어 '박스 오피스 포이즌Box Office Poison'이라는 달갑지 않은 명칭을 부여받는다. 또 다른 '박스 오피스 포이즌'은 캐서린 헵번이었다.

가르보와 디트리히의 맥락에서 흥미로운 연기자는 또 다른 헵번인 오드리 헵번Audrey Hepburn(1929-1993)이다. 그녀는 이들 연기자들이 한창 커리어를 쌓을 때 태어난다. 이들이 신화이고 전설이었다면 절정기의 그녀는 요정이었다. 벨기에 출신인 그녀는 네델란드에서 소니아 가스켈Sonia Gaskell(1904-1974)의 지도로 발레를 배우다가 1948년 영국으로 건너간다. 영국에서 몇 편의 영화에 출연한 후 1951년 브로드웨이 뮤지컬 〈지지Gigi〉에서 할리우드의 주목을 받은 그녀는 1953년 〈로마의 휴일〉에 캐스팅되었고, 이렇게 해서 할리우드의 요정이 탄생하게 된다.

어린 시절 그녀는 눈과 코만 크고 삐쩍

오드리 헵번

마른 소녀였다. 그러나 5-60년대를 거쳐 세계적으로 그녀의 대중적 인기는 엄청난 것이었고, 67년 테렌스 영Terence Young(1915-1994)이 감독한 영화 〈어두워질 때까지Wait Until Dark〉에서 연기한 눈먼 여인의 역할은 연기적으로도 커다란 성과였다. 이 연기로 그녀는 여러 연기상을 휩쓸었다. 그녀는 아카데미상, 에미상, 그래미상 그리고 토니상을 모두 수상한 몇 안 되는 연기자 중의 한 명이다.

오드리 헵번은 1946년 창설된 UN 국제 아동긴급기금UNICEF이 1953년 UN 아동기금으로 재조직될 때부터 적극적인 후원자였으며, 특히 1988년에서 1992년에 걸쳐 이 세상의 가장 열악한 지역들에서 아이들을 위한 구호활동에 누구보다도 열심히 참여한다. 그녀는 스크린에서의 이미지를 그대로 일상의 삶으로 가져온 의미 있는 연기자 중의 한 명이다.

미국의 연기자 릴리안 기시Lillian Gish(1893-1993)는 1915년 그리피스 감독의 기념비적 작품 〈국가탄생Birth of a Nation〉의 히로인으로 영원히 영화사에 이름이 남겠지만, 그녀가 90세가 훨씬 넘은 나이에 중심 역할로 출연한 린지 앤더슨Lindsay Anderson (1923-1994) 감독의 1987년 영

릴리안 기시

화 〈8월의 고래들The Whales of August〉은 한마디로 경이로운 작업이다. 이 영화에서 기시의 상대역으로는 80세가 넘은 베티 데이비스Bette Davis(1908-1989)가 나온다. 이런저런 공로상들과 명예로운 상패들이 있겠지만, 누구보다도 우선해서 사람들은 릴리안 기시를 '미국 영화의 퍼스트 레이디'라 부른다.

어린 시절 유랑극단에서 멜로드라마를
연기하던 릴리안 기시는 한 발 앞서 영화
에 도전한 매리 픽포드의 권유로 동료 플
로렌스 라 바디Florence La Badie(1888-1917)
와 함께 영화계에 입문한다.

세계 제2차 대전 당시 미국의 불간섭주
의 캠페인에 적극적으로 동참한 적이 있기
는 했지만, 그녀의 삶에서 연기를 빼면 별로

헬렌 헤이즈

할 말이 없다. 매리 픽포드나 헬렌 헤이즈Helen Hayes Brown(1900-1993) 같
이 그녀의 친구들도 모두 연기자들이었고, 그녀는 결혼도 하지 않았
다. 어린 시절 무대에 섰던 경험을 제외하더라도, 그녀는 1912년부터
1987년까지 자그마치 75년간 무대, 스크린 그리고 TV 브라운관에서
연기를 한다.

그녀의 삶에서 마지막 연기는 1988년 제롬 컨Jerome Kern(1885-1945)
의 뮤지컬 〈쇼 보트Show Boat〉 스튜디오 녹화에 깜짝 출연해서 한 짧은
대사 한 마디이다. "잘 자요, 내 사랑Good night, dear."

릴리안 기시가 '미국 영화의 퍼스트 레이디'라면, 헬렌 헤이즈는 '미
국 연극의 퍼스트 레이디'라 할 수 있다. 그녀는 워싱턴에서 다섯 살의
나이로 무대에 데뷔한다. 30년대에 들어 영국 빅토리아 여왕의 삶을
다룬 로렌스 하우스만Laurence Houseman의 희곡 〈빅토리아 여왕Victoria
Regina〉에서 타이틀 롤을 맡은 그녀의 성공은 한 마디로 '천지우당탕'이
다. 그녀는 1935년부터 39년까지 모두 969번의 공연을 소화했다.

그녀는 1970년 영화 〈에어포트〉에서 70세의 나이로 아카데미 조연
여우상을 수상한다. 연극과 영화에서 두루 활동한 그녀는 에미상, 그

시빌 손다이크

래미상, 오스카상 그리고 토니상을 모두 수상한 11명의 연기자 중 한 명이다. 1955년 이래 브로드웨이에는 한 극장이 허물어지면 다른 극장이 이어받는 식으로 그녀의 이름을 딴 헬렌 헤이즈 극장Helen Hayes Theatre이 존재한다. 오랫동안 천식으로 고생해온 그녀는 1971년 극장 무대의 먼지를 견뎌내지 못해 결국 은퇴한다.

영국의 여성 연기자 시빌 손다이크Dame Sybil Thorndike(1882-1976)도 연극에 바친 평생 공로로 기사 작위를 받는다. 어떤 역할이든 마치 물 만난 물고기처럼 소화하는 그녀는 셰익스피어의 희곡들에서 남성 역할과 여성 역할을 포함해서 모두 112개의 역할을 연기한다. 조지 버나드 쇼가 잔 다르크의 삶을 다룬 희곡 〈세인트 조앤St. Joan〉을 쓸 때, 그는 누구보다 손다이크를 염두에 두고 잔 다르크를 창조했다고 전해진다. 1924년 그녀가 무대에서 형상화한 잔 다르크는 지금도 명연기로 회자된다.

런던의 노동 계층이 거주하는 지역에 셰익스피어 극을 전문으로 하는 올드 빅Old Vic 극장을 짓고, 새들러스 웰스 극장Sadler's Wells Theatre을 인수해 오페라와 발레 공연을 주도한 릴리안 베일리스Lilian Baylis(1874-1937)가 키운 젊은 연기자 중에는 손다이크를 포함해 에디스 에반스Edith Evans(1888-1976), 존 길거드John Gielgud(1904-), 랄프 리처드슨Ralph Richardson(1902-) 등이 있었다. 손다이크는 전쟁 중이던 1914년에서 1918년까지 올드 빅에서 남성 역할을 포함한 다양한 셰익스피어 역할들을 연기한다.

1920년 유리피데스의 〈트로이의 여인들〉과 〈메데아〉, 그리고 버나드 쇼의 〈캔디다Candida〉에서 비평적 성공을 거둔 손다이크는 프랑스 공포연극 전문극단 그랑 기뇰Grand Guignol의 레퍼토리들을 런던의 리틀 씨어터Little Theatre에서 소화해 대중적인 성공 또한 거둔다.

글래디스 쿠퍼

1913년 미국에서 연기자 조합Actor's Equity 이 결성되는데, 시빌 손다이크는 특히 젊은 연기자들에 대한 지원과 연기자들의 복지에 커다란 관심을 쏟았다. 노년에 관절염으로 다리를 절면서도 그녀는 세상을 뜨는 순간까지 무대에서 연기를 계속 한다.

영국의 연기자 글래디스 쿠퍼 또한 10대에 무대에 데뷔한 이래 나이가 들수록 연기의 폭을 넓혀간 연기자 중의 한 명이다. 그녀는 1917년에서 1933년까지 런던에 위치한 플레이하우스 극장Playhouse Theatre의 매니저로서 다양한 역할들을 소화했다. 1911년 버나드 쇼의 〈인간과 초인〉에서 연기자로서의 능력을 인정받은 쿠퍼는 특히 서머셋 모옴W. Somerset Maugham(1874-1965)의 작품들에서 커다란 비평적 성공을 거둔다.

그녀는 노년의 건강이 허락하는 한 런던의 웨스트엔드와 미국의 브로드웨이, 그리고 할리우드의 영화들에 이르기까지 광범위한 영역에서 끊임없이 연기자로서 자신의 지평을 넓히는 일을 게을리하지 않는다. 그녀는 1964년 영화 〈마이 페어 레이디〉에서 히긴스 부인으로 출연해 아카데미 조연여우상의 후보에 오른다.

셰익스피어의 작품들에서 보석처럼 빛을 발하고 입센이나 체홉의

페기 애쉬크로프트

작품들에서 가장 엄격한 비평가들조차 사로잡는 영국의 여성 연기자 페기 애쉬크로프트Peggy Ashcroft(1907-1991)는 1935년 알프레드 히치콕Alfred Hitchcock(1899-1980) 감독의 영화 〈39계단〉에서 나이든 농부와 결혼한 어린 시골 아낙으로 잠깐 나올 때에도 주목할 만한 연기를 한다. 릴리안 기시나 시빌 손다이크, 또는 글래디스 쿠퍼처럼 그녀도 평생 역할을 가리지 않고 연기에 전념했다. 1984년 데이비드 린 감독의 〈인도로 가는 길A Passage to India〉에서 무어 부인Mrs. Moore를 연기한 그녀는 아카데미 조연 여우상을 수상한다.

영국 태생의 연기자 린 폰탠Lynn Fontanne(1887-1983)은 1922년 미국 연기자 알프레드 런트Alfred Lunt(1892-1977)와 결혼한 후 폰탠-런트 팀을 이뤄 특히 극작가이자 연기자인 노엘 카워드Noel Coward(1899-1973)의 미묘하고 경쾌한 코미디에 한 경지를 이룬다. 일부 비평가는 그녀 연기에서 조금 지나치게 자기중심적인 면을 지적하지만, 그녀의 연기는 현대 무대에서 찾아보기 힘든 정제된 연기의 미덕을 보인다. 브로드웨이에는 그들 부부의 이름을 딴 런트-폰탠 극장이 있다. 린 폰탠은 결혼 후 노년에 이르기까지 거의 언제나 남편의 상대역으로서만 무대에 섰다.

린 폰텐

프랑스 연기자 에드위쥬 푀이에르Edwige Feuillère(1907-1998)는 1928년 파리 꽁세르

에드위쥬 푀이에르　　　　　　　　제랄딘 페이지

바뚜와에서 코라 린Cora Lynn이라는 예명으로 연기수업을 시작한다. 2
년 후 동료 학생과의 결혼이 파국을 맞으면서 그녀는 영화에서 작은
역을 맡아 연기하기 시작한다. 1931년 코메디 프랑세즈에 합류해 보
마르세의 〈피가로의 결혼〉에서 쉬잔느를 연기하지만 연극보다는 영
화가 더 기질에 맞았던 그녀는 1933년 영화에 본격적으로 도전한다.
선이 굵은 외모와 함께 그녀의 음성 또한 대단히 육감적으로, 그녀는 삶
의 마지막 순간까지 프랑스 영화의 중심 연기자로 자리 잡는다.

　연기자들이 젊은 시절, 꼭 신화니 전설이니 또는 요정 등의 호칭으
로 불리지 않더라도, 그래서 후세에서도 많은 사람들이 그렇게 기억
해주지 않더라도 평생에 걸쳐 꾸준하고도 열심히 연기와 함께 한 삶
을 산 연기자들이 있다. 미국의 연기자 제랄딘 페이지Geraldine Page
(1924-1987)는 테네시 윌리엄즈, 오닐, 체홉, 알란 에크번Alan Ayckbourn
(1939-) 등의 작품에서 끊임없이 변하는 모습을 보여주었던 연기자이
다. 1963년 동료 연기자 립 톤Rip Torn(1931-)과 결혼한 그녀는 〈바운티
풀로의 여행The Trip to Bountiful〉에서 캐리 역으로 세상을 뜨기 일 년 전
1986년 아카데미 여우주연상을 수상한다.

마가렛 루더포드

영국의 여성 연기자 마가렛 루더포드 Margaret Rutherford(1892-1972)는 자서전에서 다음과 같이 말한다. "만일 당신이 나와 같은 얼굴을 갖고 있다면 평생 그 얼굴과 함께 사는 법을 터득해야 할 것이다." 결코 아름답다고 할 수 없는 얼굴로 그녀는 서른 넘어 처음 무대에 데뷔했다. 하지만 연기자로서 그녀의 끈질긴 도전은 결국 추리소설가 아가사 크리스티Agatha Christie(1891경-1976)의 캐릭터 미스 마플 Miss Marple로 결실을 맺는다.

미국의 여성 연기자 루스 고든Ruth Gordon(1896-1985)의 연기에 대한 집념은 어느 연기자에 못지않다. 그녀가 처음 연기에 뜻을 두었을 때 모두들 단념하라고 설득했지만, 그녀는 고집스럽게 연기자의 길을 간다. 누군가 말했다. "그녀와 같은 외모에 그녀와 같은 연기 스타일로는 아무런 가망이 없어." 그러나 그녀는 윌리엄 위철리William Wycherley(1640-1715)의 〈촌뜨기 아내The Country Wife〉에서 핀치와이프 부인Mrs. Pinchwife이

루스 고든

나 입센의 〈인형의 집〉에서 노라, 그리고 손튼 와일더의 〈중매장이The Matchmaker〉에서 돌리 레비Dolly Levi 역할로 두각을 나타낸다. 그녀는 결국 70세의 나이에 출연한 1969년 영화 〈로즈마리의 아이Rosemary's Baby〉로 아카데미와 골든 글로브 여우조연상을 수상하고, 1971년에는 영화 〈해롤드와 모드Harold and Maude〉로 골든 글로브 여

우주연상 후보에 오른다.

또한 그녀는 뛰어난 극작가이기도 하
다. 그녀의 작품 〈여러 해 전Years Ago〉에
출연한 프레드릭 마치는 뛰어난 배역 해석
으로 1947년 토니상을 수상했다. 루스 고
든은 연극, 영화, TV 등 다양한 매체에서
89세로 더 이상 움직일 수 없는 순간까지
연기를 한다.

제시카 탠디

　1927년 18세의 나이로 무대에 데뷔한 영국 태생의 연기자 제시카
탠디Jessica Tandy(1909-1994)는 영국과 미국의 무대와 스크린에서 도합
67년의 연기 인생을 보냈다. 1948년 테네시 윌리엄즈의 〈욕망이라는
이름의 전차〉에서 열연한 블랑쉬 역을 포함해서 모두 60여 개가 넘는
역할들과 존 길거드나 로렌스 올리비에 같은 연기자들의 상대역으로
무대에 선 탠디는 1989년 브루스 베레스포드Bruce Beresford(1940-) 감
독의 영화 〈드라이빙 미스 데이지Driving Miss Daisy〉에서 80세의 나이로
아카데미 여우주연상을 수상한다. 1991년 존 애브넷Jon Avnet(1949-)
감독의 영화 〈프라이드 그린 토마토Fried Green Tomatoes〉에서는 아카데
미 조연상 후보에 오른다. 암과 싸우며 삶의 마지막 순간까지 연기한
그녀는 1990년 〈피플〉이란 잡지에서 기획한 '세계에서 가장 아름다운
50인' 중의 한 명으로 선정되었다.

밀드레드 던록,
액터스 스튜디오 오리지널 팀에 합류하다

밀드레드 던록

학교에서 교편을 잡던 밀드레드 던록Mildred Dunnock(1901-1991)은 나이가 서른을 넘어서 연기를 하기로 결심한다. 40년대 무대와 스크린에서 연기력을 인정받은 그녀는 1947년 액터스 스튜디오가 창설 될 때 오리지널 멤버 50인 중의 한 명으로 참여한다. 50인의 동료 중에는 예일대를 막 졸업하고 연기자로 데뷔한 제임스 휘트모어James Whitmore(1921-2009)가 있었다.

액터스 스튜디오의 역사는 스타니슬라프스키의 '시스템'과 그 '시스템'을 실천하기 위해 그가 동료인 블라디미르 네미로비치-단첸코와 설립한 1898년 모스크바 예술극장에서 비롯한다. "어떻게 연기자가 자신이 아닌 다른 사람의 영혼을 연기하면서 그 안에 진정성을 담아낼 수 있을까"라는 문제를 놓고 씨름한 스타니슬라프스키는 결국 연기자가 다른 사람이 될 수는 없다고 생각한다. 따라서 이 문제를 풀 수 있는 열쇠는 연기자 내면에 있을 수밖에 없다.

연기자가 자신의 내면으로 깊이 들어갈 때 무언가 영감inspiration과 같은 신비스러운 방식으로 연기자의 내면과 역할의 영혼 사이에서 통로가 열린다. 이 과정은 잠재의식적인 것이라 일반적인 분석과 추론의 방식으로 해결이 보장되는 것은 아니다. 천재들에게 이 과정은 자연스러운 것이겠지만, 보통 사람들은 어떤 훈련이 필요하다. 이 훈련의 방식이 스타니슬라프스키의 '시스템'이다. 액터스 스튜디오에서 추구하는 연기적 방식을 '메소드 연기Method acting'라 부르는 것은 이런 의미에서 아이러니라 할 수 있다. 물론 스타니슬라프스키의 '시스템'도 마찬가지이다.

1922년에서 23년에 걸쳐 모스크바 예술극장이 미국을 방문했을 때 극장의 단원이었던 마리아 우스펜스카야Maria Ouspenskaya(1876-1949)와 리카르 볼레슬라브스키Richard Boleslawski(1889-1937)가 미국으로 탈출한다. 1923년 이들은 뉴욕에 실험극장the American Laboratory Theatre를 설립한다. 리 스트라스버그Lee Strasberg(1901-1982), 스텔라 아들러Stella Adler(1901-1992), 해롤드 클러맨Harold Clurman(1901-1980) 같은 동갑내기들과 이들보다 한 살 어린 셰릴 크로포드Cheryl Crawford(1902-1986)가 이 두 사람의 제자들이었다. 실험극장에서의 배움을 실천하기 위해 그들은 1931년 뉴욕에서 그룹 시어터the Group Theatre를 세운다. 1년 후에는 로버트 루이스Robert Lewis(1909-1997)와 엘리아 카잔이 그룹 시어터에 합류한다.

1941년 그룹 시어터가 문을 닫고 흩어졌던 멤버들 중 카잔과 크로포드 그리고 루이스가 1947년 다시 모여 문을 연 것이 액터스 스튜디오이다. 1949년 스튜디오에 합류한 스트라스버그는 1951년 예술감독이 되어 1982년 세상을 떠날 때까지 스튜디오를 책임진다.

리 스트라스버그의 뒤를 이어 뉴욕에서는 알 파치노Al Pacino(1940-), 하비 케이틀Harvey Keitel(1939-), 엘렌 버스틴Ellen Burstyn(1932-)이 공동 의장직을 수행했고, 액터스 스튜디오 웨스트는 마크 라이델Mark Rydell(1934-)이 예술감독을 맡았다. 마틴 랜도Martin Landau(1928-)는 집 행부로 참여했다. 액터스 스튜디오 웨스트는 1966년 로스앤젤레스에 서부 할리우드 지부로서 설립되었다.

액터스 스튜디오는 이미 직업적으로 인정받은 연기자만이 정규 회 원이 될 수 있고, 연출가나 극작가는 이를테면 준회원 격이라 할 수 있 겠다. 회원 자격은 엄밀한 심사를 거쳐 결정되며 한 번 회원이 되면 종 신회원이 된다.

밀드레드 던록은 1949년 〈세일즈맨의 죽음〉 초연에서 탁월한 해석 으로 린다 로만Linda Loman을 연기한다. 그녀는 특히 테네시 윌리엄스 의 작품에서 연기자로서 빛을 발한다. 무대와 스크린 그리고 TV 브라 운관에 걸쳐 폭넓게 활동하던 그녀의 마지막 작품은 1987년 로버트 다우니 주니어Robert Downey, Jr(1965-)와 함께 출연한 〈환상의 발라드 The Pick- up Artist〉란 영화이다.

미국의 연기자 모린 스태플턴Maureen Stapleton(1925-2006) 역시 액터스 스튜디오 를 거치면서 역할에 적절한 유연함과 함께 집중하는 연기자의 미덕을 체득한다. 그녀 는 극작가 닐 사이먼Neil Simon(1927-)의 작 품에서 커다란 성공을 거둔다.

그 밖에 몇 연기자만 더 거론하자면, 아

모린 스태플턴

서 케네디Arthur Kennedy(1914-1990), 캐롤 베이커Carroll Baker(1931-), 조 돈 베이커Joe Don Baker(1936-), 알렉 볼드윈Alec Baldwin(1958-), 안 밴크 로프트Anne Bancroft(1931-2005), 리 제이 콥Lee J. Cobb(1911-1976), 레베카 드 모네이Rebecca De Mornay(1959-), 로버트 드 니로(1943-), 브루스 던 Bruce Dern(1936-), 로라 던Laura Dern(1967-), 페이 더나웨이(1941-), 로버 트 듀발(1931-), 제인 폰다(1937-), 존 포사이스John Forsythe(1918-2010), 안소니 프란시오사Anthony Franciosa(1928-2006), 앤디 가르시아Andy García(1956-), 밴 가자라Ben Gazzara(1930-2012), 존 굿맨(1952-), 리 그랜 트(1925-), 캐시 그리핀Kathy Griffin(1960-), 찰스 그로딘Charles Grodin (1935-), 진 핵크만(1930-), 더스틴 호프만(1937-), 필립 세이무어 호프 만Phillip Seymour Hoffman(1967-), 데니스 호퍼Dennis Hopper(1936-2010), 킴 헌터(1922-2002), 샐리 켈러만Sally Kellerman(1937-), 브루노 커비Bruno Kirby(1949-2006), 샐리 커클랜드Sally Kirkland(1941-), 다렌 맥거빈Darren McGavin(1922-2006), 스티브 맥퀸(1930-1980), 버지스 메레디스Burgess Meredith(1907-1997), 라이자 미넬리Liza Minnelli(1946-), 패트리시아 닐 Patricia Neal(1926-2010), 니코Nico(1938-1988), 잭 니콜슨Jack Nicholson (1937-), 레슬리 닐슨Leslie Nielsen(1926-2010), 캐롤 오코너Carroll O'Connor (1924-2001), 숀 펜(1960-), 조지 페퍼드George Peppard(1928-1994), 시드니 포이티에(1927-), 안소니 퀸(1915-2001), 리 레믹Lee Remick(1935-1991), 에 릭 로버츠Eric Roberts(1956-), 줄리아 로버츠(1967-), 미키 루크(1956-), 에바 마리 세인트Eva Marie Saint(1924-), 모린 스태플턴Maureen Stapleton (1925-2006), 딘 스톡웰Dean Stockwell(1936-), 립 톤Rip Torn(1931-), 조 반 플리트Jo Van Fleet(1914-1996), 존 보이트Jon Voight(1938-), 크리스토퍼 워 큰Christopher Walken(1943-), 엘리 왈라치Eli Wallach(1915-), 레슬리 앤 워

렌Leslie Ann Warren(1946-), 피터 웰러Peter Weller(1947-), 다이안 위스트
Dianne Wiest(1948-), 진 와일더Gene Wilder(1933-), 셸리 윈터스Shelley
Winters(1920-2006), 조앤 우드워드Joanne Woodward(1930-), 말론 브란도
(1924-2004), 로드 스타이거Rod Steiger(1925-2002), 줄리 해리스Julie Harris
(1925-), 제임스 딘(1931-1955), 몽고메리 클리프트(1920-1966), 폴 뉴먼
(1925-2008), 칼 말덴Karl Malden(1912-2009), 마릴린 먼로(1926-1962), 제랄
딘 페이지Geraldine Page(1924-1987) 그리고 수잔 스트라스버그Susan
Strasberg(1938-1999) 등이 있다. 수잔 스트라스버그는 리 스트라스버그
의 딸이다.

그룹 시어터의 창단 동인이었던 스텔라 아들러는 1949년 독립적으
로 뉴욕에 스텔라 아들러 연기 스튜디오the Stella Adler Studio of Acting를
세운다. 연기 교사로서 그녀의 명성은 말론 브란도, 쥬디 갈랜드Judy
Garland(1922-1969), 돌로레스 델 리오Dolores del Río(1905-1983), 엘렌 스트
리치Elaine Stritch(1925-), 마틴 신Martin Sheen(1940-), 마누 터푸Manu Tupou
(1935-2004), 하비 케이틀, 멜라니 그리피스Melanie Griffith(1957-), 피터 보
그다노비치Peter Bogdanovich(1939-), 워렌 비티Warren Beatty(1937-), 로버
트 드 니로, 조앤 린빌Joanne Linville(1928-),
제니 루멧Jenny Lumet(1967-) 등을 포함해서
곧 많은 추종자들을 낳는다.

그녀의 제자이자 오랜 동료였던 아이린
길버트Irene Gilbert(1934-2001)는 LA에 스텔
라 아들러 연기 아카데미를 설립했다. 마
크 러팔로Mark Ruffalo(1967-), 베니치오 델
토로Benicio Del Toro(1967-), 브라이언 제임

스텔라 아들러

스Brion James(1945-1999), 샐마 헤이엑Salma Hayek(1966-), 클리프튼 콜린스 쥬니어Clifton Collins Jr.(1970-) 숀 애스틴Sean Astin(1971-) 등이 이 아카데미 출신이다.

이디시 극단의 연기자인 부모의 영향으로 아들러는 이미 네 살의 나이에 무대에서 연기를 시작한다. 그녀의 형제들도 모두 연기자들이다. 스텔라 아들러는 18세에 런던 무대에서 데뷔하고, 브로드웨이에는 1922년에 데뷔한다. 마침 그때 미국을 방문한 스타니슬라프스키 모스크바 예술극장의 공연에 크게 감명 받은 그녀는 1925년 볼레슬라브스키와 우펜스카야의 실험극장에 참여한다. 1931년 실험극장에 뿌리를 둔 그룹 시어터가 설립되고, 1943년 그녀는 그룹 시어터의 동료인 해롤드 클러맨과 결혼한다.

1920년대 스타니슬라프스키의 미국 방문으로 커다란 충격을 받은 미국의 젊은 연기자, 연출가, 극작가 들 중에 아들러와 클러맨은 1934년 파리에서 5주에 걸쳐 직접 스타니슬라프스키의 지도를 받는 드문 경험을 한다. 이 시기 스타니슬라프스키는 기억보다는 상상력 쪽으로 배우수업의 무게 중심이 이동하고 있었고, 따라서 미국으로 돌아온 아들러는 이전 그룹 시어터 동료들과 뜻을 함께 할 수가 없었다.

잠깐 동안 뉴욕 뉴스쿨 대학에 거점을 둔 에르빈 피스카토어의 드라마틱 워크샵에서 연기지도를 한 후 그녀는 1949년 자신의 스튜디오를 설립한다. 그녀는 예일 대학 드라마 스쿨Yale School of Drama과 뉴욕 대학에서도 오랫동안 학생들을 지도한다.

그녀가 파리에서 스타니슬라프스키를 다시 만났을 때 그는 장차 액터스 스튜디오의 소위 '메소드'가 표방하게 될 지나친 정서적 기억을 경고한다. 자연스럽게 아들러 연기 지도의 핵심은 시시콜콜한 정서

우타 하겐

기억의 훈련에서부터 연기에 돌입한 매 순간 지혜로운 선택을 할 수 있는 연기자의 '그릇키우기size'로 이동한다. "절대 무대에서 따분하지 말아라don't be boring." 그녀가 즐겨 연기자에게 하는 말이다.

독일에서 태어난 우타 하겐Uta Hagen(1919-2004)은 대학 교수인 아버지를 따라 다섯 살에 미국으로 건너왔으며, 1937년 여성 연기자 에바 르 갈린에게 발탁되어 오필리어로 무대에 선다. 40년대에 그녀는 흑인 연기자 폴 롭슨Paul Robeson(1898-1976)과 함께 〈오델로〉 팀을 이뤄 매혹적인 연기를 선보인다. 그러나 흑인 좌익 연기자와의 친분이 그녀를 블랙리스트에 올려놓아 TV와 영화 출연에 제약을 받는다. 1963년 에드워드 알비Edward Albee(1928-)의 〈누가 버지니아 울프를 두려워하랴〉 초연 무대에서 그녀가 연기한 마사Martha는 연기자로서 그녀의 삶의 절정이라 할 수 있다. 훗날 연기 교육자로서 명성을 얻은 그녀는 1973년 연극 평론가 하스켈 프랭클Haskel Frankel과 함께 《품위 있는 연기를 위하여Respect for Acting》라는 책을 쓴다. 이 책을 쓸 당시 연기에 대한 그녀의 입장을 한 마디로 요약하면, "죽어 있는 연기formalistic acting가 아닌 살아 있는 연기realistic acting를 하라"는 것이다.

1931년 미국에 처음으로 스타니슬라프스키를 소개한 극단 그룹 시어터의 창단 멤버 중 한 명인 연출가 해롤드 클러먼은 우타 하겐에게 커다란 영감의 근원이었다. 결국 연기자에게 무엇보다도 중요한 것은 자신이 연기할 역할들을 자신의 몸과 영혼에 통째로 흡수해 들이는 일이다. 그렇게 되면 역할에 적절한 연기는 저절로 뒤따른다. 이것이

1947년 그녀가 클러먼과 작업하면서 배운 것이다. 그전까지 그녀는 연기란 가면을 쓰는 것이라 생각했다. 이제 그녀에게 연기란 가면을 벗는 일이다.

1991년 그녀는 두 번째 책《연기자를 위한 도전*A Challenge for the Actor*》을 썼는데, 이 책에서 그녀는 '전이transference'란 새로운 용어를 제안한다. 이전에 그녀는 '대체substitution'란 용어로 정리되는 비의적esoteric 연기법을 제시했다. 이것은 연기자의 삶이 역할의 삶으로 용해되는 특별한 작용을 의미한다. 이제 그녀의 통찰은, 어쨌든 역할의 삶은 역할의 행동을 통해서 드러날 수밖에 없다는 사실이다.

세 번에 걸쳐 토니상을 수상할 정도로 뛰어난 연기자였던 그녀는 삶의 말년에 결국 연기는 행동이라는 단순한 진리에 도달한다. 이것을 영어로 표현하면 "Acting is to act"이다. 하겐은 1976년《요리 사랑 *Love for Cooking*》이라는 요리책을 내기도 했다.

그녀의 학생 중에는 제이슨 로바즈Jason Robards(1922-2000), 잭 레몬 Jack Lemmon(1925-2001), 알 파치노Al Pacino(1940-), 라이자 미넬리Liza Minnelli(1946-), 시고니 위버Sigourney Weaver(1949-), 우피 골드버그Whoopi Goldberg(1955-), 매튜 브로데릭Matthew Broderick(1962-), 아만다 피트 Amanda Peet(1972-) 등이 있다.

15

1955년

제임스 딘, 반항의 아이콘이 되다

어느 시대에나 세대 간의 대립이 있어
왔다. 그것은 역사적 과정에서 피할 수
없는 대립으로 세상은 그런 대립을 바
탕으로 조금씩 변해왔다. 그런데 1950
년경에 두드러지게 나타난 세대 간의
대립은 무언가 한 시대의 가치관이나
세계관이 근본으로부터 폭발적으로 충
돌하는 양상을 보인다.

제임스 딘

20세기 들어 본격적으로 시작된 대중매체 시대의 대중화 현상이 그
한 세기의 절반쯤에 접어들면서 이제 더 이상 전통적인 가치관이나
세계관이 역사의 흐름에서 주도적인 작용을 하지 못한다. 음악에서는
락앤롤이 등장하고, 영화에서는 제임스 딘James Byron Dean(1931 - 1955)
이 등장한다. 기성세대의 주도권에 반발하는 새로운 관객층이 등장하
는 것이다.

캘리포니아 대학교 로스앤젤레스캠퍼스UCLA에서 드라마를 전공하

474

던 제임스 딘은 제임스 휘트모어 액팅 워크숍James Whitmore's acting workshop에서 연기를 공부하다 1951년 본격적으로 연기자로 승부를 걸어보려고 학교를 그만둔다. 1947년 연기자로 데뷔한 제임스 휘트모어가 이제 막 떠오르는 연기자로 각광받을 때였다. 휘트모어의 충고로 뉴욕에 도착한 딘은 액터스 스튜디오에 들어간다. 그리고 무대와 TV 등에서 이런저런 단역들을 맡아 연기하다가 1955년에서 56년, 단지 2년간에 걸쳐 발표된 세 편의 영화로 영화의 역사에서 불멸의 연기자 제임스 딘으로 기록된다.

자동차 사고라는 충격적인 죽음이 제임스 딘의 신화에 적지 않은 역할을 한 부분이 틀림없이 있겠지만, 그가 작업한 세 편의 영화가 다 평범한 작품이 아니었던 것도 분명하다. 딘의 첫 번째 주연 작품 〈에덴의 동쪽〉은 노벨상 작가 존 스타인벡John Steinbeck(1902-1968)의 소설을 엘리아 카잔이 감독한 영화이다. 딘을 포함해서 엘리아 카잔이나 상대역이었던 줄리 해리스가 모두 액터스 스튜디오 출신이라 작업에 일정 부분 공감대가 형성되었음은 틀림없다.

이 영화에서 딘은 즉흥연기를 많이 시도했는데, 일련의 생생한 장면들이 카잔에 의해 주저 없이 선택된다. 원래 카잔은 딘의 역할에 말론 브란도 타입을 원했고 스타인벡 역시 딘의 분위기가 마음에 들지 않았으나, 그들 모두 그 역할에 딘이 적격이라는 것에 의견의 일치를 본다.

두 번째 주연 작품 〈이유 없는 반항Rebel Without a Cause〉에서 딘은 범상치 않은 실험정신에 충만한 감독 니콜라스 레이Nicholas Ray(1911-1979)와 함께 작업한다. 레이는 1950년대 말 누벨 바그La Nouvelle Vague라 칭해지는 프랑스 젊은 감독들에게 커다란 영감을 준다. 그 역시 연기자로서 제임스 딘의 화면상에서 역할과 부합되는 이미지를 포착할만 한 충분한 능력이 있는 감독이다. 〈이유 없는 반항〉은 제임스 딘의 죽음 후에 개봉된다.

1956년에 개봉한 딘의 세 번째 영화는 〈자이언트〉이다. 에드나 퍼버Edna Ferber(1885-1968)의 소설을 조지 스티븐스George Stevens가 감독했다. 딘은 이 영화가 최종 완성되기 전에 세상을 떠난다. 스티븐스는 자그마하고 내면이 복잡한 딘의 대척점에 록 허드슨이라는 덩치는 크면서 사람 좋아 보이는 타입의 연기자를 효과적으로 배치한다. 스티븐스는 이 영화로 아카데미 감독상을 수상하고, 딘은 1955년 〈에덴의 동쪽〉에 이어 2년 연속 사후에 아카데미 연기상 후보가 된다.

20세기가 열리고 반세기 동안 축적되어온 새로운 세대의 상업적 잠재력이 이제 제임스 딘에 의해 본격적으로 촉발된다. 형과 동생, 아버지와 아들 또는 골리앗과 다윗의 갈등은 이제 '반항'이라는 이름으로 새롭게 탄생한다. 제임스 딘의 신화가 시작된 것이다.

제임스 딘의 '반항'이 아직 여리고 세상 물정 모르는 것이라면, 말론 브란도(1924-2004)의 '반항'은 제임스 딘의 것보다 좀 더 폭력적이고 어른스럽다. 연기자로서 첫 걸음을 뗄 때부터 브란도에게는 무언가 '위험한bad' 분위기가 감돈다.

브란도의 어머니는 재능 있는 연기자이자 재능 발견자였다. 그녀는 헨리 폰다를 연기의 세계로 인도했고, 당연한 일이겠지만, 아들 브란도에게서 재능의 싹을 본다. 뉴욕으로 간 브란도는 에르빈 피스카토어와 액터스 스튜디오에서 연기를 공부하는데, 액터스 스튜디오의 리 스트라스버그를 싫어해서 소위 '메소드 연기'와의 어떤 연관도 부인한다. 그 대신 그는 스텔라 아들러의 충실한 학생이었다.

1947년에서 49년에 걸쳐 브란도는 테네시 윌리엄즈의 〈욕망이라는 이름의 전차〉에서 스탠리 코왈스키의 역으로 커다란 주목을 받았고, 이 작품은 무대에서 연출을 맡았던 엘리아 카잔에 의해 1951년 영화화되었다. 이제 브란도식 반항의 시대가 열린다. 52년 〈비바 자파타!Viva Zapata!〉, 53년 〈위험한 질주The Wild One〉, 〈줄리어스

말론 브란도

시저Julius Caesar〉, 54년 〈워터 프론트On the Waterfront〉 등 브란도가 출연한 영화들이 모두 흥행에서 커다란 성공을 거두었다. 관록 있는 여성 연기자 탈룰라 뱅크헤드도 언급했듯이 브란도의 연기에는 확실히 이전과는 다른 무언가 낯선 것이 있다. 그래서 마틴 스코세이지Martin Scorsese(1942-)감독은 이렇게 말한다. "'연기에는 브란도 이전'과 '브란도 이후가 있다.'" 브란도의 중얼거리는 대사와 어디로 튈 줄 모르는 몸짓에는 어떤 자연스러운 내적 리듬이 있어서, 이것이 그만의 연기적 호흡으로 발전한다.

50년대가 후반으로 가면서 브란도의 '반항'이 기성세대의 것으로 변화될 때, 연기자로서 그의 작용도 영향력을 잃는다. 1972년 프란시스 포드 코폴라Francis Ford Coppola 감독의 〈대부The Godfather〉에서 비토 코를레오네Vito Corleone 역으로 나온 브란도는 연기자로서 또 다른 차원의 변모를 실현한다. 물론 그것은 이제 더 이상 50년대식 반항은 아니다.

제임스 딘이 1955년 세상을 떠날 때 그의 다음 출연 작품으로 예정된 영화가 로버트 와이즈 감독의 〈상처뿐인 영광Somebody Up There Likes Me〉이었다. 물론 이 작품에 제임스 딘이 출연할 수는 없었고, 그의

폴 뉴먼

역할은 한 젊은 연기자에게 맡겨진다. 그가 바로 폴 뉴먼Paul Newman (1925-2008)이다.

뉴먼은 예일대 드라마 스쿨에서 잠시 연기를 공부한 후 1951년 리 스트라스버그의 액터스 스튜디오에 들어간다. 53년 브로드웨이 데뷔는 윌리엄 인즈William Motter Inge(1913-1973)의 〈피크닉Picnic〉 초연 무대였다. 무대와 TV에서 착실히 연기의 경험을 쌓던 뉴먼은 54년 영화 〈은잔銀盞The Silver Chalice〉에 주연을 맡아 출연한다. 이 영화는 그의 데뷔 영화였다는 것 외에 별 다른 특징은 없는 영화였는데, 그 다음 작품이 〈상처뿐인 영광〉이었다. 1958년에는 테네시 윌리엄스의 희곡을 각색한 리처드 브룩스Richard Brooks(1912-1992) 감독의 〈뜨거운 양철지붕 위의 고양이〉와 마틴 리트Martin Ritt (1914-1990) 감독의 〈무덥고 긴 여름The Long, Hot Summer〉에서 기성세대와 충돌하는 폴 뉴먼의 반항적 연기는 대중적인 반응을 얻는다. 그는 1960년 오토 프레밍거Otto Ludwig Preminger(1905-1986) 감독의 〈엑소더스Exodus〉, 61년 로버트 로센Robert Rossen(1908-1966) 감독의 〈허슬러The Hustler〉, 63년 마틴 리트 감독의 〈허드Hud〉 등으로 60년대 기성세대의 중견 연기자로 넘어가는 자연스러운 과정을 밟는다.

폴 뉴먼은 연기가 아닌 일상에서도 카 레이서로도 유명했고, 무엇보다도 인도주의자로서 여러 사람의 존경을 받는 충실한 삶을 산다. 그는 1982년 작가 핫치너A.E. Hotchner와 공동으로 설립한 식품 회사 '뉴먼스 오운Newman's Own'의 모든 이익금을 자선사업에 기부한다.

1950년대에서 60년대 중엽에 걸쳐 미국에서는 기성세대에 대한 젊

은 세대의 반항이란 의미로 '비트세대the
Beat Generation' 또는 '비트족beatnik'과 같은
표현들이 쓰인다. '비트'라는 말은 1957년
소설가 잭 케루악Jack Kérouac(1922-1969)의
작품 〈노상에서On the Road〉가 큰 반향을
불러일으키면서 주목받는데, 이것은 '치고
나가다' 정도의 뉘앙스가 있는 말이다. 케
루악은 동료 작가들인 윌리엄 S. 버로스

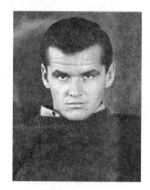

잭 니콜슨

William Seward Burroughs(1914-1997)나 알렌 긴스버그Allen Ginsberg(1926
-1997) 등과 함께 미국 기성세대의 가치관에 반항하는 젊은 세대의 방
황을 작품으로 형상화했다.

60년대 중엽 이후에는 '비트'란 말 대신 '히피hippie'란 말이 사람들의
입에 오르내리기 시작한다. '비트'에 조금 거칠고 위험한 느낌이 있다
면, '히피'에는 좀 더 순진하고, 평화적인 느낌이 있다.

60년대 비트와 히피의 느낌이 효과적으로 어우러진 영화가 1969년
〈이지 라이더Easy Rider〉이다. 헨리 폰다의 아들이자 연기자인 피터 폰
다가 동료 연기자 데니스 호퍼Dennis Hopper(1936-2010)와 함께 대본을
쓰고 제작한 작품이다. 호퍼는 감독
을 맡았다. 이 영화에 참여한 또 한
명의 중요한 연기자가 잭 니콜슨Jack
Nicholson(1937-)이다. 적어도 70년대
중엽까지 잭 니콜슨은 50년대 미국
반항 세대의 끝자락에서 활동한다.
같은 세대의 연기자 중에는 67년에

더스틴 호프만

는 마이크 니콜스Mike Nichols(1931-) 감독의 영화 〈졸업The Graduate〉에 출연한 더스틴 호프만Dustin Hoffman(1937-)이 있다. 호프만은 특히 반영웅anti-hero 타입의 역할들을 연기하는 데 정평이 있었다.

50년대 영국에서는 '반항'보다 '분노'라는 말이 쓰인다. 영국의 작가 존 오스본John Osborne(1929-1994)이 1956년에 발표한 희곡 〈성난 얼굴로 돌아보라Look Back in Anger〉가 세간의 관심을 끌면서 기성세대와 충돌하는 영국의 젊은 세대를 칭하는 표현으로 '성난 젊은이들angry young men'이란 표현이 등장한다.

오스본의 희곡 〈성난 얼굴로 돌아보라〉는 영국 무대의 주요한 레퍼토리 중의 하나가 되고, 지금까지 세 차례에 걸쳐 영화화된다. 56년 초연 무대에서 이 작품의 중심 역할인 지미 포터Jimmy Porter는 연기자 케네스 하이Kenneth Haigh(1931-)가 맡아 연기했는데, 1959년 토니 리처드슨Tony Richardson이 감독한 영화에서는 웨일즈 노동계층 출신인 영국 무대의 스타 리처드 버튼Richard Burton(1925-1984)이 그를 대신한다.

버튼은 대략 60년대 중엽 마틴 리트가 감독한 존 르 카레John le Carré(1931-) 원작의 〈추운 나라에서 온 스파이The Spy Who Came in from the Cold〉에서 주인공 알렉 리마스Alec Leamas를 연기할 무렵까지 영국 젊은 세대의 '분노'에 동참한다. 한번은 선배 연기자 로렌스 올리비에가 버튼에게 대중적 연기자이고 싶은가 위대한 연기자이고 싶은가를 물었는데, 버튼의 대답은 "둘 다"였다. 존 길거드가 연출하고 그가 연기한 1964년 뉴욕의 〈햄릿〉 공연은 관객 기록을 경신한다. 그러나 정작 존 길거드는 그의 매력적이지만 외향적인 스타일의 연기에 실망했던 것 같다.

리처드 버튼은 열렬한 웨일즈어의 찬미자였다. 언젠가 그 당시 부인이었던 연기자 엘리자베스 테일러Elizabeth Taylor(1932-2011)를 옆에 두고 자신에게는 사랑보다 언어가 더 소중하다고 말한 적도 있다 한다.

1959년 오스본과 함께 '성난 세대'의 대표작인 작가 존 브레인John Braine(1922-1986)의 원작을 잭 클레이튼Jack Clayton(1921-1995)이 감독한 영화 〈꼭대기 방Room at the Top〉에서 연기자 로렌스 하비Laurence Harvey (1928-1973)가 신분 상승을 꿈꾸는 노동 계급 출신의 한 젊은이를 연기한다. 그에게 버림받은 연상의 유부녀 역할로 프랑스 연기자 시몬느 시뇨레Simone Signoret(1921-1985)가 출연해 아카데미 주연여우상을 수상하고, 같은 영화에 2분 20여 초 남짓 출연했던 허미온 배들리 Hermione Baddeley(1906-1986)는 아카데미 역사상 가장 짧은 시간 출연한 연기상 후보가 된다. 하비보다 20년도 더 연상인 그녀는 실제 삶에서 이미 오랫동안 하비와 내연의 관계였으며, 그 후로도 하비는 꾸준히 연상의 여인들과 관계를 맺는다.

56년 〈성난 얼굴로 돌아보라〉 초연 무대에서 웨일즈 출신의 사람 좋은 클리프Cliff를 연기했던 앨런 베이츠Alan Bates(1934-2003)도 60년대 영국 '분노' 연기의 한 축을 담당한다. 앨런 베이츠는 그리스 작가 니코

리처드 버튼

로렌스 하비

앨런 베이츠   알버트 피니

스 카잔차키스Nikos Kazantzakis(1883-1957)의 원작소설을 1964년 마이클 카코야니스Michael Cacoyannis(1922-2011)가 감독한 영화 〈희랍인 조르바 Zorba the Greek〉에서 안소니 퀸Anthony Quinn(1915-2001)과 호흡을 맞춘 연기로 세상에 널리 알려진다.

영국 왕립연극예술학교the Royal Academy of Dramatic Art를 졸업하고 로열 셰익스피어 극단의 단원이 된 알버트 피니Albert Finney(1936-)는 1961년 소설가 앨런 실리토Alan Sillitoe(1928-2010)의 원작을 카렐 라이스Karel Reisz(1926-) 감독이 영화화한 〈토요일 밤과 일요일 아침〉에 출연해 영국 노동계층 젊은 세대의 분노와 체념을 설득력 있게 연기한다. 프랑스 연기자 아누크 에메Anouk Aimée(1932-)는 피니의 두 번째 부인이었다.

감독 카렐 라이스는 체코 출신으로 50년대 영국 프리 시네마free cinema 운동의 주역 중 한 명이다. 프리 시네마는 56년부터 59년까지 영국 국립 영화극장National Film Theatre에서 개최된 다큐멘터리 영화 프로그램에서 비롯된 용어인데, 영화의 사회적 책임을 강조해 온 린지 앤더슨Lindsay Anderson(1923-1994), 토니 리처드슨 그리고 카렐 라이스

등이 주축이 된 다큐 운동이다. 곧 다큐에서 극영화로 범위가 확대되어 60년대 영국 젊은 세대의 분노를 표출하는 하나의 분출구가 된다.

앨런 실리토의 다른 작품 〈장거리 주자의 고독The Loneliness of the Long Distance Runner〉은 토니 리처드슨 감독에 의해 1962년 영화화 된다. 이 영화에서 자신의 정체성을 놓고 기성세대와 충돌하는 노동계층의 비행非行 청소년 역할을 연기한 톰 커트니Tom Courteney(1937-)는 다음 해인 63년 존 슐레진저John Schlesinger(1926-2003) 감독의 작품 〈거짓말쟁이 빌리Billy Liar〉에서 타이틀 롤을 맡아 60년대 대책 없는 영국 젊은 세대의 황당한 표정을 효과적으로 그려낸다. 이 영화의 원작은 1959년 발표한 키스 워터하우스Keith Waterhouse(1929-2009)의 단편 소설이다.

아일랜드의 연기자 리처드 해리스Richard Harris(1930-2002)는 작가 데이비드 스토리David Storey(1933-)의 원작소설을 영화화한 1963년 린지 앤더슨 감독의 영화 〈욕망慾望의 끝This Sporting Life〉에서 방향을 잃은 채 오로지 분노하는 하층 계급 출신의 럭비 선수 역할을 인상적으로 연기했다. 그는 이 연기로 1963년 칸느 영화제 남우주연상을 수상한

톰 커트니

리처드 해리스

다. 이 영화는 당시 서른 살이 넘었던 그의 데뷔 영화였다.

　60년대 영국에는 재능 있는 여성 연기자들이 여럿 있었다. 〈장거리 주자의 고독〉에서 줄리 크리스티Julie Christie(1941-)가 톰 커트니의 상대역을 연기했고, 바네사 레드그레이브Vanessa Redgrave(1937-)는 토니 리처드슨의 아내였다. 그 밖에 글렌다 잭슨Glenda Jackson(1936-)이나 매기 스미스Maggie Smith(1934-)도 있었다. 그러나 60년대 성난 얼굴로 관객들에게 다가간 연기자들은 주로 남성 연기자들이었다. 미국의 경우 〈이유 없는 반항〉에서 제임스 딘의 상대역을 맡은 나탈리 우드Natalie Wood(1938-1981)가 그 역으로 그 해 아카데미 여우조연상을 수상한다.

　60년대에 이르러 영국 프리 시네마 운동에 자극받은 프랑스에서 시네마 베리테cinéma vérité 운동이 시작된다. 영화사 초기 다큐 감독들인 러시아의 지가 베르토프Dziga Vertov(1896-1954)나 미국의 로버트 플래허티Robert Flaherty(1884-1951)의 카메라 불간섭주의로부터 영향 받은 장 루쉬Jean Rouch(1917-2004)나 크리스 마르케Chris Marker(1921-2012) 같은 감독들에게, 이제 비교적 싼 가격으로 출시되기 시작한 동시 녹음이 가능한 16mm 휴대용 카메라는 새로운 작업 방식의 가능성을 열어준다.

　그들은 마치 우연히 만난 사람들과 인터뷰 등을 하듯, 가능한 한 작위 없는 방식으로 잡은 일상적 상황의 장면들을 함께 적절하게 편집해서, 말하고자 하는 주제를 현장의 생동감과 함께 직접적인 방식으로 전한다. 이런 방식의 작업을 60년대 말 미국에서는 다이렉트 시네마direct cinema라 부른다. 〈거짓말쟁이 빌리〉는 성공적인 시네마 베리테적 경향의 작품이다.

　5-60년대 프랑스 영화에서 표출되는 기성세대와의 충돌을 영화사

에서는 보통 '누벨 바그Nouvelle Vague'라 부른다. 이것은 어떤 특정한 스타일이라기보다는 하나의 경향으로, 1951년 영화 평론가 앙드레 바쟁André Bazin(1918-1958) 등이 창간한 영화 비평지 〈까이에 뒤 씨네마 Cahiers du Cinema〉를 중심으로 모인 일군의 젊은 영화감독들에 의해 시도된 새로운 세대의 도전이다.

연기적인 측면에서 50년대에 본격화하는 기성세대와 젊은 세대의 갈등이 미국에서는 '반항', 영국에서는 '분노'로 정리되었다면, 프랑스에서는 '새로움'으로 정리될 수 있다. 프랑수와 트뤼포François Truffaut (1932-1984)의 59년 영화 〈400번의 구타Les Quatre Cents Coups〉와 장 뤽 고다르Jean-Luc Godard(1930-)의 60년 영화 〈네 멋대로 해라À bout de souffle〉가 이 시기의 프랑스적 새로움을 적절하게 보여준다. 고다르의 〈네 멋대로 해라〉에는 권투 선수로 3연속 KO 승을 자랑하던 장-폴 벨몽도Jean-Paul Belmondo(1933-)가 본격적으로 연기에 도전해 주인공 미셸을 통해 이 시기 젊은 세대의 혼돈을 아이러니한 방식으로 쿨하게 그려낸다.

59년은 무대와 스크린에서 프랑스를 대표하던 연기자 제라르 필립

장-폴 벨몽도

제라르 필립

Gérard Philipe(1922-1959)이 세상을 떠나는 해이다. 그는 파리 콩세르바투아르Conservatoire National Supérieur d'Art Dramatique 출신으로 무대에서는 프랑스 국립 민중극단Théâtre national populaire의 주역이자 사회주의적 이상주의자로서, 그리고 스크린에서는 만인의 연인으로서 프랑스 관객들의 사랑을 받았다. 상업적 역할들 보다는 알려지지 않은 작가들의 작품을 무대에 올리는 것을 더 좋아했던 그는 열정적으로 햄릿을 준비하던 중 갑자기 세상을 떠난다. 그는 관객들이 사랑하던 〈르 시드 Le Cid〉에서 동 로드리그Don Rodrigue의 무대 의상으로 묻힌다. 프랑스 관객들에게 제라르 필립은 영원한 소년의 이미지를 가진 연기자였지만, 그래도 장-폴 벨몽도의 연기에 비져친 그의 연기가 젊은 관객들에게는 이미 한물 간 것으로 느껴진 것은 어쩔 수 없었을 것이다.

이것은 1950년 장 콕토가 쓰고 감독한 〈오르페Orphée〉에서 조각 같은 외모로 활약하던 연기자 장 마레Jean Marais(1913-1998)의 경우에도 마찬가지라 할 수 있다. 샤를르 뒬랭의 지도로 연기를 시작한 장 마레는 1941년 라신느의 〈브리타니쿠스Britannicus〉를 출발점으로 연출에 도전한다.

장 마레

알랭 들롱

486

1960년 루키노 비스콘티Luchino Visconti 감독의 〈로코와 그의 형제들Rocco and His Brothers〉이나 62년 미켈란젤로 안토니오니 Michelangelo Antonioni 감독의 〈일식Eclipse〉 같이 이탈리아 감독들의 영화에 출연해 국제적인 주목을 받게 되는 프랑스 연기자 알랭 들롱Alain Delon(1935-)은 이를테면 '프랑스의 제임스 딘'으로 평가되기도 한다. 〈일

잔느 모로

식〉에서 그의 상대역은 이탈리아 연기자 모니카 비티Monica Vitti(1931-) 였다.

논란의 여지 없이, 프랑스 누벨 바그를 대표하는 여성 연기자는 잔느 모로Jeanne Moreau(1928-)이다. 1947년 아비뇽 페스티벌에서 연기자로서 무대에 데뷔한 그녀는 곧 코메디 프랑세즈의 주역으로 발돋움한다. 1962년 트뤼포 감독의 〈쥴과 짐Jules et Jim〉에서 연기적 무게 중심은 쥴을 연기한 오스카 워너Oskar Werner(1922-1984)나 짐을 연기한 앙리 세르Henri Serre(1931-)가 아니라 까뜨린느Catherine를 연기한 그녀에게 놓여진다.

제2차 세계대전에서 패전한 독일에서 기성세대와 젊은 세대의 충돌은 1962년 '오버하우젠 선언Oberhausen Manifesto'으로 드러난다. 이 선언은 알렉산더 클루게Alexander Kluge(1932-), 에드가 라이츠Edgar Reitz (1932-) 등을 포함해서 오버하우젠 단편영화제에 모인 26명의 젊은 감독이 "아버지의 영화는 죽었다"고 외치며 구습에 사로잡힌 기성 영화계에 내린 사망 선언이다. 65년 이 선언에 의해 설립된 새로운 기구가 '청년 독일 영화 관리국Kuratorium Junger Deutscher Film'이다.

라이너 베르너 파스빈더

이제 젊은 감독들의 제작 여건이 좋아지고, 영화 인재들을 위한 창조적 교육이 활성화 된다. 1973년에는 13명의 젊은 감독들이 모여 기존의 상업적 배급망으로부터 독립된 작가영화제작사Filmverlag der Autoren를 조직하는데, 이를 통해 빔 벤더스Wim Wenders (1945 -), 폴커 슐뢴도르프Volker Schlöndorff (1939 -), 베르너 헤어조크Werner Herzog(1942 -), 라이너 베르너 파스빈더Rainer Wener Fassbinder (1945 - 1982) 같은 새로운 세대의 감독들이 본격적으로 출사표를 던진다. 이 시기의 독일 영화를 뉴 저먼 시네마New German Cinema라 부른다.

뉴 저먼 시네마 감독 중 라이너 베르너 파스빈더는 뛰어난 연기자이기도 하다. 제2차 세계대전의 패전국이라는 아버지 세대의 오욕과 죄의식을 멍에처럼 지고 성장한 젊은 세대의 불안과 좌절이 그의 작품 속에서 냉혹하게 처리된다. 파스빈더는 길지 않은 생애 동안 연극, 영화, TV, 라디오 등 매체를 가리지 않고 엄청난 양의 작품을 쏟아냈다. 게다가 그는 제작, 촬영, 편집, 작곡, 디자인, 극장 경영에 이르기까지 온갖 것에 손을 대면서 삶을 송두리째 분노하며 불살라버리듯이 산다. 그러나 그 불꽃은 끝이 보이지 않는 지독한 외로움 언저리에서 어딘가 창백하고 차갑다.

실제로 5 - 60년대 세계 도처에서는 저마다의 '제임스 딘'이 등장한다. 그 가장 대표적인 경우가 폴란드의 연기자 즈비그니에프 치불스키Zbigniew Cybulski(1927 - 1967)일 것이다. 그는 1958년 알렉산더 포드Aleksander Ford(1908 - 1980) 감독의 〈제8요일The Eighth Day of the Week〉과

안제이 바이다Andrzej Wajda(1926 -) 감독의
〈재와 다이아몬드Ashes and Diamonds〉 같은
영화들을 통해 폴란드의 '분노한 젊은young
and wrathful' 세대의 몸짓을 대변했다. 대학
시절, 실험적인 학생 극단의 경험과 60년
대 초 바르샤바에서 진보적인 극장이었던
아테네움Ateneum의 무대 경험, 그리고 도전
적인 TV 작업 경험 등을 통해 자신의 연기

즈비그니에프 치불스키

세계를 확대시켜나간 치불스키는 67년 불의의 기차 사고로 세상을 떠
난다. 그가 세상을 떠나기 직전 기차에서 헤어진 사람이 원로 연기자
마를린 디트리히였다. 폴란드에서는 1969년 이래 그를 기려, 개성 있
는 젊은 연기자에게 치불스키 연기상을 수여하고 있다.

16 1955년

존 웨인, 제임스 아네스를
새로운 영웅으로 자랑스럽게 소개하다

1952년, 노만 맥도널(1916-1979)의 연출과 존 메스튼(1914-1979)의 극본으로 〈건스모크〉라는 라디오 드라마가 방송을 시작한다.

서부극이었던 이 드라마가 청취자들에게서 좋은 반응을 얻게 되자 1955년 CBS는 이 라디오 드라마를 TV 드라마로 제작했다. 찰스 워렌Charles Warren(1912-1990)이 연출을 맡았고, 극본은 여전히 존 메스튼

제임스 아네스

이었다. 라디오 드라마는 1961년까지 계속 되었는데, 메스튼은 라디오 드라마의 극본도 계속 집필한다. 1955년부터 1975년까지 미국에서 가장 오래 계속된 TV 드라마의 전설이 이렇게 시작된다.

1955년 〈건스모크〉의 시작에 앞서, 서부극의 베테랑 연기자 존 웨인은 대략 다음과 같은 말로 이 드라마의 주인공인 보안관 맷 딜런 Matt Dillon 역을 맡은 연기자 제임스 아네스James Arness(1923-2011)를 소개했다.

490

"오늘 나는 여러분에게 어른 시청자들을 위한 새로운 서부극 〈건스모크〉를 소개하려 합니다. 이 드라마에는 현실에 뿌리를 둔 이야기가 있고, 진정성이 있으며, 삶에 대한 통찰이 있습니다. 나 자신 이 드라마에서 연기를 할 수 있었으면 하고 진심으로 바랐습니다만, 하지만 처음 이 드라마에 대한 소식을 들었을 때 제일 먼저 떠오른 젊은 연기자가 있었습니다. 그의 이름은 제임스 아네스입니다. 누구라도 그보다 더 적당한 주인공을 찾을 수는 없을 겁니다. 여러분도 곧 나의 말에 동의하리라 확신합니다. 이제 자랑스럽게 〈건스모크〉의 새로운 영웅 제임스 아네스를 여러분에게 소개합니다."

아네스는 57년과 58년, 그리고 59년 연속으로 세 차례에 걸쳐 에미상 드라마 연속극 연기부문 후보에 오르지만 수상하지는 못한다.

TV는 이미 1920년대에 영국의 발명가 존 로지 베어드John Logie Baird (1888-1946)에 의해 개발되어, 29년 영국의 BBC 방송국에서 방송을 시작한다. 베어드의 발명은 기계적인 접근이었는데, 1930년대 중엽에는 거대 정보통신 기업 RCA를 이끌던 데이비드 사노프David Sarnoff (1891-1971)의 지원을 받은 러시아 출신 발명가 블라디미르 즈보리킨 Vladimir Zworykin(1888-1982)과 미국인 발명가 필로 판스워스Philo Farnsworth(1906-1971)에 의해 전자적 방식에 의한 TV가 본격적으로 개발되었다. 하지만 아직은 라디오 시대였고 TV는 제2차 세계대전이 끝난 50년대에 들어서면서 폭발적으로 대중화되기 시작한다.

이제 무대와 스크린은 각 가정의 거실에 놓인 작은 TV 화면과 경쟁해야 하는 상황에 부딪혔다. 그리고 곧 무대와 스크린은 TV라고 하는 이 작은 화면이 얼마나 힘이 센가 하는 사실을 통렬하게 깨닫는다. 가령 무대와 스크린에서 프레드 아스테어Fred Astaire(1899-1987)와 진 켈리Gene Kelly(1912-1996) 스타일의 브로드웨이 뮤지컬은 관객을 TV 앞에서 극장으로 끌어내기 위해 새로운 아이디어가 필요했다. 1952년 진 켈리와 스탠리 도넨Stanley Donen(1924-)이 공동으로 감독한 영화 〈싱잉 인 더 레인〉은 앞으로 벌어질 상황에 대한 상징적인 의미가 함축되어 있는 작업이다. 이 경우는 그 시대적 배경이 무성 영화에서 유성 영화로 넘어가는 20년대 말이긴 했어도 말이다.

적어도 스크린에서 뮤지컬이 선택한 대처 방안은 대형화면이었다. TV라는 작은 브라운관을 소위 70밀리 대형 화면이나 아니면 적어도 35밀리 시네마스코프로 제압해보려는 심사였다. 1955년 〈오클라호마!〉, 58년 〈남태평양〉, 59년 〈포기와 베스〉, 60년 〈캉캉Can-Can〉, 61년 〈웨스트 사이드 스토리〉, 64년 〈마이 페어 레이디〉, 65년 〈사운드 오브 뮤직〉, 69년 〈헬로 달리!〉 등이 이 시기 70밀리 대형 화면을 통해 상영된 뮤지컬들이다. 이러한 시도가 일시적으로 60년대에까지는 대체로 바람직한 결과를 낳았다고도 말할 수 있겠지만, 69년 진 켈리가 다시 메가폰을 잡은 〈헬로 달리!〉의 대실패는 70년대 스크린의 위기를 징후적으로 드러낸다. 물론 대형 화면은 뮤지컬만의 것은 아니다. 59년 윌리엄 와일러William Wyler(1902-1981) 감독의 〈벤허〉는 대형 화면 구성의 전형적인 틀을 보여주었다. 대체로 역사적인 배경에 장엄한 음악과 강렬한 색감, 그리고 대서사적 이야기와 스펙터클한 장관들이 스크린에 펼쳐진다. 당연히 연기자들의 몸집이 크면 클수록 좋았던 것은 충분히 짐작할 수 있다.

〈벤허〉의 찰튼 헤스튼Charlton Heston(1923-2008)은 대형 화면에 잘 어울리는 연기자의 대표적인 경우일 것이다. 이제부터 '대형 연기자'라는

찰튼 헤스튼

캐리 그란트

표현도 심심치 않게 볼 수 있다. 60년대 70밀리 영화들을 몇 개만 꼽자면 1960년 〈알라모The Alamo 〉, 같은 해 〈엑소더스 〉, 62년 〈아라비아의 로렌스〉, 63년 〈클레오파트라〉, 65년 〈로드 짐〉, 68년 〈2001 스페이스 오디세이〉, 1970년의 〈패튼 대전차군단〉 등이 있다. 70밀리의 전성시기였던 60년대에는 찰튼 헤스튼을 위시해서, 피터 오툴Peter O'Toole(1932-), 율 브린너(1920-1985), 버트 랭카스터(1913-1994), 커크 더글라스(1916-), 로버트 미첨(1917-1997), 윌리엄 홀든(1918-1981), 스티븐 보이드(1931-1977), 리처드 위드마크(1914-2008), 오마 샤리프(1932-) 같은 소위 대형 연기자들이 70밀리 화면을 부족함 없이 채웠다.

커다란 화면을 채우기 위해 일단 몸집이 그만큼 있는 것도 중요하긴 하지만, 70밀리 대형화면을 채우는 것은 꼭 몸집만은 아니다. 가령 캐리 그란트(1904-1986) 같은 연기자가 그렇게 몸집이 작지는 않지만, 연기자로서 그의 작용이 70밀리 화면에서는 왠지 좀 심심할 것 같은 느낌이 있다.

70밀리 대형화면에 걸맞은 여성 연기자라면 일순위로 떠오르는 연기자가 이탈리아 출신의 국제적인 스타 소피아 로렌Sophia Loren(1934-)

이다. 그녀는 1961년 찰튼 헤스튼과 안소니 만Anthony Mann(1906-1967)
감독의 〈엘 시드El Cid〉에서 함께 공연한다.

　60년대 극장이 스테레오와 스펙터클로 채워지고 있을 때, 자그마한
TV 화면에서는 클로즈업과 대사 중심의 연기가 요란하지는 않지만
착실하게 제 나름의 성과를 거두고 있었다. 이미 1948년 미국 CBS
TV의 단막극 프로그램 〈스튜디오 원Studio One〉이 시작되면서, 그 첫
작품 〈폭풍The Storm〉에서 마가렛 설라반, 존 포사이스John Forsythe
(1918-2010) 그리고 딘 재거Dean Jagger(1903-1991) 같은 수준 있는 연기
자들이 TV라는 새로운 매체에 적절하게 적응한다. 마가렛 설라반은
헨리 폰다의 부인이었고 젊은 제임스 스튜어드에게 힘이 되어준 동
료였다.

　〈스튜디오 원〉은 웨스팅하우스사Westinghouse Electric Corporation가 스
폰서를 맡아 1948년부터 1958년까지 방송된다. 1954년 〈나는 바보
야 I'm a Fool〉에서는 제임스 딘과 나탈리 우드를 볼 수 있다. 특히 1955
년 레지날드 로즈Reginald Rose(1920-2002)의 극본을 프랭클린 샤프너
Franklin J. Schaffner(1920-1989)가 연출한 〈12명의 성난 사람들Twelve Angry

소피아 로렌

마가렛 설라반

Men〉은 커다란 반향을 불러일으킨다. 이 작품은 주역을 맡은 로버트 커밍스Robert Cummings(1910-1990)의 연기상을 비롯해서 그해 에미상을 휩쓰는 쾌거를 올린다.

레지날드 로즈의 대본은 1957년 시드니 루멧Sidney Lumet(1924-2011) 감독에 의해 영화화 된다. 영화에는 헨리 폰다, 마틴 발삼Martin Balsam (1919-1996), E.G. 마샬E.G. Marshall(1914-1998), 리 제이 콥 등이 출연한다.

한편, CBS는 1956년부터 1960년까지 〈플레이하우스 90〉이란 프로 그램을 제작한다. 이미 이름에서도 분명한 것처럼 여기서는 90분짜리 단막극이 방영되었으며, 폴 뉴먼이나 잭 팔란스Jack Palance(1919-2006), 제이슨 로바즈Jason Robards(1922-2000), 마리아 셸Maria Schell(1926-2005) 같은 연기자들의 신인 시절의 모습을 볼 수 있다.

그 밖에도 〈뒤 퐁 쇼 오브 더 먼스Du Pont Show of the Month〉에서 제작 한 〈폭풍의 언덕〉에 출연한 리처드 버튼이나 NBC의 〈프로듀서스 쇼 케이스〉에서 제작한 〈화석화된 숲Petrified Forest〉에 출연한 험프리 보 가트와 로렌 바콜Lauren Bacall(1924-) 등의 연기도 볼 수 있다.

1953년 NBC에서 제작한 필코 텔레비전 플레이 하우스는 아카데미

로버트 커밍스

어네스트 보그나인

3회 각본상 수상에 빛나는 패디 차이예프스키Paddy Chayefsky(1923 -1981)의 극본과 로드 스타이거Rod Steiger(1925-2002)와 낸시 마천드Nancy Marchand(1928-2000)가 출연한 단막극 〈마티Marty〉를 방영한다. 이 극본은 1955년 델버트 만Delbert Mann(1920-2007) 감독에 의해 영화화 되어 그해 아카데미 작품상, 감독상 그리고 영화에서 마티 역을 연기한 어네스트 보그나인Ernest Borgnine(1917-2012)은 남우주연상을 수상한다. 어네스트 보그나인의 상대역은 벳시 블레어Betsy Blair(1923-2009)였는데 의회 반미활동특별위원회에 의해 마르크스주의자로 낙인찍힌 그녀는 그 당시 진 켈리의 아내였다. 영화 〈마티〉는 프랑스 칸느 영화제에서도 황금종려상the Palme d'Or을 수상한다. 역사상 아카데미와 칸느에서 동시에 작품상을 수상한 경우는 이 영화 말고 1945년 빌리 와일더가 감독하고 레이 밀란드Ray Milland(1907-1986)가 주연한 〈잃어버린 주말The Lost Weekend〉이 있을 뿐이다.

TV 단막극은 〈건스모크〉를 기점으로 점점 TV 연속극으로 대체된다. 〈플레이 하우스 90〉에서 단역을 맡아 출연한 스티브 맥퀸(1930-1980)은 곧 〈원티드Wanted ─ 죽거나 살거나Dead or Alive〉라는 자신의 프로그램

패트릭 맥구언

로버트 본과 데이비드 맥컬럼

을 갖게 되며, 연속극 〈로하이드Rawhide〉에서는 몇 년 후 웨스턴에 새로운 선풍을 불러올 클린트 이스트우드(1930-)가 등장한다. 이러한 연속극들은 모두 미국에서 제작한 웨스턴이지만, 앞으로 TV 연속극은 여러 나라에서 다양한 장르로 분화되어 전개된다.

영국에서는 1960년 〈비밀첩보원Danger Man〉이라는 동·서 냉전 시대의 비교적 리얼한 첩보물이 제작된다. 연기자 패트릭 맥구언Patrick McGoohan(1928-2009)이 비밀첩보원 존 드레이크를 연기한다. 맥구언은 1967년 〈탈출The Prisoner〉이라는 실험적인 SF에도 출연하는데, 때로는 극본과 연출까지 맡기도 한다.

TV 첩보물 시리즈라면 미국에서는 〈0011 나폴레옹 솔로The Man from U.N.C.L.E.〉가 있다. 이 시리즈에 출연한 로버트 본Robert Vaughn(1932-)과 데이비드 맥컬럼David McCallum(1933-)은 국제적인 스타가 되고 영화에도 출연하지만, 스크린에서 그들의 연기 스케일은 조금 작게 느껴지는 경향이 있는 것이 사실이다. 이것은 1971년 CBS의 연속극 〈올 인 더 패밀리〉에서 고집불통 아치 벙커로 출연한 캐롤 오코너Carroll O'Connor(1924-2001)나 1970년 시작한 〈매리 타일러 무어 쇼〉에서 매리 타일러 무어Mary Tyler Moore(1936-)의 경우도 마찬가지이다. 그녀는 1961년 〈딕 반 다이크 쇼 T〉에서 딕 반 다이크(1925-)의 부인으로 출연해 만인의 사랑을 받는 소위 '국민 연기자'가 된다.

매리 타일러 무어

어쨌든 TV는 무대와 영화 사이에서 연기자에게 새로운 도전의 기회를 제공해왔고, 이 기회는 앞으로 본격적인 디지털 TV

시대로 접어 들어감에 따라 더욱 흥미 있는 도전이 될 것임은 틀림없는 일이다.

마르첼로 마스트로얀니, '예술 연기'에 도전하다

20세기 예술의 한 주요한 경향은 모호함과 난해함이다. 점차로 일반 대중들은 예술에서 소통의 어려움을 경험한다. 무대와 스크린에서 이러한 경향은 특히 제2차 세계대전 이후 대중적 TV에 대한 반작용으로 더욱 심화된다.

연극의 경우에는 무엇보다도 사무엘 베케트Samuel Beckett(1906-1989) 나 외젠느 이오네스코Eugène Ionesco(1909-1994) 등으로 대표되는 부조리 연극이 무대에서 관객들을 소외시키기 시작하며, 영화에서는 알랭 레네Alain Resnais(1922-), 잉그메르 베르이만Ingmar Bergman(1918-2007), 미켈란젤로 안토니오니Michelangelo Antonioni(1912-2007) 등의 소위 '예술 영화'들이 영화관에서 관객들을 긴장시킨다.

소통에서 모호함과 난해함이 다른 누구보다도 연기자들에게 커다란 부담이라는 것은 충분히 미루어 짐작할 수 있다. 결국 연기자는 자기가 아닌 다른 누군가의 대사를 마치 자신의 말인 것처럼 연기해야 하기 때문에, 그 말의 의미를 제대로 파악하지 않고 연기하기란 헤엄칠 줄 모르는 채로 깊은 물에 들어가는 것과 비슷하다.

버트 라

무대를 예로 들자면 베케트의 〈고도를 기다리며〉에서 에스트라공Estragon을 연기하는 연기자는 대사의 껍데기는 연기할 수 있지만, 정작 자신의 역할이 그 대사로 무엇을 말하려는지 파악하기는 쉽지 않으며, 따라서 작가나 연출가의 해석에 전적으로 의지해야 하는 경우들이 생긴다. 이를테면 그것은 깊은 물속에서 누군가가 손을 내밀어주는 것과 같다.

1939년 영화 〈오즈의 마법사〉에서 겁쟁이 사자로 분한 버트 라Bert Lahr(1895-1967)는 미국 보드빌 전통의 마지막 세대를 대표하는 연기자이다. 제2차 세계대전 후에 그는 셰익스피어의 〈한여름 밤의 꿈〉에서 보텀Bottom 역을 맡아 연기의 지평을 넓힌다. 뿐만 아니라 베케트의 〈고도를 기다리며〉에서 에스트라공의 역할에도 도전한다. 당연히 자신이 연기자로서 잔뼈가 굵은 보드빌 전통을 흥미 있는 방식으로 본격 연극의 무대에 끌고 와 새로운 영역을 개척하는 버트 라의 도전은 아름답다. 그리고 바로 그래서 그의 에스트라공이 왕립 셰익스피어 극단이나 코메디 프랑세즈에서 훈련받은 다른 어떤 연기자보다도 더 설득력 있는지도 모른다. 하지만 그가 베케트를 얼마나 손에 쥐고 연기했는지는 또 다른 문제이다.

스크린이라면 전형적인 모호함과 난해함의 예로 소위 누보 로망의 작가 알랭 로브-그리에Alain Robbe-Grillet(1922-2008)의 극본을 알랭 레네가 감독한 영화 〈지난 해 마리앵바드에서L'Année dernière à Marienbad〉가 있다. 이 영화에 출연한 조르지오 알베르타지Giorgio Albertazzi(1923-),

500

델핀느 세이릭Delphine Seyrig(1932-1990), 사샤 피토에프Sacha Pitoëff (1920-1990) 같은 연기자들이 처음 대본을 보았을 때 떠올랐을 막막한 표정을 짐작할 수 있다.

베이루트에서 태어난 델핀느 세이릭은 프랑스와 러시아 출신의 스승들에게서 연기를 배우는 한편, 뉴욕의 액터스 스튜디오에서도 생산적인 자극을 얻는다. 그녀는 특히 프랑스 극작가 페르난도 아라발 Fernando Arrabal(1932-)의 〈열락의 정원Le Jardin des délices〉에서 강력한 연기로 커다란 인상을 남긴다. 그녀는 체홉, 피란델로, 해롤드 핀터 (1930-2008) 등의 작품에서도 발군의 활약을 펼쳤다. 이렇게 전방위로 열려진 배움의 과정이 알랭 레네의 영화에서 그녀에게 긴요하게 작용했음은 틀림이 없겠지만 여전히 영화 속에서 지배적인 그녀의 표정은 바로 그 막막함이다. 물론 영화의 역사는 그 시작부터 이를테면 예술을 지향하는 일련의 작업들을 포함하고 있었다. 연극을 그대로 스크린에 옮긴다든지, 보통 '문예 영화'라 불리는, 명작으로 알려진 문학작품을 영화화한다든지 하는 경우들이 그 좋은 예들일 것이다.

1958년 러시아 작가 도스토예프스키의 소설 〈카라마조프의 형제

델핀느 세이릭

마리아 셀

들〉이 할리우드에서 리처드 브룩스Richard Brooks 감독에 의해 영화화
된다. 연기자 율 브린너와 마리아 셸Maria Schell(1926-2005) 등이 출연한
이 영화는 일반적인 교육 수준의 고등학생 정도면 일단 내용을 파악
하는 데는 큰 문제가 없는 문예영화라 할 수 있다. 연기자들인 율 브린
너나 마리아 셸 등도 도스토예프스키의 깊은 뜻을 고민하지 않는다면
자신들의 역할을 비교적 분명하게 손에 쥐고 연기할 수 있다. 하지만
1929년 루이스 부뉘엘Luis Buñuel(1900-1983)과 살바도르 달리Salvador
Dali(1904-1989)가 공동으로 감독한 〈안달루시아의 개Un Chien Andalou〉
나 30년 장 콕토가 감독한 〈시인의 피Le Sang d'un poète〉에서 감독이나
작가의 예술적 의도를 연기자가 어느 정도라도 파악하기란 결코 쉽지
않은 일이다. 60년대에 이르면 무대와 스크린에서 드물지 않게 나
타나는 이런 경향의 작품들이 연기자들의 도전을 기다린다.

　　1957년 이탈리아의 예술파 루키노 비스콘티 감독은 도스토예프스키
의 단편소설을 토대로 〈백야Le notti bianche〉라는 영화를 만든다. 이 영
화에는 마리아 셸과 함께 이탈리아의 연기자 마르첼로 마스트로얀니
Marcello Mastroianni(1924-1996)와 프랑스 연기자 장 마레 등이 출연한다.

마르첼로 마스트로얀니

이 영화에서 여주인공 나탈리아Natalia를
연기한 마리아 셸은 리처드 브룩스 감독의
〈카라마조프의 형제들〉과 비교할 때 좀 더
복잡하고 모호한 역할을 연기하느라 고심
한다. 장 콕토 같은 실험적인 감독과 함께
작업해본 경험이 있는 장 마레는 그렇다
하더라도 남주인공 마리오Mario 역을 연기
한 젊은 마르첼로 마스트로얀니에게는 이

제 예술파 감독과 함께 작업하는 연기자로서 새로운 도전이 시작된다. 마스트로얀니는 1960년 페데리코 펠리니Federico Fellini 감독의 '예술 영화' 〈달콤한 인생La Dolce Vita〉에서 국제적인 주목을 받는다. 이어서 1961년 잔느 모로, 모니카 비티와 함께 미켈란젤로 안토니오니 Michelangelo Antonioni 감독의 〈밤La notte〉에 출연한다.

그 이후로 그는 피에트로 제르미Pietro Germi, 루이 말Louis Malle, 비토리오 데 시카Vittorio De Sica, 에토레 스콜라Ettore Scola, 존 부어맨John Boorman, 로만 폴란스키Roman Polanski, 자크 드미Jacques Demy, 타비아니 형제Paolo and Vittorio Taviani, 리나 베르트뮐러Lina Wertmüller, 테오도로스 앙겔로풀로스Theodoros Angelopoulos, 쥬세페 토르나토레Giuseppe Tornatore, 로버트 알트만Robert Altman, 아그네스 바르다Agnès Varda 등과 같은 유럽과 미국에서 예술파로 알려진 감독들과 평생에 걸쳐 끈질기게 '예술적' 도전에 연기적으로 응전한다. 1995년 다시 미켈란젤로 안토니오니와 만나 작업하고 세상을 떠나는 순간까지 그의 도전은 계속 된다. 그의 유작은 1997년 마노엘 데 올리베이라Manoel de Oliveira 감독의 작품이다. 마스트로얀니는 미국의 연기자들인 딘 스톡웰Dean Stockwell (1936-)이나 잭 레몬Jack Lemmon(1925-2001)과 더불어 칸느 영화제에서 유일하게 두 번에 걸쳐 남우주연상을 수상한 연기자이기도 하다.

비토리오 가스만

이탈리아에는 마스트로얀니와 비슷한 시기에 활동한 비토리오 가스만Vittorio Gassman (1922-2000)이란 연기자가 있다. 루키노 비스콘티가 아끼던 연기자였던 그는, 무대와 스크린 그리고 TV 브라운관을 누비며 폭넓은 연기 활동을 펼친다. 고대 희랍 비극에서부터 미국의 극작가 아서 밀러를 거쳐 할리우드 액션물의 악당 역에 이르기까지, 안 하는 역과 못 하는 역이 없을 정도로 달통한 연기자였던 그는 간혹 TV에 나가 울 세탁 사용법이나 3류 주간지 기사 등을 마치 단테의 〈신곡〉을 음송하듯이 진지하고도 멋들어지게 읽어 젖힌다. 한번은 자신을 경매에 부친 적도 있는데, 물론 팔리지는 않았다. 프랑스의 탈마나 영국의 킨과도 어깨를 겨룰 수 있는 이탈리아의 최고의 햄릿이라고까지 칭송되는 그의 이력을 마스트로얀니와 비교하면 마스트로얀니가 얼마나 고집스럽게 예술파 감독들과의 작업에 집중했는지를 알 수 있다.

아마도 국제적으로 대중성을 확보한 '명품 연기자'의 이미지로서 첫번째로 떠오르는 남자 연기자가 마르첼로 마스트로얀니라면, 그에 상응하는 여자 연기자는 프랑스 출신의 잔느 모로일 것이다. 1947년 무대에 데뷔한 이래 코메디 프랑세즈의 촉망받는 연기자였던 잔느 모로는 1958년 루이 말 감독의 영화 〈사형수의 엘리베이터Ascenseur pour l'échafaud〉에서 국제적으로 주목받는 연기자가 된다. 1961년 미켈란젤로 안토니오니 감독의 〈밤〉과 62년 프랑수와 트뤼포 감독의 〈쥴과 짐〉은 그녀로 하여금 '예술 영화' 전문 연기자로서 부각되게 한다. 루이말, 미켈란젤로 안토니오니, 프랑수와 트뤼포 말고도 그녀는 로제 바댕Roger Vadim, 피터 브룩, 오슨 웰즈, 조지프 로시Joseph Losey, 자크 드미Jacques Demy, 루이 부뉘엘Luis Buñuel, 존 프랑켄하이머John Franken heimer, 토니 리처드슨Tony Richardson, 장 르누와르Jean Renoir, 마그리트 뒤라스Marguerite Duras, 엘리아 카잔, 라이너 베르너 파스빈더, 테오 앙겔로풀로스Theo Angelopoulos, 빔 벤더스, 차이 밍량Ming-liang Tsai, 마노엘 데 올리베이라 같은 예술파 감독들과 노년까지도 줄기차게 작업한다.

그 밖에 프랑스의 예술파 연기자로는 장 뤽 고다르 감독의 작품에 단골로 출연하는 덴마크 출신 안나 카리나Anna Karina(1940-) 와 프랑수와 트뤼포 감독의 분신과도 같은 장 피에르 레오Jean-Pierre Léaud(1944-), 또는 레오 카락스Leos Carax(1960-) 감독과 짝을 이룬 드니 라방Denis Lavant 같은 연기자들이 있다. 또한 50년대 스웨덴에는 잉그마르 베르이만이라는 예술파 감독이 본격적으로 활동을 시작한다. 베르이만 감독은 특히 '베르이만 사단'이라 할 정도로 특정 연기자들과 밀접하게 관련되어 작품을 만든다. 하리에트 안데르손Harriet Andersson, 리브 울만Liv Ullmann, 군나르 비욘스트란드Gunnar Björnstrand, 비비 안데르손Bibi Andersson(1935-), 에를란드 요셉손Erland Josephson, 잉그리드 툴린Ingrid Thulin, 막스 폰 시도우Max von Sydow 등이 대표적인 베르이만 사단의 연기자들이다. 이 중에 막스 폰 시도우의 경우 베르이만 감독의 예술 영화와 함께 '007' 같은 전형적인 상업주의 영화에도 거리낌 없이 출연해 연기한다. 잉그마르 베리만 감독과 미켈란젤로 안토니오니 감독은 같은 날 세상을 떠나고, 막스 폰 시도우와 마르첼로 마스트로얀니는 친분이 두터운 사이였다.

에를란드 요셉손

막스 폰 시도우

지나 로울랜즈   존 카사베츠

    독일의 예술파 연기자로는 스위스 출신의 브루노 간츠Bruno Ganz(1941-)
가 있고, 러시아의 전형적인 예술파 감독 타르코프스키는 베르이만
사단의 대표적인 연기자 에를란드 요셉손과 즐겨 함께 작업한다.

    그리스 혈통의 미국 연기자 존 카사베츠John Cassavetes(1929-1989)는
연기자이면서 극작가이고 감독이다. 50년대부터 그는 연극, 영화 그
리고 TV에서 할 수 있는 모든 역들을 닥치는 대로 연기하면서 자기가
꿈꾸는 예술 영화를 직접 만들기 위해 자금을 모은다. 오로지 상업적
인 흥행에만 신경을 쓰는 제작자와 함께 작업하느니 차라리 자기 집
을 저당 잡히는 그는 독립 영화의 역사에 중요한 획을 긋는 연기자이
다. 매끄럽게 잘 빠진 솜씨 좋은 예술 영화보다는 거칠면서 연기자들
의 즉흥 대사에 무게를 주는 그의 작업은, 미국의 예술파 감독이자 극
작가이며 연기자로서 그의 특별한 위상을 확인시켜준다. 출연료 따위
와는 상관없이 그와 함께 작업한 동료 연기자들 중에는 우선 그의 부
인인 지나 로울랜즈Gena Rowlands가 있겠고, 그 밖에 밴 가자라Ben
Gazzara와 피터 포크Peter Falk 등이 있다. 그와 지나 로울랜즈 사이의 세
자식들도 모두 영화를 만든다.

18

클린트 이스트우드,
장르 연기에 신기원을 열다

클린트 이스트우드

1960년대 미국 TV 시리즈 중에 〈로하이드Rawhide〉란 소치는 목동들의 이야기가 있다. 1959년부터 1966년까지 7년 동안 CBS를 통해 방영된 웨스턴이다. 이 드라마의 주인공은 에릭 플레밍Eric Fleming(1925-1966)이란 연기자가 맡았는데, 그 옆에서 키가 껑충 큰 조역 연기자로 클린트 이스트우드Clint Eastwood(1930-)가 활약했다. 그러나 〈로하이드〉의 시청률이 점차 평균을 밑돌게 되어 시리즈의 종국이 가까워 오고 클린트 이스트우드 본인도 상투적인 카우보이 역할에 지쳤을 무렵, 이탈리아에서 뜻밖의 제안이 들어온다. 별로 이름이 알려지지 않은 한 젊은 이탈리아 감독이 웨스턴을 만들어 보겠다는 의지를 표명한 것이다. 1964년 이렇게 세르지오 레오네Sergio Leone(1929-1989) 감독의 스파게티 웨스턴 〈황야의 무법자Per un pugno di dollari〉가 탄생한다.

웨스턴은 이를테면 미국의 국민적 장르이다. 워낙 신화가 없는 신생국이라 1800년대 서부개척사가 미국에서는 건국 신화인 셈이다. 1900년대 무대와 스크린, TV 브라운관을 주름 잡던 웨스턴은 1900년이 중반을 넘어서자 서서히 그 열기가 사그라진다. 1964년 웨스턴의 거장 존 포드John Ford(1894-1973) 감독의 마지막 웨스턴 〈샤이안 Cheyenne Autumn〉이 미국 웨스턴 시대의 종국을 알리던 바로 그해에, 이탈리아에서 스파게티 웨스턴이 시작된다.

사실 〈황야의 무법자〉는 세르지오 레오네가 1961년 구로사와 아키라黒澤明(1910-1998) 감독의 사무라이 영화 〈요짐보用心棒〉의 시나리오와 연기자 미후네 도시로三船敏郎(1920-1997)가 그려낸 이름 없는 방랑무사 구와바타케 산주로桑畑三十郎, 즉 뽕밭을 바라보는 삼십 줄의 검객 역할에서 영감을 받아 만든 영화이다.

미후네 도시로는 구로사와 감독의 1954년 영화 〈7인의 사무라이七人の侍〉에도 나와 연기자로서 전후 일본 사무라이 영화의 뉴웨이브에 중요한 역할을 한다. 이 영화는 할리우드로 가서 1960년 존 스터지스John Sturges(1911-1992) 감독에 의해 세계적으로 큰 성공을 거둔 〈황야

미후네 도시로

의 7인The Magnificent Seven〉이 된다. 구로사와 아키라 감독 자신은 〈7인의 사무라이〉가 존 포드 감독이 만든 웨스턴의 영향에서 탄생한 작품이라 하니 결국 영향은 서로 주고받게 마련이다.

클린트 이스트우드는 미후네 토시로의 이름 없는 검객을 입가에 몽당 시가를 물고 있는 이름 없는 건맨으로 적절하게 탈

바꿈시킨다. 웨스턴의 전통을 보듬고 싶은 미국 비평가들의 눈에 이스트우드의 연기는 뻣뻣하고 서투른 듯싶지만, 보는 관점에 따라 조셉 코튼Joseph Cotten(1905-1994)과 오슨 웰즈Orson Welles(1915-1985)가 출연한 캐롤 리드Carol Reed(1906-1976) 감독의 49년 영화 〈제3의 사나이 The Third Man〉처럼 40년대 미국이나 영국 느와르 영화의 절제된 하드보일드 스타일이 성공적으로 웨스턴에 접목되었다고 평가될 수도 있다. 구로사와 아키라 감독은 〈요짐보〉가 미국의 소설가 대실 해밋 Dashiell Hammett(1894-1961)의 31년 원작을 42년에 스튜어트 헤이슬러 Stuart Heisler(1896-1979) 감독이 영화화한 할리우드 필름 느와르film noir 〈유리 열쇠The Glass Key〉에서 커다란 영향을 받았다고 시인한다. 미국의 연기자 알란 래드Alan Ladd(1913-1964)는 이 영화에서 하드보일드 의 쿨한 연기를 선보인다.

평론가들의 관점이야 어떻든 미국을 포함한 세계의 관객들은 스파게티 웨스턴에 열광적으로 반응한다. 레오네 감독이 창조한 덤불 굴러가는 애매하게 웨스턴적인 황량한 배경에서 클린트 이스트우드의 반영웅적 쿨함이 엔니오 모리코네Ennio Morricone(1928-)의 창의적인 영화음악과 맞물려, 이전에는 존재한 적이 없는 독특한 웨스턴 장르의 지평을 연다.

여기에 빼놓을 수 없는 연기자들이 있으니 바로 등장하는 모든 악당 역의 연기자들이다. 누군가가 "스파게티 웨스턴은 얼굴들의 오페라"라고 말한 적도 있지만, 사실 어떤 의미에서는 설득력 있는 지적이기도 하다. 특히 악당들의 대표자 악당 두목

알란 래드

지안 마리아 볼론테   찰스 브론슨

역의 이탈리아 연기자 지안 마리아 볼론테Gian Maria Volonté(1933 -1994)
의 역할은 결정적이다. 〈황야의 무법자〉와 그 뒤를 이은 〈석양의 무법
자Per qualche dollaro in più〉에서 쿨한 이스트우드와는 대조적으로 언제
폭발할지 모르는 종잡을 수 없는 사이코적 악당의 한 전형을 창조한
지안 마리아 볼론테는 그 후로 이탈리아를 대표하는 정치적 성향의
예술파 연기자로서 세계적인 인정을 받기에 이른다. 〈석양의 무법자〉
에서는 독일의 예술파 연기자 클라우스 킨스키Klaus Kinski(1926-1991)가
악당 역을 연기하는 모습도 볼 수 있다.

 원래 〈황야의 무법자〉에서 이스트우드가 맡았던 역할로 세르지오
레오네 감독은 미국의 연기자 찰스 브론슨Charles Bronson(1921 -2003)을
염두에 두고 있었다. 그러나 찰스 브론슨이 그 제안을 물리자 다시 새
로운 제안이 〈로하이드〉의 주인공 에릭 플레밍에게로 갔고, 플레밍도
거절하자 아일랜드의 연기자 리처드 해리스가 레오네 감독에게 클린
트 이스트우드를 추천하면서 웨스턴의 새로운 역사가 지금의 모습으
로 열린 것이다. 에릭 플레밍은 〈로하이드〉에서 빠져나와 연기자로서
새로운 작품에 도전하다 촬영 중 급류에 휘말려 세상을 떠난다.

세르지오 레오네는 1968년 〈웨스턴Cʼera una volta il West〉에서 기어이 찰스 브론슨과 작업한다. 베르나르도 베르톨루치Bernardo Bertolucci (1940-)와 다리오 아르젠토Dario Argento(1940-) 같은 재능 있는 후배들이 스토리에 영감을 불어넣어주고, 엔니오 모리코네 득의의 음악과 헨리 폰다, 제이슨 로바즈, 클라우디아 카르디날레 같은 일급 연기자들이 저마다 최상의 연기를 펼친다. 하모니카를 불며 나타난, 그래서 이름도 하모니카인 주인공 역할을 연기한 찰스 브론슨은 충분히 레오네를 만족시킬 만한 스파게티 웨스턴의 연기를 펼쳐 보인다. 하지만 이것은 이미 클린트 이스트우드가 열어젖힌 것이라, 브론슨의 연기에는 먼저 찍은 이스트우드의 발자국을 따라가는 듯한 느낌이 있다.

브론슨은 레오네와 〈웨스턴〉을 작업하던 1968년 프랑스에서 장 에르망Jean Herman 감독과 〈아듀 라미Adieu lʼami〉를 만든다. 60년대 프랑스에서는 '프랑스 느와르'라 부를 만한 일련의 흥미 있는 범죄물들이 만들어지고 있었다. 〈아듀 라미〉에서 브론슨은 동료 알랭 들롱과 함께 30년대 장 가뱅이 개척한 프랑스 느와르 연기의 절정을 구가한다.

알랭 들롱은 이미 1960년 미국의 여성 작가 패트리시아 하이스미스Patricia Highsmith(1921-1995)의 원작을 영화화한 〈태양은 가득히Plein Soleil〉에서 르네 클레망René Clément(1913-1996) 감독과 팀을 이뤄 세계적인 주목을 받는다. 62년 들롱은 장 가뱅과 호흡을 맞춰 앙리 뵈르네이유Henri Verneuil(1920-2002) 감독의 〈지하실의 멜로디Mélodie en sous-sol〉에서 프랑스 느와르의 뉴웨이브의 문을 열고, 67년 로베르 앙리코 Robert Enrico(1931-2001) 감독의 〈대모험Les Aventuriers〉에서 이번에는 이탈리아 연기자 리노 벤튜라Lino Ventura(1919-1987)와 호흡을 맞춰 프랑스 느와르의 뉴웨이브를 세상에 알린다. 이 영화의 음악을 담당한 프랑수와 드 루베François de Roubaix(1939-1975)는 느와르 영화음악의 새로운 지평을 개척한다. 1969년 브론슨은 르네 클레망 감독의 〈비 속의 방문객Le Passager de la pluie〉에서 프랑시스 레이Francis Lai(1932-)의 감각적인 영화음악을 배경으로 상대역인 프랑스 연기자 마를렌느 조베르 Marlène Jobert(1940-)와 함께 60년대 프랑스 느와르의 뉴웨이브를 마무리한다. 이 영화에서 프랑스 느와르의 원조 장 가뱅도 마무리에 일조한다.

프랑스 느와르는 80년대에서 90년대에 걸쳐 오우삼John Woo(1946-) 감독과 주윤발Chow Yun Fat(1955-), 유덕화Andy Lau(1961-), 장국영Leslie Cheung(1956-2003), 양조위Tony Leung Chiu Wai(1962-), 장학우Cheung Hok Yau(1961-) 같은 연기자들이 활약한 소위 홍콩 느와르의 중요한 영감으로 작용한다. 홍콩 무협 뉴웨이브는 1960년대 호금전King Hu(1931-1997) 감독과 장철Chang Cheh(1923-2002) 감독의 주도로 비롯하는데 특히 장철 감독과 호흡을 맞춘 연기자 왕우Wang Yu(1944-)의 역할이 돋보인다. 홍콩 무협 뉴웨이브는 곧 권격물로 넘어가고 70년대 세상은 권격 뉴웨이브의 선구적 연기자 이소룡Bruce Lee(1940-1973)을 만난다. 1966

주윤발

년 TV시리즈 〈그린 호넷The Green Hornet〉에서 주인공의 조수 카토 역으로 등장한 이소룡은 1971년 〈당산대형The Big Boss〉, 72년 〈맹룡과강The Way of the Dragon〉, 73년 〈정무문Fist of Fury〉, 〈용쟁호투Enter the Dragon〉 그리고 78년 미완성 유작 〈사망유희Game of Death〉를 남기고 뉴웨이브 장르 연기의 전설이 된다. 〈맹룡과강〉에서 이소룡은 제

브루스 리　　　　　　　　　왕우

작, 극본, 감독 그리고 주연까지 1인4역에 도전한다. 세계를 한번 들썩이게 한 야심작 〈용쟁호투〉는 그의 사후에 개봉되었다. 이 영화의 감독 로버트 클라우스Robert Clouse(1928-1997)는 이소룡 없이 〈사망유희〉를 완성한다.

　1960년대 영국에서는 냉전시대의 산물인 첩보영화의 뉴웨이브가 시작된다. 작가 이언 플레밍Ian Fleming(1908-1964) 원작의 007 시리즈가 1962년 테렌스 영Terence Young(1915-1994) 감독의 〈살인번호Dr. No〉와 63년 〈위기일발From Russia with Love〉을 출발점으로 세계적으로 엄청난 반향을 얻는다. 이러한 반응의 중심에는 주인공 제임스 본드의 역할을 원작보다 더 원작같이 해결한 스코틀랜드 출신의 연기자 숀 코네리Sean Connery(1930-)가 있다.

　비슷한 시기에 숀 코네리와는 또 다른 개성으로 첩보영화의 뉴웨이브에 일익을 담당한 연기자로 마이클 케인Michael Caine(1933-)이 있다. 그는 렌 디턴Len Deighton(1929-)의 원작 소설을 1965년 캐나다 출신의 시드니 퓨리Sidney Furie(1933-) 감독이 영화화한 〈국제첩보국The Ipcress File〉에서 주인공 해리 팔머Harry Palmer 역을 연기했다. 앞으로 숀 코네

숀 코네리

마이클 케인

리와 마이클 케인은 선이 굵은 연기로 영국 연기의 한 축을 담당한다.

줄리안 벡과 쥬디스 말리나, 미국으로 돌아오다

1960년대는 50년대 본격적으로 시작된 기성세대에 대한 젊은 세대의 반항이 좀 더 보편적으로 젊은 세대 전체를 아우르는 가치관, 세계관으로 전개되는 역동적인 시기이다. 이런 의미에서 1960년 한국의 4·19 의거는 60년대 전체를 상징하는 대표적인 사건이다. 68년 5월 프랑스 파리에서는 보통 5월 혁명이라 부르는 프랑스 젊은 세대의 대규모적 저항이 프랑스 사회 전체를 뒤흔들었고, 미국에서는 기성세대의 삶과는 첨예하게 구별되는 일종의 대안적 삶의 형태로 히피 문화가 계층을 불문하고 젊은 세대의 일상에 강력한 영향력을 행사한다. 69년 우드 스탁에는 50만의 젊은이들이 모여 3일 밤낮을 락앤롤에 도취했다.

표현할 수 없는 것을 표현하려는 충동으로 시를 쓰고 그림을 그리던 줄리안 벡Julian Beck(1925-1985)은 1943년 평생의 동료 쥬디스 말리나Judith Malina(1926-)를 만나 결혼한다. 말리나는 에르빈 피스카토르가 주창한 사회적 발언으로서의 연극에 커다란 영향을 받았다. 1947년 벡과 말리나는 뉴욕에서 무정부주의적 세계관을 표방한 실험 극단 리

줄리안 벡과 쥬디스 말리나

빙 시어터The Living Theatre를 세운다.

기법적으로 앙토냉 아르토의 '잔혹 연극 Theatre of Cruelty'에서 영감을 받은 벡과 말리나는 편안한 일상성에 함몰된 관객들에게 충격요법을 구사하여 그들의 관습과 편견을 깨트리는 방식으로 작업한다. 무대의 연기자들은 객석의 관객 속으로 돌진하고, 객석의 관객들은 끊임없이 무대로 내몰린다. 무대와 객석의 구분이 사라진 그들의 작업에서 관객들이 기대하는 흥미 있는 이야기는 조금도 찾을 수 없고 섹스나 마약 같은 사회적 금기들이 거침없이 제 속살을 드러낸다.

미국 중산층의 청교도적 가치관과 자본주의적 세계관의 근간을 위협하는 이러한 리빙 시어터의 작업은 제도권 기성세대의 비위를 거스를 수밖에 없었다. 벡과 말리나는 1963년 조작된 탈세 혐의로 재판에 회부되어 결국 64년 리빙 시어터는 미국을 떠난다. 그 후 5년간 유럽에서 월남전 등 미국 정치에 대한 신랄한 비판이 담긴 〈파라다이스 나우Paradise Now〉를 포함한 실험적인 작업을 계속한 벡과 말리나는 1968년 일말의 기대감과 함께 미국으로 돌아온다. 69년 리빙 시어터는 세 그룹으로 나뉘어 영국, 인도 그리고 브라질에서 활동하지만, 71년 벡과 말리나는 브라질에서 세 달 동안 정치범으로 철창신세를 진다. 이뿐만 아니라 벡과 말리나는 십 수차례 미국, 유럽, 그 밖에 어디에서고 온갖 혐의로 기소된다.

벡에 따르면 삶은 연극의 연장이기 때문에 연극이 세상을 바꾸기 위한 실험장이라면, 삶도 당연히 세상을 바꾸기 위한 실험장이어야 한다.

벡과 말리나는 실제 부부 생활에서도 이러한 입장에 충실했다. 그들은 성별의 구별 없이 서로의 연인들을 존중했고, 심지어는 같은 연인을 공유하기도 한다. 이런 맥락에서 벡이 세상을 떠난 후 1991년 에리카 빌더Erica Bilder가 편집하고 말리나가 주를 붙여 출판한 벡의 비망록 제목이 《신과 사람이 둘이 아닌Theandric》인 것은 흥미롭다.

1968년 프랑스 출신 크리스티앙 마르캉Christian Marquand(1927-2000)이 감독한 섹스 풍자 영화 〈캔디〉에 얼굴을 비친 벡은 죽음이 임박한 1984년 프란시스 포드 코폴라Francis Ford Coppola 감독의 전형적인 할리우드 영화 〈카튼 클럽The Cotton Club〉에 출연한다. 그리고 1986년 벡의 사후에 개봉된 브라이언 깁슨Brian Gibson(1944-2004) 감독의 〈폴터가이스트 2Poltergeist II: The Other Side〉에서 벡은 목사의 탈을 쓴 악마 케인으로 출연해 관객들에게 커다란 인상을 남긴다. 한편 말리나는 1975년 알 파치노가 열연한 시드니 루멧 감독의 〈개 같은 날의 오후Dog Day Afternoon〉에서 알 파치노의 엄마 역을 연기한다. 그 밖에 1991년 배리 소넨필드Barry Sonnenfeld(1953-)가 감독한 〈아담스 패밀리〉에서 할머니 아담스로 출연한 그녀를 볼 수 있다. 그녀는 2006년에는 미국 TV 방송국 HBO에서 제작한 TV 시리즈 〈소프라노스The Sopranos〉에도 잠깐 출연한다.

1963년 리빙 시어터의 멤버였던 조셉 차이킨Joseph Chaikin(1935-2003)은 피터 펠드만Peter Feldman과 함께 실험 극단 오픈 시어터The Open Theater를 세운다. 액터스 스튜디오가 추구하는 소위 '메소드'에 반발한 차이킨은 집단 창작적 즉흥 연기의 주창자

조셉 치아킨

비올라 스폴린Viola Spolin(1906-1994)의 영향하에 가능한 한 개념적 사고와 논리로부터 벗어나서 항상 지금, 이곳에 머무는 직관적 자발성의 작용을 연기자의 겉과 속에서 최대한 발현하려는 훈련 프로그램을 고민한다. 차이킨에게 스폴린이 개발한 '놀이적' 방법은 개념과 논리에 억압된 연기자의 상상력과 창의력을 재가동시켜주는 효과적인 미학적 대안이면서 동시에 억압적 사회에 대한 정치적 대안이기도 하다.

비슷한 시기에 폴란드의 연출가 예지 그로토프스키Jerzy Grotowski(1933-1999)는 연극에서 온갖 수사학과 장치들을 다 떼어놓고 오로지 연기자의 몸이라는 최소한의 수단만으로 작업하는 가능성을 모색한다. 그는 연극에서 연기자의 몸이 관념과 공포에 의해 스스로를 구속하는 억압에서 벗어나 비로소 살아날 때, 무대와 객석이 무아경적 차원에서 영적으로 합일되는 해방적 체험의 공간으로 변형될 수 있다고 생각한다. 이러한 변형을 통해 단순, 소박한 물리적 연극 공간은 총체적 억압에 대한 총체적 자유라는 초월적 공간으로 차원 이동을 한다.

근원적 생명심의 해방으로서 연기자라는 그로토프스키의 주장은 덴마크에 거점을 둔 이탈리아 출신 연출가 에우제니오 바르바Eugenio Barba(1936-)와 그의 오딘 극단the Odin Theatre에 의해 동구권이라는 철의 장막을 넘어 세상에 알려진다. 바르바는 1968년 그로토프스키의 가르침 엮은을《가난한 연극을 향해Towards a Poor Theatre》라는 책을 펴낸다. 그는 연극인류학Theatre Anthropology의 창시자이기도 하다.

1964년 프랑스에서는 1956년 연기자 자크 르콕Jacques Lecoq(1921-1999)이 세운 2년제 전문 연기학교L'École Internationale de Théâtre Jacques Lecoq 출신의 아리안느 므누슈킨Ariane Mnouchkine(1939-)이 몇몇 동료들과 함께 '태양극단Théâtre du Soleil'을 세운다. 특히 연기자들의 신체 훈련

에 무게 중심을 놓은 자크 르콕의 영향에다 집단 창작과 즉흥 연기에서 연극의 고유한 본질을 파악한 므누슈킨은 지구 전 방위적으로 연극적 영감을 받아들여 연극인류학의 지평을 넓힌다. 태양극단의 미학적으로 대담한 실험적 접근의 근본에는 "공연을 하지 않으면 투쟁한다"는 급진적인 정치적 이념이 작용했다.

1963년에서 1973년까지 대략 10년 동안의 활동적인 시기에 오픈 시어터는 그로토프스키나 므누슈킨과 비슷한 방식으로 좁은 무대 연기의 틀을 깨고 새로운 시공간적 차원으로 열린 체험의 가능성을 모색한다. 닥치는 대로 단역에서부터 연기를 시작했던 오픈 시어터의 주역 차이킨은 새로운 공연의 지평이 열리기 위해서는 무엇보다도 연기자들 스스로 육체적으로나 관념적으로 옥죄인 자신들의 지평을 열어젖힐 필요가 있다고 생각한다. 오픈 시어터에서 차이킨의 의도가 가장 효과적으로 표현된 공연 중의 하나는 1969년에 성경을 텍스트로 연기자들의 현실 경험들을 춤과 노래의 즉발적 작용들로 표현한 집단 창작의 방식으로 느슨하면서도 유기적으로 구성된 진-클로드 반 이탤리Jean-Claude van Itallie(1936-)의 〈뱀The Serpent〉일 것이다. 차이킨은 〈뱀〉에 출연한 꿈틀거리는 다섯 명의 연기자 중 하나였다. 1973년 차이킨은 오픈 시어터가 10년이 넘으면 극단으로서 하나의 제도적 권위가 되어버릴 위험이 있다면서 가차 없이 극단을 해체한다.

60년대 벡의 '리빙 시어터'와 차이킨의 '오픈 시어터'와 함께 급진적 성격의 실험적 공연을 주도한 극단 '퍼포먼스 그룹The Performance Group'이 1967년 공연학 박사인 리처드 셰크너Richard Schechner(1934-)에 의해 세워진다. 이 극단은 고전과 현대를 아우르는 일련의 화제작들을 남기고 1980년 '우스터 그룹The Wooster Group'으로 이름을 바꾼다. 셰크너는 뉴욕 대학의 공연학과Performance Studies at the Tisch School of the Arts 교수로 활동했다. 80년대에서 90년대에 걸쳐 셰크너는 '라사 박스들rasa boxes'이라는 연기 훈련 방식을 고안한다. 이 방식은 앙토냉 아르토와 인도 고전 〈나티아샤스트라〉 그리고 현대 정서심리학의 성과들을 결합해 연기자들의 몸과 감정의 상호작용을 연기자 스스로 자발적이며 즉흥적인 표현들을 통해 궁극적으로 체득하게끔 바닥에 그려진 아홉 개의 상자로 구성된다.

'라사'는 감정의 특별한 작용을 의미하는 인도 말이다. 서구의 미학 용어로 바꾸면 '미적 정서'쯤 되겠는데, 일상의 감정들이 차원 이동하면서 흘러넘치는 어떤 향기랄까, 풍취風趣 같은 것을 의미한다. 〈나티아샤스트라〉에서는 일단 출발점으로 경이adbhuta, 사랑sringara, 두려움 bhayanaka, 혐오bibhatsa, 용기vira, 웃음hasya, 슬픔karuna, 분노raudra 같은 여덟 개의 일상적 감정을 언급한다. 일상에서 이러한 감정들은 다양하게 결합해 헤아릴 수 없이 많은 감정들을 파생시킨다. 연기에서 분노의 표현은 분노의 분출이 아니라 하나의 '라사'로서 분노를 헤아리는 것이다. 셰크너가 바닥에 그려놓은 박스 여덟 개를 왔다 갔다 하며 연기자는 생각할 수 있는 모든 방식으로 우리에게 보편적인 인간의 기본적인 감정들과 씨름한다. 그렇다면 아홉 번째 상자는 무엇인가?

아홉 번째 상자는 상자들 정중앙에 위치한다. 연기자들은 이 아홉 번째 상자에 들어가 인간의 감정을 붙들고 씨름하지 않는다. 원래 아홉 번째 라사는 아비나바굽타Abhinavagupta (950경-1020)라는 11세기 인도의 불교 철학자가 덧붙인 것이다. 그는 그것을 '산타 라사santa rasa'라 이름지었다. '산타'란 '지혜' 또는 '침묵'을 의미한다. 연기자는 이 상자 속에 잠깐 들어가 한순간 고요한 상태에 머문다.

영국에는 셰크너와 마찬가지로 그로토프스키와 인도 철학 양쪽에서 동시에 영감을 받은 연출가로 피터 브룩Peter Brook(1925-)이 있다. 독일에서는 조각가이자 무용수였던 피터 슈만Peter Schumann(1934-)이 1961년 미국으로 이주한 후 63년 극단 '빵과 인형the Bread & Puppet Theater'을 세운다. 그는 공연할 때 직접 수확한 곡물로 빵은 빵을 관객들과 나누고 커다란 인형들을 등장시켜 거침없이 사회적 이슈들을 공연 공간으로 끌고 온다.

피터 브룩이나 피터 슈만에게 연기자는 무슨 물신숭배의 대상이 아니다. 그들에게 연기자는 어딘가에 고착되지 않은 과정이며 생명 작용일 뿐이다. 결국 연기란 무엇인가라는 질문이 중요한 것이 아니라 연기란 무엇을 하는가라는 질문이 중요하기 때문에 이런 작업에서 연기자는 익명성을 띠게 되는 경향이 있다.

물론 피터 브룩이나 피터 슈만이 더 이상 익명성이 아니듯이, 레니 브루스Lenny Bruce(1925-1966) 같이 자기성이 강한 코미디언도 사람들로 하여금 적나라한 현실을 보게 하기 위해 온갖 충돌의 한 복판에서 쉴 새 없이 사람들의 관념에 도전했다. 마이크 니콜스Mike Nichols

마이크 니콜스와 엘렌 메이

레니 브루스

(1931-)도 감독이 되기 전 동료 엘렌 메이Elaine May(1932-)와 함께 나이트 클럽이나 극장 등에서 사람들의 습관과 관념을 뒤흔드는 풍자적 성격의 연기를 시작한다. 피터 슈만이 공연장을 커다란 가면들과 함께 서커스 공간으로 만드는 발상도 이런 맥락에서 자기성이 강한 코미디언들의 작업과 궤를 같이 한다.

20

1975년

메릴 스트립,
예일 대학에서 석사 학위를 받다

메릴 스트립

미국의 연기자 메릴 스트립Meryl Streep (1949-)은 아카데미 연기상 후보에 가장 많이 오른 기록을 갖고 있다. 그녀는 2011년 필리다 로이드Phyllida Lloyd(1957-) 감독의 영화 〈철의 여인The Iron Lady〉에서 영국의 여성 수상 마가렛 대처를 연기해서 그녀의 세 번째 아카데미 여우주연상을 수상한다. 일단 그녀의 수상 경력만으로도 그녀가 뛰어난 연기자라는 점은 상식적으로 근거가 있다.

1975년 그녀는 예일 대학에서 연극학으로 석사 학위를 받는다. 그러나 메릴 스트립의 예일대 석사 학위가 그녀의 연기에 별 도움이 되지 않았으리란 점도 이를테면 상식이다. 가령 그녀와 비슷한 세대의 영국 연기자 헬렌 미렌Helen Mirren(1945-)은 예일대 같은 명문대학의 석사 출신은 아니지만, 그녀 역시 각종 수상 경력만으로도 뛰어난 연기자인 점은 누가 봐도 분명하다. 그녀는 2006년 스티븐 프리어스Stephen

헬렌 미렌

Frears(1941 -) 감독의 영화 〈더 퀸The Queen〉에서 엘리자베스 2세를 연기해서 아카데미 여우주연상을 수상했다.

하지만 최근 들어 연기자들 중에 소위 명문대학 출신들이 점점 증가하고 있는 것도 사실이다. 이런 사실들이 직접적으로 연기자들의 연기 능력이 향상되고 있음을 말해주는 것은 아니지만, 그래도 연기에 대한 사회적 인식이 점점 긍정적인 쪽으로 변화하고 있다는 점을 보여주는 지표로서는 고무적인 것이라 할 수 있다. 물론 아직 명문대 출신의 연기자가 하나의 사건인 것이 현실이긴 하지만 말이다.

1960년 프랑스 영화 감독 르네 클레르René Clair(1898-1981)가 보수적이기로 유명한 프랑스 학술원Académie française 회원으로 선출된 일은 영화의 문화적 위상이 얼마나 급격하게 상승했는가를 보여주는 좋은 예이다. 하지만 아직 프랑스 연기자가 프랑스 학술원 회원으로 선출될 일을 예기하기에는 시기적으로 조금 이른 것도 사실이다. 그렇지만 시대가 점점 그런 방향으로 변화해가고 있다는 점은 별로 과장할 필요도 없이 분명하게 드러나고 있는 경향이다. 20세기 들어 국문학, 영문학, 불문학 등 문학 계열의 학문들을 포함해서 미술학, 음악학, 연극학, 영화학 등 예술 영역의 학문들이 대학에서 하나의 독립된 학문 영역으로 자리 잡아왔다. 아직 연기학이란 말은 생소하지만, 대학에서 연기를 가르치는 일이 꽤 오래 전부터 비교적 보편적인 현상으로 받아들여지는 만큼, 이제 21세기에 이르러 연기학도 하나의 학문 영역으로 본격적으로 발돋움할 때가 되었다.

잘 알다시피, 미국의 연기자 로널드 레이건(1911-2004)은 1967년부터 75년까지 캘리포니아 주지사를 거친 뒤 81년부터 89년까지 미국의 대통령으로서 임무를 떠맡는다. 보디 빌더 출신 연기자 아놀드 슈워제네거(1947-) 역시 2003년부터 2011년까지 캘리포니아 주지사를 역임한다. 연기자로서의 능력이 정치인의 능력을 보장하는 것은 아니지만 어쨌든 정치와 연기의 작용에 대한 정치연기론 강좌가 개설된 대학도 존재한다. 비슷한 맥락에서 경영연기론이나 교육연기론 등의 강좌도 가능하며, 연기치료는 이미 오래전부터 임상에서 시도되어온 영역이다.

세상 모든 일에서 다 그렇지만, 연기자가 지혜로울 수 있으면 좋다. 지혜롭기 위해서는 공부가 필요하다. 물론 공부라고 해서 대학 공부여야 할 필요는 없다. 연기자가 연기를 통해 경험한 지혜를 더 갈고 닦아 세상 모든 일에 연결시켜 무언가 도움이 되는 쪽으로 작용할 수 있으면 좋다.

이 세상 구석구석에는 구소련 시대의 연기자 블라디미르 비소츠키 Vladimir Vysotsky(1938-1980)나 이란의 젊은 여성 연기자 골쉬프테 파라하니Golshifteh Farahani(1983-)처럼 진리를 위해 목숨을 걸고 연기한 수많은 연기자가 있다. 결국 비소츠키는 젊은 나이에 세상을 떠나고, 파라하니는 이란 국적을 뺏기고 지금 프랑스에서 활동하고 있다. 목숨까지 걸지는 않았더라도, 폴 뉴먼이나 메릴 스트립 같은 연기자들은 광범위한 인류애적 활동으로 지혜로운 연기자의 좋은 예

골쉬프테 파라하니

들이다. 맷 데이먼이나 안젤리나 졸리(1975-) 등도 아직 젊은 나이에 지혜로운 연기자의 길을 밟아가는 것으로 보인다. 이런 의미에서 연기 예술사의 존재 이유도 있다. 한 마디로 지혜를 찾아 떠난 선배 연기 자들의 발자취를 다시 더듬어본다고나 할까.

위에서 언급한 폴 뉴먼이나 메릴 스트립, 맷 데이먼이나 안젤리나 졸리 등은 소위 미국에서 명문이라 일컬어지는 대학에 적을 두었거나 졸업한 연기자들이다. 다시 한 번 강조하지만, 중요한 것은 명문이 아 니라 연기자에 대한 세상의 인식이다. 원래 모든 문화권에서 연기자 는 지혜로운 자였다. 21세기 연기의 역사는 지혜로운 자로서 연기자 에 대한 사회적 공감대에서 비롯하는 새로운 역사임을 기대해도 좋을 듯싶다.

할리우드에서 활동한 프랑스 출생의 연기자 샤를르 부와이에Charles Boyer(1899-1978)는 파리 소르본느Sorbonne 대학에서 철학을 전공한 철 학도였다. 영국의 여성 연기자들인 레이첼 바이스Rachel Weisz(1970-)와 엠마 톰슨Emma Thompson(1959-)은 케임브리지에서, 그리고 어릴 때부 터 우등생이었던 휴 그랜트Hugh Grant(1960-)는 옥스퍼드 대학에서 영

레이첼 바이스

문학을 전공했다. 조금 의외이긴 하지만, '미스터 빈'으로 잘 알려진 로완 앳킨슨Rowan Atkinson(1955-)은 옥스퍼드에서 전자공학을 전공해 공학 석사 학위를 받았다.

미국의 명문대학으로 손꼽히는 하버드 에서 나탈리 포트만은 심리학을, 엘리자베 스 슈Elisabeth Shue는 정치학을 전공한다. 그 녀는 15년이나 걸려 공부를 끝낸다. 미라

소르비노Mira Sorvino(1967-)는 동아시아학
을 전공하고, 토미 리 존스Tommy Lee Jones
(1946-)는 영문학과 법학을 전공한다. 맷 데
이먼은 영문과를 12학점 남기고 중퇴한다.
　예일 대학 출신 연기자로는 영문학을 전
공한 조디 포스터와 제니퍼 빌즈가 있다.
에드워드 노튼Edward Norton은 역사학을 전
공한다. 프린스턴에서 예술학을 전공한 데

제임스 프랑코

이비드 듀코브니David Duchovny는 예일에서 다시 공부를 시작해 영문
학 학사와 석사까지 마무리한다. 제임스 프랑코James Franco는 UCLA와
뉴욕대에서 영문학 공부를 시작해 컬럼비아 대학에서 석사 그리고 지
금 예일대에서 박사 과정을 밟고 있다. 클레어 데인즈Claire Danes는 심
리학을 중퇴한다. 메릴 스트립은 연극학 석사 학위를 받았지만 폴 뉴
먼은 공부를 끝내지 못하고 중퇴한다. 제니퍼 코넬리Jennifer Connelly는
스탠퍼드를 졸업하고 예일로 학사 편입하고, 시고니 위버Sigourney
Weaver(1949-)는 스탠퍼드에서 영문학 학사, 그리고 메릴 스트립보다 1
년 앞서 1974년 예일에서 연극학 석사 학위를 받았다. 브룩 쉴즈는 프
랑스어로 프린스톤 대학에서 학위를 받았으며, 웬트워스 밀러
Wentworth Miller는 영문학을 전공했고, 리즈 위더스푼Reese Witherspoon은
스탠퍼드 대학 영문과를 중퇴했다.
　콜럼비아 대학 출신으로는 에미 로섬Emmy Rossum과 아만다 피트
Amanda Peet가 역사학을 전공한다. 줄리아 스타일스Julia Stiles와 조셉 고
든 레빗Joseph Gordon Levitt 그리고 매기 질렌할Maggie Gyllenhaal(1977-)이
영문학을 전공한다. 그녀의 동생 제이크 질렌할Jake Gyllenhaal(1980-)이

나 안나 파킨Anna Parquin(1982-)은 같은 과를 중퇴한다. 브라운 대학에는 엠마 왓슨Emma Watson이 재학 중이며, 마돈나는 미시간 대학에서 무용을 전공했다. 에단 호크Ethan Hawke는 카네기 멜론 대학에서 경영학을, 아담 샌들러Adam Sandler는 뉴욕 대학에서 미술을, 맥 라이언Meg Ryan은 언론학을 전공한다. 이들 외에도 뉴욕 대학에는 연극을 전공한 필립 세이모어 호프만Philip Seymour Hoffman(1967-)과 영화를 전공한 안젤리나 졸리 그리고 줄리 델피Julie Delpy(1969-)가 있다. 우디 알렌은 뉴욕대를 중퇴했다. 앤 헤서웨이Anne Hathaway는 뉴욕대 갤러틴Gallatin 출신이고, 아역 출신 다코타 패닝Dakota Fanning은 그녀의 후배로서 지금 재학 중이다. 줄리안 무어Julianne Moore(1960-)와 지나 데이비스Geena Davis(1956-)는 보스톤 대학 연극학과 출신들이다. 헬렌 헌트Helen Hunt(1963-)는 캘리포니아 주립대에서 무용을 전공했으며, 같은 대학에서 팀 로빈스Tim Robbins(1958-)는 영화를 전공했다. 벤 스틸러Ben Stiller와 잭 블랙Jack Black(1969-)은 UCLA를 중퇴한다.

그 밖에 많은 연기자들이 온 세상의 모든 곳에서 저마다 다양한 전공으로 공부를 한다. 이러한 형설의 공이 연기를 중심에 놓고 하나의 전통으로 배경에서 작용하여 지혜로운 자로서 연기자에 대한 사회적 인식이 전방위적으로 작용하면서 궁극적으로 연기 작업에 생산적으로 피드백될 수 있다면, 21세기 연기 예술사는 연기 예술의 새로운 르네상스로 자리매김될 수 있을 거라 믿어 의심치 않는다.

오슨 웰즈,
미완성 유작들을 잔뜩 남기고 세상을 떠나다

1985년 10월 10일은 미국의 연기자 오슨 웰즈Orson Welles(1915-1985)가 파란만장한 삶을 마감한 날이다. 69년 유고슬라비아에서 제작한 〈네레트바 전투Battle of Neretva〉에서 웰즈와 함께 출연한 동료 연기자 율 브린너도 같은 날 세상을 뜬다.

오슨 웰즈

웰즈는 1943년 미국의 여성 연기자 리타 헤이워드Rita Hayworth (1918-1987)와 결혼해서 48년 이혼하는데, 리타 헤이워드가 이혼장에 서명하면서 다음과 같이 말했다고 한다. "나는 그 사람 같은 천재를 더 이상 견딜 수가 없어요." 그녀의 말에 어떤 뉘앙스가 어려 있었든, 오슨 웰즈 같은 연기자에게 '천재'라는 수식어가 그렇게 낯선 것은 아니다.

1937년 웰즈는 뉴욕에서 제작자이자 연기자 존 하우스만John Houseman(1902-1988)과 함께 머큐리 극단The Mercury Theatre을 세운다. 이미 첫 작품 〈줄리어스 시저〉에서부터 시저에게 이탈리아의 독재자 무솔리니의 옷을 입히는 등 셰익스피어의 오리지널 대본을 자기 마음대로 요리하는 범상치 않은 그의 터치가 나온다. 머큐리 극단에는 앞으로 그와 고락을 함께 할 연기자 조셉 코튼Joseph Cotten(1905-1994)이 포진하고 있었고, 영화 〈이브의 모든 것〉의 스타 안 박스터Anne Baxter(1923-1985)가 아직은 작은 역을 맡아 무대에 섰다.

브로드웨이 성공을 배경으로 웰즈는 38년 라디오로 진출해 머큐리 라디오 극장The Mercury Theatre on the Air을 제작한다. 그 해 10월 30일 그는 라디오 방송극 역사상 가장 충격적인 반응을 끌어낸 허버트 조지 웰스Hubert George Wells(1866-1946) 원작 〈우주전쟁The War of the Worlds〉을 연출한다. 라디오 청취자들이 실제로 외계인들이 지구를 침입한 줄로 착각하고 커다란 소동을 일으킨 것이다.

1941년에 웰즈는 각본을 공동 창작하고, 감독과 제작 그리고 주연을 맡아 영화사에서 가장 중요한 작품 중 하나로 꼽히는 〈시민 케인 Citizen Kane〉을 만든다. 그의 나이 스물여섯이었고 첫 번째 감독 작품이었다. 언론 재벌 찰스 포스터 케인Charles Foster Kane이 죽어가며 중얼거리는 '장미봉오리rosebud'의 의미를 쫓아 그의 삶을 회상적 방식으로 다루는 외관을 띠고 있는 이 영화는, 딥 포커스deep focus나 롱 테이크long take 또는 음악, 조명, 카메라 앵글이나 편집 같은 기술적 성과로도 유명하다. 뿐만 아니라 영화 속 주인공이 그 당시 무소불위의 권력을 행사하던 언론 재벌인 윌리엄 랜돌프 허스트William Randolph Hearst(1863-1951)의 캐리커처라는 점에서 이 영화는 이미 개봉 전부터 커다란 소용돌이를 빚은 작품이다. 웰즈의 배짱을 보여준 하나의 사건이라고나 할까.

이후로도 웰즈는 1942년 〈앰버슨 일가The Magnificent Ambersons〉를 위

시해 48년 〈맥베스〉, 52년 〈오델로〉, 58년 〈악의 손길Touch of Evil〉, 62
년 카프카 원작의 〈심판〉, 65년 셰익스피어가 〈헨리 4세〉에서 창조한
캐릭터 팔스타프Falstaff에서 비롯한 〈심야의 종소리Chimes At Midnight〉 등
일련의 작품들에서 각색과 감독으로서 역량을 과시하지만, 연기자로
서 웰즈의 역량 또한 뛰어나 자신이 감독한 작품들뿐만 아니라 43년
〈제인 에어〉나 49년 〈제3의 사나이〉 같은 다른 감독들의 작품들을 통
해서도 스크린에서 발휘되는 그의 연기자적 존재감이 유감없이 드러
난다.

50년대에 이르러 웰즈의 몸무게는 급격한 상승곡선을 탄다. 그는
190센티미터에 가까운 신장에다 거의 180킬로그램에 육박하는 거구
를 이끌고 골수 상업주의인 007 시리즈의 악당이나 이탈리아 TV 여
행 다큐에서부터, 셰익스피어나 이오네스코의 무대에 이르기까지 유
럽이나 미국의 무대, 스크린, 라디오, TV 등에서 전 방위적으로 움직
인다.

웰즈가 각색에 탁월한 감각을 갖고 있었다는 것은 그가 자신의 연
출이든 타인의 연출이든 연기에 있어 주어진 역할을 일단 자신의 창
의적 표현 권역 안으로 끌고 들어와 자신의 호흡으로 재창조했다는
것을 의미한다. 따라서 그가 연출을 겸할 때에는 제작자와 충돌하고,
연기만 할 때에는 연출과 충돌하는 것은 어찌 보면 필연적인 일이었
다. 만일 연기자가 대본 창작 능력과 연출 능력과 심지어 제작 능력까
지 겸할 수 있다면, 적어도 자신의 연기에 관한 한 불필요한 갈등은 피
해갈 수가 있다. 웰즈는 이러한 연기적 독립을 꿈꾸었고, 마지막 순간
까지 연기적 독립을 추구하다 눈을 감는다.

웰즈에게 연기자는 수동적인 존재가 아니다. 영국의 소설가 그래엄

그린Graham Green(1904-1991)이 각본을 맡은 〈제3의 사나이〉는 캐롤 리드 감독의 작품이지만 웰즈에게 연기는 누군가가 쓴 각본을 연출을 맡은 누군가의 지시에 따라 수동적으로 연기하는 행위가 아니다. 그러다보니 〈제3의 사나이〉가 사실은 웰즈가 거의 다 만든 것이나 다름없다느니 하는 소문이 떠돌기도 한다.

영화의 원작자이자 각본을 맡은 그래엄 그린도 인정했듯이, 웰즈는 즉흥 대사가 필요한 순간에 번뜩이는 기지로 인상적인 대사를 토해낸다. 〈제3의 사나이〉의 배경인 오스트리아 비엔나의 한 공원에서 유람차를 탄 웰즈는 아래에 보이는 사람들을 그저 작은 점들로 비유하다가, 유람차에서 내려 배경에 흐르는 안톤 카라스Anton Karas(1906-1985)의 지타 연주에 맞춰 경쾌하게 사라지는 타이밍에 보통 '뻐꾸기시계'로 잘 알려진 대충 다음과 같은 대사를 친다.

"이탈리아에서 보르지아Borgia 가문의 치세 30년 동안 전쟁과 살인 등으로 엄청난 피가 흘렀다네. 그리고 그때 미켈란젤로와 레오나르도 다빈치가 등장했는데, 이게 르네상스라는 것이지. 한편 스위스에서는 500년 동안 형제애와 평화와 민주주의가 지배했어. 그래서 그들은 결국 무엇을 만들어냈던가? 바로 뻐꾸기시계라네."

스위스에서는 뻐꾸기시계를 만들지 않는다든지, 스위스에서도 이탈리아 못지않게 폭력이 횡행했다든지, 이 대사 자체도 웰즈가 다른 데서 받아온 것이라든지, 등등의 지적들은 여기에서 핵심이 아니다. 핵심은 이 대사를 칠 때 웰즈의 창의적 표현 권역에서 흘러넘치는 생생한 기운이다. 그 기운이 웰즈가 연기한 악당 해리 라임Harry Lime을 스크린에서 살아 있게 한다.

추리소설 작가 렉스 스타우트Rex Stout(1886-1975)가 창조한 엄청난 몸집의 명탐정 네로 울프Nero Wolfe 역은 어쩌면 오슨 웰즈를 위한 것이라 해도 과언이 아니다. 그러나 이미 30년대 할리우드의 영화화 작업에 크게 실망한 스타우트는 웰즈의 네로 울프 시리즈 제안을 거절한다. 스타우트가 세상을 떠나고 80년대 들어 드디어 네로 울프를 연기할수 있게 된 웰즈이지만, 이번에는 감독이 맘에 들지 않아 자신이 뒤로 물러나버린다. 결국 그 역을 윌리엄 콘래드William Conrad(1920-1994)가 무난한 선에서 연기한다.

네로 울프 역은 이탈리아 TV 시리즈로도 제작되어 웰즈를 빼다 박은 티노 부아젤리Tino Buazzelli(1922-1980)가 연기한다. 그는 팔스타프를 연기하기 위해 태어났다는 칭송을 들을 정도로 뛰어난 연기자이지만, 그래도 만일 웰즈가 네로 울프를 연기했다면 렉스 스타우트는 자신이 창조한 탐정을 알아보지 못했거나 아니면 엄청 만족했거나 둘 중의 하나일 것이다. 웰즈에게 적당한 것은 어울리지 않는다. 웰즈는 자신이 하고 싶은 작품들을 제작할 수 있는 여건을 마련하기 위해 무슨 일이든 마다 않으며 닥치는 대로 일을 만들었다. 그는 여러 해를 두고 세르반테스의 〈돈키호테〉를 영화화하려고 씨름했으며, 허먼 멜빌Herman Melville(1819-1891)의 〈백경Moby Dick〉을 무대에 올리기 위해 수차례 리허설을 되풀이했다. 아닌 게 아니라 웰즈의 네로 울프만큼이나 〈돈키호테〉에서 웰즈의 산초와 〈백경〉에서 웰즈의 에이합 선장은

티노 부아젤리

어땠을까 궁금하다. 20대 중반에 연기자와 연출가로서 절정을 맞은 웰즈의 경우, 관점에 따라서는 그 이후의 삶을 안티 클라이맥스에 가깝다고 볼 수도 있겠지만, 어쩌면 진정한 웰즈의 천재성은 제작비 부족이나 기타 이런저런 이유들로 그가 미완성으로 남겨놓은 그의 무수한 도전과 시도들에서 찾아볼 수 있을지도 모른다.

20세기까지 연기자들이 각본과 연출과 연기를 겸하는 것은 자연스러운 일이었다. 그러나 점점 연기자들이 연기에만 집중하는 경향이 생기면서 연기자의 역할도 따라서 점점 수동적으로 되어갈 수밖에 없었다. 연기자가 능동적이면서 독립적이기 위해서는 무엇보다도 연기뿐만 아니라 제작, 각본, 연출 등의 영역으로 자신의 능력을 확장시킬 필요가 있다. 오슨 웰즈는 그 가능성과 위험성의 경계를 누구보다도 실감나게 보여준 전형적인 연기자이다.

1948년 〈자전거 도둑Ladri di biciclette〉이나 52년 〈움베르토 디Umberto D.〉 등으로 유명한 이탈리아 네오 리얼리즘의 대표적인 감독 비토리오 데 시카Vittorio De Sica(1901-1974)는 57년 미국의 소설가 어니스트 헤밍웨이Ernest Hemingway(1899-1961)의 원작을 할리우드 감독 찰스 비더

비토리오 데 시카

Charles Vidor(1900-1959)가 연출한 〈무기여 잘 있거라A Farewell to Arms〉에 출연해 아카데미 남우조연상 후보로 지명된다. 실인즉 그는 감독이라기보다는 20대부터 골수 연기자였으며 세상을 떠나는 순간가지도 쉴 새 없이 영화에 출연해 연기를 한다.

감독으로 출발하기는 했으나 70년대 들어서서 본격적으로 연기에 도전하기 시작

하는 프랑스 누벨 바그의 대표적인 감독 프랑수와 트뤼포François Truffaut(1932-1984) 같은 경우가 있기도 하지만, 연기에서 출발해 감독이나 제작으로 자신의 영역을 확장시키는 경우가 좀 더 일반적일 것이다.

두 차례에 걸쳐 연기자 조합장President of the Screen Actors Guild을 역임하고 아카데미 연기상 후보로도 올랐던 연기자 로버트 몽고메리Robert Montgomery(1904-1981)가 1947년 미국의 추리작가 레이먼드 챈들러Raymond Chandler(1888-1959) 원작의 〈호수의 여인Lady in the Lake〉으로 감독에 데뷔할 때, 그는 배경음악도 쓰지 않고 오로지 주인공인 사립탐정 필립 말로우Philip Marlowe의 시점으로 이야기를 풀어가는 실험적인 방식을 택한다. 그 자신이 말로우 역을 맡았는데, 관객은 거울에 비친 모습 정도로만 그를 볼 수 있을 뿐이었다. 물론 자신의 지평을 넓히려는 연기자들의 시도가 항상 성공하는 것은 아니다. 아역 연기자에서 성인 연기자로 변신에 성공한 미키 루니Mickey Rooney(1920-)는 60년대 감독에 도전했다가 이렇다 할 주목을 받지 못하고 곧다시 연기로 돌아온다.

한편 미국의 연기자 라이오넬 배리모어Lionel Barrymore(1878-1954)는

프랑수와 트뤼포

로버트 몽고메리

아이버 노벨로

1929년 영화 〈마담 X〉로 아카데미 감독상 후보에까지 오르지만 30년대 초까지 두어 편 정도만 더 감독하고 바로 연기에만 전념한다. 그는 감독보다는 작곡이나 그림에 더 열정을 쏟았다.

극작, 작곡, 연기에다 흥행사로서의 능력까지 겸비한 다재다능한 인물이었던 웨일스 출신의 아이버 노벨로Ivor Novello(1893-1951)는 탁월한 음악적 재능의 소유자이다. 그는 작곡가로서 커리어를 시작했다. 그를 기리는 아이버 노벨로 음악상The Ivor Novello Awards은 뛰어난 작곡가에게 수여하는 상이며, 그의 이름으로 왕립 드라마 예술 아카데미the Royal Academy of Dramatic Art에서 수여하는 장학금도 있다.

1921년 연기자로서 새롭게 도전을 시작한 노벨로는 〈헨리 5세〉와 같은 진지한 연극에서부터 히치콕의 스릴러를 거쳐 드루어리 레인 극장의 가벼운 뮤지컬에 이르기까지 아주 폭넓은 활동무대를 자랑한다. 노벨로는 20년대가 저물 쯤 영국과 미국에서 폭넓은 지지층을 확보한다.

음악이라면, 특히 재즈 피아노 연주와 작곡에서 클린트 이스트우드 Clint Eastwood, Jr.(1930-)도 아는 사람은 다 아는 수준이지만 그는 1971년 〈어둠 속에 벨이 울릴 때Play Misty for Me〉로 감독 데뷔한 이래 최근까지 엄청난 생산력으로 영화 제작과 감독, 그리고 연기 작업을 병행한다. 게다가 그는 86년부터 88년까지 캘리포니아의 한 작은 도시에서 시장 일을 맡기도 했다. 이스트우드는 연기자로서 출발해 제작과 감독으로 자신의 역량을 확대시켜나간 아주 모범적인 경우의 하나일 것이다. 그는 1992년 〈용서받지 못한 자Unforgiven〉와 2004년 〈밀리언 달러

베이비Million Dollar Baby〉 등 두 차례에 걸쳐
아카데미 작품상과 감독상을 수상한다.

이스트우드가 연기, 제작, 감독 그리고
정치 일로 바쁠 때, 70년대 스타 로버트 레
드포드Robert Redford, Jr(1936-)는 연기, 제작,
감독 그리고 선댄스 영화제the Sundance Film
Festival를 추진하는 한편, 자신의 사업 일로
도 바빴다. 1981년 〈보통사람들Ordinary

로버트 레드포드

People〉로 아카데미 감독상을 수상한 그는 이스트우드만큼은 아니지
만 그래도 꾸준히 영화를 만들고 연기를 한다.

이스트우드만큼의 생산력은 아니어도 제작이나 감독으로서 주위의
기대에 부응한 몇 명의 연기자만 거론하면 다음과 같다. 제작에 집중
한 경우로는 제임스 캐그니James Cagney, Jr.(1899-1986)와 버트 랑카스터
가 있다. 캐그니는 40년대 자신의 제작사 캐그니 프로덕션Cagney
Productions을 세워 활동하고, 버트 랑카스터는 50년대 노마 프로덕션
Norma Productions을 세워 〈마티〉 등을 포함해 여러 문제작을 제작한다.
90년대 이후라면 싱가포르 출신인 중국의 연기자 이연결Jet Li(1963-)
이나 아역 출신 연기자 레오나르도 디카프리오Leonardo Wilhelm DiCaprio
(1974-)를 예로 들 수 있다.

40년대 들어서서 유능한 시나리오 작가들이 연출 분야로 진출한 것처
럼, 실제로 20세기 들어 감독이나 연출에 도전하는 연기자들이 드문 것
은 아니다. 가령 이탈리아계 연기자인 알 파치노Al Pacino(1940-)와 로버
트 드 니로Robert De Niro(1943-) 또는 대니 드 비토Danny De Vito, Jr.(1944-)
라든지 흑인 연기자 포레스트 휘태커Forest Whitaker(1961-)와 같이 뛰어

난 연기자들이 감독으로서 자신의 역량을 시험한다.

90년대로 들어오면서 에드 해리스Ed Harris(1950-)나 케빈 스페이시Kevin Spacey(1959-) 또는 숀 펜Sean Penn(1960-)이나 조니 뎁Johnny Depp(1963-) 등 수준 있는 연기자들이 조심스럽게 제작, 감독, 각본 등으로 자신의 영역을 확대시켜 나가는 경향이 늘어간다. 이미 60년대 신인이던 데니스 호퍼Dennis Lee Hopper(1936-2010)나, 70년대 중반 이제는 중견 연기자가 된 워렌 비티Warren Beatty(1937-)에서도 선례를 볼 수 있지만, 어쨌든 연기자들이 각본에 손을 댄다는 것은 자신이 하고 싶고, 잘할 수 있는 역할을 직접 창조할 수 있다는 점에서 대단히 고무적인 일이라 할 수 있다.

몇 명만 예로 들자면, 〈브레이브 하트〉 등에서 기량을 인정받고 〈패션 오브 크라이스트〉와 〈아포칼립토〉에서 대담하게 비영어권 언어를 영화로 끌고 오는 연출로 주목 받은 멜 깁슨Mel Gibson(1956-)을 위시해서 쿠엔틴 타란티노Quentin Tarantino(1963-), 팀 로빈스Tim Robbins(1958-), 에단 호크Ethan Hawke(1970-), 벤 스틸러Ben Stiller(1965-), 존 터투로John Turturro(1957-), 에드워드 노튼Edward Norton(1969-), 케빈 스미스Kevin Smith(1970-) 톰 행크스Tom Hanks(1956-), 주성치Stephen Chow

우디 앨런

샘 세퍼드

(1962-), 성룡成龍Jackie Chan(1954-), 기타노 타게시北野 武(1947-), 맷 데이먼Matt Damon(1970-), 벤 에플렉Ben Affleck(1972-), 조지 클루니George Clooney(1961-) 등이 있다.

20세기 연기, 각본, 연출, 제작, 음악 등 멀티 플레이어로서 희극 연기자의 한 전형인 찰리 채플린의 전통을 생각하면, 이탈리아의 희극 연기자 로베르토 베니니Roberto Benigni(1952-)와 미국의 희극 연기자 우디 앨렌Woody Allen(1935-)으로 21세기 멀티 플레이어로서 연기자들의 미래를 그려보는 것은 나름대로 의미 있는 일이라 할 수 있다.

진지한 극작가로서 본령을 유지하면서 본격적으로 대중적 연기에 도전한 미국의 극작가이자 연기자 샘 셰퍼드Sam Shepard(1943-) 같은 경우도 21세기 연기 예술의 역사가 그 지형도를 그려나가는 데 작용할 만한 하나의 흥미 있는 경우라 할 수 있다.

노래 솜씨는 있었지만 그냥 평범했던 연기자 딕 파웰Dick Powel(1904-1963)이 50년대 동료 연기자들인 데이비드 니븐David Niven (1910-1983), 조엘 맥크리Joel McCrea(1905-1990) 그리고 샤를르 부와이에와 함께 제작사 '포 스타 텔레비전Four Star Television'을 세운다. 마지막 순간에

아이다 루피노

조디 포스터

맥크리가 빠지고 그 자리에 여성 연기자 아이다 루피노Ida Lupino
(1918-1995)가 들어온다. 딕 파웰은 경영자로서 수완을 발휘해 '포 스타
텔레비전'은 50년대 주요한 제작사 중 하나로 발돋움한다. 그리고 아
이다 루피노는 이미 40년대 말 시작한 감독으로서 자신의 연출 역량
을 본격적으로 발휘하기 시작한다.

21세기 멀티 플레이어로서 연기자에게 전방위적으로 열린 가능성은
루피노 같은 선구자적 예외는 있지만 아직은 남성 중심의 가능성이다.
이런 맥락에서 앞으로 조디 포스터Jodie Foster(1962-)나 안젤리나 졸리
Angelina Jolie(1975-)를 비롯해 몇몇 여성 연기자의 활약을 기대해본다.

22 2012년

수라즈 샤르마,
3D 호랑이와 앙상블을 이뤄 연기하다

원칙적으로 연기자들은 무엇과도 함께 앙상블을 이루며 연기할 수 있다. 일단 연기의 앙상블은 사람과 사람이 기본이지만, 사람과 동물은 물론이고, 사람과 인형과도 가능하다. 물론 연기가 앙상블을 이루려면 연기자들이 동물이나 인형과도 서로 마주보고 호흡을 맞추어야 한다. 하지만 연기자의 상상력과 표현력은 심지어 눈앞에 없는 대상을 마음속에 그려내면서도 앙상블 연기를 성취할 수 있다.

20세기 말엽, 픽사Pixar, 디즈니Disney, 드림웍스DreamWorks 같은 미국의 애니메이션 제작사들과 스퀘어Square 같은 일본의 게임 제작사들이 일련의 기술적인 시행착오를 거치면서 3D 컴퓨터 그래픽 노하우를 축적한다. 그리고 2001년 일본에서 캐릭터들이 실제 연기자들 같이 말하고 움직이는 애니메이션 〈파이널 판타지Final Fantasy: The Spirits Within〉가 제작된다.

미국의 영화감독 로버트 저메키스Robert Zemeckis(1951 -)가 2007년 3D 컴퓨터 그래픽으로 만든 영화 〈베오울프Beowulf〉에는 안소니 홉킨스Anthony Hopkins나 존 말코비치John Malkovich 또는 안젤리나 졸리 같은

3D 톰 행크스

연기자들과 똑같이 생긴 3D 이미지들이 출연한다. 저메키스 감독은 이미 2004년 영화 〈폴라 익스프레스The Polar Express〉에서 연기자 톰 행크스Tom Hanks의 3D 이미지와 작업한 경험이 있다.

저메키스 감독의 노력이 성과를 거둘수록 영화에서 연기자들의 미래는 어두워져가겠지만, 그래도 아직 실제 연기자들의 연기와 3D 이미지들의 작용과는 현격한 차이가 있다. 지금으로서는 연기자들과 3D 이미지들과의 앙상블 연기가 앞으로 어떻게 전개되어갈지가 더 흥미를 끈다. 좀 더 두고봐야겠지만, 기본적으로 사람이 하는 연기는 연기자가 맡되 그 밖의 온갖 이미지적 작용들은 컴퓨터 그래픽이 맡아서 처리할 때 거두어질 작품적 성과는 도전해볼 만한 일이라 생각된다. 일단 그 성과의 출발점으로 1994년 척 러셀Chuck Russell(1958-) 감독의 영화 〈마스크The Mask〉에서 열연한 미국의 연기자 짐 캐리Jim Carrey(1962-)를 떠올려보라.

다이나믹한 액션을 자랑하는 잭 스나이더Zack Snyder(1966-) 감독의

짐 캐리

영화 〈300〉에서 실제 연기자들은 스튜디오에서 푸른 스크린을 배경으로 연기했을 뿐이며, 관객들이 극장에서 스크린을 통해 만나는 실감나는 영화 속 장면들은 컴퓨터 그래픽으로 처리한 후반 작업의 결과물들이다.

이런 맥락에서 1988년 저메키스가 연출한 〈누가 로저 래빗을 모함했나Who Framed

Roger Rabbit〉는 실제 연기자들과 3D 애니메이션 캐릭터들이 함께 움직인 선구적인 작업이다. 물론 그 이전에도 사람들과 2D 애니메이션 캐릭터들의 연합전선은 꾸준히 시도되어왔지만 말이다. 한 마디로 이제 연기자들은 가상의 공간에서 가상의 대상들과 앙상블 연기를 해야 하는 상황에 직면한다.

21세기 들어 컴퓨터 그래픽 기술이 급격하게 발전함에 따라 특히 3D 그래픽 영역에서 흥미 있는 작품들이 잇달아 제작된다. 가령 2007년 마이클 베이Michael Bay(1965-) 감독의 영화 〈트랜스포머Transformers〉나 2009년 제임스 카메론James Cameron(1954-) 감독의 〈아바타Avatar〉 또는 2012년 조스 웨던Joss Whedon(1964-) 감독의 〈어벤져스The Avengers〉 등은 기술적으로나 흥행적으로 의미 있는 성과를 거둔다. 〈300〉을 감독한 잭 스나이더는 2009년 〈왓치맨Watchmen〉을 만들었다.

샤이아 라보프Shia LaBeouf(1986-)와 미셸 로드리게스Michelle Rodríguez (1978-) 그리고 시고니 위버Sigourney Weaver(1949-)와 제레미 레너Jeremy Renner(1971-) 같이 좋은 연기자들이 이런 영화들에서 3D 그래픽 이미지들과 어우러져 앙상블 연기를 만드느라 땀을 흘린다. 특히 2012년

제작된 이안 감독의 영화 〈라이프 오브 파이〉에서 신인 연기자 수라즈 사르마Suraj Sharma(1993-)는 컴퓨터 그래픽이 만든 호랑이와 실감나는 앙상블 연기에 도전한다.

비교적 최근 들어 연극 무대에 영상이 적극적으로 활용되는 경향이 있다. 따라서 연기자들이 무대에서 스크린에 비춰지는 영상 이미지들과 적절하게 호흡을 맞추며

수라즈 사르마

세스 눔릭

연기할 필요가 생긴다. 2008년 칠레의 극단 테아트로 시네마Teatro Cinema는 영상이 비춰지는 반투명한 두 개의 스크린 사이에서 연기자가 연기함으로써 마치 무대가 스크린 같은 느낌을 주는 〈피 흘리지 않고Sin sangre〉와 같은 특별한 작품을 무대에 올렸다. 뿐만 아니라 무대에서 홀로그램의 사용도 갈수록 활성화되어갈 것이고, 그 밖에도 다양한 멀티미디어 기술의 발전은 연기자들로 하여금 새로운 연기 환경에 적응할 수 있는 상상력과 감수성을 요구할 것이다. 이런 맥락에서 일본의 분라쿠 인형극 같은 데서 볼 수 있는 고전적인 인형극 기술을 차용한 2007년 영국 국립극단The Royal National Theatre의 공연 〈워 호스War Horse〉는 21세기 연극의 미래에 대단히 흥미 있는 사건이다. 온갖 멀티미디어의 기술적 성과들이 하루가 다르게 개발되어 현장에 투입되고 있는 상황에서, 서너 명의 인형 조종사가 연기자들과 함께 무대에서 기술적으로 정교하게 만들어진 말 인형들과 움직이는 공연은 한 마디로 경이로운 체험이다.

2011년 브로드웨이 〈워 호스〉 공연에서 주인공 알버트 나라코트 Albert Narracott 역할을 맡은 미국의 연기자 세스 눔릭Seth Numrich과 세 명의 인형 조종사가 움직이는 말 조이Joey 사이에서 작용하는 앙상블 연기는 관객들의 심금을 울렸다. 기술적으로뿐만 아니라 흥행에서도 커다란 성과를 거두고 있는 이러한 시도는 21세기 연기의 미래에 멀티미디어 기술의 발전을 넘어서는 새로운 가능성을 시사한다.

14막

20세기 한국와 일본

카스가노 야치요, 데뷔하다

2012년 8월 일본 고유의 뮤지컬 형식인 다카라즈카宝塚의 최고령 생존 연기자 카스가노 야치요春日野八千代(1915-2012)가 향년 96세로 눈을 감는다. 1929년에 데뷔해서 평생 마지막 순간까지 다카라즈카와 인연을 계속한 카스가노 야치요의 삶은 세계 연기 예술의 역사에서 한 특별한 경우라 할 수 있다.

카스가노 야치요

그녀는 1928년 12세의 나이로 다카라즈카 음악가극학교(현 다카라즈카 음악학교)에 입학한 후 1929년에 데뷔해서 1950년 전성기가 지난 연기자들로 구성된 센카専科에 소속되어 세상을 떠나는 2012년에도 여전히 센카 소속 연기자였다. 그녀는 1956년 작품 〈로사 플라멩카Rosa Flamenca〉에서는 주연과 함께 연출을 맡아 자신의 역량을 확대한다. 그녀는 이미 1949년부터 다카라즈카 가극단 이사로서 극단의 경영에 깊숙이 관여하여 2006년부터 2012년 세상을 떠날 때까지 극단의 명

예이사였다.

다카라즈카 가극단은 일본 혼슈本州 효고현兵庫縣 남동부에 있는 도시 다카라즈카寶塚에 본부를 두고 있는 여성으로만 구성된 가극단이다. 다카라즈카는 오사카나 고베 등지에서 전철로 1시간 거리에 있는 도시로서, 1887년 온천이나 실내 풀장 등 가족 단위의 유흥시설이 들어서면서 관광도시로 개발된 곳이다. 겨울이면 찾는 이들의 발길이 뜸해져서 다카라즈카까지 전철을 운행하는 한큐阪急 전철회사가 승객을 유치하기 위해 1913년 '다카라즈카 창가대寶塚唱歌隊'를 조직하였고, 1914년 이 창가대를 기반으로 다카라즈카 소녀가극단이 결성된다.

이러한 아이디어의 배경에는 한큐 전철의 창시자이자 일본 제국주의 경제 정책의 수장인 고바야시 이치조小林一三(1873-1957)가 있다. 고바야시 이치조는 가부키 같은 일본의 전통극 형식이 새로운 관객을 확보하기에는 너무 엘리트주의적이 되어버렸다고 생각했다. 그래서 그는 서구의 레뷔Revue 같은 극 형식을 생각한다. 레뷔는 19세기 프랑스에서 유래한 것으로 원래는 연말에 일 년 동안 벌어진 일들을 촌극과 노래 그리고 춤이 어우러진 풍자적인 볼거리로 만들어 공연하던 극 형식이었다. 고바야시 이치조에게도 영향을 주었을 미국의 흥행사 플로렌스 지그펠드Florenz Ziegfeld, Jr.(1867-1932)는 1869년에 파리에 세워진 유명한 레뷔 극장 폴리 베르제르the Folies Bergère를 본 따 1907년 뉴욕에서 지그펠드 폴리즈the Ziegfeld Follies 레뷔 공연을 시작했다.

다른 레뷔들과 구별되는 고바야시 이치조의 독특함은 그가 다카라즈카 레뷔 극단을 소녀가극단으로 구성했다는 점이다. 다카라즈카 가극단은 1927년 일본 최초의 레뷔라 일컬어지는 〈몬 파리モン・パリ〉로 대성공을 이루고, 1930년에는 역시 파리를 배경으로 한 〈파리제트 Parisette〉를 무대에 올린다. 한편 다카라즈카 가극단의 단원은 불어 '파리지엔느parisienne'에서 비롯한 명칭인 '다카라젠느タカラジェンヌ'라 불린다.

1922년 일본 문화계 일각에서 "다카라즈카는 비예술적이며, 변태적"이라는 비판이 나오자 고바야시 이치조는 "다카라즈카에서 여성이 남성을 연기하는 행위는 여성에 의한 남성 연기자의 대체, 그것도 미숙한 대체가 아니다"라는 말로 강력하게 반발한다. 짐작컨대 이치조가 소녀들로 구성된 가극단을 생각한 데에는 오로지 상업적인 동기만이 작용한 것 같지는 않다. 이치조의 가부장적 관점에서 본 계몽이겠지만, 어쨌든 일본의 근대화 과정에서 다카라즈카 음악가극학교가 여성 계몽 교육의 한 축으로 작용했으면 하는 바람도 있었던 것 같고, 무엇보다도 이치조의 독특한 미의식이 소녀가극단 구성에 적극적으로 작용한 것은 분명한 것 같다.

1918년에 다카라즈카 무대에 데뷔한 아마츠 오토메天津乙女(1905-1980)는 춤에 타고난 재능이 있던 연기자였다. 춤에 대한 그녀의 재능을 알아본 이치조는 옛 시 〈하늘에 부는 바람天津風〉에서 영감을 얻어 그녀의 예명을 지어주고, 그녀의 춤을 다카라즈카에 효과적으로 포함시켜 살려낼 수 있는 작품을 제작하라는 지시를 내렸다고 한다. 참고로 그 시는 다음과 같다.

아마츠 오토메

"하늘에 부는 바람 구름을 많이 몰

고 와 천상의 길을 막아버려다오. 천녀의 아름다운 모습을 조금만 더
여기에 머무르게 하고 싶구나."

아마츠 오토메는 1948년 다카라즈카 가극단의 이사가 되어 세상을
떠날 때까지 가극단과 밀접한 관계를 맺는다.

다카라즈카에서 춤에 일가견이 있는 연기자의 전통은 1957년에 데
뷔한 마츠모토 유리松本悠里에게로 이어진다. 그녀도 1989년 다카라
즈카 가극단의 이사가 된다. 마츠모토 유리는 다카라즈카에서 여성역
을 전문으로 하는 연기자이다. 다카라즈카에서 여성 역할을 '무스메야
쿠娘役'라 부른다. 처음 다카라즈카 가극이 시작할 때에는 무스메야쿠
가 중심이었지만, 곧 '오토코야쿠男役'라고 부르는 남성 역할 쪽으로
무게가 옮겨 간다.

카스가노 야치요도 처음 데뷔할 때에는 무스메야쿠였다가 1933년
오토코야쿠로 역할이 옮겨간다. 다카라즈카에서 소위 '톱스타トップス
ター', 또는 줄여서 '톱'이라 하면 주역 오토코야쿠를 말한다. 아마츠 오
토메도 오토코야쿠였다.

마츠모토 유리

1946년 다카라즈카에 남성 연기자를 도
입하려는 시도가 있었으나 여성 연기자들
의 반발로 결국 1954년 그 제도는 폐쇄된
다. 하지만 스탭진은 얼마든지 남성들로 구
성될 수 있다. 1940년부터 다카라즈카와
인연을 맺은 극작가이자 작사가 기쿠타 가
즈오菊田 一夫(1908 - 1973)는 다카라즈카의
발전에 커다란 영향력을 행사한다. 다카라

즈카를 포함해 일본 대중연극 발전에 기여
한 기쿠타 가즈오의 업적을 기려 1975년
기쿠타 가즈오 연극상이 제정되었다.
1985년에 유키구미雪組에서 오토코야쿠
로 데뷔한 토도로키 유轟悠는 2003년 〈바
람과 함께 사라지다〉의 레드 버틀러 역으
로 기쿠타 가즈오 연극상을 수상한다. 그
녀는 2003년 다카라즈카 가극단의 이사가

토도로키 유

된다. 유키구미는 다카라즈카 가극단을 구성하는 여섯 개의 그룹 중
하나이다.

　1913년 12월 다카라즈카 창가대가 다카라즈카 소녀가극양성회宝
塚少女歌劇養成会로 이름을 바꾸고 본격적인 활동에 들어간 후 1919년
다카라즈카 음악가극학교가 개교되면서 학교 재학생들과 졸업생들을
중심으로 새롭게 조직된 다카라즈카 소녀 가극단이 결성된다. 1921
년 극단의 규모가 커지면서 다카라즈카 가극단은 중심 연기자들로 구
성된 하나구미花組와 신인들로 구성된 츠키구미月組라는 두 개의 그
룹으로 분할된다. 1924년 다카라즈카 대극장의 완성과 더불어 일본
의 전통 연희에 무게중심이 놓인 유키구미가 새롭게 신설된다. 고바
야시 이치조는 1933년 오토코야쿠로 변신한 카스가노 야치요를 톱으
로 해서 도쿄 흥행에 도전하기 위해 전략적으로 호시구미星組를 신설
했으며, 이에 따라 1934년 도쿄 다카라즈카 극장이 개장된다. 1998년
에는 도쿄를 중심으로 새로운 다카라즈카 팬 층을 확보하기 위해 좀
더 현대적인 음악과 율동을 갖춘 소라구미宙組를 조직한다. 여기에 덧
붙여 나이가 든 연기자들로 이루어진 센카專科가 있다.

아란 케이

이렇게 특색 있게 나누어진 여섯 그룹과 다카라즈카 팬 클럽인 다카라즈카 도모노카이宝塚友の会의 상호작용이 다카라즈카가 지금도 여전히 일본에서 생명력을 유지하는 배경을 이룬다. 일종의 신비주의로서 다카라즈카 단원의 출생년도와 본명은 공개되지 않는다. 물론 생일이나 취미 등은 공개된다. 1951년 입단한 하세가와 도시코長谷川利子(1934 -)만 예외로 단원들은 모두 예명으로 활동한다. 2008년 제34회 기쿠타 가즈오 연극상을 수상하고 2009년 은퇴한 한국계 톱스타 아란 케이安蘭けい(1970-)의 경우 아리랑과 경상남도의 경慶에서 예명을 지었다고 전한다.

또 다른 배경은 교육의 강화이다. 1939년 다카라즈카 음악가극학교의 이름이 다카라즈카 음악무용학교로 바뀌고, 다카라즈카 소녀가극단과 다카라즈카 음악무용학교가 분리된다. 1940년 다카라즈카 소녀가극단은 다카라즈카 가극단이 되고, 1946년 다카라즈카 음악무용학교가 다카라즈카 음악학교가 된다. 다카라즈카 음악학교 예과와 본과 합쳐서 2년의 교육과정은 철저한 것으로 정평이 있으며, 그 철저함은 그대로 공연에서의 성과로 나타난다. 다카라즈카 가극단의 단원은 전적으로 다카라즈카 음악학교 졸업생으로 국한되며, 학교를 졸업한 학생들이 가극단에 입단하면 '연구과'의 '생도'라 불린다. 연습장은 그대로 '교실'이며 연출가는 '선생'이다. 또한 단순히 기능 교육에만 국한되지 않고 전인교육을 지향하고 있으며, 이것은 출발부터 고바야시 이치조의 뜻이었다. 민주당 출신 전 일본 총리 하토야마 유키오鳩山由

紀夫(1947-)의 부인 하토야마 미유키鳩山幸(1943-)는 다카라즈카 가극
단 출신이다.

다카라즈카 생명력의 배경으로 하나만 더 들자면, 그것은 원칙과
함께 끊임없이 현재에 적응하며 변화에 대처하는 다카라즈카 가극단
의 자세이다. 처음 다카라즈카 가극단이 세워질 때 가극단의 단원은
한큐 전철 그룹의 사원 대우로 고용되었다. 당시로는 파격적인 이러
한 대우는 지금까지도 계속된다. 1944년 태평양 전쟁이라는 시국에
대처하며 호시구미를 폐지했다가 아예 다카라즈카 대극장과 도쿄 다
카라즈카 극장을 폐쇄해버린 일이야 국가적 차원에서 따를 수밖에 없
는 일이었다 해도, 1948년 다카라즈카 가극단은 근로기준법 대처를
위해 다시 호시구미를 부활시킨다.

1974년 TV의 등장으로 다카라즈카 가극단의 인기가 저조해져갔을
때는 시기적절하게 만화를 원작으로 한 〈베르사이유의 장미〉를 무대
에 올렸는데, 이 작품은 지금까지도 다카라즈카 가극단의 중심 레퍼토리
중의 하나이다. 2002년에는 다카라즈카 가극단 전문 방송 채널인 '다
카라즈카 스카이 스테이지Takarazuka Sky Stage'가 방송을 시작한다.

이러한 공연 외적인 측면보다 더 중요한 것은 시대의 흐름에 적절
하게 적응하는 공연 내적인 측면인데, 음악적 성공, 실패 여부를 떠나
서 1995년 다카라즈카 디너 쇼에서 호시구미의 톱스타 아사지 사키麻
路さき가 영국의 락 그룹 퀸Queen이 부른 〈썸바디 투 러브Somebody to
Love〉를 열창한다든지, 1999년 공연 〈더 그레이트 센튜리The Great
Century〉에서 스웨덴 락 그룹 유럽Europe의 〈파이널 카운트다운Final
Countdown〉을 미노루 코우稔幸가 다카라즈카의 포맷에서 소화시키려
애쓰는 모습들은 다카라즈카의 변화에 대한 집념을 보여주는 좋은 예

아마미 유키

들이라 할 수 있다.

끊임없이 변화하고 성장하려는 다카라
즈카 연기자의 자세가 가장 모범적으로 드
러나는 경우가 1987년 데뷔해서 1995년
은퇴한 츠키구미月組 소속의 오토코야쿠
인 아마미 유키天海祐希(1967 -)일 것이다.
그녀는 다카라즈카 가극단에서 가장 어린
나이에 톱스타의 지위에 오른 연기자이다.
인터넷에 누군가가 번역해 올린 아마미 유키의 글이 있어 철자법 등
만 약간 손을 본 상태로 여기 인용한다.

나는 모르는 것이 있으면 아무렇지도 않게 다른 사람에게 질문하는
습관이 있다. 습관이라고나 할까, 그냥 모르는 것을 가지고 있는 것은
내 성격에 맞지 않는, 그런 단순한 성격인 것이다.

입단 5년째일 때, 스즈카제 마요涼風真世 씨가 츠키구미 톱스타에
취임하여 나는 2방테(주연 다음으로 중요한 조연)가 되었다. 스즈카제 씨를
톱으로 한 공연은 다카라즈카의 고전이라고 할수 있는 〈베르사이유의
장미〉. 나는 특별 출연한 다른 조의 톱스타와 나란히 앙드레를 연기하
게 되었다.

"어째서 내가?" 역을 맡았을 때 머리에 뭔가를 맞은 듯한 느낌이었
다. 톱스타와 나는 아무리 생각해도 경험에서부터 너무 차이가 났다.
다른 조의 톱스타와 비교될 때의 결과는 불을 보는 듯 뻔하다. 당연하
겠지만, 비교된다면 그들의 발꿈치에도 미치지 못할 것이다. 바로 프
로듀서에게 물었다.

"저 맨 처음에 연기하는거겠죠?"

"아니, 3번째야."

고뇌의 나날이 시작되었다. 처음 데뷔해서 주연을 연기했을 때 산이 가장 높았다라고 한다면, 이때의 산의 높이는 그 다음이었다. 그러나 산이 높은 만큼 얻을 수 있는 것도 컸다. 다른 톱스타가 앙드레를 연기할 때 나는 다른 역으로 같은 무대에 서게 되었다. 다른 조의 톱스타를 볼 기회가 그렇게 많지 않다라고 생각한 나는 시간이 허락하는 한 톱스타들의 주위에 있기로 했다.

유키구미의 톱스타 카린쵸(모리케아키杜けあき의 애칭) 씨에게 "너 말야, 내가 다음에 뭔가 필요한지 알고 있네. 너 톱스타가 될 거야"라는 말을 들었을 때 나는 그녀가 빨리 옷 갈아입는 것을 도와주면서 빗과 스프레이를 건네주고 있었다. "이 정도면 충분해. 이미 스타야." 그때 주위에 있던 사람들이 웃었지만, 카린쵸 씨는 눈치가 빠른 것이 스타의 조건이라고 칭찬해주었다.

사실 나는 눈치가 빠른 편은 아니었다. 단지 카린쵸 씨 근처에 있으니 그녀에게 연기에서 화장 방법을 물으면 친절하게 가르쳐주었고, 그런 식으로 톱스타들에게서는 배울 것이 많았다. 그리고 근처에 있으면 자연히 카린쵸 씨가 다음에 뭘 할 것인지를 알게 되었다. 그것뿐이었다.

묻는 것보다는 보고 외우는 것이 다카라즈카의 관습이다. 하지만 나는 모르는 것은 묻는 것이 좋다라고 생각하는 인간이다. 〈미 앤 마이걸Me and My Girl〉의 빌 역을 했을 때부터 이미 상급생들로부터 어드바이스를 받았다. 상대역이던 단 히토미檀ひとみ와 두 사람이, 기숙사의 좁은 방에서 비디오를 보면서 댄스를 연습하고 있었던 때의 일이

다. 아무리 해도 안무를 모르는 부분이 있었다.

"우타코(츠루기 미유키劍幸의 애칭) 씨에게 물으러가자. 뭐든지 질문이 있으면 와도 좋다고 말해주셨으니까."

내가 그렇게 말하지 단 히토미는 절대로 안 간다고 거부했다. 당시 많은 생도들은 상급생에게 질문하러 가는 것은 선배들에 대한 실례라고 생각하고 있었다. 그러나 나는 다음날 연습장에서 우타코 씨를 발견하자마자 뛰어가서 "비디오를 봤습니다만, 이 부분만 영상으로 찍혀 있지 않아 잘 모르겠습니다. 가르쳐주십시오"라고 부탁했다.

"좋아."

우타코 씨는 바로 상대역인 미미(코다마 아이こだま愛의 애칭)를 불러, 그 자리에서 춤을 춰서 안무를 보여주셨다.

"유리짱은 무서워. 뭐든지 질문하니까."

후에 상대역인 단짱으로부터 그 소리를 듣고 웃었지만, 모르니까 방법이 없었던 것이 그때의 내 솔직한 마음이었다.

나는 다카라즈카의 지존이라고 불리는 카스가노 야치오 선생님에게도 가르침을 받으러 갔다. 처음 카스가노 야치오 선생님에게 배운 것은 입단 2년차일 때였다. 물어보고 싶은 것이 있어서 극단 레슨 중 카스가노 선생님의 대사를 수업할 때 과감히 질문했다.

"저, 이번에 〈미나미노 아이슈南の哀愁〉의 신인 공연으로 존 역을 연기하게 되었습니다. 선생님이 〈미나미노 아이슈〉를 하셨을 때 어떤 점에 신경을 쓰셨습니까?"

그러자 카스가노 야치오 선생님은 다음과 같이 친절하게 대답해주셨다.

"아, 〈미나미노 아이슈〉 말이구나. 처음 선글라스를 사용한 무대란다. 거기서 선글라스를 벗는 것이 매우 중요해. 존은 눈이 나쁘기 때문에 눈을 중요하게 생각하지. 선글라스를 벗는 순간은 눈이 부셔서 앞을 보기가 어려워. 나는 그때 팬들에게 블루 아이 세도우가 매우 멋있었다라고 이야기를 들은 기억이 있어."

그 외에도 여러 가지를 가르쳐주시고 "또 모르는 것이 있으면 물으러 오렴" 하고 친절하게 충고를 해주셨다. 그 작품에서 선글라스를 벗는 장면에 내가 신경을 쓴 것은 말할 필요도 없다.

〈신新 겐지 모노가타리源氏物語〉의 신인 공연에서 히카루 겐지光源를 연기하게 되었을 때도 카스가노 야치오 선생님에게 달려갔다. 화장하는 방법을 묻자, 선생님은 자신이 연기한 히카루 겐지의 사진 몇 장을 주시고는 "이것을 보고 해보렴" 말씀하셨다. 난 매우 기뻐서 그 사진을 보면서 몇 번이나 화장하는 방법을 연습했다.

카스가노 선생님에게 〈카와기리노 하시川霧の橋〉의 기모노 입은 모습을 칭찬 받았을 때는 매우 기뻤다. 또 선생님은 내가 톱을 맡은 〈카센쇼花扇抄〉의 시연 공연을 위한 화장도 손 봐주셨다. 〈에르노 잔쇼ェールの殘照〉에서 샤무록 백작Count Walter Shamrock을 연기할 때에도 "선생님, 저 이번에 터번을 쓰게 되었습니다"라고 선생님께 말씀드리자, 터번을 쓰는 방법을 설명해주시며 "터번의 뒤에 늘어져 있는 부분이 길수록 지위가 높은 거니까 백작이라면 국왕보다 짧게 하지 않으면 안 돼"라고 가르쳐주셨다. 나는 그 이야기를 연출가이신 타니마사 준谷正純 선생님에게 말씀드렸다.

"그래? 그건 몰랐는데."

누구에게라도 질문하는 나의 낙천적인 성격을 고맙게 느낀 것은 그때였다. 카스가노 선생님과 우타코 씨 그리고 카린쵸 씨에게서 배운 것은 확실히 나에게 양분이 되어 지금의 아마미 유키를 만들었다. 내가 아무리 울고, 소리 지르고, 삐쳐도, 부모님은 그런 날 상대해주지 않으셨다. 그렇기 때문에 내 자신부터 마음을 열고 대화로 풀어가는 것밖에 부모님과 소통할 수 있는 길이 없었다. 여러 가지 일 속에서 내가 말을 잃지 않고, 마음을 닫은 일이 없었던 것도 분명 그러한 환경에서 자란 탓이겠지.

3방테 그리고 2방테가 되었을 때, 나는 하급생들에게 상급생들에게 말을 걸도록 충고했다.

"작은 일이라도 좋으니까 모르는 것이 있으면 물어봐도 좋아. 상급생이니까 말 걸기 어려워도 하급생에게 질문 받으면 기쁘게 가르쳐줄 거야. 질문하는 것은 부끄러운 일이 아니야. 상급생들로부터 좋은 점을 많이 배울 수 있기든."

사람에게 있어서 뭔가를 묻는다는 것은 꽤 에너지를 필요로 하는 일이겠지. 묻지 않고 그대로 지나가버리는 편이 훨씬 편할지도 모른다. 하지만, 묻는 것은 뭔가를 단념하지 않는 것이 아닌가. 단념이라는 거, 스스로 자신의 세계를 작게 만들고 마는 것이다. 묻는 것은 단념하지 않는 것. 나는 그렇게 믿고 있기 때문에 즐겁게 질문하러 간다.

많은 선배들이 다카라즈카의 역사를 이어왔다. 선배들이 쌓아온 전통을 이어받아 그것을 지금이라는 시대에 융합시켜 다음 세대에 전해준다. "나도 그 연결하는 하나의 실이 된다면…"이라고 바라마지 않는다.

아마미 유키의 기억 속에 비쳐진 다카라즈카의 전설 카스가노 야치요의 모습이 인상적이다. 아마미 유키는 1995년 다카라즈카 가극단

을 나와서 지금은 TV와 영화에서 일본의 가장 인기 있는 연기자 중 한 명으로 활약하고 있다. 특히 2005년 일본 NTV에서 방영된 드라마 〈여왕의 교실女王の教室〉은 커다란 성공을 거둔다.

2 1937년

나운규, 눈을 감다

나운규

나운규(1902-1937)는 35세라는 그다지 길지 않은 생애에서 한국영화사에 누구도 부인할 수 없는 커다란 족적을 남긴 연기자이자 시나리오 작가이고, 제작자이며 감독이다. 그는 아마도 한국영화사에서 가장 중요한 사건이라 할 수 있는 1926년 영화 〈아리랑〉을 만든 중심인물이다. 그는 이 영화의 각본을 쓰고, 연출하고 주연을 맡았다.

그는 함경북도 회령 출신으로 부친은 한의사였다. 1924년 22세의 나이로 부산에 내려와 영화사인 조선 키네마 주식회사에 입사하기 전까지, 그의 어린 시절은 파란만장했던 것 같다. 13세에 연상의 여인을 사랑했다고도 하는데, 그보다는 그의 내면에 민족정신이랄까, 일본 지배에 대한 저항의 정신이 싹트기 시작한 듯싶다. 1916년 아직 어린 나이였지만 나운규는 집안 어른들에 의해 마음에도 없는 여자와 억지 결혼

560

을 한다. 회령에서 보통학교를 졸업한 나운규는 2년제 신흥학교 고등과
에 다닌다. 신흥학교에서 애국지사인 박용운 선생에게 배운 그는 1918
년 중국 간도에 있는 박용운 선생의 모교인 명동중학교에 입학한다.

　명동중학에 다니던 1919년에 일어난 3·1 운동이 그에게 적지 않
은 영향을 끼쳤을 것이다. 일제의 압력으로 명동중학이 문을 닫자 나
운규는 러시아 혁명기에 러시아로 넘어가 백군 용병이 되었다고도 하
는데, 확실하지는 않다. 그리고 1920년 홍범도 장군이 이끄는 독립군
에 참가하기도 하고, 독립운동 전단지 5만 장을 인쇄해 국내에 살포한
도판부圖版部 사건에 연루되기도 했다. 1921년 나운규는 경성에 내려
와 중동학교를 거쳐 연희전문 문과에 입학하지만 결국 도판부 사건과
청회선 터널 폭파 미수사건 등으로 뒤늦게 체포되어 1년 6개월간 청
진과 함흥 등지의 감옥에서 형을 산다.

　1923년 감옥에서 나온 나운규는 함흥에 거점을 둔 신극단 예림회藝
林會가 순회공연으로 회령에 들렀을 때, 예림회의 문화부장이던 안종
화(1902-1966)를 만난다. 이미 어린 시절 친구 윤봉춘과 함께 동네 연
극도 해보고 각본도 써보고 했던 나운규는 예림회의 공연에 커다란
감명을 받아 동갑내기 안종화를 졸라 예림
회와 더불어 북간도 일대로 순회공연을 떠
난다. 그러나 예림회는 자금난으로 곧 문
을 닫았고, 안종화는 공연을 위해 내려와
있던 무대예술연구회와 부산에서 합류한
다. 무대예술연구회도 역시 자금난으로
1924년 부산에서 해체된다.

　1923년 일본인 하야가와 고슈早川孤舟가

안종화

각색, 감독한 영화 〈춘향전〉이 흥행에서 커다란 성공을 거둔 후, 조선에는 영화사들이 꿈틀거리기 시작한다. 1924년 부산에서 활동 중이던 일본 상인들에 의해 조선 키네마 주식회사라는 조선의 첫 영화사가 해산된 무대예술연구회의 단원들을 대거 포섭해 설립되었다. 안종화는 조선 키네마 주식회사의 첫 작품인 〈해海의 비곡秘曲〉에서 주연으로 출연한다. 그때 경성에 내려와 있던 나운규는 우연히 안종화를 만나게 되어 조선 키네마 주식회사에 연구생으로 들어간다.

조선에 본격적인 영화의 싹은 연쇄극連鎖劇에서 비롯한다. 연쇄극이라 하면 보통 연극 공연에서 무대에서 처리하기 힘든 활극 장면 등을 미리 영화에 담아 무대에 스크린을 내리고 연극과 영화를 함께 무대에 올리는 일종의 과도기적 형태의 공연을 말한다.

1909년 임성구(1887-1921)의 혁신단革新團을 필두로 김소랑(?-?)의 취성좌聚星座나 김도산(1891-1921)의 신극좌新劇座, 그리고 이기세(?-?)의 유일단唯一團 같은 극단들이 조선에 신극 운동의 뿌리를 내리고 있었는데, 이 중에 신극좌를 이끌던 김도산이 1919년 조선 최초의 연쇄극인 〈의리적 구투義理的仇鬪〉를 만들어 흥행에서 커다란 성공을 거둔다. 여기에 자극받아 이기세가 새로이 조직한 문예단文藝團도 연쇄극에 손을 대어 〈지기知己〉를 제작하고 임성구의 혁신단도 〈학생절의學生節義〉를 제작했다. 한편 취성좌를 이끌던 김소랑은 조선총독부 위생과의 위촉을 받아 콜레라 예방을 위한 계몽 활동사진극을 연쇄극이 아닌 순수 영화로 제작한다.

1962년에 펴낸 책 〈한국영화측면비사〉에서 안종화는 1922년 일본에서 공부하고 돌아온 윤백남(1888-1954)이 저축장려 계몽영화로 제작한 〈월하의 맹세〉를 대한민국 영화사의 신기원으로 꼽는다. 안종화에 따르면 비록 계몽영화이기는 했지만 〈월하의 맹세〉로 이제 비로소 조선에서 활동사진극이 아니라 영화가 시작된다. 윤백남은 이 영화의 각본과 연출을 맡았고, 연기는 1920년 자신이 조직한 극단인 민중극단 단원들이 맡는다.

안종화가 중간에 다리를 놓아 조선 키네마 주식회사에 입사한 윤백남은 자신이 감독한 1924년 작품 〈운영전雲英傳〉에서 나운규를 가마꾼으로 출연시킨다. 여기에서 윤백남과 나운규의 인연이 시작되어 1925년 윤백남이 백남 프로덕션을 설립해 첫 번째 작품으로 〈심청전〉을 제작할 때 나운규는 심봉사 역을 연기한다. 조선 키네마 주식회사와 관계가 원만치 않았던 윤백남이 나운규, 이경손, 주삼손, 김태진 등 연구생들을 이끌고 회사에 사표를 내고 나온 후 조선 키네마 주식회사는 곧 문을 닫고, 윤백남이 독립해서 설립한 백남 프로덕션도 흥행 실패로 〈심청전〉과 〈개척자〉 두 작품만을 남기고 문을 닫는다.

1912년 윤백남과 극단 문수성文秀星을 조직했던 조일재(1863-1944)가 1925년 계림영화협회를 설립해 일본 작가 오자키 고요 원작의 〈곤지키야샤金色夜叉〉를 각색한 영화 〈장한몽〉을 제작한다. 감독으로서 이경손이 메가폰을 잡았고, 당시 22세의 젊은 시인이었던 심훈(1901-1936)이 이수일 역을 맡아 연기했다. 심순애 역으로는 〈심청전〉에서 단역을 맡아 출연했던 김정숙이 캐스팅된다.

원래 이수일은 일본인 연기자 주삼손이 절반 정도까지 맡아 촬영이 진행 중이었다. 그러던 어느 날 주삼손이 갑자기 종적

심훈

을 감춰버린다. 자신을 캐스팅에서 제외시킨 이경손이 괘씸했던 나운규의 꼬임에 빠져버린 것이다. 주삼손이 사라지자 이경손은 급히 심훈을 끌어들여 그 공백을 메운다. 그래서 〈장한몽〉의 관객들은 절반은 주삼손이 나머지 절반은 심훈이 연기하는 이상야릇한 이수일을 봐야만 했다. 어쨌든 윤백남이 감독한 〈심청전〉은 대실패였지만, 이경손 감독의 〈장한몽〉은 흥행에서 커다란 성공을 거둔다. 이것이 1925년까지 조선 영화의 사정이었다.

연기자로서 나운규의 천품은 1926년 조선 키네마 프로덕션에서 제작하고 이규설李圭卨이 감독한 〈농중조籠中鳥〉에서 주연을 맡으면서 활짝 꽃을 피운다. 이 작품에서 나운규는 기존의 시나리오를 발전적으로 재창조하는 능력을 선보이며, 또 한편으로는 조감독으로서 새로운 역량을 개발하기에 이른다. 자유연애를 주제로 한 〈농중조〉에는 감독인 이규설도 연기자로 출연하고, 토월회 출신의 여성 연기자 복혜숙(1904-1982)은 이 작품으로 영화 연기를 시작한다.

조선 키네마 프로덕션은 일본인 상인 요도 도라조淀虎藏라는 인물이 설립한 영화사이다. 이 조선 키네마 프로덕션이 〈농중조〉에 이어 두

번째로 제작한 작품이 바로 〈아리랑〉이다. 〈아리랑〉은 각본과 감독으로 조선 키네마 프로덕션에서 제작 실무를 맡고 있던 요도의 조카 쓰모리 슈이치津守秀一를 앞에 내세우고 정작 자신은 김창선金昌善이라는 쓰모리의 한국 이름 뒤로 빠진 나운규의 일생일대의 걸작이다.

〈아리랑〉은 영화사적 맥락에서 작품

복혜숙

속에 내재되어 있는 민족적 주제의식
뿐만 아니라 음악사적 맥락에서 "아리
랑 아리랑 아라리요…"로 시작하는 국
민가요의 출발점으로도 의미 있는 작
품이다. 또한 연기사적 맥락에서는, 단
편적으로 남아 있는 스틸 사진 몇 장만
으로도 나운규의 연기적 역량을 짐작
해볼 수 있다.

〈아리랑〉에서 나운규와 신일선

나운규는 이미 〈심청전〉과 〈농중조〉에서 뛰어난 연기자로서 잠재
적 가능성을 드러내기 시작했는데, 그가 본격적으로 연기와 인연을
맺은 불과 몇 년 만의 성과라 거의 불가사이한 일이라 할 수 있다. 안
종화는 〈아리랑〉에서 나운규의 연기를 '열연熱演을 넘어 차라리 광연
狂演'이었다고 표현한다. 〈아리랑〉에 출연한 나운규와 신일선
(1912-1990)은 순식간에 국민 연기자가 된다.

영화 평론가 조희문은 나운규에 관한 평전에서 〈아리랑〉의 실제 감
독이 나운규가 아니라 쓰모리 슈이치일 가능성을 언급한다. 한편 쓰루
미 슌스케鶴見俊輔라는 문화평론가가 쓴 〈전후 일본의 대중문화〉라는
책에서—각주 한 귀퉁이에 애매하게 처리되어 있기는 하지만—어쩌면
조선의 노래 〈아리랑〉의 선율이 20년대 조선에서 군 복무 중인 미아우
치라는 한 병사에 의해 작곡되었을 가능성이 암시된다. 나운규 본인
은 37년 잡지 〈삼천리〉의 김동환과 대담할 때 다음과 같이 말한다.

"소학교 때 청진서 회령까지 철도를 닦는데 남쪽에서 온 노동자들
이 '아리랑 아리랑' 하고 노래를 부르더군요. 나중에 서울 와서 〈아리

랑〉을 찾아보았는데, 〈강원도 아리랑〉이 간혹 들릴 뿐이더라구요. 그
래서 예전에 듣던 그 멜로디를 생각해내서 가사를 짓고 악보는 단성
사 음악대에 부탁해 만들었지요."

연기자로서 활동한 약 15년 동안 나운규는 모두 29편의 작품 중 26
편에 출연했으며, 그중 감독과 각본 그리고 주연까지 맡은 작품의 수
만 15편이다. 이 중 한 작품도 제대로 남아 있지 않은 현실에서, 이 시
기에 무슨 일이 있었는지에 대한 모든 이야기들이 다 가능하다. 영화
〈아리랑〉이 한 일본 소장가에 의해 보관되어 있다는 소문이 파다하지
만 이것 또한 진위 여부를 명확하게 알 수는 없다.

조선 키네마 프로덕션에서 〈풍운아〉, 〈들쥐〉, 〈금붕어〉 등을 만든
나운규는 1927년 회령 출신의 친구 윤봉춘, 김용국 등과 함께 나운규
프로덕션을 설립한다. 일종의 동인제 회사였는데 이경손, 주삼손, 이
경선, 김형용, 이금룡, 이명우 등이 참여했다.

나운규 프로덕션의 총간사는 단성사 직원인 박정현朴晶鉉이었는데,
그는 1924년 단성사가 영화 제작에 본격적으로 뛰어들기로 결심하고

제작한 〈장화홍련전〉의 총책임을 맡았던
인물이다. 변사가 조선어로 활약하는 조선
인 극장을 대표하는 단성사는 진작에 김도
산의 '신극좌'와 임성구의 '혁신단'을 단성
사 전속 극단으로 확보해두고, 1917년 연
쇄극 〈의리적 구투〉의 제작비를 책임진다.
  1925년 박정현은 단성사 소속으로 고려
영화제작소를 설립해 일본 신파소설 번안

윤봉춘

작품인 〈쌍옥루〉를 제작한다. 연기자로는 일본에서 활동하던 김택윤과 강홍식(1902-1971)이 출연했다. 강홍식은 이구영과 함께 연출까지 맡았으며, 각색과 촬영을 담당한 이필우와 연출과 각색에 참여한 이구영은 단성사 소속이었다.

〈쌍옥루〉는 흥행에서 꽤 재미를 보지만 이필우, 이구영과 김택윤 사이에 불화가 확대되면서 고려영화제작소는 〈쌍옥루〉 한 작품만을 남기고 문을 닫는다. 그러자 박정현은 〈아리랑〉으로 대박을 친 나운규를 주목했다. 1926년 〈아리랑〉은 단성사에서 상영되었으므로 박정현은 누구보다도 가까이에서 나운규의 대중적 잠재력을 확신하고 있었을 것이다.

1927년에는 〈아리랑〉의 성과에 자극 받은 조선영화예술협회가 탄생하지만, 얼마 지나지 않아 원래 의도와는 달리 조선영화예술협회의 주도권이 당시 젊은 영화학도들이었던 임화나 김유영 또는 강호 등 앞으로 이념적으로 좌익을 주도할 카프KAPF의 중심인물들로 넘어간다. 이 이념적 차이로 인해 나운규 역시 주인규, 남궁운(김태진), 이규설 등 지금까지 함께 작업한 동료들과의 사이가 틀어지고 있었다. 이런 상황에서 박정현은 나운규를 설득해 단성사의 자금으로 '나운규 프로덕션'을 설립하도록 한다.

나운규는 첫 작품으로 〈잘 있거라〉를 시작으로, 1929년까지 〈옥녀〉, 〈두만강을 건너서〉, 〈사나이〉, 〈벙어리 삼룡〉 등을 제작했는데, 소설가 나도향 원작의 〈벙어리 삼룡〉만을 제외한 전 작품에서 감독, 각본과 주연까지 도맡았다. '나운규 프로덕션'에서 어떤 작품보다도 나운규가 심혈을 기울여 만든 〈두만강을 건너서〉는 일제의 검열과 탄압에 할 수 없이 1928년 제목을 〈저 강을 건너서〉에서 다시 〈사랑을 찾아서〉로 바꿔 일부 장면을 삭제한 채 상영한다. 이 과정에서 나운규는 필름을 어깨에 메는 가방에 담고 극장 지붕에 올라 "허가 안 내주면 떨어져 스스로 목숨을 끊겠다"고 소리쳐 일경 기마대까지 출동하는 소동을 벌이기도 한다. 실제로 방심하고 있다가 〈아리랑〉으로 난처한 경험을 한 일제는 검열을 엄격하게 강화하여 1927년 나운규가 만든 〈들쥐〉에는 상영금지 처분까지 내린다. 〈들쥐〉는 나운규가 고향 회령에 올라가 만든 작품으로 윤봉춘(1902-1975)이 연기자로 데뷔한 작품이기도 하다.

영화에 대한 나운규의 정열은 지나치다고 할 만큼 완벽했지만 사생활은 별로 그렇지 못했다. 게다가 기질도 원만하지 못하고 사업적 수완도 별로 뛰어나지 못했던 나운규이고 보니 윤봉춘을 위시해, 프로덕션 동료들이나 지주 회사인 단성사와의 관계에서 금전적인 것을 포함해 이런저런 문제들이 불거졌고, 결국 나운규 프로덕션은 1929년에 문을 닫는다.

나운규가 '나운규 프로덕션'에서 단성사의 자금 지원으로 만든 〈잘 있거라〉와 〈옥녀〉가 모두 흥행에서 실패하자 단성사의 사장 박승필은 커다란 스케일의 세 번째 작품 〈두만강을 건너서〉의 자금 지원을 유보했다. 애가 탄 나운규는 조선 키네마 프로덕션의 요도 도라조를 찾아가 제작비를 지원 받는다. 뿐만 아니라 단성사의 경쟁사인 조선극장의 자금지원까지 받았고, 결국 개봉도 단성사가 아니라 조선극장에서 하게 되는 지경에까지 사태가 악화되었다. 단성사 측이 가만히 있을 리 없었고, 송사 시비 끝에 나운규는 할 수 없이 박정현에게 〈아리랑〉 속편 제작을 약속하고 굴복한다.

1929년 단성사 직속이었던 '금강 키네마'와 계열사 '나운규 프로덕선'이 영화 제작사 '원방각사圓方角社'로 통합된다. 이렇게 1930년 이구영 감독, 나운규 주연의 태작 〈아리랑 그 후 이야기〉가 제작되었다. 곧바로 이어서 나운규는 자신이 각본과 감독 그리고 주연을 맡은 〈철인도鐵人都〉도 제작하지만, 이제 더 이상 이전의 나운규가 아닌 것은 분명하다.

1929년에 발발한 미국 뉴욕의 주식시장 붕괴가 조선에도 불황을 몰고 오고, 조선인 극장 간의 경쟁으로 인한 수입 영화의 단가도 폭등한다. 토오키 영화의 개발로 무성영화의 시대도 곧 물 건너갈 것이 뻔해 보이는 시점에서 단성사는 영화 제작에서 물러날 것을 결정한다. 그 후 1934년 조선총독부령으로 발표된 '활동사진영화취체규칙'은 사태를 더욱 악화시키게 된다.

경제적으로 궁핍해진 나운규는 1931년 일본 극우파 폭력배이자 연기자인 도야마遠山의 프로덕션에서 〈금강한金剛恨〉과 〈남편은 경비대로〉에 출연하여 일반 대중들의 분노를 산다. 이 때문에 그렇지 않아도 하락하던 연기자로서 나운규의 인기는 바닥을 친다. 할 수 없이 나운규는 생활을 위하여 배구자裵龜子 일행의 악극단 무대에도 출연한다. 이런 상황에서 나운규는 일본에 건너가 일본 영화계를 둘러보고 귀국한다.

1932년 귀국 후, 나운규는 왕년의 명성을 되찾기 위해 윤봉춘, 임운학 등 뜻을 같이 했던 동료들과 함께 영화 〈개화당이문開化黨異聞〉 작업에 온 힘을 다해 뛰어들지만 일제의 검열로 많은 장면들이 잘려나가 결국 흥행에는 실패한다. 제작과 배급은 박정현이 이끄는 원방각사가 맡았다.

연기자로서 나운규에게 1932년의 보람은 일본에서 영화를 공부한 이

〈임자 없는 나룻배〉에서 나운규와 문예봉

규환 감독이 첫 메가폰을 잡은 〈임자 없는 나룻배〉이다. 박효린朴曉麟의 원작을 이규환이 각색한 작품인데, 연기에만 전념한 나운규는 이 영화에서 머리를 삭발하고 출연해 연기자로 뛰어난 성과를 보인다. 나운규의 연기에 대해 이 영화의 감독이었던 이규환은 "참았던 격정이 일시에 폭발하는 순간의 명연기는 정말 대단한 것이었다"고 술회한다. 함께 공연했던 연기자 문예봉(1917-1999)이 "우리는 산나물 죽으로 끼니를 때웠다"고 말한 것으로 미루어 작업 조건이 결코 좋을 수 없었던 1932년이기도 했다. 〈임자 없는 나룻배〉는 1938년 우리나라에서 최초로 열린 조선일보 영화제 무성영화 부문에서 〈아리랑〉에 이어 2위를 차지한다.

이 시기에 나운규는 용산 철도 파업에서 비롯한 희곡 〈철도공부의 죽음〉을 쓴다. 구체적으로 어떤 내용인지 확인할 수는 없지만 이 희곡을 무대에 올린 지 1주일 만에 나운규는 구금되고 이 작품을 공연한 극단은 해체되었다고 전해질 만큼 사상적으로 급진적 성격이 강한 작품이었던 것으로 보인다. 한편 나운규는 단성사의 직속 극단인 '신무대'에 소속되어 〈암굴왕〉 같은 연쇄극에도 출연한다. 1933년 나운규는 대구영화촬영소에서 제작한 양철 감독의 평범한 작품 〈종로〉에 출연할 기회를 잡는다. 그러나 이 작품의 흥행마저도 별 다른 결실을 거둬내지 못하게 되자 나운규는 더 이상 제작자들에게 흥행 성공을 보장할 수 없게 된다. 어쩔 수 없이 나운규는 현성완이 이끌던 연쇄극 흥행단체 '형제좌'에 합류해 순회공연의 길을 떠났다. 이제 나운규의 작품

570

인생에서 가장 어두웠던 시기가 시작된다.

다시 나운규에게 영화 작업의 기회를 준 것은 한양영화사의 〈강 건너 마을〉과 함께 역시 조선 키네마 프로덕션이었다. 그러나 나운규가 1935년 〈그림자〉와 〈무화과〉 그리고 1936년 〈칠번통七番通 소사건〉 등을 찍을 때 쯤 그의 지병인 폐결핵이 심각한 징후를 드러내기 시작했다. 1936년 〈아리랑 제3편〉에서 저돌적으로 토오키 영화에 도전한 나운규는 1937년 감독으로 참여한 이태준 원작 〈오몽녀〉를 유작으로 남기고 눈을 감는다.

삶의 마지막 순간까지 나운규는 다음 작품을 준비하고 있었다. 〈강 건너 마을〉에 출연했던 연기자 전택이(1912-1998)가 말년의 나운규를 돌봐주고 있던 독립문 밖 이순원이라는 병원 원장 사택을 방문했을 때에도 그는 다음 작품 〈황무지〉의 시나리오를 쓰고 있었다. 그가 전택이에게 남긴 약속은 역시 나운규다운 모습이었다. "나으면 너와 약속한 〈불가사리〉 반드시 한다."

나운규가 심각하게 아프다는 소식을 들은 윤봉춘 등 동료들이 영화 〈청춘부대〉를 급히 만들어 싸구려로 팔아 한약을 달여 먹였으나 그것도 그의 죽음을 막을 수는 없었다. 나운규의 마지막 순간에 그의 임종을 지켜본 이는 현성완의 딸 현방란이었다는 이야기가 전설처럼 전해진다.

나운규와 여러 작품을 함께 한 연기자 김연실(1911-1997)은 다음과 같이 말한다. "붓을 들면 며칠씩 식사도 잊어버렸다. 시나리오가 나올 때는 벌써 머릿속에 연출

전택이

김신재

대본과 배역, 촬영 계획까지도 들어 있는 것이었다." 나운규를 둘러싼 삶의 진실이 어떤 것이었던지 간에 한국 연기 예술의 역사에서 나운규처럼 등장 이전과 이후가 분명하게 구별되는 연기자는 적어도 아직까지는 없다.

나운규가 삶의 마지막 3년을 살았던 집은 단성사 뒤편 허름한 한옥이었다 하는데, 이 집에서 1935년 형 최완규와 함께 신의주에서 고려영화사를 설립한 최인규(1911-?)도 연기자였던 부인 김신재(1919-1998)와 한동안 살았다. 1939년 자신이 쓴 각본을 들고 영화 〈국경〉을 감독한 최인규는 일제 말기에 부인과 함께 여러 편의 친일 영화를 만들었다. 1946년 최인규는 일본 식민지 시대를 청산하는 해방 후 첫 영화 〈자유만세〉를 만들었는데, 〈자유만세〉의 각본은 이 영화의 주연 연기자였던 전창근(1908-1975)이 맡았다.

전창근은 나운규와 같은 회령 출신으로 1925년 영화에 뜻을 두고 상경하여 백남 프로덕션에 연구생으로 입사했다. 백남 프로덕션에서 이광수의 소설을 이경손이 감독한 〈개척자〉에서 연기자로 데뷔하지만 〈개척자〉를 마지막으로 백남 프로덕션이 문을 닫자 전창근은 1926년 중국으로 건너간다. 상해에 거점을 잡은 전창근은 1928년 상해 중화학원中華學院과 무창대학武昌大學에서 수학한 후, 몽양 여운형이 교장으로 있는 인성학교仁成學校에서 미술과 체육 교사로 있으면서 중국 영화계에서 활동을 모색한다. 이경손이나 정기탁 등과 상해에서 만난 그는 1931년 남양영편공사南陽影片公司의 제작으로 자신이

각본과 주연을 맡은 영화 〈양자강〉을 선보
였다. 이경손이 감독한 이 영화는 조선으
로도 수입되어 상영되었으며, 1937년에
중일전쟁이 터지고 전창근은 1938년 귀국
한다.

전창근

　1937년 조선에서는 이창용, 이기세, 오
덕섭 등을 중심으로 영화 제작사 '고려영
화협회'가 창설된다. 이창용 또한 회령 출
신으로, 백남 프로덕션에서 촬영을 배우면
서 영화계에 뛰어든 그는 나운규 프로덕션
에서 〈잘 있거라〉나 〈두만강을 건너서〉 등을 촬영했다. 당시 조선에는
1935년 최남주가 세운 '조선영화사'가 이규환 감독의 〈나그네〉 등을
제작한 '성봉영화원聖峯映畫園'를 흡수하면서 영화 제작의 선도적인 위
치에 있었다. '고려영화협회'는 1936년 동양극장의 히트 신파극 임선
규 작 〈사랑에 속고 돈에 울고〉를 동양극장 소속 연기자들인 황철, 차
홍녀, 변기종, 심영 등을 동원해 1939년 영화로 제작해서 커다란 성공
을 거둠과 동시에 극단 '고협高協'까지 세운다. 1940년 일제가 '조선영
화령'을 발표할 때 '고려영화협회'는 우수영禹壽榮의 원작을 유치진이
각색하고, 복혜숙, 김신재, 문예봉 등이 출연한 최인규 감독의 〈수업
료〉를 내놓는다.

　이런 상황에서 귀국한 전창근은 고려영화협회와 인연을 맺고 만주
조선인의 삶을 다룬 영화 〈복지만리福地萬里〉의 각본을 쓰고 감독한
다. 1938년부터 무려 삼 년간에 걸친 작업 끝에 1941년 개봉한 이 영
화는 고려영화협회와 만주영화사와 합작으로 만주에서 촬영했는데,

전창근은 유계선, 전옥, 전택이, 주인규 등과 함께 연기자로도 참여했다. 전창근은 이 영화에 함께 출연한 유계선과 결혼한다.

〈복지만리〉가 일제의 '조선인 만주 이주 정책'에 부응하는 주제를 다루긴 했으나 영화 속에 드러난 배일 감정의 묘사로 이 영화를 감독한 전창근은 3개월 남짓 옥고를 치른다. 일제는 1942년 조선의 모든 영화 제작사들을 강제로 통합해서 어용단체인 '조선영화주식회사'를 발족한다. 고려영화협회는 이 통합에 반대하고 스스로 탈퇴함으로써 해산되었으나, 이제 조선의 연기자들 앞에는 침묵하거나 친일 작업에 동원되는 두 가지 길밖에 딴 도리가 없었다. 이것이 최인규 감독이나 전창근을 위시한 거의 모든 연기자들이 친일 혐의에서 벗어날 수 없는 사정이었다.

해방 후 '고려영화사'라는 이름으로 제작된 〈자유만세〉에는 전창근을 위시해서 황려희, 전택이, 유계선, 김승호, 복혜숙, 한은진, 윤봉춘, 하연남, 강계식, 차근수, 송억, 독우영, 김복자 같은 연기자들이 출연한다. 연기자들의 면면을 보면 전창근, 윤봉춘, 복혜숙, 전택이, 강계식 같은 원로 연기자들과 황려희, 유계선, 한은진, 김승호 같은 젊은 연기자들이 어우러진 새로운 시대를 향한 의미 있는 앙상블이었다. 특히 김승호(1918-1968)는 앞으로 해방 후 한국 연기 예술사의 대들보 같은 존재로 성장하게 된다. 하지만 어떤 의미에서 〈자유만세〉는 전창근이라는 연기자의, 전창근에 의한, 전창근을 위한 영화라 해도 과언이 아닐 정로로 연기자로서 전창근의 모든 것이 담긴 영화라 할 수 있다. 연기자의 삶을 통틀어 이런 작품을 남기는 연기자가 그렇게 많은 것은 아니다.

〈자유만세〉에서 전창근은, 만일 우리가 열강의 도움만으로 독립을

구한다면 이러한 독립은 진정한 자
주독립이 아니라고 동지들을 설득
하는 독립투사로 나온다. 일본이 망
하기만 기다리면서 조용히만 있으
면 해방 후 새로운 독립 정부에서
권력의 한자리쯤 차지할 수도 있다
는, 자칭 민족 지사들을 상대로 목

김승호

숨을 건 무력 투쟁을 역설하는 전창근의 연기에는 해방 첫 영화의 무
게감이 느껴진다. 전창근은 1960년 〈아아, 백범 김구 선생〉에 감독 겸
연기자로 참여해 조미령, 주증녀, 신영균, 윤일봉, 이향 등 젊은 연기
자들과 공연한다. 전창근의 맏사위는 60년대 새롭게 등장한 젊은 연
기자 중 한 명인 이대엽이다.

한편, 동양극장이나 자유극장 등의 무대를 거쳐 〈자유만세〉에서 영
화에 데뷔한 연기자 김승호의 존재감은 아직 분명하게 드러나지 않는
다. 그러나 한국전쟁 후 한국 연기 예술의 역사 중심에 연기자 김승호
가 있다. 가령 1960년 한 해 동안 그는 모두 13편의 영화에 출연했다.
작품 수가 중요하다기보다는 그러한 작품들에서 그가 일정하게 유지
하는 연기의 수준이 그를 한국 연기 예술사의 중심에 위치케 한다. 연
기자 김희라의 아버지로 그를 이해하는 젊은 세대의 연기자들에게 건
네줄 새로운 한국 연기 예술의 역사를 기대한다.